장애학의 쟁점

영국 사회모델의 의미와 한계

Tom Shakespeare 저 | 이지수 역

Disability Rights and Wrongs

학지사

Disability Rights and Wrongs
by Tom Shakespeare

역/ 자/ 서/ 문/

내가 처음 장애 문제를 접한 시기는 사회복지학을 공부하는 학생 때였고, 장애인을 만나기 시작한 시기는 사회복지 서비스를 제공하는 사회복지사가 되었을 때였다. 사회복지사인 나에게 장애인은 늘 '클라이언트'로서 다가왔다. 발달장애가 있는 아동은 가능한 한 빨리 교육과 치료를 받게 하여 조금이라도 더 발달할 수 있도록 도와야 할 대상이었고, 그 아이의 부모는 장애 자녀를 수용하고 적응할 수 있도록 도와야 할 클라이언트였다. 또한 중도장애를 입은 뇌졸중 환자는 자신의 장애를 받아들이고 장애인으로서의 삶에 적응하도록 도와야 할 클라이언트였다. 장애인이 무기력하거나 무가치한 존재라고 생각해본 적은 없다. 하지만 내 의식 속에서 장애인은 사회에 적응해야 할 과제를 안고 있는 사람이었고 그러기 위해 도움이 필요한 사람이었다.

1990년대 중반, 우리나라에도 장애에 대한 사회모델과 자립생활 이념이 소개되면서 장애인 당사자의 조직과 장애운동이 급속도로 성장하였다. 사회 곳곳에서 장애인의 요구가 분출하였고, 이는 지난 세월 장애인의 목소리가 그만큼 억눌려 왔음을 반증하는 것이기도 했다. 그리고 이 무렵 내가 접한 장애인의 모습은 이전에 내가 만났던 '클라이언트'와는 사뭇 달랐다. 그들은 더 이상 도움을 필요로 하는 사람들 같지 않았다.

내 기억에 남아 있는 장애운동가의 모습은 이러하다. 장애 문제를 공부하는 모임에서 만났던 휠체어를 탄 어느 장애인은 엘리베이터가 없는 건물을 세미나 장소로 정한 것에 분개하였다. 그는 업혀서 계단 오르기를 거부하며 집으로 가버렸고 그날의 세미나는 무산되었다. 또 한 번은 장애 여성을 위한 정책 제언을 하겠다는 희망을 품고 장애 여성 단체에 설문지 작성을 부탁한 적이 있었는데, 여성운동가는 자신을 원조의 대상으로 인식하는 설문에 응할 수 없다며 거절했다.

이들의 반응이 터무니없는 것이었다고는 생각지 않는다. 거기에는 그럴만한 이유가 있었을 것이다. 조금 더 신경을 썼더라면 엘리베이터가 있는 건물을 물색할 수 있었고, 조금 더 민감한 연구자였다면 설문지를 만들 때부터 장애 여성과 함께 할 수도 있었을 테니까. 그들이 보여준 날카로운 반응은 나로 하여금 장애인에 대해 새롭게 자각하는 데도 더 없이 효과적이었다. 그러나 이런 경험은, 미성숙했지만 장애 문제를 공부하고 장애인에게 다가가고 싶었던 나에게는 상처가 되었다. 거부당한 느낌이었고, 그저 '호의'만 가지고 접근했다가는 혼쭐날 것 같은 두려움이 생겼다. 그 후 많은 시간이 지났지만, 고백하건대 나의 클라이언트였던 '해맑은 장애인'과 비장애인에게 날카로운 가르침의 한방을 날렸던 '까칠한 장애인' 사이의 상반되는 이미지를 아직도 적절히 묶어내지 못하고 있다. 어쩌면 장애인 스스로도 이 두 가지 이미지 사이를 오락가락하고 있는 것은 아닐까?

장애학에 대한 나의 관심은 여기에서 출발했다. 장애인은 어떤 사람인가? 손상을 안고 살아간다는 것은 그들에게 어떤 의미일까? 장애인과 비장애인이 함께 어울려 살아가는 세상이 가능하긴 한 것일까? 그런 세상을 위해서 비장애인뿐만 아니라 장애인은 어떻게 달라져야 하는가? 비장애인 사회복지 연구자인 나는 장애인에게 무엇이 될 수 있을까?

이 책은 도그마가 되어 버린 영국의 장애학 이론, 즉 장애에 대한 사회모델에 대해 비판하면서 장애학의 다양한 쟁점에 대한 균형 잡힌 시각을 제공하고 있다. 장애에 대한 사회모델은 장애문제를 바라보는 관점을 변화시켰다. 개인의 손상과 그에 따른 신체적 · 정신적 기능의 제한을 장애 문제로 보아왔던 우리는 이제 사회적으로 가해지는 차별과 억압, 그리고 장애인이 접근할 수 없도록 짜여 있는 우리 사회의 물리적 환경이 장애 문제의 출발점일 수 있음을 알게 되었다. 이러한 관점의 변화는 정책과 제도의 변화를 추동하는 힘이 되어 왔다. 하지만 저자는 사회모델의 공헌 이면의 과오에 대해 비판한다. 사회적 차별과 억압을 부각시키기 위해 사회모델은 손상과 장애, 의료모델과 사회모델, 비장애인과 장애인을 이분법적으로 구분하고, 한쪽을 의도적으로 축소하거나 과도하게 단순화하거나 적대시하는 오류를 저질렀다는 것이다. 이분법적 구분은 장애 대중의 생각을 대표하지 못할 뿐 아니라, 궁극적으로 장애인의 삶을 개선하는 데 도움이 되지 않는다고 역설한다. 예상하건대, 이분법의 오류에 대한 셰익스피어의 분석을 읽으면서 독자는 매우 다양한 질문을 제기하고 이에 대해 심사숙고하게 될 것이다(장애인의 삶에서 사회적 제약만이 아니라 손상이 가지는 의미가 얼마나 큰지, 한 개인에게서 손상과 사회적 제약이 얼마나 밀접하게 얽혀 있는지, 장애인 집단 내부에서의 차이는 또 얼마나 큰 것인지, 손상의 중요성을 인정할 때 기존의 사회모델과는 어떻게 다른 접근을 할 수 있는지, 장애인과 다른 소수 집단은 어떤 보편성과 특수성을 가지는지, 장애문제 앞에서 비장애인은 무엇을 할 수 있는지).

결국 이분법에서 벗어난다는 것은 장애인이든 비장애인이든, 신체 장애인이든 정신적 장애인이든 만성질환자이든, 여성이든 남성이든, 이성애자든 동성애자든, 우리 모두는 자신의 존재 기반 위에서 사고할 수밖에 없고 그렇기 때문에 서로 다를 수밖에 없음을 인정하는 것이며, 따라서 소통하지 않으면 서로를 이해할 수 없다는 것을 깨닫는 것이 아닐까. 장애학은 저마다 다른 몸을 가진 사람들이 자신의 목소리를 내고 서로 소통하도록 하는 데 기여해야 하며, 셰익스피어는 사회모델의 이분법적 도그마에서 벗어나야만 이것이 가능하다고 보고 있다.

더불어 이 책에서 셰익스피어는 생명윤리에 관련된 장애 이슈를 분석한다. 산전 진단을 통해 태아가 입은 손상을 확인하고 낙태하는 일(제5장), 장애인이 자신의 선택에 따라 삶을 종결하도록 원조하는 일(제7장), 유전학 등 최신 의학을 통해 손상을 치료하고 '정상'을 추구하는 일(제6장)을 어떻게 볼 것인가, 생명윤리의 이슈에서 장애인과 비장애인은 다르게 취급되어야 하는가. 이러한 문제는 매우 논쟁적이고 너무나 민감하여 쉽게 이야기를 꺼내기도 어렵다. 신기한 것은 이에 대한 셰익스피어의 분석은 쟁점을 정확히 부각시키면서도 날카롭지 않다는 것이다. 쟁점을 다루는 그의 관점은 논쟁의 양쪽 당사자 모두에 대해 배타적이지 않고 따뜻하다. 이러한 포용력은 스스로 장애인일 뿐 아니라, 장애인의 아들이자 장애인의 아버지로서, 손상과 장애가 있는 삶에 대해 관조할 수 있는 여유를 가지고 있기 때문에 가능하다고 생각한다.

손상이 있는 몸과 그렇지 않은 몸, 그 존재 기반은 저마다 다르지만, 사람들은 지구에 공존하며 서로에게 영향을 주고받으며 살아간다. 함께 살아가야 할 사람들에게 가장 두려운 것은 서로에게 힘이 되어 줄 수 있다는 신뢰를 얻지 못하는 것이다. 이는 소통하지 못함에서 비롯된다. 손상의 여부와 손상의 정도에서의 차이가 사람 사이의 소통을 막는 장애물이 되지 않는 사회를 이루는 데 이 책이 작은 보탬이 되기를 기대한다.

2013년 10월
2년여에 걸친 번역 작업을 마무리하며
역자 이지수

저자 서문

2000년 이후 영국의 장애운동은 정체기를 맞는 것처럼 보인다. 사회적으로는 중요한 진보적 변화가 있음에도 불구하고 장애의 정치(politics of disability)는 김이 빠져 버린 느낌이다. 이는 부분적으로 장애권리라는 의제가 어느 정도 성공했기 때문이기도 하다. 장애운동이 그렇게 오랫동안 주장해 왔던 「장애차별금지법」이 만들어지면서 이제 어디에 우선순위를 두어야 하는지에 대해서 분명한 목표를 잡지 못하고 있다. 동시에 주류적인 장애인 조직과 기관은 장애권리 철학의 중심 교리를 이미 따르고 있다. 또한 세대적 영향도 있는데, 1970년대와 1980년대를 주름잡았던 활동가 중 많은 사람이 이미 은퇴했거나 죽음을 맞이한 것이다. 그러나 나는 이렇게 장애운동이 더 나아가지 못하는 것은 장애에 대한 사회모델(social model of disability)에 기초한 급진적 접근이 실패했음을 보여 주는 것이기도 하다고 믿는다(장애의 사회모델은 때로 내부지향적이고 분파적이다).

같은 기간에 나를 비롯한 많은 사람은 장애를 이해하기 위한 새로운 접근이 필요하다는 것을 말과 글을 통해 주장해 왔고, 이는 연구와 실천을 발전시키고 새로운 동맹관계를 형성하며, 장애 평등의 의제를 더 발전적으로 이끌 수 있다. 이 작업은 논쟁을 불러일으켰다. 그러나 나는 새로운 접근에 대해서 많은 사람이 지지와 동의, 관심을 표현하고 있음을 느끼고 있다. 따라서 나는 이 책을 통해서 나의 생각을 공고히 하고 좀 다른 방향에서 작업을 진행해 보려고 한다. 처음에는 기존에 발표했던 다양한 논문을 다시 묶을 생각이었다. 하지만 내용에 중복이나 누락이 있고 수정이 필요한 측면도 있었기 때문에 근본적으로 새로운 글을 쓰게 되었다. 이렇게 하여 이 책은 지난 10년 동안 장애 영역에서 이루어진 가치 있는 논쟁이라고 할 수 있는 생명윤리와 돌봄에 대한 글까지 포함하게 되었다. 이는 장애에 대해 균형 잡히고 합리적인, 그리고 일관성 있는 분석을 하고자 하는 나의 의도를 반영한 것이다. 실천가, 연구자, 그리고 장애인 당사자 모두에게 가치 있는 분석이 되길 바란다. 나는 학습장애가 있는 사람에 관한 주제가 간과되지 않도록 특별히 주의를 기울였다(Chappell, 1998).

이 책은 나 자신이 장애인이면서, 장애인의 아들이자 아버지, 남편, 친구로 살아가고 있는 나의 경험에 기초하고 있다. 또한 장애인에 의한 조직이나 다른 자발적인 조직에 대한 나의 개인적 경험에 의해 영향을 받았다. 장애학과 의료사회학 분야에 축적된 다양한 장애에 대한 연구뿐 아니라 내가 지난 10여 년 동안 수행한 질적 연구도 이 책의 기초를 제공하고 있다. 철학자나 다른 전문가와의 토론은 내 생각의 틀을 잡아 나가는 데 매우 가치 있는 과정이었다. 이렇게 저술된 이 책은 학술적으로 사회과학 책이기만 한 것은 아니다. 다른 학문 분과—특히 철학—에 기초해 있고, 정책, 실천과 정치를 중요시하고 있다. 이 책은 학자나 정책입안자뿐 아니라 장애인 및 장애인과 함께 일하는 사람을 주 독자로 삼고 있다. 나는 장애학을 더욱 경험적인 기초를 단단히 다진 학문으로 소생시키는 데 기여하고자 했을 뿐 아니라, 학자가 아닌 일반 사람이 그들의 삶에서 부딪히는 문제에 대해서 더 깊이 생각하도록 돕고자 하는 마음에서 글을 분명하고 쉽게 쓰려고 노력하였다.

이 책의 구성

이 책의 1부에서 나는 장애에 대한 고집스러운 사회모델을 거부하고, 장애를 개인적인 의료적 문제로 귀결시키지 않으면서도, 신체적인 한계와 차이에 따른 어려움을 간과하지도 않을 수 있는 대안을 구성하려고 노력하였다. 최근 몇 년 동안 나는 영국 사회모델에 입각한 장애학 버전이 종착역에 다다르면서, 1970년대로 잘못 회귀하고 있다는 결론에 도달하였다. 영국의 1970년대는 분리에 저항하는 신체장애인 연합(UPIAS)에 의해 사회모델의 개념이 장애에 대한 지배적인 이론으로 자리를 잡아 나가던 시대다. 내가 보기에 다른 나라의 장애학자는 이와 같은 문제를 가지고 있지 않을 수 있다. 왜냐하면 그들은 장애에 대한 사회적 접근 중에서 덜 교조적인 버전을 채택했을 수도 있기 때문이다. 이 책의 첫 부분에서 나는 장애에 대한 고집스러운 사회모델의 틀에 의존하지 않고도 급진적이고 진보적인 장애의 정치를 획득하는 것이 가능하다는 것을 보여 주려고 한다.

1장은 내가 장애에 대한 사회-맥락적 접근(social-contextual approaches)의 계보(family)라고 명명한 이론에 대해 살펴보고자 한다. 여기에서 나는 장애를 이해하는 데 사회모델이 유일한 진보적 접근이 아니라는 것을 보여 주려는 것이다. 1976년 UPIAS가 만든 '기본원칙(Fundamental Principles)'에 앞서 발표되었던 문건과 다른 나라의 장애 이론을 살펴봄으로써, 나는 손상을 입은 사람을 통합시키고 역량을 강화할 수 있도록 장애를 탈의료화 하고 사회 변화를 이끌어내기 위해 사회모델 이외에도 다양한 선택 대안이 있다는 것을 설명하였다. 2장은 영국의 사회모델에 초점을 맞추고 있다. 먼저 사회모델을 유일한 리트머스 시험지로 삼는 것의 정치적 위험성을 설명한다. 그런 다음 그 모델 자체가 가지고 있는 다양한 문제, 즉 손상에 대한 무시, 손상과 장애 사이의 이분법적 구분, 장벽 제거에 대한 믿음 등에 대해 탐색한다. 나는 사회모델이 비판을 매끄럽게 빠져나가기 때문에 그 비판을 지속적으로 이어나가기 어렵다는 것을 알고 있지만, 이 장을 통해서 사회모델이 공고한 기반을 가지고 있지 못하다는 점을 잘 설명해낼 수 있을 것이라고 믿고 있다. 3장은 장애에 대한 대안적인 설명을 구성하고 있다. 이는 상호작용적(interactional), 또는 관계적(retational) 접근에 기초한 것이다. 장애는 개인과 맥락적 요인 사이의 상호작용에서 비롯된다. 달리 말하면, 사람들은 사회에 의해서, 자신의 몸에 의해서 장애를 입게 된다. 이러한 접근은 장애에 대한 의료모델과 사회모델 사이의 정치적 균열을 이어주고, WHO의 기능, 장애, 참여의 국제 분류와 연결될 수 있다. 4장은 장애 정체성이라는 복잡한 문제를 탐색한다. 장애권리운동이 장애인의 다양성을 대표할 수 있는지에 대해 질문하고, 정체성의 정치(identity politics)가 해결책일 수 있는 만큼 장애물일 수도 있음을 주장한다.

2부는 장애와 관련 있는 몇 가지 생명윤리 문제를 탐색한다. 생명의 시작 단계에서 이루어지는 유전 검사, 손상을 치료하고자 하는 노력, 자살 원조와 삶의 종결에 관련된 몇 가지 주제가 그것이다. 여기에서도 나는 장애권리 측 생각을 지배하는 이데올로기와는 다른 대안적인 설명을 시도하였다. 예를 들면, 나는 손상의 발생을 미리 막는 것과 장애인이 가진 권리를 지지하는 것 모두가 중요하다고 주장하였고, 장애 문제에 대한 이들 두 가지 반응이 서로 양립할 수 없는 것이 아니라고 주장하였다. 덕 윤리학(virtue ethics)의 접근이 생명윤리학 영역의 사고를 지배하고 있는 실용주의적 접근과 필연적인 연관성을 갖는다고 믿고 있음에도, 나의 윤리적인 입장은 분석적 철학(analytic philosophy)을 접하면서 영향을 받은 것이다(Gardiner, 2003). 감정과 상황에 주의를 기울임으로써 개인의 자율성과 합리성을 강조하는 경향과 균형을 이룰 수 있다. Dan Callahan이 주장한 것처럼, '합리성은 중요하지만 결코 충분하지는 않다. 철학자 또는 모든 보통 사람이 저지를 수 있는 최악의 실수는 선한 윤리가 선한 주장으로 이어질 것이라고 생각하는 것이다.' (Callahan, 2003: 288)

매일의 일상적인 삶은 철학자들이 생각하는 것보다 훨씬 복잡하고 미묘한 것이고, 이 점에서 나는 Zygmunt Bauman이 주장한 포스트모던 윤리학에 동의한다.

> 인간의 현실은 혼란스럽고 애매하다. 그리고 근대적인 결정은 추상적인 윤리적 원칙과 다르게, 양면 가치적(ambivalent)이다(Bauman, 1993: 32).

나는 장애학과 생명윤리학 사이에 좀 더 유대감을 키우는 것이 두 분야 모두를 위해서 이로울 것이라고 믿는다(Kuczewski, 2001). 3부는 장애와 사회적 관계에 대해 살펴보는 것으로 논점을 확대하여, 자선, 돌봄, 친구관계와 자립적 삶 등의 주제를 다루었다. 나는 장애인의 복지를 증진하려면 권리만으로는 충분하지 않다고 생각한다. 또한 자선—사랑과 연대성으로 확장된 개념으로—은 중요한 부분을 차지하고 있다. 이러한 주장을 담은 초안은 『도움(*Help*)』(Shakespeare, 2000)에서 처음 소개되었다. 이 책의 마지막 부분은 개인주의와 권리에 대해 내가 가지고 있는 불안감이 나의 개인적 철학의 일부임이 드러나 있다. 일관되게 표현된 것은 아니지만, 나의 개인적 철학은 덕 윤리학(Macintyre, 1999)과 돌봄에 대한 여성주의 윤리(Tronto, 1993)에 근접해 있다고 할 수 있다.

이 책은 장애에 대한 포괄적인 설명을 제공하지는 않는다. 이 책에는 중요한 주제—고용, 교육, 주택, 교통 등—가 빠져 있고, 나는 이런 주제에 대해서는 별로 다루지 않았었다. 그러나 이 책에 서술된 나의 접근 방식이 고용, 교육, 주택, 교통 등 장애인의 삶에서 중요한 주제와도 어떤 관련성을 가질 것이라고 기대하고 있다. 이 책은 또 문화적 표상, 아동기 등의 중요한 주제에 대해서도 다루지 않고 있는데, 이러한 주제는 나의 중요한 연구 분야이지만 지면과 일관성의 문제로 이 책에는 포함시키지 못하였다. 이 책을 저술하면서 가능한 한 경험적인 증거에 기초하여 분석하려고 하였지만, 새로운 질적·양적 자료에 대한 필요성이 점차 커짐을 의식하지 않을 수 없었고, 이것이 또 하나의 이론서를 세상에 내 놓으면서 내가 다소 긴장하게 되는 이유다.

내 연구의 발자취

모든 연구자처럼, 장애에 대한 나의 개인적 배경과 경험은 장애학 영역의 작업에 영향을 끼쳐 왔다. 이에 나의 연구 이력에 대해 간략히 소개하고자 한다. 나는 유전적 연골형성부전증(achondroplasia)을 가지고 태어났는데, 그 일반적인 형태는 성장의 제한 또는 왜소증이다. 나는 나의 아버지, William Shakespeare(1927~1996)에게서 이 장애를 물려받았다. 아버지는 일반 의사(general practitioner)였다. 무시와 편견은 나의 인생에서보다는 아버지의 인생에서 훨씬 강력하게 작용했고, 아버지는 전문직 지위를 성취하기 위해서 이런 부정적인 태도를 이겨내야만 했다. 아버지는 나 스스로가 비장애인과 평등하다고 생각하도록, 그리고 스스로에게 높은 기대를 갖도록 나를 키웠다. 의사로서, 그리고 장애인의 역할 모델로서 대단히 칭송을 받았던 아버지의 사례는 의학에 대한 나의 태도에도 영향을 미쳤다.

나는 특권적인 배경을 가질 수 있었다. 나는 사립학교와 케임브리지 대학교(Cambridge University)를 다녔다. 그곳에서 나는 사회학과 정치학 공부를 마쳤다. 진보적인 학생으로서 나는 여성주의, 반인종주의와 레즈비언 · 게이 권리운동 같은 자유주의운동을 지지해 왔다. 사회학을 공부하는 동안, 그리고 좌파 정치단체에서 활동하는 동안, 장애에 대한 나의 개인적 경험과의 유사성을 찾는 것은 어려운 일이 아니었다. 케임브리지 대학교의 장애 접근성 안내지를 만드는 것을 도왔고, 전국 학생연합(National Union of Students)에서 활동하기 시작하였다. 그곳에서 나는 Martin Pagel과 Stuart Bracking 같은 좌파 장애활동가를 만났다. 2년간 그곳에서 일을 하고, 대학으로 돌아가서 석사과정과 박사과정을 마쳤다. 1989~1990년에 석사학위 논문으로, 마르크스주의, 여성주의 그리고 Mary Douglas의 비정상성 개념 등에 기초하여 장애의 정치학에 대한 논문을 작성하였다. 이 시기에 장애에 대한 사회맥락적 접근이 필요하다는 인식을 가지고 있었지만, 아직 사회모델을 만나지는 못했었다.

석사논문을 책으로 엮어내면서 박사과정에 진학하였다. 박사과정에 들어가자마자 Michael Oliver의 『장애화의 정치(*The Politics of Disablement*)』(1990), Jenny Morris의 『편견에 맞서는 자부심(*Pride Against Prejudice*)』(1991)을 접하게 되었다. Morris의 설명은 내가 장애에 대한 이해를 증진하는 데 더 잘 맞았다. 왜냐하면 문화적 상상력과 편견에 대해 관심이 커지고 있었기 때문이다. 현저하게 눈에 띄는 손상을 가지고 있는 사람으로서, 타인의 주시와 조롱의 대상이 되는 것은 늘 내가 경험했던 억압의 주요한 요인이 되어 왔고, 이는 나의 연구에 영향을 미쳐 왔다. Michael Oliver와 다른 휠체어 사용자는 그들의 연구에서 환경적인 장애물을 자주 강조하는 데 비해 Susan Wendell(1996)은 양성근육통성 뇌척수염 및 만성피로증후군(ME/CFS:Myalgic Encephalomyelitis/Chronic Fatigue Syndrome)이 있는 사람으로서 자신의 통증과 피로 경험을 글로 쓰고 있다는 것을 알게 되고는 흥미로웠다. 아마도 장애가 있는 학자는 그들이 가장 직접적으로 경험하는 장애의 차원을 더 많이 강조하게 되는 것 같다.

나의 박사 논문은 장애를 다른 방식으로 개념화하려는 것이었다. 논문 전체가 책으로 출간되지는 않았지만, 논문의 개별 장은 이미 학술지에 발표가 되었고(Shakespeare, 1993, 1994), 「장애인이란 무엇인가(What is a disabled person)?」(1999b)라는 제목의 논문은 박사논문 전체를 요약한 것이었다. 사회모델을 만나게 된 것은 내가 이미 장애를 하나의 정치적 문제로 인식하고 난 다음이었기 때문에, 나는 항상 비판적인 동료 노릇을 해 왔다. 내 초기 논문 중 하나는 Liz Crow의 유명한 손상에 대한 학술 논문집 『연합(*Coalition*)』에 대해 지지적인 입장을 취하고 있다(Crow, 1992; Shakespeare, 1992).

나의 관심사와 연구의 이력은 내가 가진 기본적인 연구 관심이 어떻게 변화해 왔는지 보여 준다. 1988년에 나는 아버지가 되었는데, 이는 내가 입은 손상을 나의 아이에게 물려주는 것을 포함하는 경험이었다. 부모가 되는 것은 유전과 우생학에 대한 나의 관심을 더 심화시켰다(Shakespeare, 1995a). Regard(장애가 있는 레즈비언과 게이, 양성애자의 전국 조직)의 회원으로서, 그리고 나 자신의 섹슈얼리티에 대해 탐색하게 되면서, 나는 장애와 섹슈얼리티에서 그동안 간과해 왔던 주제에 대해 관심을 갖게 되었다. Dominic Davis가 함께 연구할 것을 제안하였고, 나는 Davis와 Kath Gillespie-Sells와 함께 『성의 관점으로 본 장애의 정치(*The Sexual Politics of Disability*)』(1996)를 저술하였다. 이는 영국에서 장애인의 섹슈얼리티에 대한 최초의 저술이었다. 장애아동의 부모로서, 아동기의 장애에 대해 연구하는 것은 자연스러운 일이었다. 장애가 있는 청소년으로 구성된 우리 모임의 의견은 장애를 이해하기 위해 사회모델의 틀에 의존하는 것에 대해 더욱 회의감을 느끼게 하였다(Priestley et al., 1999). 1997년에 나는 심각한 척추 문제를 경험하게 되었다. 내 인생에서 처음으로 손상으로 인한 심각한 통증과 제약을 경험하게 된 것이었고, 이는 장애를 설명하는 데 손상을 좀 더 고려해야 한다는 새로운 통찰을 갖는 계기가 되었다.

나는 척추 통증 때문에 타인사이드(Tyneside)에서 리즈(Leeds)까지 출퇴근할 수 없을 것 같았고, 그래서 새 일자리를 구하게 되었다. 그것은 뉴캐슬 대학교(Newcastle University), 더럼 대학교(University of Durham), 그리고 새로운 생명과학 센터의 협력을 얻어 정책 · 윤리 · 생명과학 연구소(Policy, Ethics and Life Science Research Institute)를 만들어 나가는 것이었다. 이는 유전학과 생명윤리에 대한 나의 관심이 성장하는 것과도 잘 맞았다(Shakespeare, 1995a, 1998, 1999a). 하지만 유전학의 사회적 · 윤리적 차원에 대해 새롭게 연구를 시작한 나는 몇몇 장애운동가에 의해 전국적으로 또는 지역적으로 이루어진 악의적인 비판에 대응할 준비가 잘 되어 있지 않았다.

이를 계기로 나와 영국의 주류 장애인 운동가 사이의 관계가 무너지기 시작하였다. 나의 연구는 점점 더 사회모델에 대해 비판적인 색채를 띠게 되었고 많은 운동가는 이를, 그리고 나의 유전학적 작업을 일종의 배신행위로 보았다. 나 역시 Tyneside에 두 개의 장애 조직을 만든 사람이었음에도 불구하고, 나는 독립적인 학자로서 장애운동이 나의 연구 방법이나 연구 의제를 지배하도록 내버려 둘 수는 없다고 생각하였다. 행동주의적 접근(activist approaches)이 부적절하거나 논쟁의 여지가 있다는 것을 자주 발견하게 되었기 때문이다. 의사나 부모의 이야기를 듣는 것은 나 자신의 편견을 깨뜨려 주었고 어려운 질문에 천착할 수 있도록 나에게 힘을 주었다. 철학자와의 만남은 나의 논증 능력과 사회모델 전통이 일반적으로 가지고 있는 한계를 드러내 주었다. 나는 결국 영국의 장애학은 너무나도 정치적 수사와 이데올로기에 의존해 있고, 많은 핵심 가정이 다시 시험되고 재고되어야 할 필요가 있다는 결론에 도달하게 되었다. 이러한 생각으로 Nick Watson과 함께 「장애의 사회모델: 시대에 뒤진 이데올로기인가(The social model of disability: an outdated ideology)?」라는 논문을 쓰게 되었다(Shakespeare and Watson, 2001a). 이 책의 1부는 이 논문과 나의 기본적인 생각을 바탕으로 쓴 것이다.

나는 장애에 대한 나의 저술에서 어떤 일관성을 가질 수 없었다. 한때 나는 사회모델에 대한 비판적 동료로서 외부의 공격으로부터 사회모델을 방어했었다(Shakespeare and Watson, 1997). 이제 나는 그것을 폐기해야 한다고 주장하는 사람 가운데 하나다. 처음에는 유전적 검사에 대해 강하게 반대했었지만(Shakespeare, 1995a), 지금은 이 책의 6장에 나타나 있는 것처럼 이 검사에 대해 좀 더 세부적으로 이해하는 입장으로 바뀌었다. 나의 작업은 늘 연구하는 주제에 대한 그 당시 최선의 생각을 반영한 것이었고, 장애인의 자유를 추구하는 기본적인 생각은 변하지 않고 유지되었다. 내가 해 왔던 모든 작업은 장애의 복잡성에 대해 더 잘 이해할 수 있고 장애인을 위해 좀 더 좋은 결과를 가져올 수 있도록 하는 것에 목표를 두어 왔다. 나는 솔직하고 개방적인 자세를 유지하려고 노력했고 나 자신의 저작에 대해서도 다른 사람의 것과 마찬가지로 비판적인 입장을 취하려고 노력했다. 나는 장애학이 다원주의적이어야 한다고 믿고 있다. 또한 장애 때문에 발생하는 복잡한 문제에 대해 장애인 사이에도 다양한 견해와 다양한 반응이 있다는 것을 깨달아야 한다. 논쟁이 일어나는 것을 배척하거나, 단일하고 때로는 단순하기 그지없는 대답만을 하도록 하는 것은 도움이 되지 않는다.

그동안 나는 장애학을 함께하는 나의 동료와 어떤 논점에서 대립각을 세우기도 했지만, 전 세계의 장애학 공동체로부터 내가 받은 충고, 영감, 대화와 감성에 대해서 매우 감사한다. 특히 나에게 깨달음을 준 동료에게 감사를 표하고자 한다. Bill Albert, Jerome Bickenbach, Mark Erickson, Lars Grue, Kristjana Kristiansen, Helen Meekosha, Jackie Leach Scully, Carol Thomas, Rannveig Traustadottir, Bryan Vernon, Fiona Williams 등이 그들이다. 특히 Nick Watson에게 감사를 드린다. 의사 가운데 나에게 영감을 준 사람도 있는데, 특히 John Burn, Joanna Cox, Michael Wright이다. 인내심을 가지고 비판적인 피드백을 해 주고 아이디어를 제안해 준 철학자 가운데, Richard Ashcroft, John Harris, Richard Hull, Michael Parker, Janet Radcliffe Richards 등과 특히 Simo Vehmas, Simon Woods에게 감사를 표한다. 나의 가족, Caroline Bowditch와 Ivy Broadhead는 나에게 정서적 지지와 지적인 도움을 주어 왔다. 하지만 말할 필요도 없이 나의 실수와 모자람은 이 모든 분의 책임은 결코 아니다.

학위를 마치고 나서 처음 함께 글을 쓴 동료는 Paul Abberley였다. 나는 영국 장애학 연구에 대한 그의 이론적 기여에 박수를 보낸다. Mairian Scott-Hill (Mairian Corker로 먼저 알려졌는데)은 매우 창의적이고 카리스마 넘치는 이론가였다. 나는 '장애가 있는 아동의 삶(Life as a Disabled Child)' 프로젝트와 장애이론 컬렉션의 편집활동에서 그와 함께 일하는 영광을 누렸다. Peter Bryan은 뉴캐슬 장애인 정치 조직에서 활동가로서 만나게 되었다. 우리 조직의 지적 활동가로서 대단한 역량을 가진 그의 뛰어난 저술은 아직 출간되지 않은 채 남아 있다. Paul, Mairian, Peter는 이 책에서의 나의 주장에 대해서 많은 토론을 해 주었고, 이들의 비판은 귀 기울여 들을 만한 가치가 있는 것이었다. 이들은 모두 따뜻하고 관용적인 동료였고, 활짝 피어나기도 전에 맞이하게 된 그들의 죽음은 영국 장애 공동체의 가장 큰 손실이다. 이 책은 그들을 기리기 위한 것이다.

차례

제3부 장애의 사회적 관계

Disability **R**ights and **W**rongs

제 1 부

장애의 개념화

1
사회적 접근의 계보

서 론

이 책은 영국 장애학이 갇혀 있는 막다른 골목을 벗어날 수 있는 방안을 제시하고자 하는 시도다. 그동안 장애의 정치와 장애 연구 사이의 밀접한 동맹관계를 통해 얻을 수 있었던 성취에 대해 가치를 부여함에도 불구하고, 이제는 영국 장애학의 접근법이 가지고 있는 약점이 강점을 압도하고 있다고 생각한다. 행동주의(activism)에서 학문(academia)으로 기본적인 생각과 이데올로기가 옮겨지는 과정에서 자기비판이나 검증, 경험적 타당화의 과정이 충분히 수반되지 않았던 것이다. 장애의 사회모델은 행동주의 세대에게서 성공적으로 영감을 얻었지만 양질의 경험적 연구를 생산해 내는 데에는 대체로 실패해 왔다. 그 이유는 그것이 매우 협소하고 결점이 있는 하나의 장애개념에 의존해 왔기 때문이다.

내가 장애의 사회모델에 대해 거부하는 것이 장애에 대한 정치적 접근을 거부하는 것은 아니라는 점을 분명히 할 필요가 있다. 영국의 많은 활동가와 저술가는 영국의 사회모델이 장애에 대한 적절하고 효과적인 분석 또는 개념정의로서 유일한 것이라고 믿고 있는 것 같다. 사회모델이 아니었다면, 장애인에게 어떠한 정치적 진보도, 어떠한 사회운동도 있을 수 없다는 사실을 신봉하고 있는 것처럼 보이기까지 한다. 만약 나 역시 이런 주장이 맞는다고 믿고 있다면, 사회모델이 거부되어야 한다거나 대체되어야 한다고 제안하는 것은 나에게도 훨씬 더 어려운 일이 되었을 것이다. 이러한 믿음을 가지고 있는 사람에게, 내가 했던 작업과 장애 공동체 안팎에서의 다른 비판은 도대체가 수용할 수 없는 것으로 보일 수 있다.

이 장에서 나는 사회모델은 장애에 대한 유일한 진보적 설명이 아니라는 것을 보여 주려고 한다. 영국의 사회모델은 장애에 대한 사회맥락적 접근의 계보 속에 있는 여러 설명 중 하나일 뿐이라는 것을 주장한다. 사회맥락적 접근에 속하는 다양한 접근은 장애에 대한 개인주의적 이해를 거부하고 있고 정도의 차이가 있지만, 장애인을 더 넓은 맥락 안에 위치시키려고 하고 있다. 정도의 차이가 있겠지만, 이 접근은 모두 장애인의 삶을 개선하고자 하는 기본적인 정치적 목적을 공유하고 있고, 장애인의 사회통합을 증진하고 장애인을 억압하는 사회적 장벽을 제거함으로써 이 목적을 이루고자 한다. 만약 사회모델이 더 넓은 진보적 접근의 계보 안에 속하는 것이라면, 영국의 행동주의자가 어떻게 해서 그것을 유일하고 필수불가결한 것으로 보게 되었는지를 살펴볼 필요가 있다. 1960년대, 1970년대, 1980년대를 거치면서, 영국 장애운동 내부에서조차도 다양하고 경쟁적인 사회맥락적 접근이 등장하게 되었다. 이런 상황 속에서 사회모델이 다른 경쟁적인 접근을 누르고 전면에 등장하게 되는 과정에 대해서 살펴보아야 한다.

사회모델이 '의료모델(medical model)'과 상치되는 것으로 자리매김하는 방식에 대해서 이해하는 것도 중요하다. 행동주의자에게 의료모델이 가지고 있는 권력은 사회모델을 더욱 긴요한 것으로 부각시켰다. 시작부터 대부분의 영국 장애학자는 이분법적인 구분에 의존해 왔다(Priestley, 1998에서 예외를 만날 수 있긴 하지만). 이 책에서 주장하는 것 중 하나는 이들 이분법적 구분 중 많은 것이 잘못되고 위험한 것이라는 점이다. 손상/장애의 구분은 아마도 사회모델의 가장 일차적인 이분법이겠고, 사회모델과 의료모델 사이의 이분법도 둘째 가라면 서러울 만한 이분법적 구분이다. 마르크스주의 사회이론이 그 스스로를 부르주아 사회이론과 분리시켰던 것과 똑같이, 영국 장애학은 올바른 길(right way)—사회모델의 관점에서 올바르다고 규정된—을 의료모델로 대표되는 틀린 길(wrong way)로부터 분리시켜 왔다. 영국 장애 논쟁에 기여했던 많은 사람이 의료모델의 기본 인식을 당연한 것으로 받아들임에도 불구하고, 그 개념을 파괴하는 것이 더 낫다고 보고 있다.

영국 장애학은 다른 입장에 서 있는 장애 연구자의 연구를 취하는 데 적극적이지 않고 거리낌을 가지고 있었다. 영국이 아닌 나라에서의 장애학 연구의 대부분이 손상/장애의 이분법에 기초한 것이 아니었고, 사회맥락적 접근 가운데 엄격한 사회모델을 채택하지 않았기 때문에, 이들은 참 편리하게 부적절하거나 잘못된 것으로 무시되거나 거부되어 왔다. 그러나 영국 밖의 연구를 이런 식으로 평가하는 것은 지나치게 용어에 집착하는 것이다—마치 자신이 선호하는 '장애인(disabled people)'이라는 용어가 아니라 '장애가 있는 사람(people with disabilities)'이라는 용어를 쓰면 전체 연구 의제 자체가 가치 없는 것이 되는 것처럼. 예컨대, 『장애는 홍역이 아니다(*Disability is not Measles*)』라는 책은 북미의 중요하고 진보적인 장애 연구서다. 이 책을 검토하면서, Colin Barnes(1995)는 이 책이 많은 강점을 가지고 있음을 인정하면서도, 그것이 영국 사회모델의 개념이 아니라 WHO의 손상, 장애, 핸디캡에 대한 국제분류(ICIDH) 개념을 사용하고 있다는 점을 들어, 이것이 이 책의 가치를 훼손하는 것처럼 비판하였다. 1998년에 Barnes는 Susan Wendell의 중요한 미국에서의 분석, 『거부당하는 몸(*The Rejected Body*)』(1996)에 대해서도 동일한 접근 방식을 취하였다. 1999년에, 그는 또 다른 미국의 연구서인 Simi

Linton의 『장애의 자기주장(*Claiming Disability*)』(1998)에 대해서도 같은 비판을 하였다. 영국 장애학의 사고방식은 때로 장애에 대해 이해하고 장애인, 특히 다른 나라 장애인의 경험을 연구하는 데 대한 다른 사회맥락적 접근의 기여를 주변화하거나 무시하는 잘못을 저질렀다.

원년 만들기

영국 사회모델의 기원을 되돌아봄으로써, 애초에는 논란의 여지없이 중요했던 통찰이 고집스러운 이데올로기로 바뀌어 가는 과정을 추적해 볼 수 있다. 내가 말하는 애초의 통찰이란 '장애인이 직면하고 있는 문제 가운데 많은 것이 장애인 자신의 신체적 제한에 따르는 것이기보다는 사회적 조정(social arrangements)에 의해 생기는 것'이라는 생각이다. 이것이 '장애는 모두 사회적 장벽과 관련된 것이고 개인의 손상과 관련된 것이 전혀 아니다.'라는 고집스러운 이데올로기로 변해 버린 것이다. 역사적 과정을 조심스럽게 살펴보면 우리는 영국에서 사회맥락적 접근 가운데 하나에 불과했던 것—사회모델—이 다른 덜 극단적인 장애의 정치학 버전을 물리치고 패권을 잡게 되었음을 알 수 있다. 전설적인 극적 교체가 이루어지고 있는데, 바로 사회모델이 의료모델을 대체하는 것이다. 이는 UPIAS의 초기 활동가와 그들을 따랐던 학자 덕분이었다. 진실을 말하자면, 다양한 사회적 접근이 있었고 그런 다양성은 늘 있었으며, 이들 중 가장 극단적인 버전이 영국 장애운동과 영국 장애학의 정통교리로서 패권을 잡았다는 것이다. 지난 40여 년 동안 다른 많은 나라의 사회과학자와 장애인 운동가는 장애를 사회맥락에 밀접히 관련되어 있는 것으로 생각했었고, 많은 장애인이 경험하는 불이익, 사회적 배제, 심지어 억압에 대해서 늘 주의를 기울여 왔다. 그러나 영국 사회모델만은 장애를 곧 억압으로 재규정하였다.

분리에 저항하는 신체장애인 연합(UPIAS)은 1970년대에 생겨난 많은 장애인 조직 가운데 하나였다. 장애 소득 집단(Disablement Income Group: DIG)은 1966년에 결성되었고 장애인을 위한 급여를 개선하기 위한 운동을 벌여 왔다. 그러나 DIG는 거주시설에 대한 비판을 하지 않았고 장애인이 그들 자신의 삶에 대한 통제권을 가져야 한다는 광범위한 운동을 벌이지도 않았다. DIG에 대한 좌절감은 두 가지 단체의 결성을 촉발시켰다. 하나는 장애인이 안고 있는 사회문제에 대해 대안적인 해결책을 제안하는 좀 더 개혁적인 조직인 장애연합(Disability Alliance)이었고, 다른 하나는 마르크스 이론의 영향을 받은 UPIAS였다.

UPIAS는 Le Court Cheshire Home의 거주생활인이었던 Paul Hunt가 1972년 9월 20일자 가디언지에 편지를 써서, 시설 생활인을 대표할 수 있는 소비자 조직을 결성하자고 주장한 것을 계기로 하여 조직되었다. Hunt는 어린 시절과 성인기의 대부분을 거주시설에서 보냈다. 그는 미국과 북유럽 국가를 접하면서, 자립생활, 통합교육, 복지 급여 등에 대해서 적극적으로 연구하였다. 1966년 그는 장애인이 경험한 편견과 배제에 대해 장애인 스스로 쓴 글을 편집하여 『낙인(*stigma*)』이라는 책을 발간하였다. UPIAS의 또 다른 핵심 인사는 Vic Finkelstein이었는데, 그는 척수 손상을 입은 심리학자였다. 1968년 Finkelstein은 남아프리카 공화국의 아파르트헤이트(인종분리정책)에 의해 그의 시민권 운동이 금지당하자 난민 자격으로 영국으로 건너오게 되었다. 그는 남아프리카의 흑인 자유운동과 장애인이 처한 상황을 연결시킬 수 있었다. Paul Hunt와 Vic Finkelstein 등은 UPIAS를 결성하였다(Finkelstein, 2001). 처음 2년 동안 이 조직은 장애에 대한 정치적 이데올로기를 개발하기 위한 시도로서 토론과 논쟁에 집중하는 것으로 보였다.

이렇게 하여 만들어진 그들의 정책선언문(1974년 12월에 채택한)에 따르면, UPIAS의 목적은 손상을 입은 사람이 사회에 완전히 참여하고, 자립적으로 살아가고, 생산적인 직업을 가지며 자기 자신의 삶에 대해 완전한 통제력을 가질 수 있도록, 격리된 시설을 새로운 기회로 대체하는 데 있었다. 정책선언문은 장애인을 억압받는 집단으로 규정하고 장벽을 강조하였다.

> 우리는 각 층을 잇는 계단, 부적절한 대중교통과 이동수단, 우리에게 맞지 않는 주택, 공장과 사무실의 고정된 관례적 작업방식, 새롭게 변화하지 않는 지원과 설비 등으로 인해 우리가 고립되고 배제된다는 것을 깨닫게 되었다(UPIAS 목적 조항1).

그러나 정책선언문은 장애를 곧 사회적 장벽이나 억압으로 개념규정하지는 않았다. '신체적 손상을 입은 사람(physically impaired people)'과 '장애인(disabled people)'이라는 용어는 혼용되었고, '신체적 장애(physical disability)' [신체적 손상(physical impairments)이 아니라-역자 첨가]라는 용어가 사용되기도 하였다. 선언문은 다른 집단—예컨대, '정신적인 핸디캡을 가진(mentally handicapped)' 사람들이나 '정신적 질환(mentally ill)'을 가진 사람—과, 장애를 갖지 않은 지지자와 동맹할 것을 요구하였다. 그러나 오직 신체적 손상을 입은 사람만이 UPIAS의 정회원이 될 수 있는 자격을 가지고 있었고 비장애인에게 조직이 넘어가는 것에 대해서 명백하게 두려워하였다.

어떻게 하여 장애에 대한 사회모델이 나왔는지에 대한 현존하는 최초의 문서는 『장애의 기본 원칙(*Fundamental Principles of Disability*)』(1976)의 출판이다. 이것은 1975년 11월 UPIAS와 장애연합(Disability Alliance) 사이에 벌어진 토론을 정리한 것이었다. 1974년에 결성된 장애연합은 다양한 손상을 아우르는 조직으로서 포괄적인 소득정책을 촉구하고 있었다. 학계의 Peter Townsend가 의장을 맡으면서 장애연합은 장애인조직과 장애·비장애 학자 및 전문가 사이의 연합을 결성하고자 하였다. 장애연합은 장애가 사회적 문제라는 점에서 UPIAS와 의견을 함께 했지만, 재정적인 문제가 장애인의 고립과 분리를 가져오는 근본적인 문제라는 것에 대해서는 이견이 있었다. UPIAS는 이전의 DIG(장애 소득 집단)을 그대로 이어 받아 소득에 초점을 맞추기보다는 좀 더 포괄적인 대응을 할 것을 요구하였다. 이미 존재해 온 장애인 조직의 연합체였던 장애연합과 달리, UPIAS는 명백하게 대중적인 장애인 풀뿌리 조직을 만들기 위해 새로 출범한 단체였다.

두 조직 사이의 논의의 출발점이 되었던 '기본 원칙'이 Paul Hunt에 의해서 작성되었는데, 그 시작부터 장애는 다음과 같이 정의되었다.

> 장애(disability)는 사회적 제약에 의해 만들어진 하나의 상황이고 이들 제약은 제거되어야 한다. ① 장애인은 소득, 이동성 또는 시설 등의 요소 중 어떤 것에서도 고립되어서는 안 된다. ② 장애인은 타인의 조언과 도움을 받아 자신의 삶에 대한 통제력을 행사할 수 있어야만 한다. ③ 전문가나 도움을 주는 다른 사람은 장애인의 이러한 통제력을 촉진하도록 성의를 다해야 한다(UPIAS, 1976: 3).

장애연합은 이러한 관점에 동의할 수 있다고 느꼈다. 논의의 과정에서(그 과정은 문서의 세 번째 페이지에 기록되어 있는데) UPIAS는 장애에 대한 그들의 입장을 정교화하였다.

> 우리가 보기에, 신체적으로 손상을 입은 사람을 장애인으로 만드는 것은 사회다. 장애(disability)는 우리가 가진 손상(impairments) 위에 부과되는 어떤 것으로, 그것은 우리가 아무런 필연적인 이유 없이 사회에 대한 완전 참여로부터 고립되고 배제됨으로써 초래된 것이다. 이렇게 장애인은 사회 안에서 억압받는 집단이 된다(UPIAS, 1976: 3).

이는 Paul Hunt의 기본 원칙에서 정교화된 주장이다. 이는 장애로부터 손상을 명백하게 구분하고 있는 것인데, 1974년 정책선언문에서와는 달라진 것이었다. 기본 원칙은 다음과 같이 이어진다.

> 이를 이해하기 위해서는 신체적 손상과 이러한 손상을 입은 사람들의 사회적 상황, 이른바 '장애' 사이의 구분을 이해해야 한다. 우리는 손상을 사지의 전부 또는 일부를 결여한 것, 또는 어떤 결함이 있는 사지, 결함이 있는 신체 조직이나 메커니즘을 가지고 있는 것으로 개념규정한다. 장애는 현대 사회 조직에서 기인하는 활동성의 불이익이나 제한으로 개념규정한다. 현대 사회 조직은 신체적 손상을 입은 사람에 대해 거의 또는 전혀 주의를 기울이지 않으며, 그렇기 때문에 사회적 활동의 주류 흐름에 참여하는 것으로부터 그들을 배제시키고 있는 것이다(Oliver, 1996: 22에서 재인용).

이는 손상/장애의 구분을 더 명확히 하고 있는 것이다. UPIAS는 명백히 입장을 정리하고 있다. 처음의 정책 선언문과 기본 원칙 문건 사이에, 그들의 입장이 점점 더 강고해지고 있음이 분명하다. 기본 원칙 문건에서는, 장애를 사회적 배제로 정의하는 사회모델의 개념 정의가 점차 분명하고 확실해지는 것을 볼 수 있다. 1980년대 초반 사회학자 Michael Oliver가 사회모델 이론에 참여하게 되었을 때, 손상/장애 구분은 장애권리 이데올로기의 핵심으로서 더욱 강화되었다.

영국 장애운동의 기원에 관한 문헌을 정리하면서 내가 주장하고 싶은 것은, 장애의 사회모델을 둘러싸고 지금처럼 결실 없고 실망스러운 논쟁이 벌어지게 된 것의 출발점은 장애에 대해 점점 더 이념적인 개념규정을 했던 것이라는 점이다. 처음에는 Paul Hunt와 그의 동료들이 장애인의 경험 속에 존재하는 사회적 요인에 대해 통찰을 갖기 시작한 것에서 출발하였다. 처음이 참신했던 아이디어는 일련의 다듬어지지 않은 이분법으로 경직되고 과장되었고 마침내 잘못된 방향으로 나아가게 되었다.

되돌아보면, UPIAS는 영국 장애운동에 영감을 불러일으킨 조직으로, 그리고 사회모델의 개척자로 칭송받아 왔다. 그것은 분명 장애운동의 지적 · 정치적 심장부였다. 그러나 간격(distance)과 신화(mythology)는 그들이 가진 한계를 감춰 버릴 위험을 가지고 있었다. 그들의 운동은 대중운동으로 성장하지 못하였다. 그것은 휠체어 사용자에 의해 지배되었는데, 아마도 이는 휠체어 사용자 중 많은 이들이 이전에는 건강한 몸을 가지고 있었거나 다른 정치적 운동에 속했던 경험이 있었기 때문일 것이다(Finkelstein, 2001: 4). 다른 활동가는 이들의 운동을 성차별주의로 기억하기도 하고(Campbell and Oliver, 1996: 52), 거칠고 이데올로기적이며, 호전적이면서 전형적인 남성성의 정치가 지배했던 것으로 기억하기도 한다(Campbell and Oliver, 1996: 67). 어찌 보면 그것은 레닌식의 민주적 중앙집권제처럼 운영되었다. 토론하고 동의한 이후에는 당명에 이의를 제기하는 것을 참지 못하는 것이다. 당명에 동의하지 않는 개인에게는 스스로 조직을 떠나거나 축출당하는 것이 남아 있을 뿐이다.

UPIAS와 Oliver의 사회모델은 장애 경험을 이해하기 위한 유일한 사회맥락적 접근이 아니었고, 지금도 유일한 것이 아니다. 1970년대와 1980년대는 장애인이 그늘 막을 벗어나 세상에 등장하기 시작한 시기였는데, 이는 부분적으로 교육에 대한 접근성이 증가한 것에서 기인한다. 나라 안팎의 많은 분야에서 많은 새로운 노력이 봇물 터지듯 밀려 나왔다. Graeae 같은 예술 조직, 주택 개조 요구(housing initiatives), 조언 프로그램(advice projects), 여성 조직과 의식 고양을 위한 조직 등이 그것이다. 예를 들어, 장애의 정치에 대한 중요한 대안적 접근은 장애가 있는 사람의 자유주의 네트워크(Liberation Network of People with Disabilities)에 의해서 제기되었다. 자유주의 네트워크는 UPIAS와 마찬가지로, 장애가 사회적 억압의 한 형태라는 것을 분명히 하였다. 그들의 자유주의 정책 초안은 1981년에 출판되었는데, 사회 안에서의 사회적 구분(social division)의 기초는 경제적인 것이지만 이 구분은 집단마다의 고유한 우수성 또는 열등성이 있다는 심리적 믿음에 의해서 유지되고 있다고 주장하였다. 자유주의 네트워크는 장애가 있는 사람들이 다른 사회적 집단과 달리 그들만의 고유한 문제, 즉 장애로 인해 고통받고 있다는 것을 인정하였다. 자유를 얻기 위한 그들의 전략은 다음과 같다. 다른 장애인과 연결을 강화하고 상호 지지를 위한 통합적인 장애 공동체 만들기, 사회적 상황을 탐색하고 긍정적인 자기 인식 추구하기, 모든 분리 제거하기, 미디어를 통한 표상에 대해 통제력 확보하기, 정의로운 경제정책 구축하기, 장애가 있는 사람들의 조직 결성 격려하기.

자유주의 네트워크의 정책 선언은 그들이 다른 사람의 충고와 도움을 환영한다는 입장을 분명히 강조하였다. 이들의 정치적 움직임은 좀 더 융통성이 있었던 것 같다. 이들은 여성을 지도자로 영입하였고 노동자주의를 덜 반영하는 대신 여성주의적인 것을 더 많이 도입하였다. 겉으로 드러나는 자유주의 네트워크의 양상은 개인적인 차이와 상호 지지를 강조하고 여성주의와 개인적인 성장을 모델로 하고 있다는 것이고, 이런 점에서 일관되고 훈육적이며 노동운동의 정치를 모델로 하는 UPIAS의 접근과 분명히 대조를 이루고 있다. 다른 혁명의 시기에도 그러했듯이, 승리는 좀 더 조직적이고 일관되고 이념적인 쪽의 것이었고, 결과적으로 UPIAS의 방식과 이념이 1981년에 결성된 영국 장애인 조직연합(British Council of Organisations of Disabled People: BCODP) 내에서 지배적인 위치를 차지하게 되었다.

1981년 국제장애인연맹(Disabled People's International: DPI)의 결성 이후, Finkelstein과 BCODP 대표자는 싱가포르 회의에서 DPI의 성격이 사회모델의 개념규정에 기초해야 할 것인지에 대해서 논의하였다(Dreidger, 1989). 1982년에 채택된 장애의 개념규정은 원래의 UPIAS의 사회모델에서 한걸음 더 나아가고 있음을 보여 준다. 손상은 '신체적 · 정신적 또는 감각적 손상에 따른 개인 내적인 기능의 제한'으로 규정되었고, 장애는 '물리적 · 사회적 장벽으로 지역사회 내의 정상적인 생활에 참여할 기회를 상실하거나 제한받는 것'으로 정의되었다(Disabled People's International, 1982). 이러한 개념정의는 논의의 일관성이 없다는 것을 보여 준다. 첫째, 손상의 개념정의는 순환적이다. 즉, 손상은 손상에 의해 야기되는 기능적인 제한이다. 둘째, 장애의 개념정의는 손상에 대한 어떠한 언급도 포함하지 않는다. 달리 말하면, 장애는 이제 물리적 또는 사회적 장벽에서 기인하는 모든 배제를 포함하게 되고, 이는 사회적으로 배제된 다른 많은 집단의 성원까지도 포괄하게 된다—여성, 가난한 사람, 인종적인 소수자 같은 사람들까지도.

이제 전설적인 영국 장애운동은 UPIAS의 장애의 기본원칙이 출간된 1976년을 원년으로 삼아, 엄격한 이분법 구조—의료모델 대 사회모델—를 만들어내게 되었다. 1976년 이전의 것은 모두 별 볼일 없는 것이 되어 버렸다. 손상과 장애의 구분에 근거하지 않은 장애에 대한 설명은 모두 '의료모델'인 것이 되었고, 따라서 수용될 수 없는 것이 되어 버렸다. 역설적이게도, 대표적인 장애학자는 후배 학자가 '바퀴를 혁신하기(reinventing the wheel)'*보다는 과거를 잊지 않고 1970년대와 1980년대의 개척자적인 저작을 인용하도록 반복적으로 압박하고 있다. 그러면서 정작 사회모델의 옹호자 스스로는 UPIAS의 전통 바깥에서 생성된 개척자적 연구는 싸잡아 무시하는 잘못을 저질러 왔다.

의료모델의 해체

1974년 12월 3일에 채택되고 1976년 7월 9일에 개정되었던 UPIAS의 원래의 정책 선언문은 의료모델이나 사회모델이라는 용어를 사용하지 않았다. 1983년에 스스로 개별모델과 사회모델이라고 부른 것 사이에 이분법적인 구분을 만들어낸 것은 바로 Michael Oliver였다. Oliver는 UPIAS의 회원이 아니었고, 개방대학교 강좌 수강생을 위해 쓴 그의 저서—1981년에 『사회 속의 핸디캡(*Handicap in a Social World*)』이라는 제목으로 출간된—를 통해서 그들에게 이념적인 기여를 한 것으로 소개되었던 사람이었다. 1996년에 그는

* 역자 주 – 과거에 발명된 고안물을 바꾸어 새로운 것을 창조하는 것에 대한 비유.

이 엄청난 비약에 대해 설명하면서, '장애의 의료모델 같은 것은 없다. 대신에 장애의 개별모델이 존재하는데, 의료화는 이 개별모델의 중요한 한 부분인 것이다.'라며 한 발 뒤로 물러서고 있다(Oliver, 1996: 31).

1990년에 발간된 『장애의 정치(*The Politics of Disablement*)』는 영향력이 컸는데, 거기에서 Oliver는 의료모델과 사회모델이라는 용어를 별로 사용하지 않았다. 그보다 그는 '개인적 비극이론(personal tragedy theory)'을 '사회적 억압이론(social oppression theory)'과 구분하려고 하였다(Oliver, 1990: 1). 그는 '사회적 제한으로서의 장애에 대한 적절한 사회이론은 의료적 또는 사회과학적 구성에 기초를 둔 범주를 거부하고 장애인의 직접적인 경험에서 비롯되어야만 한다.'고 주장하고 있다(Oliver, 1990: xiii).

그러나 의료모델/사회모델의 구분은 기본적인 형식에서 핵심적인 요인이 아니었음에도 불구하고, 영국 장애학을 규정하는 특징이 되어 버렸다. 사회모델 또는 의료모델이라는 용어가 학문적으로, 또는 조직에서, 정책에서 어느 정도나 사용되는지가 그 연구, 조직, 정책이 가진 가치를 시험하는 리트머스지가 된 것이다. 특히 장애평등훈련(disability equality training)은 '의료모델'을 장애에 대한 '사회모델'의 반대 개념으로 위치시켰다.

그렇다면 의료모델이란 무엇인가? 일반적인 의미에서, 많은 장애학 저자는 의료화(medicalisation)를 반대해 왔다. 의료화란 의료적 접근과 의료 전문가의 지배라고 볼 수 있다. 즉, '우리 연합은 의료 또는 다른 전문가가 우리가 어떻게 살아야 하는지를 우리에게 말하거나, 우리에게 정보를 통제하거나, 우리의 등 뒤에서 결정을 내릴 권리를 가지고 있다는 생각에 대해 전면적으로 거부한다.' 그러나 1974/1976 UPIAS 정책선언에 있는 이 비장한 견해는 의료적 보호와 관련 치료에 대한 욕구를 분명히 인정하는 문구 뒤에 따라오고 있음을 기억해야 한다.

하지만 장애학은 의료 전문가나 의료적 개념규정의 지배를 거부한 개척자가 아니었다. 우리가 이미 본 것처럼, Oliver는 '개인적 비극이론' 또는 '개별모델(individual model)' 이라는 용어를 더 선호하였다. 이 용어를 통해 그는 의사의 지배력이나 진단의 지배력 이상의 의미를 전달하고자 하였다. 그에게 이 용어는 장애문제를 개인에게 내재하는 것으로, 그리고 기능의 제한이나 심리적인 상실감에서 나오는 것으로 간주하는 접근을 의미하는 것으로(Oliver, 1996: 32), 장애를 사회적 제약으로부터 나오는 것으로 보고 장애인을 억압받는 집단으로 보는 사회모델 접근과 반대되는 것이다.

스스로가 이 의료모델 또는 개별모델의 관점에 입각하고 있다고 명백히 입장을 밝히는 학자는 한 명도 없다. 그러나 많은 장애 활동가, 장애 평등 훈련가, 그리고 장애학 저술가는 ICIDH(International Classification of Impairments, Disabilities and Handicaps)의 형식으로부터 의료모델이라는 편리한 상징을 찾아냈다. 예컨대, 국제적 활동가인 Rachel Hurst는 ICIDH를 일컬어, '장애에 대한 의료모델의 공식적 · 국제적 기초' 라고 규정하였다(Hurst, 2000: 1083).

매우 빈번하게, ICIDH의 삼각 개념규정은 사회모델의 이분법과는 대조를 이루었다. ICHDH는 손상(impairment)을 '심리적 · 신체적 또는 해부학적 구조나 기능에서의 상실이나 비정상성' 으로 개념규정하고 있다(세계 보건기구, 1980: 27). 손상은 생물 의학적 정상성에서 벗어난 상태를 말하는 것이고 기능적인 제한을 포함한다. 장애(disability)는 손상의 결과로 나타나는 것으로, 일상적인 방식의 활동 또는 정상이라고 할 수 있는 범위 안에서의 활동 수행 능력의 어떤 제한이나 결핍으로 개념화된다. 마지막으로, 핸디캡은 '손상이나 장애의 결과로서 나타는 것으로, 개인에게 주어지는 불이익을 말하는 것이다. 이는 그 개인에게 정상적(연령, 성별, 사회적, 문화적 요인을 감안할 때)이라 여겨지는 역할의 수행을 제한하거나 막는다(세계보건기구, 1980: 14).

그러나 Phillip Wood, Michael Bury, Elizabeth Badley가 세계보건기구의 ICIDH를 개발했을 때, 그들의 의도는 의료적 개념과 진단으로부터 벗어나 장애인의 사회적 경험을 고려할 수 있는 여지를 만들 수 있는 인식 틀을 개발하고자 한 것이었다(Bury, 1997: 138). Michael Bury는 다음과 같이 말한다.

> 우리의 목적을 되돌아보면, 그것은 의료모델과 장애화(disablement)에 대한 가정에 도전하려는 것이었다. 가장 중요한 우리의 목적은 핸디캡을 보건의료의 의제 안으로 끌어들이는 것이다. 즉, 우리는 장애화에 대한 (소위) 사회적 배제의 영향을 통찰하도록 압력을 가하려 했다(Bury, 2000: 1074).

그는 나아가 ICIDH가 보건 관련 현상의 결과에 대해 강조하였다고 주장한다. 이는 많은 장애인이 경험하고 있는 사회적 불이익에 대한 인식을 증대시키려는 의도에서였다는 것이다. Bury는 ICIDH가 억압적인 의료 모델에서 벗어남으로써 장애인의 삶에 어떤 이익을 주려는 것이었다고 주장한다. '과도하게 사회화된 사회모델'에 대해 저항함에도 불구하고 그는 장애는 관계적인 개념이라는 점을 분명히 하고 있다(Bury, 1997: 119).

Bury는 ICIDH가 이전의 협소한 의료적 접근으로부터 한 발짝 더 나아간 것으로 볼 수 있었겠지만, ICIDH는 여전히 결점이 있는 것이었다. ICIDH를 가지고는, 손상을 가진 사람들이 저마다의 역할을 성공적으로 수행하는 정도가 환경, 설비, 정책 등에 따라서 얼마나 크게 달라질 수 있는지에 대해 설명하지 못한다(Edwards, 2005). Michailakis가 주장하는 것처럼, '핸디캡에 대한 개인 중심적 접근의 설명에서 분명한 것은 그것이 가치와 사회구조의 강력한 힘을 간과하고 있다는 것이다.' (Michailakis, 1997: 22)

Jerome Bickenbach 등(1999)은 ICIDH가 사회 환경 요인의 역할을 분명히 인식하고 있다고 주장하지만, 다른 한편으로는 다음과 같이 실패를 인정하고 있다.

> 비록 '장애인이 자신에 대해서 자각하게 되는 것은 그들이 처한 상황 속에서 이루어지는 일임을 분명하게 선언하기는 했지만, 그러한 상황을 만들어 내는 사회의 모습을 핸디캡이라는 개념 속에서 구체화하여 설명하지는 못하였다. 그러므로 그것은 사람들의 능력에서의 제한을 명확화한 것이다(Bickenbach et al., 1999: 1175).

핸디캡이 사회화된 개념을 표현하기 위해 만들어진 것이긴 하지만, 그것은 개인과 그가 속한 맥락 사이의 관계에 기초를 둔 것이기보다는, 여전히 손상과 장애에서 비롯되는 것으로 설명되었다. 따라서 환경적인 변화가 어떻게 개인의 기능적 능력에서의 변화를 이끌어낼 수 있는지를 설명하는 데 ICIDH를 활용하는 것은 불가능하다. 영국의 초기 장애운동이 왜 ICIDH 개념을 반대하였는지는 분명하다. 그러나 이러한 결점에도 불구하고 ICIDH는 강점을 가지고 있고 장애인의 경험 가운데 어떤 차원을 설명하기 위해 유용하게 사용될 수 있다. 진보적인 연구 프로젝트나 정책이 ICIDH 개념에 근거해서 이루어졌음을 보여 주는 사례는 얼마든지 있다. 누가 어떻게 사용하느냐에 따라서, 그것은 UPIAS나 DPI의 애매한 개념규정보다도 더 선호할 만한 가치를 가지게 된다. 따라서 ICIDH를 '의료모델'과 동일시하는 것은 불공정하다.

'의료모델'의 다른 예를 찾아보려고 했을 때, 1970년대부터 1980년대까지 장애인의 문제를 개인주의적인 접근으로 설명하고자 했던 사회학 저술을 어렵지 않게 발견할 수 있다. 예를 들어, Eda Topliss는 1982년에 『핸디캡에 대한 사회적 반응(*Social Responses to Handicap*)』을 출판하였다. 그녀 자신은 비장애인이었지만, 자매가 진행성의 신경학적 장애가 있었기 때문에 그녀는 장애에 대한 개인적인 경험이 있는 셈이었다. 그녀의 연구는 장애인이 직면하고 있는 불이익에 대해 특별히 동정적인 것이었다. 그러나 그녀는 장애 문제가 발생하는 데 환경, 정책, 서비스가 관여하고 있다는 것에 대해서는 주의를 기울이지 않았다. 그녀에게 핸디캡은 개인에게 내재해 있는 것이었고, 손상으로 인해서 기능을 상실한 것에서 비롯되는 문제일 뿐이었다. 경쟁적인 경제적 환경 안에서 독립성은 높은 가치를 부여받게 되는데, 그녀는 여전히 불이익은 손상에서 기인하는 결과라고 주장하고 있다.

분명한 것은 전후 기간 동안 장애인 스스로도 장애를 이해하는 데 개인주의적 접근을 취하는 것이 일반적이었다는 사실이다. 예컨대, Tremblay 등

(2005)은 전후 캐나다의 휠체어 사용의 역사를 연구하면서, 장애에 대한 개인적 접근이 얼마나 지배적이었는지를 보여 주고 있다. 휠체어 사용자가 이동에서 어떤 문제에 직면하게 되면, 그들은 이러한 환경적인 장벽을 문제로 여기지 않았다는 것이다.

> 이들 초창기 시민(civilian pioneers)의 인생 경험의 중심을 이루고 있었던 것은 개인이 기존의 환경에 적응해야 한다는 믿음, 그리고 참여에 있어 계단이나 연석이 아니라 휠체어가 문제라는 생각이었다(Tremblay et al., 2005: 112).

장애인은 연석을 없애도록 요구하는 것이 아니라 연석의 위아래로 휠체어 곡예를 부리는 것에 익숙해졌다. 1960년대 후반에서 1970년대 전반에 이르러서야 비로소 시민운동가는 장애물을 없애야 한다는 요구를 하기 시작하였다.

이러한 상이한 설명과 접근 방식이 보여 주는 것은 장애에 대한 전통적 관점은 개별화된 것이었다는 점이다. 특히 장애를 의료화하는 위험한 경향도 있었다. 그러나 의료모델 접근과 사회모델 접근 사이의 구분이 확고한 것이라고 결론내리는 것은 나로서는 위험한 일이라고 생각한다. 예컨대, 1970년대와 1980년대에 걸쳐, 영국과 미국에는 환경적인 장애물과 사회적 관계성에 대해 주목하는 사회학자나 심리학자가 많이 있었다(Safilios-Rothschild, 1970; Albrecht, 1976; Carver and Rodda, 1978; Laura, 1980; Crew and Zola, 1983; Marinelli and Dell Orto, 1984; Ston, 1985). 하나의 예를 들면, UPIAS의 기본원칙이 나온 같은 해에 Constantina Safilios-Rothschild는 다음과 같이 주장하였다.

> 무장애 도시, 무장애 건물과 도로, 그리고 건물 안팎의 무장애 환경을 제도화하는 것은 단지 장애인뿐 아니라 임산부, 영유아, 유모차를 끄는 사람들이나 식료품점의 카트를 끄는 사람, 노인, 그리고 다리가 골절된 사람 등에게도 살아가기 쉽고 더 많은 접근성을 확보하게 하는 일이 될 것이다(Safilios-Rothschild, 1976: 50).

뿐만 아니라 '장애인이 적어도 부분적으로는 성공적이었던 흑인운동과 여성운동을 이어받아 사회운동을 일구어 낼 때가 무르익었다.'고 제언하고 있다(Safilios-Rothschild, 1976: 43).

더구나 1960년대와 1970년대에 많은 저술가는 '의료모델', 의료화, 전문주의화에 대해 비판적인 입장을 견지하였다(Illich, 1977; Goffman, 1968a; Goffman, 1968b; Szasz, 1974; Zola, 1977). 이러한 많은 접근은 사회모델의 정신을 공유하고 있지만, 이중 아무도 손상과 장애를 사회모델 접근에서 규정하는 것처럼 이분법적으로 구분하지는 않았다. Goffman은 특히 영국 장애학자에게 비판을 받아 왔다(Barnes, 1998b).

UPIAS 이후 수십 년 동안, 의료모델과 사회모델의 개념은 양극화된 채로 구체화되었다. 의료모델은 ICIDH와 동일한 것으로 간주되어 왔지만, 단지 일련의 개념이 아니라 그 이상의 의미를 가지게 되었다. 의료모델은 장애에 대한 잘못된 전통적 태도 모두를 대표하는 것이 되어 버린 것이다. 그것은 장애인의 참여 없이, 비장애인에 의해 이루어지는 연구와 실천을 상징하게 되었고, 전문가의 지배를 상징하는 것이 되었다. 그것은 장애인을 그들이 가진 신체적 또는 지적 결함과 동일시하는 일련의 생각을 상징하는 것이며, 의료화를 상징하는 것이다. 의료모델의 개념은 강력한 상징이 되었다. 그러나 상세히 분석해 본다면, 그것은 허수아비에 지나지 않는다.

Ian Hacking(2000: 17)은 사회적 구성주의를 강하게 비판하면서, 사회이론의 논쟁 속에서 '근본주의'라는 말은 순수하게 묘사적인 개념이 아니라고 설명하였다. 그것은 상대방을 깎아내리기 위한 모욕적인 용어로 사용된다. 그 어느 누구도, 심지어 가장 극단적인 생물학적 결정론자조차도, 스스로 일어나서 '나는 인종적 근본주의자다.'라고 말하는 사람은 없다. '의료모델'이라는 용어도 이와 유사하게 작용한다. 이 개념에 실질적으로 꼭 맞는 사람을 찾아내는 것은 불가능한 일이다. '사회모델'과 '의료모델'을 대립시키는 것은 실제적인 것이기보다는 하나의 상징이다. '의료모델'은 논리적인 일관성이 있거나 유용성이 있는 개념은 아닌 것이다. Kelly와 Field는 의료사회학 차원에서 다음과 같이 주장한다.

> 이러한 의료모델을 실제로 찾아내는 것은 사실상 매우 어렵다. 명망 있는 실천가나 알려진 교재 중에서 단선적인 인과관계 모델을 지지하는 경우는 거의 없으며, 의료현장에서의 개입은 예외 없이 다양한 상황에 맞추려고 하고 다양한 요인을 고려해 이루어진다(Kelly and Field, 1994: 35).

다른 학자의 중요한 통찰과 발견을 '의료모델'이라는 딱지가 붙은 쓰레기통에서 구출해 내기 위해서는, 전 사회모델(pre-social model)과 비영국적 장애 연구를 되살려 내야만 한다고 믿고 있다. 이러한 해체의 과정을 밟아 나가다 보면, 사회모델이라는 영국적 고안물이 많은 사람이 설명하는 것처럼 그렇게까지 완전한 장애 연구에서의 분기점이 되는 것은 아니라는 결론에 도달하게 된다. 탐색을 해 보면, Oliver 이전에, 그리고 UPIAS와 비슷한 시기에 이미 많은 사람이 유사한 결론에 도달하고 있었다는 사실을 확인하게 될 것이기 때문이다.

사회맥락적 접근의 선구자

체계적인 역사적 연구를 하지 않더라도, 1975년 이전의 사회맥락적 접근(social-contextual approach)을 엿볼 수 있는 단서를 발견하기란 어렵지 않다. 예컨대, Irving Zola는 William Frey의 연구를 인용하였는데, 이 연구는 1958년 훨씬 전부터 미국의학회(American Medical Association)는 손상과 장애를 구분하고 있었다고 쓰고 있다.

> 손상은 일반적으로 의료적인 판단과 관련된 것이고 장애는 하나의 행정적인 개념으로 받아들여진다. 즉, 손상과 일련의 비의료적 요인(예컨대, 연령, 성별, 교육 수준, 경제적 · 사회적 환경) 간의 상호작용에 관련된 개념인 것이다(Zola, 1994: 53).

대략 개인주의자라고 할 수 있는 Beatrice Wright의 장애의 심리적 측면에 대한 1960년의 연구는 장애인과 비장애인의 상호작용, 비장애인 태도의 중요성, 사회적 환경, 개인이 처한 맥락이 장애를 핸디캡으로 만드는 방식, 장애인의 소수자로서의 위치, 그리고 장애의 관계적 · 심리 정서적 측면에 대해 논의하였다. David Wasserman은 Jacobus tenBroek의 1966년 연구를 인용하였는데, 이 연구는 장애인의 권리로서 건축 환경의 변화를 요구할 뿐 아니라, 공공장소에서 비장애인에게 의무를 부과하는 것까지를 요구하고 있다. '이러한 변화를 거부하는 것은 마치 흑인이나 여성을 공적 영역에서 배제했던 것과 마찬가지로 장애인이 이 세상에서 살아갈 권리를 부정하는 것이다.' (Wasserman, 2001: 240)

스웨덴에서는 Hedlund(2000)이 늦추어 잡아도 1960년대 이후에는 장애에 대한 생물학적 접근과 사회적 접근이 경합을 벌여 왔다는 사실을 보여 주고 있다. 캐나다에서는 장애인의 사회참여를 막는 장벽에 대한 언급이 일찍이 1967년 이후에 있어 왔다(Mann, 1967). 그러나 영국과 미국에서의 장애와 사회정책 문헌에서 환경, 태도, 그 밖의 사회적 제약에 대한 설명이 일반화된 것은 1970년 이후의 일이다. 이는 아마도 시민권운동, 여성운동, 그리고 학문적으로 낙인이론 등 갈등이론이 사회학 내부에서 지배력을 확장함에 따라 싹트기 시작한 장애운동에 의해 자극받은 결과였을 것이다.

사회학 연구는 장애를 포함한 개인적인 현상을 맥락화(contextualise)하고자 했다. Michael Bury(2000)는 의료사회학이 장애가 경험되는 사회적 환경에 대해 인식하고 있어야 한다고 주장했다. 예를 들어, 영국의 의료사회학자 Mildred Blaxter는 그녀의 저서 『장애의 의미(*The Meaning of Disability*)』(1976)

에서 병원에서 퇴원한 장애인의 '이력(career)'을 탐색하기 위해 상호작용적 접근을 취하였다. 이 연구는 의료적 진단, 행정적 범주, 장애인 자신과 가족에 의해 채택된 개념규정 사이에 불일치가 있음을 드러냈다. Blaxter는 손상이 정상성(normality)의 반대편 극단에 존재하는 것이 아니라 일련의 연속선을 형성하고 있는 것이라고 보았고, 의료적 진단은 종종 임의적인 것이라고 보았다.

그녀는 좀 더 정치적인 개념이라고 할 수 있는 차별이라는 말보다는 낙인이라는 개념을 주로 사용하였지만, 그녀가 인터뷰한 장애인에게 부과되는 유사한 제약이 있다는 점을 자주 언급하고 있다.

> 속박과 제한은 사회 환경에 의해서뿐 아니라 장애인의 삶을 구조화하는 두 가지의 주요한 사회시스템 안에서도 존재한다. 이 두 가지 사회시스템이란 의료보호 체계와 복지, 고용, 사회보장 등의 행정적 시스템이다(Blaxter, 1976: 246).

다른 의료사회학자도 비슷한 결론을 내리고 있다. 예컨대, David Locker의 1983년 연구는 손상의 사회적 결과와 사회적 맥락이 손상 그 자체만큼이나, 아니면 그보다 더 큰 문제가 된다고 설명한다.

> [개인이 속한-역자 첨가] 직접적인 환경(immediate context)이 그것을 이용하는 사람으로 하여금 뭔가 타협을 해야만 하고, 시간, 돈, 에너지를 너무나 소모하게 하는 장애물을 자꾸 내놓는다면, 또 이렇게 많은 노력이 들어가기 때문에 어쩔 수 없이 그 사람이 주변을 성가시게 하지 않기로 결정하고 강요된 수동성을 받아들일 수밖에 없게 한다면, 그 환경은 장애를 만들어 내고 있는(is handicapping) 것이다. 또한 개인을 아무런 다른 선택의 여지가 없이 타인의 도움에 의존하게 하는 환경이라면 그것도 역시 장애를 만들어 내고 있는 것이다(Locker, 1983: 90).

Locker에게 '핸디캡(handicap)'이란 역동적인 것이고, 사회적으로 만들어진 것이다.

> 기능적인 제한과 활동 제약이 문제가 되는 정도, 또는 다른 핸디캡을 유발하는 정도는 역사적으로, 문화적으로 다양할 뿐 아니라 어느 정도는 직접적인 환경(immediate context)의 영향을 받는다. 기능 제한과 활동 제약이 갖는 의미는 서로 다른 사회적 · 환경적 세팅에서 결코 동일하지 않다(Locker, 1983: 5).

이 인용문에서 'handicapping'을 'disabling'으로 바꾸어 보면 사회모델 관점과 잘 맞아 떨어진다.

편저『영국의 장애: 권리의 선언(*Disability in Britain: a manifesto of rights*)』(Walker and Townsend, 1981)은 장애연합(Disability Alliance)의 필진에 의해 만들어졌다. 그 서론에서 편저자는 장애에 대한 전통적 접근에 대해서 도전할 필요가 있다는 것을 분명히 밝히고 있다. '요컨대, 장애인의 통합을 방해하는 환경적 · 심리적 장벽이 있지만, 마찬가지로 중요한 재정적 · 사회적 · 경제적 장벽이 있는데, 이는 근본적이고 피할 수 없는 것이다.'(Walker and Townsend, 1981: 16) Walker는 결론에서 다시 이 문제를 다루고 있다. '장애인이 겪는 궁핍의 출발점은 자원에 대한 접근이 단지 물리적으로 제한받는 것이라기보다는 사회적인 것이고, 관습적으로 받아들여지는 역할과 관계에 있다.' (Walker and Townsend, 1981: 186) 이 책은 시설보다는 지역사회 생활에 대해 논의하고, 권리의 언어를 사용하고, 장애인의 빈곤에 대한 데이터를 보여 주고, 현물보다는 현금으로 제공되는 급여를 주장한다. 그리고 Ann Shearer의 글에서는 포괄적인 반차별 법령을 요구하기까지 한다. 그녀는 다음과 같이 말했다. '다른 인구집단에게 허용된 기회를 모든 장애인도 공유할 수 있는 권리, 그리고 이를 가능하게 하기 위해서 장애인이 필요로 하는 도움에 대한 권리를 보장하는 법을 요구한다.'(Shearer, 1981: 87)

Townsend는 노인 장애인에 대한 편저자 자신의 글에서, '능력의 상실(loss of faculty)'이라는 접근방식*에 도전하면서 '의료모델은 의학 안에서의 예방적 · 치료적 활동에 강조점을 두고, 의료 기술을 중시한다.'고 말한다(Townsend, 1981: 93). 그는 '장애의 사회모델'로 대체할 것을 주장한다— '사회모델은 물리적인 환경과 개인이 수행하는 다양한 역할 및 그들이 사회 구성원으로서 가지고 있고 또 갖기를 바라는 관계, 이 두 가지 모두에 대한 적응에 강조점을 둔다.' (Townsend, 1981: 93) 그의 이러한 설명은 의료모델/사회모델의 이분법이 사용된 최초의 저술 가운데 하나인 듯한데, Oliver가 1983년에 이 용어를 채택했던 것보다 시간적으로 더 앞선 것임을 기억할 필요가 있다. 두 모델의 개념 규정이 서로 다르긴 했지만 말이다. 또 하나의 차이점은 Walker 역시 그의 책 결론에서 전문가가 아닌 장애인 당사자의 리더십을 요구했음에도 불구하고, 『영국의 장애(*Disability in Britain*)』라는 이 책은 비장애 학자와 비장애 저술가에 의해서 쓰였다는 것이다.

그 다음 해에 출판된 『장애 경험(*The Experience of Handicap*)』은 특수교육 분야의 비장애 강사인 David Thomas가 저술하였다. Vic Finkelstein의 저술이나 그 밖의 시민권 운동 관련 참고문헌에서는 David Thomas의 생각이 장애운동에 의해 영향을 받은 것이라고 평가하고 있다. 그는 WHO의 용어를 사용하고 있긴 하지만, 장애의 사회적 생성을 인정하고 있는 것 같다.

> 차별 개념은 우리로 하여금 장애(disability)가 관계로서 인식되어야 함을 깨닫게 한다. 손상은 장애를 가져올 수 있다. 그리고 핸디캡은 부분적으로 사회가 지배적인

---

* 역자 주–신체적 혹은 정신적 능력의 상실 정도에 기초하여 서비스를 제공하는 방식. 예컨대, 아일랜드의 공적 서비스 안내 사이트에 따르면, 작업장에서의 사고나 질병으로 인해 장애가 발생한 경우 의료전문가는 사고 이전의 일상적인 기능수행 정도에 비해, 그리고 동일 연령과 성별의 다른 일반적인 사람들에 비해 어느 정도의 능력이 상실되었는지를 사정하고 이에 근거하여 장애급여를 제공한다. http://www.citizensinformation.ie/en/ 참고.

비장애인(dominant able-bodied)을 위해서 조직되고 구성되어 있기 때문에 발생한다(Thomas, 1982: 11).

그러나 전반적으로 그의 연구는 사회적 제약보다는 손상에 좀 더 초점을 맞추고 있고, 그는 예외적으로 사회의 부정적인 태도에 대해 관심을 기울이고 있다. 그는 부상하는 장애운동(activism)에 대해서 자유로운 반응을 보여주고 있다. 그는 "사회가 핸디캡을 '만들어 낸다(manufacture)' 고 말할 때, 우리는 사실을 과장하거나, 장애인의 문제가 다른 사람과 동일하다거나, 또는 손상으로 인한 제한이 실제가 아니라는 의미를 함축하지 않도록 조심해야 한다." 고 쓰고 있다(Thomas, 1982: 173).

이런 다양한 저술 가운데 아무도 영국적 사회모델의 정확한 용어를 사용하지 않았다. 그런 의미에서 비판하기 좋아하는 장애학은 이들 저술 모두에게 '의료모델' 이라는 꼬리표를 붙일 수도 있을지 모르지만, 그들은 사회모델과 함께할 수 있는 분석을 이미 발전시켜 왔다고 할 수 있다. 이 저자 모두에게 장애는 단순히 생물학적인 문제가 아니고, 사회적 규준에서 벗어나 있는 어떤 객관적인 실재도 아니다. 이들의 관심은 사회 속에서 작동하고 있는 의미, 기대, 역할과 관계에 맞추어져 있다. 그럼에도 불구하고 장애를 개인적 태도와 문화적 가치라는 차원에서 개념규정하고 있다는 점을 들어 이 모든 접근을 사회적 구성주의(social constructionist)로 분류하는 것은 공정하지 않다. 많은 저술에서, 물질적인 요인—환경, 빈곤, 차별—은 또한 중요한 요인으로 간주되고 있다.

탈시설화와 정상화

장애에 대한 사회맥락적 접근의 중요한 원천은 정상화 이론에서 발견된다. 이 중요한 이론은 학습장애인의 탈시설화에 초점을 맞추고 있는데, 영국의 장애학에서는 대체로 거부당해 왔다. 정상화이론은 1960년대와 1970년대 비장애학자에 의해서 발전되어 왔고, 특히 북유럽국가와 미국에서 발전하였다. 북유럽 접근은 권리 개념에 기초해 있다.

> 정상화 원리는 모든 정신지체인이 일반적인 환경, 일반적인 삶의 방식에 가능한 한 가깝도록 하는 매일의 삶의 조건과 삶의 방식에 접근할 수 있도록 하는 것을 의미한다(Nirje, 1980: 33).

그러나 Wolf Wolfensburger의 접근으로서 미국에서 지배적인 이론이 되어 다른 나라에 영향을 미친 사회적 역할의 가치화(social role valorisation)는 사회적 가치절하를 강조하였다(1972). 그것은 학습장애인이 서로 연대하지 못하게 하고 주류에 맞추어져야 함을 제안하고 있다는 비판을 받을 만했다. 좀 더 급진적으로, John O'Brien(1987)은 지역사회의 존재, 주류화, 삶에 대한 선택, 잠재력에 도달하기 위한 기술 개발의 기회, 존중과 지역사회 참여 등을 강조한다. Wolfensburger(1989)는 인간 서비스 산업의 성장을 비판하면서, 그들의 클라이언트가 점점 더 의존적이고 가치절하되는 방식에 대해서 비판하였다. 사회모델 이론가의 초기 비판에도 불구하고, 최근에는 가치와 목적의 유사성에 기초하여 사회모델과 정상화 접근 사이에 상호 관심이 커지고 있음을 보여 주는 단서가 나타나고 있다(Tregaskis, 2004a; Race et al., 2005). 정상화 관련 연구에 장애인 당사자가 참여하지 않는 것은 아마도 그것이 학습장애인에 집중하고 있기 때문으로 보인다. 학습장애인의 연구 참여는 오늘날까지도 제한적인데, 이는 부분적으로 지적 손상이 갖는 특성에서 기인한다. 그러나 1990년대와 2000년대에 들어와서 정상화는 자기옹호와 완전통합에 대한 연구를 통하여 지적 손상에 대한 접근 방식을 변화시켜 왔다.

학습장애인과 함께 일하는 다른 연구자와 활동가는 영국의 사회모델과 겹

치거나 거의 근접한 설명을 발전시켜 왔다. 예컨대, 장애에 대한 사회모델의 핵심은 전통적인 원인적 설명을 전복시킨 것이다. 손상을 입은 개인이 문제이기보다는 그 개인이 속해 있고 적응해야 하는 환경과 체계가 문제다. 이러한 급격한 사고의 전환은 또 다른 접근의 기초를 형성하였는데, 1960년대 후반에 Marc Gold에 의해서 개발된 'Try Another Way System'이 그것이다. 이는 특히 학습장애인에 대한 낙인과 결함모델을 거부하는 사고방식이다. 핵심 원칙은 학습의 결여는 학습자의 무능보다는 잘못된 방식의 가르침에 관련된 것이라고 보는 것이다. Gold와 그의 동료들은 평등과 상호존경에 기초하여 정신지체라고 이름 붙여진 사람들의 잠재력을 최대화하는 방법을 고안하려고 하였다. 그들의 목적은 지위 증진과 지역사회 통합이었다. Marc Gold 자신은 1983년에 암으로 사망하였지만, 그의 생각은 마크골드연합(Marc Gold Associates)을 통해 계승되고 있다(www.marcgold.com 참조).

또 다른 급진적 사례를 들자면, Robert Bogdan과 Douglas Biklen도 '장애를 자연적인 또는 객관적인 상태로서보다는 사회적으로 생성된 것으로 보는' 1960년대의 상호작용주의적 전통에 입각하여, 1977년 『사회정책(*Social Policy*)』에 실린 논문에서 '핸디캐피즘(handicapism)'이라는 개념을 소개하였다. 그들은 핸디캐피즘을 '사람들이 가지고 있는 드러나거나 드러나지 않는 신체적·정신적·행동적 차이로 인해서 그들을 차별적으로 그리고 불평등하게 다루도록 하는 일련의 가정이나 행동'이라고 정의하였다(Bogdan and Biklen, 1993: 69). 그들에게 핸디캐피즘은 세 가지 요소, 즉 편견, 고정관념, 차별로 구성된다. 그들의 연구는 장애에 대한 사회모델의 분석에서 핵심이 되는 많은 문제를 규명해 내고 있다[장애아동의 특수학교로의 분리, 편견에 찬 미디어의 이미지, 억압적인 전문용어, 신체적 접근성의 결여, 접근 불가능한 정보, 고용에서의 차별, 시설화, 자선(charity), 꼬리표 달기(labelling), 핸디캐피즘에 기초한 조사 등]. Bogdan과 Biklen은 결론적으로 다음과 같이 말한다.

> 우리는 핸디캐피즘 패러다임이 연구자와 실천가로 하여금 분리된 서비스, 차별적인 처우, 진정한 장애 문제의 근원, 꼬리표 달기와 언어 패턴, 꼬리표 달기에서 벗어나지 못하는 재원조달 방식 등에 대한 그들의 가정에 대해 재고하도록 해 주기를 희망한다……. 아직 우리는 핸디캐피즘이 어디까지 뻗어나갈지에 대해서 충분히 탐색하지 못하였지만, 장애 경험을 개념화하기 위한 기초를 제공하기 위해 노력할 것이고 이를 통해 우리는 편견에 찬 지식에 영합하기보다는 불의(injustice)를 드러내고 근절하는 데 도움이 될 수 있을 것이다(Bogdan and Biklen, 1993: 75).

소수집단모델

급진적 또는 사회맥락적인 북미 접근은 학습장애 영역에만 제한되었던 것은 아니다. 미국 장애운동은 1960년대에 시작되었고, 버클리(Berkeley)에서 가장 잘 알려진 자립생활 접근(independent living approach)의 발전을 이끌었다. 1973년 장애운동은 연방 재활법(Federal Rehabilitation Act) 504장의 채택과 개정을 이끌어 냈는데, 이는 연방 재원에 의한 서비스에서 차별을 근절한다는 내용이다(Zola, 1983: 56). 미국 장애운동은 캠페인, 옹호, 자립생활 등에서 영국 장애운동과 맥을 같이하였다(Anspach, 1979). 그러나 미국의 장애 개념이 영국 사회모델 접근과 맞닿아 있음을 명확히 한 것은 비교적 최근의 일이다.

북미 이론가와 활동가가 장애 개념화를 위해서 사회모델을 발전시켜 온 반면, 이들의 관점은 영국의 사회모델에서처럼 '장애'를 사회적 억압으로 재규정하는 데까지는 이르지 못하였다. 그 대신, 북미 접근은 미국의 정치사상의 전통 안에서 장애인을 소수집단으로서 개념화하는 데 주요한 발전을 이루었다. 소수집단 연구자는 개인의 권리를 보장하는 시민권 법령을 통해서 장애인에 대한 편견과 차별에 대항하는 투쟁이 진행되었다고 설명한다.

Crewe 등(1983), Hahn(1985, 1988), Albrecht(1992), Amundsen(1992), Rioux와 Bach(1994), Davis(1995), Wendell(1996) 등의 저술은 장애에 대해 중요한 사회적 · 문화적 · 정치적 차원을 탐색하였지만, 이들 중 아무도 (생물학적인) 손상과 (사회적인) 장애 사이에 강력히 구분(distinction) 지워 놓지는 않았다. 이 구분은 영국 사회모델의 핵심일 뿐이다. 예컨대, Susan Wendell은 장애에 대한 그녀의 사회구성주의적 설명을 위해서 ICIDH의 틀을 채택하면서도 장애가 활동의 제한(restriction of activity)이라는 생각을 유지하였다(Wendell, 1996; Thomas, 1999). Colin Barnes는 다음과 같이 말했다.

> 미국과 캐나다 연구의 대부분은 '신체장애인(people with physical disabilities)' 또는 몸(body)에 대한 논의로 제한되어 있다는 점에서 손상에 특화된 것이다. '장애(disability)' 는 생물학적 조건이면서 동시에(and) 사회적 구성물이고, '장애를 입은 사람(disabled people)' 과 '장애가 있는 사람(people with disabilities)' 이라는 말은 바꾸어 쓸 수 있는 것으로 사용되고 있다. [하지만-역자 첨가] Mike Oliver가 반복적으로 분명히 밝힌 것처럼, 이는 단순히 '정치적 적확성(political correctness)' [차별적 표현을 쓰지 않는 것-역자 첨가] 이상의 것이다. 이것은 인과관계, 언어의 역할, 그것의 정상화 경향, 그리고 개념을 규정하는 과정에서의 정치화에 관련된 중요한 문제다(Barnes, 1999: 578).

그러나 미국의 소수집단 접근은 사회 환경의 역할에 대해서 분명히 하고 있다. 1978년으로 돌아가서, 「미국의 장애화(Handicapping America)」라는 제목의 Frank Bowe의 연구는 6가지 형태의 사회적 장애물에 대해서 논의하고 있는데, 건축, 태도, 교육, 법, 직업, 개인 차원이 그것이다. Harlan Hahn은 장애인이 받는 불이익에 대해서, 그것은 '장애가 있는 개인이 사회의 요구에 적응하는 데에서 갖는 무능력 때문이기보다는 구조화된 사회 환경이 장애가 있는 시민의 욕구와 열망에 대해서 적응하는 데 실패했기 때문에 발생하는 것' 이라고 설명한다(Hahn, 1986: 128).

좀 더 최근에, Martha Russell(2002)과 Ruth O'Brien(2001)은 Oliver나 Barnes 같은 영국 사회모델 이론가의 유물론적 접근을 공유하고 있는 반면, Ron Amundsen(1992)은 환경적 제약 안에서 장애의 뿌리를 찾는 철학적 접근을 취하고 있다. 『벼랑 끝(*Ragged Edge*)』(Shaw, 1994) 같은 미국의 저서는 영국의 장애 활동가나 학자와 관심사를 공유하고 있다. 일반적으로 미국의 이론가는 엄격한 사회모델의 개념틀 안에서 장애를 개념화하지는 않지만, 전반적인 지향은 사회적 · 문화적인 것으로, 의료적 또는 개별주의적인 것은 아니다. 유사한 경향이 호주에서도 발견되는데, 호주에서는 장애와 비장애 활동가 및 연구자가 함께 장애에 대한 방대하고 참여적인 저술을 내놓고 있으면서도, '장애가 있는 사람(people with disabilities)' 이라는 용어를 사용하며, 사회모델에 대한 영국의 끝없는 고집에 당혹해하며 거리를 유지하고 있다(Clear, 2000; Meekosha, 2004; Newell, 1996; Goggin and Newell, 2005).

북유럽의 관계모델

광범위한 복지국가를 이루고 있는 북유럽 나라는 장애 연구에 대한 오랜 역사를 가지고 있는데, 이들의 연구는 주로 서비스 평가에 대한 것이다(Gustavsson et al., 2005). 특히 정상화 개념은 그동안 영향력이 컸다. 대부분의 장애 연구자는 비장애인이고, 영국과 미국의 장애 연구에서 나타나는 현상인 장애 연구와 장애운동 사이의 긴밀한 연결도 없다. 그러나 장애에 대한 사회맥락적 접근은 북유럽 연구에서도 중요한 측면을 이룬다.

'장애인(disabled people)' 을 지칭하는 포괄적인 용어(funsjonshemming)가 사용된 것은 1960년대의 일이다. 이것은 의료적 함의를 가지고 있지만, 앞서 설명된 것보다는 다소 중립적이었다. 그러나 이것은 점차로 '환경적인 것' 과 연결되었다. 1967년 장애에 대한 노르웨이 백서에서는 “장애인 측에서 일방적으로 사회에 적응할 것을 기대하기보다는, 우리도 환경을 그들에게 적응시켜야 할 필요가 있다.”는 점이 강조되었다(Stortingsmelding 88, 1966-1967).

정책 문서도 분리된 서비스의 종결을 주장하며 장애권리에 대한 자각을 요구하고 있다. 1970년대에 이 ‘전치된 적응(reversed adaptation)’은 개인과 환경 간의 ‘부조화(mismatch)’를 강조하는 장애 개념으로 성장하였다. 이는 장애에 대한 의료적 측면의 강조가 점차 감소하는 것으로 이어진다. funsjonshemming이라는 용어는 점차 ‘장애인’(사람을 지칭하는 용어)보다는 ‘장애(장애를 만드는 장벽)’와 동일시되어 갔다. 또 이 용어는 장벽이 사람에게 있는지 또는 환경에게 있는지와 관련하여 점차 중립적인 입장을 취했다. 환경에 대한 인식은 단지 물리적 환경만이 아니라 사회 구조를 포함하는 것으로 확대되었다(Tossebro, 2004). 다른 문화에서와 마찬가지로(Stone, 1997, 1999) 북유럽 언어에서도, 손상과 장애 사이의 영국식 구분은 이식되기가 어려웠다. 왜냐하면 개인의 신체적 경험과 사회맥락적 경험을 구분하여 포착할 수 있는 다른 용어가 없었기 때문이다.

Jan Tossebro에 따르면, 북유럽의 관계적 접근의 핵심은 다음과 같다.

- 장애는 개인과 환경 사이의 부조화다. 이는 개인이 가진 차이 때문이기도 하고 환경이 인간의 다양한 범위에 적응하지 못했기 때문이기도 하다. 농인은 모든 사람이 수화를 할 수 있는 환경에서는 더 이상 장애인이 아니다.
- 장애는 또한 상황적인 것이다. 시각 손상을 가진 사람은 전화를 사용할 때에는 장애인이 아니다. 특정한 개인적 한계가 장애가 되는지 여부는 구체적인 상황과 관련되어 있다.
- 장애는 상대적인 것이고, 이분법적이기보다는 연속체적인 것이다. 손상에 기초하여 장애를 규정할 수 있는 기준점(cut off point)은 매우 가변적

이다.

장애에 대한 이러한 관계적 이해는 이론적 합의와 정책의 원칙으로서 북유럽의 나라에서 광범위하게 채택되었지만, 주요한 실천적 영향력을 가지고 있었는지에 대해서는 논쟁의 여지가 있다. 복지 급여가 여전히 의료적인 진단과 법령에 의존해 있었다는 점, 교육에서 심리적인 낙인이 사용되었고, 심지어 조사연구는 장애가 있는 특정 인구집단을 규명해 내는 것에 기초해 있었다는 점(Tossebro and Kittelsaa, 2004) 등을 고려하면, 관계적 개념을 실제로 조작화하는 데에는 실패하였던 것으로 보인다. 더구나 억압과 차별에 대한 강조는 상대적으로 부족했는데, 아마도 역사적으로 관용적인 북유럽 복지국가에서 억압과 차별 요인은 상대적으로 분명히 드러나지 않았기 때문이라고 할 수 있다. 이러한 이유로, 북유럽의 장애 연구는 영국의 사회정책과 의료사회학 내부의 주류 장애 연구와 유사한 모습을 띠고 있다고 할 수 있다. 그럼에도 불구하고 영국의 사회모델 접근과 북유럽 관계적 접근 사이에 강력한 유사성이 있음은 분명하다.

결 론

이 장에서 나는 장애에 대한 접근의 범위와 복잡성을 보여 주려고 하였는데, 이는 사회모델과 의료모델 사이의 이분법에 대해서 도전하기 위한 것이었다. 내가 제기하고자 하는 반론은 UPIAS나 Finkelstein, 또는 Oliver가 다른 사람의 생각을 도용하였다는 것도 아니고, 사회모델의 발전이 상호작용주의나 의료 사회학에 의해서 영감을 얻었다거나 영향을 받았다는 것을 주장하려는 것도 아니다. 많은 경우, 학계에 영향을 미친 사람은 의심할 바 없이 장애 활동가였다. 예컨대, Bogdan과 Biklen은 1970년대 미국의 장애권리운동에 대해서 잘 알고 있었고, 이것이 그들의 핸디캐피즘(handicapism)에 대한 생각에 영향을 주었다는 것은 의심할 여지가 없다. 이러한 저술을 인용하는 이유는 '의료모델'과 '사회모델' 사이의 신화적인 이분법적 사고를 약화시키기 위한 것이고, 1960년대의 풀뿌리 급진주의와 자유주의운동 이후 수십 년 동안 장애인과 비장애인을 포함한 많은 사람에게서 장애 문제의 사회적 발생에 대한 중요한 깨달음이 싹텄다는 것을 보여 주기 위한 것이다. Colin Barnes는 장애에 대한 진보적인 접근은 영국 장애학의 밖에서도 발견될 수 있다고 말한다. Albrecht와 Stone(1985), Wolfensburger와 앞서 언급한 다른 사람의 많은 저작을 검토하면서, Barnes는 다음과 같이 결론짓는다.

> 앞에서 논의한, 많은 사람이 다양한 수준에서 장애에 대한 인습적인 개인주의적 해석에 대해 대안적인 견해를 제시하고 있다는 것은 의심의 여지가 없다. 그러나 이들은 자신의 대안이 실제로 적용되도록 촉진할 수 있는 핵심적인 구조적 요인을 밝히는 데에는 실패하였다. 정말로 장애에 대한 많은 저술이 공통적으로 가지고 있는 문제는, 이들이 장애인과 장애인의 조직에 의해서 생산된 저작보다는 학자에 의해서 만들어진 저작에 기초하고 있다는 것이다(Barnes, 1998b: 71).

Barnes에게는, '의료모델'에 입각한 분석이라고 꼬리표가 달릴 수 있는 다른 저작에 비해 Finkelstein이나 Oliver의 저작은 세 가지 강점을 가지고 있었다. 첫째, 이 학자는 스스로가 장애인이고, 장애인의 조직이라는 맥락에서 일해 왔다. 둘째, 그들은 자본주의 발달이라는 맥락에서의 장애 억압에 뿌리를 두고 있다. 셋째, 그들은 손상과 장애를 구분하였고, 환경과 사회적 장벽에 집중하였다(Barnes, 1998b: 76). 현대의 장애학자가 장애 당사자가 직접 저술한 초기 저작에 대해 찬양하지 않는 것에 대해 비판하면서, Barnes는 장애학 밖에서 비장애 학자와 활동가 또는 주류 사회모델이론에 이념적으로 동조하지 않는 사람들이 이룬 기여에 대해서는 무시하는 것 같다.

이 장에서 내가 논의하고자 하는 것은 사회모델이 없이는 진보적인 접근이 불가능하다고 가정하는 위험한 정치적 경향, 또는 모든 권리-기초(rights-based)의 또는 인문주의적인 저술활동이나 운동은 그것이 사회모델 개념을 채택했는지와 상관없이 무조건 '사회모델'이라고 꼬리표를 붙이는 위험한 정치적 경향이 있어 왔다는 것이다. 달리 말하면, 사회모델은 '좋은 연구와 실천'으로, 의료모델은 '나쁜 연구와 실천'으로 치부되어 온 것이다. 영국 장애학 연구에서 이러한 일반적인 경향을 보이는 한 가지 예로서, 사회모델을 학습장애인에게 적용한 Jonathan Coles(2001)의 연구를 들 수 있다. 개혁적인 서비스 워커인 Gary(그는 사람을 진단 꼬리표가 아니라 개인으로 보며, 그들의 권리를 증진하고자 노력하는 사람이다)와의 만남에서 Coles는 Gary가 사회모델을 따르고 있다고 가정해 버린다. Coles에게 이것은 역설적인 것이다.

> Gary는 사회모델을 접한 적이 없는 사람이지만, 그의 실천은 개인적 모델이나 의료모델보다는 사회모델에 입각해 있는 것 같다. 이것은 아마도 사회모델이 교육 커리큘럼이나 광범위한 문화 속에서 스며들어 있기 때문이거나, Gary가 가지고 있는 사회적 가치가 이미 모든 인간에 대한 인식과 존경, 그리고 평등에 대한 동의를 포함하고 있기 때문일 것이다(Coles, 2001: 509).

사회모델을 채택한 사람들만이 권리와 개인의 인격(individuality)을 존중하고 통합을 촉진할 수 있다고 가정한다면, 이는 하나의 역설(paradox)일 뿐이다. 내가 앞에서 설명한 것처럼, 이러한 가치와 목적을 강조하는 다른 많은 장애에 대한 접근이 있다. 사회모델만 그런 것도 아니고, 사회모델의 개념을 받아들이지 않는다고 해서 수명이 다한 실천이나 정책인 것도 아니다.

의료모델/사회모델의 이분법이 어떻게 만들어지고 유지되었는지를 보여주기 위해, 나는 Michael Oliver의 책 『장애의 이해(*Understanding Disability*)』(1996)에서 사회모델과 개별모델의 차이를 열거한 표로 돌아가 보려고 한다.

첫째 칸에서 Oliver는 '의료화' '적응' '편견' '태도' '보호' '정책' 같은 단어를 열거하였다. 이 단어는 개별 또는 의료모델을 암시하는 부정적이고 복고적인 단어로 쓰였다. 두 번째 칸에서 Oliver는 진보적인 대안으로서 '자조(self-help)' '주장(affirmation)' '차별' '행동' '권리' '정치'를 썼다. 이 표에 대한 설명에서 Oliver는 이것이 일련의 이분법적 구분을 보여 주려는 것은 아니라고 결론지었다. 그는 "모든 표가 그렇듯이, 이 표는 복잡한 실재를 지나치게 단순화한 것이고, 각 항목은 연속체의 양 극단을 보여 주는 것임을 기억해야 한다."라고 하였다(Oliver, 1996: 33). 그러나 동시에 그는 대비되는 개념을 보여 주는 것의 중요성도 강조하고 있다— '그럼에도 불구하고 이 표의 근간은 UPIAS에 의해 규정된바, 손상과 장애 사이의 근본적인 구분과 동일하다.' (Oliver, 1996: 33)

Oliver는 마치 케이크를 간직하고 싶기도 한 동시에 먹어 치우고 싶기도 한 것 같다. 이 표가 무엇을 의미하는지는 해석하기도 어렵고 조작화하기도 어렵다. 이와 유사한 예가 그의 『장애의 정치(*Politics of Disablement*)』(1990)에서의 유명한 표에서도 발견된다. 이 표는 1988년 OPCS의 장애인조사(Disability Surveys)에서 사용되었던 질문 가운데 그가 개별주의적인 질문이라고 비판한 것을 그가 선호하는 사회모델 접근과 대비시켜 놓은 것이다. 예컨대, "당신에게 무슨 문제가 있습니까?"(의료모델)라는 질문 대신에 Oliver는 "사회에 무슨 문제가 있습니까?"(사회모델)라고 물어야 한다고 주장한다. 이러한 반전은 자극적이고 도발적이지만, Oliver의 질문을 가지고 장애인의 현황 및 장애 장벽의 특정한 본질에 대한 신뢰할 만하고 타당한 자료를 모으기는 어려울 것으로 보인다.

사회모델이 독특한 무엇이 아니라 사회맥락적 접근의 한 부분임을 보여 줌으로써 나는 더 많은 그리고 좀 더 진보적인 제안을 만들어 내려고 한다. 사회모델이 아니라면 장애학은 더 발전할 수 있다. 사회모델은 그 자신의 모순과 부적절성에 의해서 기초가 흔들리고 있는 것이다. 영국 사회모델을 거부하는 것이 UPIAS 혁명 이전의 의료화나 개인주의적 접근의 시대로 회귀하는 것을 의미하는 것은 아니다. 장애를 개념화하는 다른 많은, 좀 더 건강한 방식이 있다. 이들은 장애인의 평등과 정의에 대한 합의를 유지하면서도, 몸의 차이를 괄호 안에 묶어 두는 실수 위에서 장애를 분석하지 않는 방식이다.

2
사회모델에 대한 비판

서 론

장애에 대한 사회모델은 장애운동의 '거대한 사상(the big idea)'이라고 부른다(Hasler, 1993). 많은 이에게 사회모델은 장애권리운동을 처음 촉발시키고 현재까지 유지시키는 근본적인 정치적 원칙으로 보인다. 이 모델의 옹호자에게, 사회모델을 버리는 것은 장애권리와 장애평등의 근간을 버리는 것으로 여겨진다. 그러나 사회모델 그 자체는 장애에 대한 전통적인 개념을 바꾸어 놓은 매우 단순하고 간단한 명제에 불과하다. UPIAS의 활동가는 다음과 같이 주장한다.

> 우리의 관점에서, 신체적으로 손상을 입은 사람을 장애인으로 만드는 것은 사회다. 장애는 우리의 손상 위에 부가된 것으로서, 이렇게 함으로써 우리는 불필요하게 사회에서의 완전한 참여로부터 분리되고 배제되는 것이다(UPIAS, 1976: 3).

사회모델 접근이 가지고 있는 강점은 개인과 그들의 신체적 · 정신적 결함으로부터 사회가 그들을 포함하거나 배제시키는 방식으로 관심을 이동시켰다는 것이다. 사회모델은 환원주의 또는 생물학적 결정론보다는 사회적 구성주의 또는 Michael Oliver(1990)가 선호한 말로는 사회적 생성주의(social creationist)에 해당한다. 장애를 근본적인 것으로 보기보다는 상이한 문화와 상이한 시대에 따라 다를 수밖에 없는 것으로 본다. 장애인의 경험이 사회적 맥락에 달려 있기 때문이다. 즉, 장애는 불가피한 것이 아니라 사회적 조정(social arrangements)의 산물이며, 그렇기 때문에 감소하거나 심지어는 제거될 수도 있는 것이라고 본다.

사회모델이 장애에 대해 내리는 새로운 개념규정은 1970년대 초반 여성주의운동이 여성의 경험에 대한 내린 재규정과 유사하다. Ann Oakley(1972)와 다른 학자는 성(여자와 남자의 생물학적인 차이)과 젠더(남자와 여자 또는 남성성과 여성성 사이의 사회문화적 구분)를 구분하였다. 성이란 생물학적이고 보편적인 것이고, 젠더는 사회적이고 때와 장소에 따라 특정화된 것이다. 따라서 성은 손상과 부합하고, 젠더는 장애와 부합하는 것이라 주장하였다. 장애운동은 사회적 억압을 자연적이지 않은 것으로 보는 앞선 운동의 전철을 밟아나가고 있었다. 다시 말하면 역사를 통해서 자연적인 것이라고 생각되어 왔던 것이 사실은 특정한 사회적 관계와 사고방식에 의한 생산물이었음을 보여 주는 것이다.

사회모델은 영국 장애운동에 있어서 다음 두 가지 이유에서 중요하였다. 첫째, 사회모델은 장애물 없애기라는 정치적 전략을 찾아 주었다. 손상을 가진 사람이 사회에 의해서 장애를 갖게 된다면, 손상을 가진 사람의 통합을 촉진하기 위한 전략의 우선순위는 이러한 장애 장벽을 없애는 데 있을 것이다. 치료 또는 재활의 전략을 추구하기보다는, 사회적 변화 전략을 추구하는 것이 더 낫다. 특히 장애가 차별의 결과물임이 입증된다면(Barnes, 1991), 반차별 법령을 위해 일하는 운동가는 시민권—「장애가 있는 미국인 법(Americans with

Disabilites Act)」이나 「영국의 공정한 기회와 인종 관계법(British Equal Opportunities and Race Relations laws)」을 모델로 하는—을 궁극적인 해결방안으로 보게 될 것이다.

사회모델의 두 번째 영향은 장애인 자신에 대한 것이다. 전통적인 결함 접근을 사회적 억압으로 대체하는 것은 장애인 개인에게 자유를 주었다. 어느 순간 사람들은 잘못된 것은 그들 자신이 아니라 사회라는 사실을 이해할 수 있게 되었다. 자신이 바뀌어야 하는 것이 아니라 사회가 바뀌어야 하는 것이다. 스스로에게 유감을 가질 일이 아니라 화를 낼 수 있는 일이 되었다. 1970년대의 여성주의 의식 고양에서처럼, 또는 레즈비언과 게이의 '커밍아웃'처럼, 장애인은 스스로에 대해서 완전히 다른 방식으로 생각하기 시작했고, 평등한 시민권을 위해서 움직일 수 있는 힘을 갖게 되었다. 장애 활동가는 자선에 의지하는 대신에 자신의 권리를 주장할 수 있었다.

학문적으로 사회모델은 평등의 새로운 장을 여는 것이었다. 장애에 대한 의료사회학이 전통적으로 손상에 대한 개인의 적응을 연구하고 정체성에 대한 손상의 결과를 탐색해 왔던 반면, 사회모델은 장애학 분야의 새로운 연구자로 하여금 차별, 장애와 산업 자본주의 사이의 관련성, 또는 손상을 가진 사람들에 대한 다양한 문화적 반영으로 관심을 돌리도록 하였다. 사회모델은 개인에 대한 연구에서 광범위한 사회적·문화적 과정을 드러내는 것으로 연구의 초점을 확대했다. 장애학은 의식적으로 마르크시즘, 여성주의, 레즈비언과 게이학, 탈식민주의학을 추종하며 성장하였는데, 이들 학문은 모두 자유를 향한 사회운동에 대한 정치적 지향을 명백히 함으로써 새로운 문제를 제기하고 새로운 자각과 증거를 생성하고 있다.

지금까지의 간략한 설명만으로도 영국에서 장애권리운동이 얼마나 실제적이고 광범위한 영향을 미쳤는지를 알 수 있다. 1995년 「장애차별금지법」과 이를 계승한 법, 접근을 막는 장애물의 제거, 자립생활과 직접지불 방식의 발전 등은 모두 영국사회를 크게 변화시키기 시작했다. 지금까지 영국에서 장애권리와 장애학을 사회모델 개념으로부터 분리시키기는 어려웠기 때문에 장애에 대한 사회모델을 재개념화할 수 있는 힘과 전략을 추동하기 위해서는 분명히 힘든 대가를 치러야 한다. 장애 활동가는 사회모델을 만들었고 이는 다음 세대 활동가에게 영감을 주었으며, 이들은 사회모델이 주장하였던 구조적 변화를 위해서 싸웠다.

사회모델이 없었어도 영국의 장애운동이 이렇게 많이, 이렇게 빨리 진행될 수 있었을지는 알 수 없다. 하지만 분명한 것은 다른 나라의 장애운동은 영국 같이 강력한 버전의 사회모델이 없었음에도 불구하고 마찬가지로 빠르게, 어떤 곳에서는 영국보다도 더 빠르게 진전되어 왔다는 것이다. 앞에서 내가 주장한 것처럼, 장애에 대한 사회적 접근은 필요불가결한 것이지만, 그것이 특별히 영국 사회모델의 형태를 취해야만 하는 것은 아니다. 정말로 사회모델은 그 힘과 단순성으로 많은 문제를 해결했지만 또 그만큼 많은 문제를 만들어 내었다.

장애에 대한 사회모델의 정치적 위험

사회모델의 가장 강력한 힘은 장애 입은 사람을 무능력자로서 규정해 온 뿌리 깊은 생각을 효과적으로 몰아낼 수 있었다는 것이다. 따라서 장애운동은 한 극단(장애가 의존, 가치 없음, 비극과 동일시되는 문화적 풍토)에서 다른 한 극단(장애를 완전히 사회적 억압, 사회적 관계, 사회적 장애물로 규정하는 정치적 요구)으로 이동하였다. 급진적인 분석은 장애를 완전히 생물학적인 결함에 의한 것으로 보는 시각에서 벗어나, 개인의 몸이나 뇌와는 아무런 관련이 없는 것으로 보게 되었다. 장애에 대한 전통적 시각을 뒤집어 버린 이 예상치 못한 운동은, 몇 십 년 후에는 정치 사상사에서 가장 용감하고 가장 전환적인 움직임 중 하나가 되었다. 그것은 깊숙이 자리 잡은 직관과 논리에 대항하는 것처럼 보였기 때문이다. 그러나 세월이 지나면서, 사회모델은 정치적 수준과 개념적 수준 모두에서 드러나는 문제를 수반하게 되었다. 사회모델 안에 내재해 있는 문제는 다음과 같다.

- 장애인이 손상에 상관없이 공통된 억압을 공유하고 있다면—마치 흑인이 민족적인 배경과 상관없이 공통된 인종주의 경험을 공유하고 있는 것처럼—손상에 기초하여 장애인을 조직하거나 장애 문제를 분석하는 것은 쓸데없는 일이 된다. 손상별로 특화된 조직—그것이 전통적인 자선단체이든 현대적인 자조집단이든(예컨대, Hurst, 1995를 보라)—과 손상별로 특화된 대응은 오히려 문젯거리가 된다. Michael Oliver는 "장애인에 대해 손상별로 특화된 접근을 고려하는 것은 사회모델과 양립할 수 없다."고 설명하였다(Oliver, 2004: 30). Oliver가 말한 단 하나의 예외는 농인(Deaf people)에 대한 특화된 서비스가 필요하다는 것이다. 이점에서 Finkelstein(2001)은 Oliver와 견해를 달리하고 있다는 것이 지적되어야 한다.
- 장애가 신체적 또는 정신적 손상에 의한 것이 아니라 사회적 합의에 따른 것이라면, 의료적인 문제를 완화하거나 치료하려는 시도에 대해서는 강력한 의심의 눈초리를 보낼 수밖에 없게 된다. 이러한 시도는 진정한 장애 문제에 대해 연관성이 없거나 방향을 잘못 잡은 반응이 될 것이고, 장애물을 없애고 시민권을 쟁취하는 데 정신을 집중하지 못하게 하는 요인이 될 뿐이다.
- 장애가 개인의 경험과 관련해서가 아니라 구조적 배제의 산물로서 이해된다면, 장애인의 수는 더 이상 의미가 없게 된다. 사회 변화와 장애 서비스를 위해서 꼭 필요한 것은 손상을 입은 개인의 특수한 욕구를 충족시키는 것이라기보다는 환경적 · 사회적 장애물을 없애는 것이다. 따라서 손상된 인구집단에 대해서 조사하거나 각각의 손상 형태에 얼마나

많은 사람이 속해 있는지 등을 아는 것은 아무 필요가 없는 것이 된다.

단일한 손상 유형에 따른 조직화, 의료적인 개입, 장애인에 대한 조사 등을 거부하는 것은 1980년대와 1990년대 영국 장애운동의 일관된 모습이었다. 이는 사회모델의 경직된 사고가 얼마나 문제가 많고 직관에 반하는 것인지를 보여 주는 증거인 듯하다. 상이한 손상을 입은 사람은 의료적 · 사회적 측면 모두에서 각기 독특한 경험과 문제를 가지고 있다. 그런데도 단일한 손상 유형에 따른 조직이 어째서 진보적이지 않고 도움이 되지 않는다는 것인지 알 수가 없다. 사회적 장애물에 초점을 맞추기 위해 의료적 개입을 거부해야 한다는 생각도 논리적이지 않다. 광범위한 구조적 변화를 받아들이고 심지어 여기에 우선순위를 둔다는 것은 의료적 조사나 임상적 개입을 방기해야 한다는 뜻이 아니다. 결국 한 사회에서 장애인의 수를 파악하는 것은 제한된 예산과 서비스 계획을 수립할 수밖에 없는 현실 사회에서 다양한 사회정책을 수립하기 위해 불가피한 것이다. 예컨대, 통합적인 학교체계는 장애학생에게 특별한 지원을 제공해야 하고, 따라서 얼마나 많은 사람이 이러한 서비스를 필요로 하는지를 아는 것은 중요하다. 농인을 완전통합하기 위해서는 수화통역사의 제공이 필요하므로, 충분한 통역사를 배치하기 위해서는 얼마나 많은 농인이 특정 지역에 존재하는지를 아는 것이 필수적이다(Harris and Bamford, 2001). 어떤 사회적 범주에 대해서 조사하기 위해서는, 조사될 특정 인구집단에 대한 잠재적이고 변동 가능한 개념화가 필요하다. 이 점에서 피할 수 없는 순환논리가 나타나게 된다. 조사된 수치는 사용된 개념규정의 결과물이다(Abberley, 1992). 장애 범주가 본질적으로 구성된 것이라는 점이 그러한 조사가 아무 의미 없는 것임을 뜻하는 것은 아니다. 다만 각 조사는 그 조사가 의도하는 목적, 그리고 그 조사가 의존하고 있는 장애에 대한 개념정의와 관련해서 이해될 수 있다는 것을 뜻할 뿐이다.

이런 것은 장애 활동가가 장애에 대한 개입 방식(interventions)을 평가하기 위한 일종의 리트머스 테스트로서 사회모델을 사용해 왔음을 보여 주는 예다. 만약 어떤 주창자나 조직이 사회모델에 대해 반대하는 것 같으면, 그것은 부적절하고 방향을 잘못 잡은 것이고, 심지어 억압적인 것이므로 거부되어야 한다. 이러한 '장애 중심의 적확성(disability correctness)'의 가장 단순한 형태는 그 기본적인 용어에서도 나타난다. 사회모델은 '장애를 입은 사람(disabled people)'이라는 용어를 사용하라고 하는데, 이는 손상을 입은 사람이 그들의 몸 때문이 아니라 사회 때문에 장애인이 되기 때문이다. '장애가 있는 사람(people with disability)'이라는 말은 사회모델에서 받아들여지지 않았는데, 그 이유는 이 말이 '장애(disabilities)'가 개인의 결함이라는 의미를 함축하고 있기 때문이다. 따라서 '장애가 있는 사람'이라는 말을 사용하는 사람들은 '의료모델'을 채택하고 있는 것이므로, 재교육의 대상이거나 결별해야 할 대상이 되었다.

예를 들어, 1990년에 영국 정부는 차별에 도전하고 통합을 촉진하기 위한 의식화 캠페인을 지원했다. 높은 성취를 이룬 장애인을 보여 주는 일련의 포스터에는 '장애가 아니라 사람을 보라(See the person not the disability)'는 표어가 붙었다. 영국의 장애운동가는 이 공공캠페인을 거부하였는데, 이유는 이 캠페인이 '장애'를 신체적 손상과 동일시하였다는 것이었다(예컨대, Findlay, 1999: 7). '사람을 보라' 캠페인이 만들어진 것에 대한 적절하고 의미 있는 비판도 있을 수 있다. 장애인에 대한 차별은 부정적인 태도의 문제 이상의 것이며, 성공한 장애인을 마케팅하는 것이 장애인의 뿌리 깊은 빈곤과 사회적 배제에 대한 적절한 대응이 아니라고 볼 수 있다. 그러나 당시 장애운동의 대응은 정부의 접근이 가지고 있는 문제의 핵심이 '부정확한' 용어를 채택한 것이라고 비판하는 것 같은 인상을 줄 위험을 안고 있었다.

'장애가 있는 사람(people with disability)'이라는 용어를 사용하는 많은 사람은 장애권리와 사회적 통합의 논리를 존중하고 지지하기 때문에 그 말을 사용한다. 어떤 사람을 그들의 손상과 관련하여 규정하기보다는 장애인이 공유하고 있는 보편적인 인간성을 드러내기 위해서 '사람 우선'의 용어를 선택한 것이다. 다시 말해 용어는 중요하지만, 그 이면의 가치만큼 중요한 것은 아니다. '장애를 입은 사람'이냐 '장애가 있는 사람'이냐에 대해 트집 잡는 것은 장애인의 통합과 권리를 촉진해야 한다는 공통의 목적을 혼란스럽게 한다.

불변의 사회모델

사회모델이 이제는 장애운동과 장애학의 발전에 방해물이 된다고 보는 이유는 더 있다. 그 이유는 사회모델 밖에 있는 것이 아니라 그 계승자 내부에 있다. 사회모델이 가진 강점은 곧 그것의 약점이기도 한 것이다.

첫째, 사회모델은 일련의 실천적인 정치적 위상을 뒷받침하는 개념규정에서 출발하였고, 여기에서 '우리의 몸에 의해서가 아닌 사회에 의한 장애' 등의 몇 가지 기억하기 좋은 슬로건으로 단순화되었다. Oliver(1990)가 '핵심 지식인(organic intellectuals)'이라고 칭송했던 평범한 운동가에 의해 개발된 이런 슬로건은 사회 이론이 아니라 정치적인 개입을 염두에 둔 것이었다. 정치는 단순하고 감성적인 힘이 있는 슬로건을 필요로 한다. 사회모델은 이러한 목적에 잘 맞았다. 그것은 매우 빨리 설명될 수 있었고, 그 함의는 분명했으며 삶을 바꾸는 것이었다.

둘째, 사회모델은 정체성의 정치(identity politics)라는 맥락에서 개발되고 발전되었다. 장애인에게 사회모델은 변화되어야 하는 것—그들이 매일매일의 생활에서 부딪히는 장벽과 편견, 차별 등—을 부각시키기 때문만이 아니라 좀 더 강력한 정체감의 기초를 제공하기 때문에 중요하였다. 활동가는 손상에 대해서 부끄러움을 느끼지 않고, 손상 그 자체가 그들이 겪는 상황의 이유라는 사실을 부정할 수 있게 되었다. 달리 말하면, 활동가는 사회모델의 분석에 대해서 강력한 심리적·정서적 애착을 가졌고 이는 그들의 자아상에 통합되었다.

셋째, 사회모델은 1970년대에 처음 고안되었다. 그것은 Vic Finkelstein (1980)과 Michael Oliver(1990)의 저술에서 학술적인 형식을 갖추기 시작하였고, Colin Barnes(1991)와 후대 장애학자의 저술을 통해 진전을 이루었다. 그러나 지난 30여 년 동안 한 번도 사회모델은 발전되거나 수정되거나 재고되지 않았다. 장애학과 장애운동의 지배적인 목소리는 사회모델의 근본적인 원칙이 옳고 불가피한 것임을 반복해서 주장해 왔다(Finkelstein, 2001; Oliver, 2004). 여성주의(feminism) 등 다른 사회운동 이념은 시간이 지나면서 발전하고, 기본적인 가치를 유지하면서도 다양한 서로 다른 해석과 강조점을 포함하게 되었으며, 비판에 대해서 반응하고, 환경의 변화에 따라 대응 방식을 바꾸기도 해 왔다. 급진적 운동 가운데 유일하게도, 영국의 장애권리 전통은 마치 근본주의 종교처럼, 협소한 초창기의 가정을 학습하는 데 충성을 다해 왔다.

장애운동의 목적은 항상 장애 평등성과 장애인의 사회통합을 촉진하는 것이었다. 이러한 목적이 바뀔 필요는 없다. 그러나 사회모델은 이러한 목적을 위한 수단일 뿐이며, 따라서 그것이 시대에 뒤처진 것이라면 수정되고 대체되어야 한다. 지금이 바로 그 시점이라고 생각하는 데에는 세 가지 중심적인 이유가 있다.

손상과 장애의 구분

손상과 장애의 구분은 사회모델의 핵심을 이룬다. 영국의 장애권리와 장애학을 당시 광범위하게 형성되어 있던 장애에 대한 사회맥락적 접근으로부터 분리시킨 것도 바로 이 구분이다. 손상은 개인적이고 생물학적인 용어로 개념정의되며, 장애는 사회적 생성물로 정의된다. 즉, 장애는 손상을 문제로 만드는 것이다. 사회모델 이론가에게 사회적 장벽과 사회적 억압은 장애를 구성하는 것이며, 연구, 분석, 캠페인과 변화가 일어나야만 하는 지점은 바로 여기다.

일견 많은 손상/장애의 구분은 간단한 것처럼 보인다. 건물 안에 계단만 있다면 휠체어 사용자는 분명 불이익을 당할 것이다. 감각 손상자는 수화통역사나 대안적인 형식의 정보 제공 같은 사회적 조정에 의해서 교정될 수 있다. 그러나 자세히 들여다보면, 생물학적 · 개인적 손상과 사회적 · 구조적 장애의 구분은 개념적으로 그리고 경험적으로 유지되기 매우 어렵다. 손상은 심지어 감각손상의 경우에도 불편함을 유발시킨다(Corker and French, 1999: 6). 고통 그 자체는 물리적 · 심리적 · 사회문화적 요인 사이의 상호작용을 통해서 생기고, 따라서 개인적 경험은 사회적 맥락과 결코 분리될 수 없다(Wall, 1999).

사회가 없는 손상은 있을 수 없고 손상 없는 장애도 있을 수 없다. 첫째, 장애를 만드는 장벽을 경험하려면 손상이 있어야만 한다. 손상은 장애인이 직면하는 어려움의 충분조건은 아니지만, 필요조건인 것이다. 손상과 장애 사이에 연결이 없다면, 장애는 다른 어떤 형태의 사회적 제한까지도 포괄하는 것으로 확장될 것이다.

둘째, 손상은 때로 사회적 조정(social arrangements)에 의한 결과다(Abberley, 1987). 예컨대, 손상으로 인한 전 지구적인 문제의 상당 부분은 빈곤, 영양 결핍, 전쟁 등 집단적 또는 개인적으로 부과되는 사회적 과정에 의해서 생겨난다. Paul Abberley는 손상의 문제를 다루면서, 손상 그 자체가 사회적으로 생성되는 것으로 개념화될 수 있다는 것을 강조하기 위해 이 명제를 사용하였다. 그러나 모든 손상이 사회적 조정으로 인해 발생하는 것은 아니기 때문에, 이러한 설명은 사회모델을 지지하는 것이 아니라 그 기반을 흔드는 것이다. 그보다 손상은 종종 사회적 조정에 의해서 더욱 악화된다고 볼 수 있다. 환경적 · 사회적 장벽은 활동(action)과 누락(omission)을 통해서 손상을 더 악화시킨다. 첫 번째 것은 물리적 장애를 넘어서려고 애쓰거나 잘못 디자인된 의자나 화장실, 잘못 디자인된 교통수단 등을 사용하면서 사람들이 위험에 빠지거나 고통과 상처를 받을 수 있다는 것이다. 두 번째 것은 개인이 약물이나 치료를 통해서 완화될 수 있는 고통이나 증상을 경험하고 있더라도, 처방에 대한 규제나 소득의 결핍, 또는 인식의 부족 때문에 이러한 약물이나 치료를 이용하지 못할 수 있다는 것이다. 이 모든 경우에서 문제(problems)는 어떻게 규정되어야 하는가? 사회적으로 부과된 활동제한이 문제인가, 아니면 손상효과(impairments effects)가 문제인가? 만약 사회적 서비스가 개선된다면 사회적 제한은 점차 사라지거나 적어도 감소하게 될 것이다. 그러나 손상이 아니었다면 처음부터 아무런 제한도 겪지 않게 된다. 문제는 손상효과와 사회적 제한의 조합에서 발생하는 것이다.

셋째, 무엇을 손상으로 간주할 것인지는 사회적 판단이다. 장애인의 수는 무엇을 손상으로 간주할 것인지에 대한 개념정의에 따라 달라진다. 손상의 의미는 문화적 주제이며 광범위한 사회의 가치와 태도에 관련된다. 손상의 가시성과 현저성은 특정한 사회의 기대와 조정에 달려 있는 것이다. 예컨대, 난독증(dyslexia)은 사회가 시민에 대한 교양교육을 요구하기 전까지는 문제가 되지 않았다.

이러한 예가 보여 주는 것은 손상은 항상 이미 사회적인 것이며, 장애는 거의 항상 날실과 씨실처럼 손상효과와 얽혀 있다는 것이다. 손상은 사회적 맥락 안에서만 경험된다. 활동제한이 사회적 활동제한이 아닌 적이 있는가? 만약 손상이 생물학적인 것으로, 그리고 장애가 사회적인 것으로 개념규정된다면, 손상은 근본주의적인 범주로 남겨지게 될 위험이 발생하는 것이다. 손상은 전사회적(pre-social)이거나 전문화적인(pre-cultural) 생물학적 실재가 아니다(Thomas, 1999: 124). Tremain(2002)이 연구에서 손상/장애 그리고 성/젠더 구분을 지지할 수 없다고 비판한 것과 마찬가지다. 우리가 손상을 표상하기 위해서 사용하는 단어와 담론은 사회적으로, 그리고 문화적으로 결정된 것이다. 담론의 밖에 존재하는 순수하거나 자연적인 몸은 없다. 손상은 장애를 유발하는 사회적 관계라는 렌즈를 통해서만 보이는 것이다. 예를 들어, 사람들은 하나의 특정한 손상을 묘사하기 위해서 몇 가지의 꼬리표를 사용할 수 있다. 백치(idiocy), 몽골리즘(mongolism), 다운증후군, 트리조미-21은 모두 동일한 손상 상황을 묘사하기 위해서 사용되어 왔던 단어이지만, 학습장애가 있는 사람(person with learning difficulties) 같은 일반적인 단어가 그러한 조건을 가진 많은 사람에 의해서 선호되는 것과 마찬가지로, 각 단어의 함의는 다르다.

여기에서, 여성주의와의 비교가 도움이 된다. 1970년대 초반에 성과 젠더의 구분은 사회적 젠더와 생물학적인 성이라는 위험한 이분법을 만들어 낸다는 점에서 여성주의 이론가에 의해서 광범위하게 비판을 받았다. Judith Butler(1990) 같은 학자는 성과 젠더의 구분을 폐기하였는데, 이것은 여성이 생물학적인 존재라는 전통적인 사고로 되돌아가기 위해서가 아니라, 성(sex) 그 자체가 이미 사회적인 것임을 보여 주기 위한 것이었다. John Hood-Williams는 이분법의 문제에 대한 토론에 대해 결론적으로 다음과 같이 말한다.

> 성/젠더 이분법은 이론화하지 못했던 영역(under-theorised area)을 이해하는 데 극적인 진전을 가져왔다. 그리고 지난 20년 동안 연구의 흐름을 풍부히 해 주었던 많은 질문을 제기하였다. 그러나 이제는 그 경계 밖으로 사고의 폭을 넓혀야 할 시기다(Hood-Williams, 1996: 14).

물론 동일한 주장이 손상에 대해서도 적용된다. 실용적으로 말하여, 손상과 장애 사이의 연관이 무시될 수 없는 것임은 장애인의 실제 경험 속에서 두 측면 사이의 구분이 어디에 존재하는지 알아내기가 어렵다는 점만으로도 충분히 설명될 수 있다. 이론적으로 또는 정치적으로 손상을 장애로부터 구분해 내는 것은 간단한 것처럼 보이지만, 질적 연구는 사회모델을 조작화하는 것이 매우 어렵다는 것을 알려 주었다. 왜냐하면 장애인의 일상적인 삶 속에서 장애로부터 손상을 분리해 내는 것은 어렵기 때문이다.

예컨대, Carol Thomas와 Donna Reeve는 '사회적으로 유발된 심리정서적 복지의 저해 요인'에 대해서 탐색한 선구자다. 이들이 이 연구를 했던 것은 물리적 또는 경제적 장벽뿐 아니라, 개인 사이의 관계나 사회적 관계도 문제를 유발하는 요인이라는 것을 설명하는 데까지 사회모델을 확장하기 위해서였다. 이는 분명 유용한 발전이었다. 그러나 질병이나 손상 그 자체도 심리정서적 복지를 저해하는 요인이라는 것은 말할 필요도 없다. 척수손상이나 퇴행성 질환을 진단받는 것은 우울, 불안, 자존감의 문제를 유발할 수 있다. 따라서 손상을 가진 개인은 동시에 사회적으로 유발된 심리정서적 문제를 경험할 수 있고, 손상은 심리정서적 문제를 유발한다. 그렇다면 실제로 정신적 스트레스의 이 두 가지 원인*을 따로 떼어 구분해 내는 것이 가능하겠는가?

예컨대, 다발성경화증을 가진 사람을 생각해 보자. 그녀는 여러 가지 이유로 심리정서적 영향을 경험할 수 있다.

- 그녀는 통증이나 다른 신체적 증상과 제한 때문에 고통을 받을 수 있다.
- 그녀는 우울증처럼 신경학적인 상태 그 자체에서 오는 증상을 경험할 수 있다.
- 그녀는 가족, 친구, 고용주 등에게서 부정적인 반응을 겪게 될 수 있고, 이것은 그녀를 화나게 하거나 긴장시킬 수 있다.
- 그녀는 그녀의 삶을 제한하게 될 질병의 예후로 인해서 스트레스를 받을 수 있다. 이 스트레스는 다발성경화증에 대한 부정적인 문화적 표상에 의해서 더 악화될 수 있다.
- 그녀는 일상생활을 더욱 힘들게 하는 사회적 장벽을 경험할 수 있다.
- 그녀는 손상이나 손상에 대한 사회적 반응과 무관한, 다른 스트레스 요인을 가지고 있을 수 있다—예컨대, 그녀의 고양이가 죽는 것 같은.

* 역자 주–사회적으로 유발된 스트레스와 손상으로 인해 발생하는 스트레스.

한 개인이 자신의 감정을 드러낼 때, 손상의 효과를 장애(그것을 장벽 또는 억압 중 무엇이라고 규정하든지 간에)의 효과와 구분하는 것이 쉬운가? 한 개인의 심리 복합체 속에서 이들 요인들을 서로 구분해 내는 것이 무슨 의미가 있는가? '제약을 가져올 질병의 예후에 대해 느끼는 스트레스'가 '그 제약을 가져올 질병이 문화적으로 죽음보다 더한 운명에 처한 것으로 표상되는 질병이기 때문에 느끼게 되는 스트레스'가 되는 것은 어디서부터일까? 서로 다른 요인의 기여분이 분리되거나 양화될 수 있을까? 서로 다른 요인은 떼어 낼 수 없게 얽혀 있으며 하나의 변증법적 복합체를 구성하고 있다.

손상/장애 구분을 유지하는 것이 어렵다는 것을 드러내는 하나의 연구 프로젝트가 Mark Sherry의 박사 논문(2002)인데, 이는 후천적인 뇌손상을 경험하는 사람들에 대한 질적 면접에 기초한 것이었다. 사회모델 접근에 따라서, Sherry는 손상의 영향을 장벽 또는 억압의 역할과 구분하려고 시도하였다. 그러나 그는 '손상' 또는 '장애' 중 하나로 분류되지 못하는 경험의 잔류물을 남겼고, 이는 '다른 관점(different perspectives)'이라는 장을 통해 논의되었다. Sherry는 손상과 장애 경험, 그리고 정체성은 양극단의 이분법이 아니라 유동적인 연속체로 가장 잘 표현될 수 있다고 결론지었다.

또 다른 예는 Lock 등(2005)의 연구다. 이 연구는 뇌졸중 생존자의 경험을 탐색하기 위해서 사회모델 접근을 취하였는데, "예상할 수 있듯이, 사회적 장벽과 사회적 억압에 초점을 맞추는 사회모델은 뇌졸중 생존자의 경험을 탐색하는 데에는 일정 정도 부합하지 않는 것으로 판명되었다."라고 하였다(Lock et al., 2005: 34). 이 연구에 사용된 초기의 초점집단 자료는 응답자가 손상효과를 경험하였음을 보여 준다. "기억, 정보처리, 말과 언어, 시각, 걷기, 우세 손의 사용에서 겪는 어려움, 피곤함의 영향 등이 모두 고용에 대한 장벽이 되었다."고 보고하였다(Lock et al., 2005: 43). 그러나 당연히 그들은 다양한 장애 장벽도 경험하였다.

> 초점집단에 참여한 뇌졸중 생존자와 그 배우자들은 그들의 손상을 일하는 데에서의 장벽으로 보고 있다. 그러나 일반적으로 손상은 다양한 요인의 복합체를 이루는 하나의 구성 요소일 뿐이며, 이 복합체 안에는 재고용에 영향을 미치는 다양한 요인이 상호작용하고 있는 것으로 보인다(Lock et al., 2005: 43).

또 다른 예는 Helen Lester와 Jonathan Tritter의 심각한 정신장애가 있는 사람에 대한 연구에서 제시되었다. 저자는 사회모델 관점을 유지하려 하였지만, 그들의 자료는 좀 다른 것을 보여 준다. 즉, 응답자는 그들의 손상과 '체화된 불합리성(embodied irrationality)'의 영향을 무시할 수 없다고 보고 있다. 그러나 사회적 상황과 전문주의적 태도는 증상을 더욱 악화시킨다. 저자는 이를 '체화된 불합리성과 장애 사이의 연결'이라고 부르고 있다(Lester and Tritter, 2005: 662).

내 생각에 이 연구는 사회모델 관점을 뒷받침한다기보다는 손상과 장애의 상호침투를 보여 주는 것이다. 결국 나는 장애인과 함께하는 모든 질적 연구가 손상과 장애 사이의 구분이 어렵다는 것을 분명하게 보여 준다는 점을 주장하고 싶었다(Watson, 2002, 2003).

사회모델에 대한 비판에 대해서 대응하면서, Mike Oliver는 손상의 문제를 다루기 위해서 손상의 사회모델(social model of impairment)이 장애의 사회모델(social model of disability)과 함께 필요하다고 설명하였다(1996: 42). 손상의 중요성, 사회모델의 한계에 대한 그의 깨달음은 환영할 만한 것이지만, 이러한 구분을 만들어 내는 것은 솔직하지도 바람직하지도 않다. 손상과 장애는 이분법적인 것이 아니기 때문이다. 어디에서 손상이 끝나고 어디에서 장애가 시작되는지 결정하기는 어렵다. 그러나 이러한 모호함이 없어져야만 하는 것도 아니다. 내가 다음 장에서 주장하는 것처럼, 장애는 생물, 심리, 문화, 사회정치적 요인이 상호작용하는 복합체이므로, 모호함을 벗어나기는 어렵다.

손상의 중요성

> 문제의 원인은, 어떤 종류의 것이든 개인이 가진 한계가 아니라, 적절한 서비스를 제공하지 못하고 장애인의 욕구를 적절하게 충족시키지 못하는 사회의 실패라는 사실이 사회 조직 안에서 충분히 고려되어야 한다(Oliver, 1996: 32).

사회모델은 장애를 억압과 장벽이라고 개념규정하고, 장애와 손상의 연관을 깨뜨렸다. 이는 사회모델 접근이 손상의 역할을 무시해 왔다는 공통적인 비판을 이끌어 냈다. 예컨대, 『편견에 대항하는 자부심(*Pride Against Prejudice*)』(1991)에서 Jenny Morris는 영국장애운동의 주류이자 UPIAS에 의해 고무된 이념에서는 무시되어 왔던 장애의 측면, 즉 문화, 젠더, 개인적 정체성 등에 대해서 논의하였다. 가장 중요한 것은 그녀가 손상이 사회 안의 장애 요인을 만들어 내는 유일한 요인은 아닐지라도, 손상 그 자체가 고통과 어려움을 유발시킨다는 것을 인정하였다는 사실이다.

> 환경적 장애와 사회적 태도는 우리의 장애 경험에 중요한 부분이지만—그리고 정말로 우리를 장애인으로 만드는 것이지만—그것이 존재하는 모든 것이라고 주장하는 것은 신체적 · 정신적 제한과 질병, 죽음에 대한 두려움의 개인적 경험을 부정하는 것이다(Morris, 1991: 10).

Morris는 자신의 책에서 장애(disability)를 사회적 장벽과 개인적 제한을 모두 의미하는 가변적인 것으로 사용하였다. 이러한 흐름을 뒤따라서, 1992년 Liz Crow는 『연합(*Coalition*)』이라는 맨체스터 장애인연합(Greater Manchester Coalition of Disabled People)의 잡지(Crow, 1996으로 출판된 바 있다)에 논문을 발표하였는데, 여기에서 Crow는 사회모델이 손상의 일부분이라고 할 수 있는 개인적인 고통과 제한의 경험을 포괄하는 데 실패하였다고 비판하였다. 그녀는 사회모델 자체에 대해서는 공감을 표현했지만, 사회모델이 손상 경험을 포괄하기 위한 자리를 마련하기 위해 더 발전해야 한다고 요구하였다. 그녀는 "우리는 경험에서 나타나는 모순과 복합성에 대해 논쟁하는 대신에, 장애운동 속에서 손상을 무의미하고 중립적이며, 때로는 긍정적인 것으로 묘사하기를 선택해 왔다. 하지만 실제로 그것은 얼마나 고통스러운 것인가?" 라고 내비쳤다.

Crow는 손상을 불이익(disadvantage)으로 설명하지 않고 장애인의 삶에서 중요한 하나의 측면으로 설명하였다.

> 개인적으로, 우리 대부분은 손상이 아무런 관련이 없는 것이라는 확신을 가지고 있는 척할 수가 없다. 왜냐하면 손상은 우리 생활의 모든 측면에 영향을 미치고 있기 때문이다. 우리는 우리의 신체적 · 정신적 복지를 위해서, 그리고 마침내 우리가 장애에 대항할 수 있는 능력을 키우기 위해서 손상을 우리의 전체 경험과 정체성에 통합할 수 있는 방법을 찾아야만 한다(Crow, 1992: 7).

1993년에 개방대학교(Open University)의 교재인 『장애를 만드는 장벽, 장애를 없애는 환경(*Disabling Barriers, Enabling Environments*)』에서 Sally French는 손상 문제의 존속에 대한 중요하고도 조심스러운 글을 썼다. 거기에서 French는 "나는 특정한 손상을 입은 사람이 경험하는 가장 심각한 문제 중 어떤 것은 사회적 조정을 통해서 해결하기 어렵거나, 심지어 불가능한 것이라고 믿는다." 라고 하였다(French, 1993: 17). 시각 손상을 입은 사람으로서 그녀는 사람을 식별할 수 없는 것이나 상호작용에서 비언어적인 단서를 읽지 못하는 것을 예로 들면서, 이처럼 시각적인 손상이 있는 사람으로서 존재하는 것이 어떻게 이웃이나 그녀의 학생과 상호작용하는 데 문제를 유발하는지를 설명하였다. French에 따르면, 장벽을 없애거나 사회적 변화를 이루는 것으로서는 시각 손상의 문제를 완전히 치료하거나 제거할 수 없다. French는 또한 자신과 같은 대안적인 관점에 대하여 저항하는 이유에 대해서 탐색하였다.

> 장애운동에서 몇 년 동안이나 쉼 없이 일해 왔던 활동가는 매우 솔직하고 간명한 방식으로 장애를 드러낼 필요가 있다는 점을 분명히 깨닫게 된다. 이는 장애인 자신을 변화시키려는 노력이 아니라 사회를 변화시키려는 노력을 통해서 장애를 경감시키거나 제거할 수 있을 것이라는 회의적인 명제에 대해서 확신을 갖기 위한 것이다 (French, 1993: 24).

좀 더 최근에는 Carol Thomas(1999)가 유물론적인 사회모델의 전통에 입각한 장애에 대한 접근을 내놓고 있는데, 이는 개인적 경험, 장애의 심리정서적 측면, 그리고 그녀가 '손상효과(impairment effects)'라고 명명한 것의 영향에 대해서 탐색할 여지를 만든 것이었다. 그녀는 '손상효과'라는 개념을 '손상이 개인의 사회적 삶을 제한하는 직접적인 영향을 미친다는 것을 나타내기 위해' 사용하고 있다(Thomas, 2004b: 42).

이 모든 저자는 사회모델의 관점에서 논의를 전개하고 있으며, 이 모델의 폐기가 아니라 개혁과 발달을 요구하고 있다. 그럼에도 불구하고 이러한 비판적인 목소리는 영국 장애운동과 장애학 안에서 강한 반대에 부딪혀 왔다. 사실상 손상의 현실을 부정하는 드러나지 않는 경향이 있어 왔던 것이다. 예컨대, Dan Goodley는 학습장애의 존재에 대해서 의심의 눈길을 보내고 있다. "사회구조, 전문가의 개입, 사회적 관계는 '학습장애'가 있는 사람을 '정신적으로 손상된(mentally impaired)' 것으로 선험적으로 개념화하면서, 그들의 주관적 특징을 계속해서 본래적인 것으로 만들고(naturalize) 있다."(Goodley, 2001: 211)

옹호자는 자주 '학습장애라는 꼬리표가 붙은(labelled with learning difficulties)'과 같은 말을 사용한다. BCODP 브리핑자료는 '다른 사람에 의해 어떤 형태의 손상을 가진 것으로 평가되는 사람이 부딪히게 되는 장벽'이라는 표현을 사용한다(British Council of Disabled People, n.d.). Michael Oliver도 '다른 사람에 의해 어떤 형태의 손상을 가진 것처럼 보이는 사람'에 대해 이야기한다. 정신보건 운동가는 '정신보건시스템의 생존자'라는 말을 사용한다.

> '정신질환(mental illness)'의 구성은 인간의 경험과 인식의 다양성을 가치 절하하는 근대적 프로젝트의 일부분이다. 이는 인간의 몸과 자아에 대해 이해, 공감, 지지하고 전체적인 측면에서 접근하기보다는 분석, 질병의 박멸(eradication), 물화(physicality), 그리고 기계적 · 화학적으로 강제하는 것으로 점철되었다(Beresford and Wallcraft, 1997: 71).

낙인화와 사회적 담론에 대해 주목하는 것은 중요하지만, 생물학적 제한으로 문제가 되는 현실을 무시할 위험이 있다. 언어적으로 거리를 두는 것은 부정의 암묵적인 형태로 작용한다.

손상에 대해 관심을 기울이는 것은 장애학에서 다음 몇 가지 이유에서 매우 중요하다.

- 장애학은 손상의 본질과 의미에 대한 의학적 주장을 수용하기보다는 장애인 자신의 시각과 관점에 대해 주의를 기울여야 한다. 많은 응답자가 손상은 그들의 경험에서 중심적이고 구조적인 부분이라고 말하고 있다.
- 장애학은 손상에 대한 의료적 대응에 관심을 기울여야만 한다. 치료는 효과적인가? 부작용은 없는가? 연구비가 효과적으로 지원되고 있는가? 국가보건서비스(NHS)는 장애인의 손상에 따른 욕구에 우선순위를 두고 있는가?
- 장애학은 손상의 예방에 대해서 관심을 기울여야만 한다. 장애인의 삶

의 질에 대해서 관심이 있다면, 이는 손상의 영향과 손상의 복잡성을 줄이는 것을 포함하게 된다.

- 장애 장벽은 손상을 유발시키기도 하고 악화시키기도 한다. 예컨대, 빈곤과 사회적 배제는 손상을 악화시키고, 특히 정신질환의 위험과 같이, 부가적인 손상을 유발시킨다.

Rachel Hurst(2000)는 장애를 젠더에 비교하면서, 정치적 논쟁에서 여성의 생물학적 특징을 상세하게 분석하는 것이 부적절한 것처럼, 장애인의 개인적인 특성을 분석할 필요도 없다고 주장하였다. "장애인 개인의 개별적 특성과 손상으로 발생하는 기능의 제한에 집중하는 것은 그 자체가 장애차별이다." (Hurst, 2000: 1084) 장애인의 경험과 여성의 경험, 그리고 소수인종집단과 레즈비언 · 게이의 경험을 이야기하면서 이와 유사한 말을 듣는 것은 흔히 있는 일이다(예컨대, Gordon and Rosenblum, 2001). 예를 들어, Carol Thomas는 '장애차별주의(disablism)'를 성차별주의, 인종차별주의, 동성애공포증과 같은 개념으로 보고 있다. '장애차별주의'라는 용어는 장애자선단체인 Scope에 의해서도 사용되었다. 아마도 Scope는 직접행동 네트워크(Direct Action Network)와 다른 장애 인권운동가의 표적이 되는 것을 인식하면서 최근에 좀 더 급진적인 입장을 채택한 듯한데, 이는 '평등을 쟁취할 때(Time to get equal)'라는 캠페인 슬로건에서도 나타난다. Scope는 '장애차별주의'를 '장애인이 다른 사람보다 열등하다는 신념에서 비롯되는 차별 및 억압적이고 가학적인 행동'이라고 개념규정하고 있다. 이는 흑인 소년 스테판 로렌스(Stephen Lawrence)의 죽음 이후에 맥퍼슨 보고서(Macpherson Report)에 나타난 제도화된 인종차별주의(institutionalised racism)의 개념을 암묵적으로 차용한 것으로, 여기에는 '인식하지 못하는 편견, 무시, 생각 없음, 그리고 인종적인 고정관념을 통해 차별에 이르게 되는 과정, 태도, 행동'이라는 항목이 포함되어 있다.

그러나 과연 서로 다른 운동 및 억압을 동일시하는 것이 의미가 있을까? 사회운동으로서, 여성 자유주의, 게이 인권, 장애 인권과 반인종차별주의는 많은 점에서 유사하다. 이들은 모두 정체성의 정치를 포함하고 있고, 차이를 생물학적으로 치환하는 것에 도전하며, 학계와 운동의 연합을 형성하고 있다. 장애의 이론화와 인종, 젠더와 성의 이론화 사이에는 병치하는 것이 있어서, 많은 장애학 문헌에서 다른 억압기제에 대한 인용을 하고 있는 것이다. 그러나 장애인이 직면하는 억압은 성차별주의, 인종차별주의나 동성애공포증과는 다르고 많은 점에서 좀 더 복합적이다. 여성과 남성은 신체적·심리적으로 다르지만, 더 이상 여성이 생물학적으로 남성보다 더 능력이 없다고 말하기 어렵다. "젠더는 마치 카스트처럼, 사회적으로 기인된 문제이지, 개인의 고유한 속성이나 내적인 능력에 관련된 문제는 아니다." (Oakley, 1972: 204)

마찬가지로 인종주의자만이 인종 집단 사이의 생물학적인 차이가 그들의 사회적 차이를 가져오는 이유가 된다. 편견이나 차별이 아니라면, 왜 레즈비언이나 게이가 불이익을 받아야 하는지 역시 분명하지 않다. 그러나 심지어 사회적 장벽이나 억압이 없다고 하더라도, 손상을 가지고 있는 것은 여전히 문제가 될 수 있다. 왜냐하면 많은 손상은 중립적인 것이 아니라 제한적이고 문제가 되는 것이기 때문이다.

손상을 입은 사람이 경험하는 제한 가운데 '전적으로 사회적인 기원'을 가진 것은 사실 별로 없다. 만약 어떤 사람이 장애인을 온전히 그가 손상을 입었다는 이유만으로 차별한다면, 그리고 그가 가지고 있는 능력과 상관없이 오직 손상에 기초해서만 이들을 배제시킨다면, 이것은 완전히 사회적인 제한이라고 할 수 있다. 이러한 차별의 사례도 분명히 존재한다. 매력적인 젊은이의 비위를 맞추기 위해서 장애인을 배제하는 나이트클럽, 20세기 초반 시카고와 다른 지역에서 공공장소에 추한 모습을 한 사람들이 나타나는 것을 금지시키기 위해 제정했던 악명 높은 「추한 법(ugly laws)」 등이 그것이다. 이런 사례에서 장애차별주의는 인종차별, 성차별, 또 다른 사회적 배제와 완전히 병치될 수 있다. 그러나 대부분의 경우에, 장애인은 손상에 따른 내적인 제한과 외부적으로 부과된 사회적인 차별을 모두 경험하고 있다.

장애인이 역사적으로 억압받았던 다른 집단과 자신을 단순하게 동일시하는 것은 정당하다고 볼 수 없는 결론으로 이끌게 될 것이다. 예컨대, 북미 장애 연구의 중요한 성과를 소개한 책에서, Marcia Rioux는 장애가 시민권 문제라면, 전통적인 연구는 변화해야만 한다고 말한다.

> 장애인이 설 자리를 없애야 한다는 암묵적인 가정이 특정 연구에 대한 재정적 지원을 촉진하였거나, 적어도 이러한 지원을 문제 삼지 못하게 하였다. 이때의 연구는 만약 그것이 장애인이 아닌 다른 집단을 포함한 것이라면 윤리적으로도 법적으로도 받아들여질 수 없을 만한 것이다. 유전자 조작을 통해 인간을 유색인종이 아니도록 만드는 연구는 받아들여지기 어렵다. 또한 여아의 출산을 막기 위해 유전공학을 활용하고자 하는 연구도 수용되기 어렵다. …… 장애라는 이유로 사회에서 다른 집단에게는 받아들여질 수 없는 연구가 합리화되어서는 안 된다(Rioux, 1994: 6).

이러한 비교는 유전학이 여성이나 유색인종 소수집단에게 그러하듯이 장애인에게도 아무 관련성이 없는 것임을 암묵적으로 주장하려는 것이다. 그러나 이는 물론 틀린 이야기다. 역사적으로 억압받는 다른 집단의 성원에게 생물학적인 불이익은 최소화되거나 거의 존재하지 않았던 것에 비해, 비교되는 다른 집단과는 다르게, 장애인은 종종 그들의 유전적인 특질로 주요한 불이익을 경험한다. 어떤 장애인의 경우에는, 유전적 조건이 그들 존재의 전체에 가장 두드러진 측면이 되기도 한다.

또 다른 예를 들어 보자. 만약 여성이나 흑인이 남성이나 백인보다 더 높은 실업률을 나타낸다면, 이에 대해서는 직접적인 장벽(고용주의 차별)과 간접적인 장벽(여성이나 흑인이 적절한 능력, 훈련이나 신뢰성을 갖추지 못한 것)으로 설명할 것이다. 그러나 노동 연령에 있는 장애인의 48%가 일하고 있고 비장애인의 81%가 일하고 있음을 보여 주는 노동시장 통계(Smith and Twomey, 2002)는 이처럼 해석하기 어렵다. 이러한 불이익이 온전히 외적인 장벽에 의해서만 발생하는 것인가, 아니면 손상과 연관되어 있는 특정한 문제들이 부가적으로 작용하는 것인가? 장애인의 20% 정도는 손상이 있지만 그 손상이 그들이 할 수 있는 일의 종류나 양을 제한하지 않는 경우인데, 실제로 이들은 차별에 직면하지 않는 것 같다. 사실 그들의 실업률은 비장애인보다도 더 낮다. 가장 낮은 취업률을 보이는 사람들은 정신질환이 있는 사람들인데, 이 중에서는 겨우 18%만이 일을 하고 있고, 학습장애인 가운데에는 21%만이 일을 하고 있다. 이는 부분적으로 차별에 의한 것으로 설명될 수도 있고, 고용주가 정신질환자나 학습장애인이 참여할 수 있도록 노동을 조정하는 데 실패했기 때문일 수도 있다. 그러나 또 한편으로는 많은 학습장애인이 할 수 있는 일의 한계를 가지고 있기 때문이며, 많은 정신장애인이 정규적이고 스트레스를 받는 일에 대해서 적응하기 어려워하기 때문이다.

이러한 사례는 손상이 종종 어떤 사람의 피부색이나 성별, 또는 성적인 지향과는 다른 방식으로 관련되어 있다는 것을 보여 준다. 사회모델 접근이 손상의 역할을 수용하지 못한다면 그들은 장애인이 처한 사회적 상황의 복합성을 이해하지 못하게 될 것이다. 더구나 장애권리 측의 학계와 활동가는 많은 장애인이 자신의 경험을 묘사하는 것으로 인정할 수 없을 만한 장애인 이야기를 써내려 갈 위험이 있다. 장애여성주의자가 주장하는 것처럼, 손상은 장애경험의 중요한 한 부분이다. 어떤 사람은 손상에 의해 상대적으로 영향을 덜 받거나 또는 손상의 주요한 결과가 다른 사람의 태도에서부터 비롯될 수도 있다. 또 다른 사람에게 손상은 그들의 경험과 그들이 가질 수 있는 기회를 제한한다. 어떤 경우 손상은 점진적인 퇴행과 죽음을 초래할 수도 있다. 이러한 손상의 양상은 많은 장애인에게 부정적인 스트레스를 갖게 한다. 장애에 대해서 적절하게 설명하기 위해서는 손상이 유발시키는 어려움에 대해서 고려해야만 한다. Simon Williams가 말한 것처럼, "장애를 단지 사회적 억압으로서만 상정하는 것은 하나의 선택적 대안일 뿐이며, 사실은 잘못된 선택이다. 왜냐하면 이는 만성질환의 참혹한 폐해에 대해서 관심을 기울이지 않는 것이기 때문이다." (Williams, 1999: 812)

물론 손상은 기회를 가져다주기도 한다. 예컨대, 다른 방식으로 세상을 경험하는 것, 또는 다른 사람은 접근해 볼 수 없는 감각이나 지력을 발달시키는 것 등이다. 더구나 모든 사람은, 심지어 비장애인도 제한을 경험한다. 에베레스트 산을 오르기 어려운 것은 비단 휠체어 장애인에게만 그런 것이 아니다. 모든 손상이 부정적이라거나, 손상이 유일하게, 그리고 항시적으로 부정적이기만 한 것이라고 주장할 필요는 없다. 그러나 많은 사람에게 손상은 중립적이지 않다. 왜냐하면 그것은 내적인 불이익을 포함하고 있기 때문이다. 장애를 만드는 장벽은 손상을 더욱 어렵게 한다. 그러나 장벽이 없다고 하더라도 손상은 문제가 될 수 있다.

무장애 세상의 한계

UPIAS에 의해 창시된 사회모델을 발전시키면서 작성된 1980년 논문에서, Vic Finkelstein은 다음과 같이 썼다.

> 일단 신체적 손상이 있는 사람의 재통합을 방해하는 사회적 장벽이 제거되면, 장애 그 자체가 감소한다. 필요한 것은 사회의 변화, 환경의 물리적 변화, 환경적인 통제시스템의 변화, 사회적 역할의 변화, 그리고 전반적인 지역사회에서 사람들의 태도의 변화다(Finkelstein, 1980: 33).

Finkelstein(1981)은 장벽으로 강조점이 옮겨져야 함을 보여 주기 위해, 모든 거주자가 휠체어 사용자인 가상적인 마을을 가지고 강력한 우화를 만들어 냈다. 이 마을은 모든 것이 거주자의 욕구에 맞게 수정되어 있고, 그 결과 거주자는 불이익을 당하지 않는다. 다른 말로 하면, 그들은 손상이 있지만 장애인은 아니다. 손상 없는 사람이 이 마을을 방문한다면, 환경에 적응하는 데 어려움을 겪는 것은 바로 그들이 될 것이다. 손상 없는 사람은 배제된다고 느끼고, 물리적 · 심리적 어려움을 겪는다. 이 우화는 UPIAS가 주장하는 철학적 변화를 요약적이면서도 강력하게 보여 주었는데, 후에 이것은 장애에 대한 사회모델로서 세상에 알려지게 된다.

장벽에 대한 이러한 강조는 John Swain과 그의 동료들에 의해서 편집되고 『장애를 만드는 장벽, 장애를 없애는 환경(*Disabling Barriers, Enabling Environments*)』으로 제목 붙은 개방대학교의 교재에, 그리고 장애권리운동의 많은 문서에 전수되었다. 장애인의 총체적 목적은 무장애 세상을 만드는 것인데, 이런 세상에서 장애인은 배제되지 않고 통합된다. 실용적으로 말하면, 장벽의 제거라는 사명은 장애권리 차원의 비판을 가장 충실히 받아들였던 많은 나라에서 그 환경을 급속히 변화시키도록 만들었다. 예컨대, 미국에서는 1973년에 「재활법」 504조항이 제정되었고, 1990년에 「장애가 있는 미국인법(ADA)」이 제정되었다. 느리지만, 영국 같은 나라도 이 선례를 따랐다.

장벽 제거의 철학은 유니버설 디자인의 이념을 뒷받침하고 있는데, Ron Mace 등은 유니버설 디자인에 대한 개념을 이렇게 규정한다.

> 수정이나 특별하게 고안될 필요가 없이 모든 사람이 사용할 수 있고, 그 사용 가능성을 최대화하는 상품 디자인과 환경 디자인(Centre of Universal Design, 1997)

유니버설 디자인의 원칙이 건축가, 디자이너, 기술자에 의해서 개발되기 시작했다. 예컨대, 사용자가 낙인을 부여받거나 분리되어서는 안 된다. 이는 모든 사용자가 사용할 수 있어야 한다는 뜻이다(정보는 복합적인 형식으로 제공되어서 모든 사람이 접근 가능해야 한다. 디자인은 적은 신체적 노력으로도 사용 가능해야 한다. 크기와 공간은 모든 사용자의 다양한 몸 크기, 앉은 키, 선 키에 맞게 설계되어야 한다). Rob Imrie(2004)는 유니버설 디자인의 발전을 환영하면서도, 그것이 가진 한계에 대한 주의를 당부한다. 예컨대, 사회적 · 경제적 관계는 장애인에게 주요한 역할을 한다는 것과, 돈과 힘에 대한 설명 없이 건물과 상품만을 고려하는 것으로는 충분하지 않다.

Finkelstein의 우화와 유니버설 디자인의 발전에도 불구하고, 무장애 세상의 개념에 대해서는 제한적인 이론 작업만이 있어 왔다. 아직도 제거되어야 할 많은 장벽이 분명하게 존재하지만, 마침내 유토피아가 건설되었을 때 통합적인 환경의 모습이 어떠할지를 상상하는 것은 그렇게 어려운 일이 아닌 것 같다. 그러나 무장애 유토피아를 생각하는 것은 장애를 개념화하려는 사람에게는 중요하다. 왜냐하면 사회모델은 손상이 있는 사람을 장애인으로 만드는 장벽을 제거하는 것이 가능하다는 전제 위에 서 있기 때문이다(물론 장벽 제거의 철학이 사회모델 관점에만 국한된 것은 아니고 대부분의 사회맥락적 모델이 이야기하는 것이지만).

아이러니하게도, 통합적인 공적 공간을 만들기 위해 노력하는 많은 나라에서 장애물 모델이 장애를 설명하기에 충분하지는 않다는 새로운 증거가 나타나고 있는 듯하다. 첫째, 명백하고 불필요한 장애물이 제거됨에도 불구하고, 더욱 완고하고 복합적인 배제는 여전히 해결되지 않은 채 남아 있고, 우선순위와 비용효과에 관련된 더 심오한 도덕적 · 정치적 문제는 더욱 두드러지게 나타나고 있다. 둘째, 사회적 · 환경적 변화에도 불구하고 장애인이 여전히 가난하고 불이익을 당하는 채로 남아 있다면 그것은 시민권 또는 사회모델 철학이 장애문제의 완전한 해결책이 아님을 보여 준다. 예컨대, 미국이 강력한 시민권 법령을 가지고 세계에서 가장 접근 가능한 환경을 명령하였지만, 미국의 장애인은 여전히 가난한 사람으로 남아 있고, 많은 이는 분리된 너싱홈에서 살아갈 수밖에 없게 되어 있다(Russell, 2002).

아마도 무장애 세상이라는 개념의 타당성에 기초하여 사회모델 접근을 판단하는 것은 부당할 것이다. 결국 사회모델은 물리적 환경 이상의 것에 대한 것이다. BCODP는 다음과 같이 말한다.

> 장애인이 만나는 장애물은 접근할 수 없는 교육 시스템, 노동 환경, 부적절한 장애수당, 차별적인 건강과 사회적 지원 체계, 접근할 수 없는 교통, 주택과 공공건물, 미디어를 통해 전달되는 장애인을 가치 절하하는 부정적 이미지 등을 포함한다(British Council of Disabled People, n.d.).

건축과 의사소통의 장애물을 제거하는 것은 종종 사회적 · 경제적 장애물을 제거하는 것보다 쉽다. 후자에서의 진보는 훨씬 더디게 진행되는데, 이는 장애인의 지속적인 빈곤으로 설명된다. 결국 소수 인종집단과 여성은 건축의 장애물에 직면하지 않지만, 여전히 제도적 차별, 유리 천정, 또 다른 사회 경제적 제약 앞에서 불이익을 당하고 배제되고 있다. Carol Thomas는 관계적인 해석을 해야 한다고 주장하면서 초기 사회모델 문헌이 장애의 양상을 규정하는 개념으로 억압을 강조해 왔던 방식에 대해 재조명한다. 예컨대, 앞에서 인용했던 것처럼, 제한으로서 장애를 개념정의했던 UPIAS의 선례를 따라서 그녀는 "장애인은 사회에서 억압받는 집단이다."라고 말한다. Thomas(2004a)는 사회모델 이론가가 장애물에 초점을 맞추기보다 억압의 관계에 초점을 맞추어야 한다고 주장한다.

물리적 장애물이 장애인이 직면하는 장벽과 억압의 전체가 아니라 한 부분에 불과하다는 점에 동의한다면, 환경적 장벽에 초점을 맞추는 것은 다음 두 가지 이유에서 정당화될 수 있다. 첫째, 접근 가능한 환경을 조성하는 것은 사회적 배제를 감소시킨다. 둘째, 사람들이 어떻게 장애를 경험하게 되는지를 이해하기 위해 물리적 장애물에 초점을 맞추어 접근하는 것은 강력한 상징적 역할을 한다. 장애인에 대한 지금까지의 관점은 손상을 입은 사람이 무엇을 할 수 없는지에 초점을 두고 있다. 예컨대, 걸을 수 없다거나 보거나 들을 수 없다는 식이다. 사회모델은 이러한 결함 접근은 틀렸다고 강조해 왔다. 왜냐하면 휠체어를 사용하거나 점자 또는 수화를 사용하는 것이 이동이나 의사소통을 위한 일반적인 방식보다 열등한 것이 아니라 단지 다른 것일 뿐이기 때문이다. 휠체어를 사용하는 것이 문제가 되는 것은 오직 세상이 잘못 디자인되거나 불공정하게 만들어졌을 때뿐이다. 다시 말해 수행, 결함, 접근성이라는 것은 장애에 대한 대중적인 이해의 핵심이고, 사회모델은 이러한 대중적 이해에 대해서 도전해 왔던 것이다. 따라서 장애물 제거라는 개념을 문제 삼는 것은 사회모델 개념 그 자체에 대해 반대하는 것이 되어 버렸다.

무장애 유토피아의 문제점

자 연

사람이 그들의 몸에 의해서가 아니라 사회에 의해서 장애인이 된다는 주장은 인간이 만들어 낸 사회참여에 대한 장애물을 강조하기 위해 효과적이었다. 그러나 도시 바깥에서는 사회모델을 실행하기가 더 어려운 것 같다. 휠체어 사용자는 모래 해안과 바위산에서 더 큰 장애를 겪게 된다. 시각 손상이 있는 사람은 석양을 볼 수 없고 청각 손상이 있는 사람은 새소리, 바람과 파도 소리를 들을 수 없다. 사회적 조정의 측면에서 자연환경을 탓하기는 어려운 일이다.

물론 친절한 사회적 조정은 이러한 배제를 완화할 수 있을지 모른다 (Tregaskis, 2004b). 포장된 길이나 나무를 깐 산책로는 이동 제한을 가진 사람이 자연보호지역이나 역사 유적지에 접근할 수 있게 할 수 있다. 비디오카메라와 오디오를 통한 보완은 접근할 수 없는 자연에 가까이 갈 수 있는 방법이 될 수 있다. 그러나 손상이 있는 사람은 항상 그들의 몸에 의해서 불이익을 받을 수 밖에 없다. 심지어 그것이 기술적으로 가능하다고 할지라도, 사람의 손이 미치지 않은 접근하기 어려운 자연에 길을 만들고 다른 접근시설을 만들기 위해서는 야생 상태를 허물어뜨려야만 한다.

도시 안에서는 개인 주택이나 공공 건물을 접근 가능하게 할 수 있다. 그러나 휠체어 장애인이 언덕 꼭대기에 살고 있다면, 그때는 그가 사는 곳을 돌아다니는 데에서도 커다란 장애물에 직면하게 될 것이다. 샌프란시스코 같은 몇몇 도시는 다른 지역—예컨대, 케임브리지—보다 필연적으로 접근성이 떨어진다. 마찬가지로 북유럽에 사는 휠체어 사용자는 눈 때문에, 남방 지역에 사는 휠체어 사용자가 겨울에도 길을 다닐 수 있는 것과는 다르게 정기적으로 장애를 경험하게 될 것이다.

양립 불가함

무장애 세상 개념이 가진 함의는 유니버설 디자인이 모든 것을 자유롭게 할 수 있다는 생각이다. 그러나 이들에게서 접근 장애물에 대한 해결책이 때때로 찾아질 수는 있겠지만, 전체적으로 보면 모든 잠재적 사용자에게 접근 가능한 하나의 환경을 조성하는 것은 불가능하다. 유니버설 디자인의 원칙은 각각 분리해서 보면 이론의 여지가 없지만 함께 놓고 보면 갈등 요인도 있다.

예컨대, 휠체어 사용자는 층간 접근을 위해 경사로를 요구한다. 그러나 휠체어를 사용하지 않지만 움직임의 문제가 있는 사람은 경사로보다는 계단이 더 안전하고 이용하기 쉽다는 것을 알게 된다. 휠체어 장애인을 자유롭게 하기 위해서 인도의 턱을 없애게 되면 맹인은 차도와 인도를 구별하기 어렵게 되어 차도로 걸어 들어갈 위험에 처하게 된다. 휠체어 사용자는 맹인에게 위치를 알려 주기 위한 단서인 촉각 보도블럭 때문에 문제를 겪을 수 있다(Grey-Thompson, 2005). 부분적으로 시각 손상을 입은 사람은 흰 바탕에 큰 글씨를 요구하지만 난독증이 있는 사람은 노란 종이에 검정 글씨를 더 선호한다. 어떤 사람은 어둠침침한 방을 선호하고 또 다른 사람은 밝은 조명을 선호한다.

더구나 동일한 손상을 입은 사람 사이에서도 서로 다른 것을 원할 수 있는데, 이는 모든 사람이 자신의 손상에 대해서 다른 경험을 가지고 있고 각각의 손상은 다른 형태를 취하며, 각각의 사람은 손상 문제를 해결하기 위해 선호하는 바가 서로 다르기 때문이다. 1,000명의 미국인을 대상으로 가정 내 설비에 대한 선호를 조사하면서, Stark(2001)는 다음과 같이 말한다.

> 환경 문제에 대한 해결은 각각의 개인마다 고도로 개별적이어서, 복합적인 전략(건축물의 수정, 보조공학, 프로그램 지원, 개인적 지원을 포함하는)을 포함하면서도 개개인의 관점을 고려하는 계획이 필요하다(Stark, 2001: 47).

시각 손상을 입은 사람 중에서도 어떤 사람은 큰 글씨로 된 정보를 원하며, 다른 사람은 점자를, 또 다른 사람은 오디오 테이프나 컴퓨터 디스크에 의한 정보 접근을 선호한다. 다른 말로 하면, 완전히 접근 가능한 정보는 서로 다른 이용자에게 잘 맞추기 위해서 상당히 다른 형태를 띨 수밖에 없다(Imrie, 2004: 282; French, 1993). 장애물을 없애는 것은 모든 도서관의 책을 이 모든 형태로 만들어 내는 것을 의미하는 것인지도 모른다. 그 비용과 시간과 공간의 협소함을 고려하면 이러한 해결책은 비효율적이고 실현 불가능한 것 같다. 실제로 좀 더 쉬운 해결책은 컴퓨터 기술을 활용하는 것이다. 즉, 새 책은 컴퓨터 파일로서 도서관에 제공되고, 기계를 통해 목소리나 점자, 또는 컴퓨터 스크린을 통해서 정보가 인출되도록 하여 시각장애인이나 난독증 이용자의 개인적 선호에 따라 재생하도록 하는 것이다. 이런 접근은 도서관의 특정 정보에 대해서 접근 가능하도록 하고, 장애인 이용자가 비장애 이용자와 동등하게 접근할 수 있도록 해 준다. 장애인 이용자는 비장애 이용자와 동일한 목적을 가지고 있지만 각기 다르고 특별한, 그리고 분리된 방법을 통해 이를 사용할 수 있게 된다. 이는 무장애 세상이라는 정신에 기초한 것일 수는 있으나, 아마도 수사적으로 상상하는 유니버설 유토피아는 아닐 것이다. 이런 종류의 대책은 특별한 욕구에 대한 대응으로 여겨질 것이며, 통합적이고 비차별적인 보편적 재화라고 볼 수는 없기 때문이다.

실용성

도서관의 예는 실용성의 문제를 제기하는데, 이는 모든 장애물이 제거되는 것은 불가능하다는 것을 의미한다. 예를 들어, 만약 책을 여러 가지 형태로 제공하기 위해서 새 책을 구입하는 예산 자체가 감소하게 된다면 과연 자원을 잘 활용하고 있는 것인지에 대해 회의감을 느끼게 한다. 특별한 요청이 있을 때, 합리적인 시간 안에 그 책을 이용 가능한 형태로 만드는 것을 고려하는 것이 좀 더 실용적일 것이다. 이것 역시 무장애 세상의 개념보다는 특별한, 그리고 분리된 서비스 제공에 가까워지는 것이겠지만 당국자에게는 합리적이고 실용적인 타협안으로 보일 것이다.

원칙이 실용주의 접근보다 덜 유용하게 보이는 또 다른 영역은 장애인의 참여가 전혀 고려되지 않은 곳에 지어진 건물과 설비에 관련된 것이다. 예컨대, 거의 모든 범위의 사용자에게 적용될 수 있는 엘리베이터와 램프가 설치되어 있는 워싱턴과 뉴캐슬의 현대적인 교통 시스템과 달리, 뉴욕과 런던의 지하철은 휠체어 사용자에게는 대체로 접근 불가능하다. 분명히 유니버설 디자인의 원칙은 새로 지어지는 건물은 무장애일 것을 요구한다. 그러나 이미 지어진 건물과 설비를 접근 가능하도록 만들 의무가 당국에 있는지에 대한 논쟁이 일어난다. 재건축을 위해서는 엄청난 예산을 투입해야 할 것이며 장애인이 이용할 수 있는 독립적인 교통수단을 마련하는 것이 좀 더 간단한 방법이 될 것이다. 예를 들어, 런던의 대중교통은 거의 100% 접근 가능한 버스로 채워지고 있다. 결과적으로 장애인은 대중교통을 이용할 수 있지만, 지하철과 버스 중에서 선택할 수는 없다. 그들은 비장애인과 동일한 목적을 성취할 수 있지만 교통수단의 자유를 동일하게 가질 수는 없다. 교통시스템이 완전히 접근 가능한 것은 아니지만, 존엄성이 유지되고 분리되지 않으면서 접근할 수 있는 형태가 된 것이다.

완전히 접근 가능한 무장애 설비는 중요한 목표이지만 이를 달성하는 데에는 엄청난 어려움이 있다. 예컨대, 매년 열리는 영국 장애학 컨퍼런스를 위해 접근 가능한 설비를 찾는 것도 지극히 어려운 일이다. 재정적인 압박으로 인해 대학캠퍼스만이 유일하게 현실성 있는 대안이 되었지만 200명 이상의 장애인에게 적절하게 수정된 캠퍼스를 찾는다는 것은 솔직히 어렵다. 사실상 접근성은 종종 타협이고 선의와 융통성에 달려 있는 문제가 된다.

장애물 제거는 결국 사회의 재건

완전히 접근 가능한 사회를 만든다는 것은 이루기 매우 어려운 목표다. 예컨대, 그것은 접근 가능한 교통수단, 정보, 공공건물만을 의미하는 것이 아니라 개인 가정의 접근 가능성까지 포함하는 것이다. 자신에게 맞는 접근 가능한 설비를 찾아내는 것은 많은 장애인에게 일종의 투쟁이다. 이는 주요한 시민권 이슈이고, 많은 사회에서 장애물을 제거하거나 효과적으로 접근성을 제고하지 못한 것에 대한 고발이 있어 왔다. 영국은 좁은 나라이고, 땅값이 비싸다. 단층집은 드물고 상대적으로 비싸다. 많은 단독주택이 노인을 염두에 두고 설계되기 때문에 침실의 개수나 방의 크기가 젊은 가족이나 휠체어 사용자가 살기에는 적당하지 않다. 재정적으로 접근이 가능한 사람일지라도 적당한 위치에 구매할 수 있는 집을 찾기는 쉽지 않다. 이 문제에 대해서 무엇인가 대안이 마련되어야 한다고 생각하는 것은 어렵지 않다. 도시 개발 담당자는 새로 도시를 개발할 때 단층집이나 접근 가능한 주택을 더 많이 지어야 한다는 말을 많이 듣게 될 것이다. 그래야 건축 허가를 받을 수 있거나, 그런 주택의 비용을 낮출 수 있도록 보조금을 받게 될지도 모른다. 주택조합은 접근 가능한 주택의 비용을 낮추기 위한 또 하나의 방법이 된다. 이런 방식으로, 장애인이 적절한 거주지를 찾는 것이 좀 더 쉬워질 수 있다(Madigan and Milner, 1999).

그러나 이상적인 무장애 세상이라면, 장애인은 단지 자신의 집이 완전히 접근 가능한 것을 기대하는 것뿐 아니라, 친구 집에 방문하는 것도 할 수 있어야 한다. 최소한의 요구는 사회활동을 위해서 1층에 들어가고, 화장실을 이용할 수 있는 정도다. 영국만 보더라도 이것이 얼마나 이루기 어려운 것이었는지 알 수 있다. 영국의 대부분의 주택은 새로 지어진 것이 아니고, 그중 대부분은 휠체어 사용자에게 장애물이 되고 있다. 큰 변화는 일어나기 어렵겠지만 정치적 의지를 가진다면, 새로 지어지는 집은 '평생주택(lifetime housing)'의 표준에 맞추도록 강제할 수 있다. 그러나 휠체어 사용자는 친구와 친척 역시 자신이 접근할 수 없는 주택에 살고 있다는 것을 곧 발견하게 될 것임은 쉽게 예견할 수 있다.

또 다른 장애인의 경우를 생각해 보면, 비슷한 문제를 발견할 수 있다. 어떤 사람은 통증이나 피로를 유발시키는 손상이 있다. 무장애 환경과 이동 편의는 이들이 세상과 타협하기를 좀 더 쉽게 해 준다. 그러나 그들은 여전히 제한을 가지고 있고, 아마도 사회적 · 경제적 활동에 직접적으로 참여하는 것은 어렵다. 심지어 무장애 세상에서도, 그들은 그들의 집안에만 묶여 있을 수 있고, 그들이 사회에 기여할 수 있는 정신적인 능력을 가지고 있다고 하더라도 하루에 몇 시간 정도 이상은 일을 할 수 없어서 노동시장으로부터 배제될 수 있다.

무장애 세상이 학습장애가 있는 사람을 위해서는 무엇을 이룰 수 있을지도 생각해 보자. 갑자기 세계 대재앙이 발생해서 서구사회를 중세의 경제, 사회 수준으로 되돌려 놓는다고 하더라도 언어와 학습능력이 경제적 독립을 위해 중요한 속성이 아닌 세상을 만들어 놓는 것을 불가능할 것이다. 분명히 많은 학습장애인은 기본적인 언어와 학습 기술을 습득할 수 있고, 독립적으로 생활하며 임금받는 노동에 참여하는 사람의 예도 있다. 더 좋은 보호고용과 지원고용의 가능성을 만들어서 학습장애인이 직업을 통해 얻을 수 있는 소득, 자존감, 사회통합의 이득을 누릴 수 있도록 하는 것에 장애 정책의 우선순위를 두어야 한다(Gosling and Cotterill, 2000). 그러나 학습장애인의 상당 부분은 기본적인 노동 과업도 수행하기 어렵다는 것 또한 사실이다(Vehmas, 2006).

좀 더 특별하게, Judy Singer(1999)는 자폐와 같이 사회적 손상을 입은 사람에게 장애물 제거가 무슨 의미가 있는지에 대해서 묻고 있다. 만약 어떤 사람의 손상이 다른 사람과의 상호작용을 어렵게 한다면, 과연 주류사회가 그에게 맞추기 위해서 어떻게 적응해야 하는 것일까? 사람들은 자폐인에 대해서 더 많이 교육받고 더 수용적이고 지지적일 수 있다. 이를 통해 긴장이나 잔인함을 없앨 수는 있다. 그러나 자폐인은 예의 바르고 존중하는 대중에게서도 두려움과 혼란을 겪을 것이다. 상상컨대, 사회적 손상을 입은 사람을 위해서는 특별한 설비를 마련하여 그들이 다른 사람에 의해서 접촉되거나 방해받는다는 느낌 없이 물건을 사고, 수영하고, 공부할 수 있도록 해야 할지도 모른다. 그러나 이렇게 되면, 이것은 또 다시 무장애 세상을 말하는 것이 아닌 것 같다. 그보다는 특별한 욕구에 대한 특화되고, 심지어 분리되어 제공되는 해결책에 가깝다. 궁극적으로 어떤 자폐인은 통합보다 자기배제를 더 선호할지도 모른다.

장애인을 위한 무장애 공간을 만들 것을 옹호하면서, Peter Freund(2001)는 우리가 얼마만큼의 차이까지를 받아들일 수 있는지 묻고 있다. 몸의 제한성은 항상 어떤 제한을 가져올 수밖에 없지만, 그는 상이한 '몸과 마음'에 적응할 수 있는 방법 가운데 탐색되지 않은 것이 있다고 설명한다. 공간의 재구성은 단지 손상을 입은 사람에게뿐 아니라 많은 다른 몸을 가진 사람에게도 이득이 될 것이다. 나는 Freund의 분석이 유용하다고 생각하며, 장벽 제거를 반대하려는 것이 아니다. 그러나 이론적인 수준에서, 장벽을 제거함으로써 장애 문제를 해결하려는 방식은 완전히 성공하기 어려우며, 이것의 실패는 사회모델의 기초를 침식할 것이다. Neil Levy(2002: 139)는 장애의 사회적 원인론이 작동하기 위해서는 두 가지 조건이 적용되어야 한다고 주장한다. 첫째, 불이익을 제거할 수 있도록 사회적 조정을 하는 것이 가능해야 한다. 둘째, 사회적 조정을 통한 변화가 일어날 수 없도록 강제하는 요인이 없어야 한다. 자원의 희소성은 장애의 제거를 방해하는 강제적인 이유가 된다. 손상의 특수성 또한 어떤 통합적인 사회적 조정도 완화시키기 어려운 불이익을 만들어 내는 요인이 된다. 이런 상황에서 접근성을 위한 설비와 서비스를 새로운 방식으로 바꾸어 보는 것은 적절하고 수용 가능한 일이다.

장애권리운동은 항상 통합적인 서비스와 무장애 세상을 만들기 위해 일해 왔다. 그러나 장애물의 제거는 그 자체가 목적이 아니다. 이는 다른 목적을 위한 수단이다. 장애물 제거의 궁극적 목적은 손상을 가진 사람의 참여를 촉진하고 삶의 질을 개선하는 것이다. 많은 경우에, 장벽 제거와 통합적 서비스의 제공은 이 목적을 달성하기 위한 가장 적절하고 비용 면에서 가장 효과적인 방법이며, 비장애인으로부터 장애인의 분리를 최소화하는 이점이 있기도 하다. 그러나 때로는 분리의 방식이나 장애인을 위한 대안적인 서비스가 궁극적인 목적과 목표를 이루는 데 더 적절한 방법이 될 수도 있다. 예컨대, 자폐인에게는 더 적은 사람, 더 적은 소음과 이미지, 돌발 상황이 적고 더 틀에 맞추어진 곳에서 일하고, 물건을 사고, 배우고 사회화될 수 있도록 하는 기회를 제공하는 것이 더 적절할 수도 있다. 학습장애인에게는 가치를 인정받고 존중받으며 그들의 삶이 충만하다는 느낌을 줄 수 있도록 지원되는 생활과 작업환경, 그리고 학습 기회나 대안적인 고용이 더 좋을 수 있다.

결 론

장애에 대한 사회모델은 손상과 장애를 구분하였다. 장애는 사회적 변화에 의해서 제거될 수 있다고 주장하면서 장애인의 삶에 있어 손상의 역할을 축소하였다. 이 장에서 나는 이런 점에 대해서 반대하였다. 나의 주장은 심지어 가장 접근 가능한 세상에서조차도, 항상 많은 손상에 부착되어 있는 불이익의 잔재는 남아 있을 수밖에 없다는 것이다. 만약 어떤 사람이 피곤함으로 고통받는다면, 도움이 될 만한 것이 약간은 있다. 스쿠터나 다른 보조기구가 활동의 범위와 영역을 늘려 줄 것이다. 그러나 궁극적으로 그 개인은 다른 사람에 비해서는 불이익을 안고 살아갈 수밖에 없다. Sally French는 자신의 시각손상에 대해 논의하면서, 시각장애인에게 수정된 설비와 정보를 제공하는 것은 장애화 장벽을 제거하지도 못하면서, 오히려 인간적인 접촉을 제거함으로써 그들을 더 안 좋게 하는 것이라고 주장했다(French, 1993: 19).

무장애 세상과 유니버설 디자인 개념은 불필요한 장애물과 생각 없는 계획이 손상을 입은 많은 사람, 또는 의존적이거나 늙거나 다친 사람에게 불이익이 된다는 것을 깨닫게 하였다는 점에서 매우 큰 가치가 있다. 통합을 촉진하기 위해 더 많은 도덕적 · 정치적 움직임이 있어야 한다는 것은 의심할 바 없다. 그러나 장벽의 제거만으로는, 혹은 장벽 제거 위주의 접근으로는 장애 문제의 해결을 어렵게 하는 주요한 실질적 · 내적 장애물이 있다. Michael Bury가 말한 것처럼 "참여에 대한 장벽을 감소시키는 것은 장애 전체를 없애는 것만 못하다."(Bury, 1997: 137)

무장애 세상(barrier-free world)의 기본적인 아이디어는 손상이 장애와 무관한 것일 수 있다는 것을 보여 주려는 것이고, 장애인과 비장애인을 동등하게 하려는 것이다. 사회모델을 채택하는 사람은 상대론자(relativist)인데, 이들은 손상을 입는 것은 손상을 입지 않는 것과 다른 것이지만 평등한 몸의 형태라는 점을 주장한다. 사회모델 관점에서 문제가 되는 것은 몸의 형태가 아니라 사회가 장애를 없앰으로써 이 몸의 형태에 적응하지 못했다는 것이다. 이를 깨닫게 하기 위해 다양한 사례와 민간설화가 인용된다. 예컨대, Michael Oliver는 "비행기가 날지 못하는 사람을 위한 이동 보조 수단인 것처럼, 휠체어는 걷지 못하는 사람을 위한 이동 보조 수단일 뿐이다."라고 주장한다. 이런 주장은 재미있고 자극적이어서, 사람들이 당연한 것으로 받아들였던 것에 대해 새로운 관심을 갖게 한다. 그러나 심각하게 받아들여지지는 못한다. 날지 못하는 것은 걷지 못하는 것과 같은 것이 아니기 때문이다. 비행기와 휠체어는 모두 개인이 가진 몸의 자연적인 한계를 극복하도록 하는 것이지만, 걷는 것은 인간의 정상적인 기능 범위 안의 일부분이고, 나는 것은 그렇지 않다. 날지 못하는 사람과 걷지 못하는 사람은 동의어가 될 수도 없고 평등할 수도 없다. 마비 증상이 있는 사람에게 휠체어는 선택할 수 있는 교통수단 중 하나인 것이 아니라, 불가피한 보조 기구인 것이다.

두 번째 예는 자주 인용되는 마서즈 비니어드 섬(Martha's Vineyard)에 대한 Nora Groce의 역사적 연구에 관한 것이다. 이 미국의 고립된 지역에는 농인이 일반적이다. 농인은 그들의 모든 이웃과 의사소통을 할 수 있기 때문에 이곳에서 그들은 장애 장벽을 경험하지 않고, 청각의 손상은 아무런 문제가 되지 않는다. Oliver의 비행기와 휠체어 비유처럼, 이것은 장애가 정상화될 수 있다는 것을 받아들이지 않는 사람에게 가치 있는 교훈을 제공하였다. 그러나 이것이 무장애 환경이 장애를 제거하고 비장애인과 장애인을 평등하게 한다는 증거가 되는 것은 아니다. 비니어드 섬의 농인은 그들의 고립된 지역사회에서 왕성히 활동할 수 있으나, 청력이 있는 그들의 친구가 언어를 버리지 않는 한 그들은 여전히 특정한 사회적 상호작용에 대해서는 참여할 수 없다. 들을 수 있는 사람은 의사소통을 위해 수화와 언어라는 두 가지 형태를 구사할 수 있지만 농인은 효과적인 의사소통의 한 가지 방법에 대해서는 제한을 받게 된다. 들을 수 있는 친구는 그 섬을 떠날 수도 있고 섬 밖에서 교역하고 여행할 수도 있지만 농인은 이를 선택할 수 없다. 그들은 주요한 감각의 하나를 결여하고 있기 때문에 자연환경을 경험하고 이에 적응하는 데 불이익을 가지고 있을 수밖에 없는 것이다.

Finkelstein의 유토피아 마을은 세 번째 예인데, 마찬가지로 장애 문제에 대해 환상을 심어 준다. 게다가 장애인과 비장애인을 동등화함으로써 실제의 불이익에 대해서 얼버무리고 있다. 비장애인이 접근할 수 없는 휠체어 사용자를 위한 마을은 있을 수 없다. 왜냐하면 비장애인은 항상 휠체어를 사용하기로 선택할 수 있기 때문이며, 이는 건청인이 수화를 배우기로 선택할 수 있는 것과 마찬가지다. 역시 동등하지 않다. 이러한 예는 장애인과 비장애인 사이의 차이에 대해서 짚고 넘어가야 할 중요한 것이 있음을 보여 준다. 장애인은 비장애인보다 융통성과 선택권에서 열악하다는 것이다. Janet Radcliffe Richards가 말한 것처럼, 가치의 전환을 통해 장애를 비장애로 돌려놓을 수 없는 것처럼, 비장애는 장애가 될 수 없다.

사회모델에 의지하고 있는 사람은 왜 사회모델이 수정되고 대체되어야 하는지에 대해서 이해하지 못하고 설득당하지도 않는다. 특히 그들은 나의 이러한 분석이 '허수아비'를 만들어 내고 있다고 주장할 것이다. 내가 사회모델을 잘못 이해함으로써, 장애운동가가 정말로 생각하고 주장한 바에 대해 부정확한 설명을 하고 있다고 비판할 것이다. 몸과 손상을 부정하는 사람은 아무도 없고, 의료적인 개입을 반대하는 사람도 아무도 없다(Oliver, 2004). 거친 이분법이란 없다.

이러한 방어에 대해서 나는 세 가지 대응을 할 수 있다. 첫째, 장애운동의 공식적 입장이나 시위 현장에서 앞서 내가 비판했던 주장과 구분이 제기될 때, 나는 앞서 인용한 예—혹은 그 이상의 예—를 제시해 왔다. 사회모델을 방어하는 학자는 두 가지 방식으로 이에 대응했다. 그들은 거친 이분법을 내놓지 않았다고 주장하면서, 다른 한편으로는 그들이 부인하고 있는 그 이분법을 또 다시 내놓고 있는 것이다. 오늘날 사회모델의 대표자 중 어떤 사람은 덜 엄격한 접근을 해야 한다고 주장하면서도 여전히 '강력한' 사회모델을 강조하고 있다. 둘째, 개별적으로 찬찬히 살펴보면 활동가가 사회모델에 대해서 일관되게 생각하고 말하는 것은 아니라는 것도 사실이다. 예컨대, 많은 장애권리운동가는 닫힌 문 뒤에서는 아픔과 통증, 요로감염 등에 대해서 이야기하지만, 밖에서 캠페인을 벌일 때에는 몸의 중요성에 대해서 여전히 부정한다. 그러나 이런 불일치는 물론 잘못된 것이다. 만약 모두가 사적으로는 좀 더 복잡한 방식으로 행동하면서 공적인 담론에서는 한 가지만을 말한다면, 아마도 그 담론은 재고되고 좀 더 정확하게 바뀌어야 할 때가 되었다는 뜻일 것이다. 예컨대, Kirsten Stalker 등(1999)은 사회모델을 지지한다고 주장하는 많은 자원 조직이 실제로는 이것과 부합하지 않는 개념을 사용하고 있다고 지적한다. 나는 그들의 비일관성을 비난하려는 것이 아니라, 실무에서 일하는 사람의 실용주의에 대해서 박수를 보내려는 것이다. 문제는 조작화하기 어려운 모델이 가지고 있는 제한성이다.

대안적으로, 사회모델의 정통성을 방어하려는 사람은 사회모델이 아직 충분히 성숙된 것이 아니기 때문에 그 부적절함을 비판하는 것은 불공정하다고 주장할 것이다. 예컨대, Finkelstein은 이렇게 말한다.

> 내가 보기에 사회모델에 대하여 미숙하게 비판하는 이유는, 사회가 우리에게 장애를 갖게 하는 방식에 대하여 통찰하게 하는 도구로서 사회모델을 보기보다는 마치 우리의 상황을 설명하는 이론인 듯이 생각하기 때문인 것 같다……. 사회모델은 장애가 무엇인지 설명하지 않는다. 이 설명을 위해서는 우리는 장애에 대한 사회적 이론이 필요하다(Finkelstein, 2001: 10).

이와 유사하게, Michael Oliver는 "사회모델은 실용적인 도구일 뿐이고 이론이나, 사상이나 개념이 아니다."(2004: 30)라고 하면서, '모델은 사상을 실천으로 연결하는 방식'(2004: 19)이라고 한다. Oliver는 또 "'사회모델 스스로가 나는 어떠어떠한 것이다.' 라고 주장한 적도 없는데, 그 어떠한 것이 아니라는 이유로 사회모델을 비판하는 것은 지나친 것 같다." 고 말한다(2004: 24).

사회모델의 이런 방어에 대해서 나는 어떻게 대응해야 할지 모르겠다. 사회모델은 분명히 장애의 개념을 제시하였다. 옥스퍼드 사전에 따르면, '개념 정의' 란 '사물의 분명한 형태나 단어의 의미를 말하는 것' 을 뜻한다. 가장 관련 있는 '모델' 이라는 개념은 '체계에 대한 단순화된 묘사' 를 가리킨다. 개념 정의로서의 사회모델과 설명으로서의 사회모델, 통찰을 위한 도구로서의 사회모델, 실천을 위한 도구로서의 사회모델, 그리고 사회이론으로서의 사회모델이 어떻게 다른 것인지 구분하는 것은 나에게는 의미 없는 일이다. Llewellyn과 Hogan(2000)은 보통 하나의 모델은 이해를 촉진하고 새로운 연구 가설을 만들어 내기 위한 작은 규모의 이론이라고 설명한다. 이들은 장애의 사회모델은 더 크게 적용하려고 하기 때문에 그것을 모델이라고 보는 것은 잘못이라고 하면서, 대신에 이론 체계(theoretical system)로 보아야 한다고 설명한다.

> 체계(system)는 광범위한 의미에서 일반이론이다. 그것은 연구 조사에서 채택한 방법에 대해서 언급할 뿐만 아니라, 연구 주제가 무엇에 대한 것인지 설명하는 것이다. 하나의 체계는 그것이 설명하려고 하는 것을 둘러싼 광범위한 현상을 포괄해야 하며, 이용 가능한 자료를 조직화하고 이에 대한 설명을 제시해야 한다(Llewellyn and Hogan, 2000: 164).

사회모델의 옹호자는 사회모델에 기초하지 않은 장애에 대한 설명을 자유롭게 비판한다. 그러나 그들은 사회모델은 사회이론이나 설명이나 사상이 아니라는 이유를 들면서 비판에 대해서 저항한다. 그러면서도 사회모델의 옹호자는 두 가지 모두를 가지려고 한다. 사회모델에 기초한 저술과 그 적용이 시작되고 30년이 지난 지금, 아무리 공공연히 포기하려고 해도 사회모델이 이론적 체계 또는 패러다임을 제공하였다는 점을 부정하기는 어렵다. 결국 사회모델이 체계인지, 모델인지, 패러다임인지, 사상인지, 개념규정이거나 심지어 도구인지가 문제는 아니다. 문제는 사회모델이 틀렸다는 것이다.

3
장애: 복합적 상호작용

앞에서 나는 사회모델만이 진보적이라거나 사회모델만이 장애에 대한 사회맥락적 접근이라는 가정에 대해서 도전하면서, 왜 내가 사회모델이 장애 개념화에 실패했다고 믿는지에 대해서 설명하였다. 만약 장애학자와 활동가가 사회모델을 폐기한다면, 다른 대안적인 사회맥락적 접근이 필요한데, 이 대안적 접근은 장애의 서로 다른 측면을 화합하고, 진보적인 정치의 기초를 제공할 수 있어야 한다. 이 장에서 나는 이러한 노력을 시작해 보려고 한다.

먼저 나는 나의 이론적 지향을 말하려 한다. 그간의 나의 저술에서 장애를 분석하는 데 이점을 지닌 다양한 접근을 발견하였다[예컨대, 여성주의(feminism)는 정치적 존재로서의 개인이라는 개념을 제공한다. 푸코(Foucault)는 의료적인 성찰과 계보적 방법(genealogical method)을 강조한다. 포스트구조주의(post-structuralism)는 정체성의 언명을 파괴한다. 포스트모더니즘은 이분법에 도전하며 복합체의 장을 열었다. Ian Hacking은 사회 구성주의(social constructionism)를 비판하면서 범주의 개념화를 서로 다르게 하는 방식이 어떻게 인간의 자기 이해의 가능성을 변화시키는지 탐색하였다(Hacking, 2000). Nancy Fraser(1995, 2000)의 연구와 Axel Honneth (1995)의 연구는 급진적인 사회운동의 필요성과 억압의 다양한 차원에 대한 강력한 설명을 제공하였다]. 나는 하나의 관점이나 모델에 얽매이기보다는 다양한 이론가에게서 유용한 요소를 취하려고 노력해 왔다. 이러한 선별성이 비일관성을 가져올지도 모르지만, 삶의 복합성과 세밀한 의미를 과대하게 엄격화된 구조나 체계 안으로 밀어 넣는 위험성을 피할 수 있었다. 내가 가진 존재론적인 카드를 이론의 테이블에 올려놓기 위해서, 나는 이제 비판적인 현실주의 관점(critical realist perspective)이 사회상을 이해하는 데 가장 도움이 되는 솔직한 방법임을 깨닫게 되었다는 점을 미리 밝혀야 하겠다. 이 관점은 삶의 복합성을 허용하기 때문이다.

비판적 현실주의(critical realism)는 외부 현실의 수용을 의미한다. 비판적 현실주의는 상대주의나 극단적인 구조주의에 의지하지 않고, 우리가 그것에 대해 어떻게 생각하거나 말하는가와 상관없이, 때로 상처받을 수 있는 몸의 독립적인 실재를 인정한다. 비판적 현실주의자는 존재론(무엇이 존재하는지)과 인식론(무엇이 존재한다고 우리가 생각하는지)을 구분한다. 그들은 앎으로부터 독립적인 대상이 있다고 믿는다. 질병에 붙이는 진단명은 질병을 구성하기보다는 묘사한다. 다른 말로 하면, 상이한 문화는 장애에 대해서 상이한 시각 또는 믿음, 또는 태도를 가지고 있을 수 있지만, 손상은 항상 존재해 왔고 그 자체의 고유한 경험 세계를 가지고 있었다. 장애 연구에서 비판적 현실주의 관점이 갖는 강력한 언명은 Simon Williams(1999)와 Danermark와 Gellerstedt(2004)에 의해서 만들어졌다. 이들은 복합적인 장애 경험을 설명하기 위해 다양한 원인을 고려하고 강조하는 접근이 필요함을 강조함으로써, 의료모델 대 사회모델의 관점에 대한 이분법적 논쟁을 피하려고 하였다. 예컨대, Williams는 다음과 같이 결론 내린다.

> 장애는, 대략적으로 말하자면, 물리적인 손상이라는 생물학적 현실, 구조적 조건(예컨대, 가능케 하는 요인과 제한을 가하는 요인), 사회문화적 상호작용과 동화 과정 등이 서로 영향을 주고받으며 만들어 가는 실재(emergent property)다(Williams, 1999: 810).

Danermark와 Gellerstedt는 이렇게 말한다.

> 장애인이 겪는 부당함(injustices)은 단순히 문화적 메커니즘에 의해서 만들어진 것(문화적 환원주의)으로 볼 수도 없고, 사회경제적 메커니즘에 의한 것(경제적 환원주의), 또는 생물학적 메커니즘에 의한 것(생물학적 환원주의)으로 볼 수도 없다. 결국 다양한 수준과 다양한 메커니즘 및 맥락을 고려해야만, 하나의 현상으로서의 장애를 분석할 수 있다(Danermark and Gellerstedt, 2004: 350).

이러한 비판적 현실주의 관점은 우리가 활용할 수 있는 장애에 대한 이해를 정교화하기 위한 기초를 제공해 준다. 이는 전통적인 사고와 진보적인 사고의 두 측면을 가장 잘 아우르는 것이다.

상호작용으로서의 장애

사회모델을 따르는 사람들에 따르면(Oliver, 1990; Barnes, 1998b), 전통적인 장애에 대한 설명은 개인과 의료에 초점을 두었다. 이에 반대하는 사회모델은 구조적 · 사회적 접근으로서 장벽과 억압을 강조한다. 영국의 장애운동은 사회모델의 관점을 취하였는데, 이에 대한 학문적인 반대의 목소리는 장애학 공동체의 안(Morris, 1991; Crow, 1996; French, 1993)과 밖(Williams, 1999) 모두에서 있어 왔다. 이러한 비판은 사회모델이 다양한 손상/장애 경험을 아우르는 데 무능했다는 것뿐 아니라 손상의 역할을 깨닫는 데 실패했다는 것에 초점을 맞추고 있다.

내가 채택하고자 하는 장애 접근은 장애가 항상 개인과 구조라는 두 가지 요인의 상호작용이었다는 것이다. 결함이나 구조적 불이익 중 하나로 장애를 개념규정하는 고착된 시각에서 벗어나서 전체적인 이해를 요구하는 것이다. 장애인의 경험은 개인의 내적 요인과 그가 존재하고 있는 더 큰 맥락으로부터 나오는 외적 요인 사이의 상호작용의 결과다. 내적인 요인이란 그가 입은 손상의 성격과 심각성, 손상에 대한 그 자신의 태도, 그의 개인적 특징과 능력, 성격 등이다. 맥락 요인이란 다른 사람의 태도와 반응, 환경이 그를 가능케 하거나 또는 장애로 만드는 정도, 해당 사회에서 장애에 관련된 더 넓은 문화적 · 사회적 · 경제적 이슈 등이다.

내가 주장하는 상호작용 접근과 사회모델 간의 차이는 무엇인가? 상호작용 접근은 차별과 편견을 포함하여 환경과 맥락의 중요성을 인정하지만 장애가 단순하게 장애를 만드는 장벽이나 억압이라는 외적 요인으로만 규정될 수는 없다고 본다. 따라서 나는 Mårten Söder가 '맥락적 근본주의(contextual essentialism)'라고 부른 것에 동의하지 않는다. 장애에 관련된 다양한 문제는 상상할 수 있는 모든 형태의 사회적 조정을 통해서도 완전히 제거될 수 없다. 진보적 장애 정치는 손상을 끌어안는 것에 우선순위를 두어야 하며, 그것을 무시해서는 안 된다.

나의 접근이 사회모델 이론가가 의료모델이라고 부르는 것과 다른 점은, 나는 장애를 손상과 관련해서만 설명하려고 하지 않는다는 것이다. 나의 접근은 환원주의도 아니다. 왜냐하면 나는 한계(limitations)란 특정한 맥락과 환경 안에서 손상의 상호작용으로서 경험한다는 점을 수용하기 때문이다. 손상은 장애를 초래하는 복합적인 상호작용 문제에 있어 필요조건이지 충분조건은 아니다. 사회모델론자의 주장은 이런 것이다. 자신은 "사람들이 그들의 몸이 아니라 사회에 의해서 장애인이 된다."고 주장하는 것에 반해, '의료모델론자'는 "인간은 그의 몸 때문에 장애인이 된다."고 가정하고 있다. 이와 달리 나는 "사람들은 사회와 그들의 몸의 의해서 장애인이 된다."고 주장한다.

나의 상호작용적 접근은 Carol Thomas(1999)에 의해서 채택된 관계적 모델과 유사한 점이 있다. 그녀는 장애여성과 함께 수행한 질적 연구의 결과물로서 사회모델의 수정된 버전을 내놓았다. 이는 그녀로 하여금 Oliver가 틀을 잡았던 손상과 장애의 이분법적 개념에 '손상효과(impairments effects)'라는 개념을 추가하도록 하였다. 이 개념은 Thomas가 개인적인 한계를 고려할 수 있도록 하였는데, 이 개인적인 한계는 사회적 억압으로부터가 아니라 손상 그 자체로부터 나오는 것이다. Thomas는 또 다른 두 가지 혁신을 이루었다. 첫째, 그녀는 장애(그녀는 사회적 억압이라는 의미로 사용하였다)는 심리정서적 효과를 가진다고 주장하였다. 나는 여기에 동의하면서, 손상도 심리정서적 효과를 가진다고 주장한다. 둘째, 그녀는 원래의 UPIAS 접근이 관계적으로 이해되어야 한다고 주장하였다. 그녀의 주장은 장애가 장벽(barriers)보다는 억압(oppression)과 관련하여 이해되어야 한다는 것이다. 그녀(2004a, 2004b)는 그녀가 원래의 UPIAS의 사회관계적 이해라고 부른 것과 그 이후의 장애에 대한 사회모델을 구분해 생각하였다. Thomas는 나중의 사회모델이 활동에 대한 장벽을 강조하는 입장이라고 이해하였고 바로 이러한 강조가 손상에 대해서 혼란을 유발시킨 이유라고 믿었다.

그러나 나의 의견으로는 Thomas가 사회모델을 사회적 억압 버전과 사회적 장벽 버전으로 구분한 것은 잘못된 것이다. 이 두 가지 측면은 원래의 UPIAS의 주장과 그 이후 발전된 사회모델 모두에서 함께 존재하는 것이었다.

Thomas는 사회모델의 한계점과 혼란을 다루기 위해서, 사회모델을 개선하고 발전시키고 비틀어 본 것 같다. 이제 그녀는 사회모델이 한편으로 치워져야 한다고 주장하고 있지만(2004b: 33), 그것을 폐기하고 싶어 하지는 않는 것 같다. 그녀에게 사회모델은 '장애에 대한 믿음직한 사회적 해석'은 아니지만, 상징적인 중요성을 가지고 있다. 즉, 사회모델은 장애학을 의료사회학으로부터 구분해 내어 장애운동의 방향에 서게 했다고 보는 것이다.

Thomas와 나는 모두 장애를 이해하는 데에 관계적인 접근이 필요하다는 점에 동의한다. 나는 관계적이라는 말을 가지고 장애가 내적 요인(손상 등)과 외적 요인(환경, 지지 체계, 억압 등) 간의 관계임을 의미한다. 그러나 Thomas는 이 '사회 관계적'이라는 말을 '신체적 · 인지적으로 정상적인 것과 큰 차이가 있어서 사회적으로 문제라고 규정된 사람들과 정상성이라고 규정된 문화적 기준을 충족시키는 사람 사이의' 관계를 뜻하는 것으로 쓰고 있다(Thomas, 2004b: 28).

어떤 장애 이론에서든 권력의 역할은 중요한 것으로 인식되고 있지만, Thomas의 접근은 장애를 억압과 관련하여 개념규정하면서 치명적인 약점을 드러냈다—그녀는 "장애는 손상을 입은 사람에게 활동의 제한을 사회적으로 부과하는 것을 포함하는 일련의 억압 형태이고, 그들의 심리정서적 복지에 대한 사회적으로 생성된 침해다."라고 하였다(Thomas, 1999: 60). 이러한 주장은 많은 문제를 안고 있다.

- Thomas는 전통적인 사회모델 안에서 순환논리를 재생산하고 있다. 만약 장애가 억압으로 개념규정된다면, 이는 사회과학자를 난처한 입장으로 몰아넣을 것이다. 그들은 장애를 연구할 때, 장애가 억압이라는 개념규정에 따라서 장애인이 억압받고 있음을 밝히는 데 헌신할 것이다. 또한 장애인이 얼마나 억압받는지가 유일한 연구 질문이 될 것이다. Anders Gustavsson(2004: 67)은 Mårten Söder가 이러한 순환논리는 특히 임상적인 근본주의나 맥락적인 근본주의의 위험을 안고 있다고 했던 것을 인용하고 있다.
- Thomas는 더 나아가서 두 가지 범주를 구분하려고 하였다. 즉, 손상을 입은 일군의 사람(그들은 손상효과를 경험할 수 있다)과 그중에서도 장애인이라는 하위 범주 사람(그들은 손상이 있으면서, 그들의 손상효과에 더하여

억압적인 사회적 반응을 경험하고 있는 사람)이다. 예컨대, 나는 대부분의 시간에 내가 억압받는다고 느끼지 않는다. 나는 분명 손상을 입은 상태이고, 때때로 환경, 정책 또는 사회적 반응은 억압적이며 나의 심리정서적 복지를 해친다. 그러나 대체로는 그렇지 않다. Thomas의 개념정의를 따른다면, 나는 어떤 상황에서는 손상이 있는 사람이고, 또 다른 상황에서는 장애인인 것이다. 이는 실용적이지 않고 혼란스러운 구분이다.

- 많은 장애인은 대부분의 시간에 비장애인에게서 긍정적인 반응을 경험한다. 예컨대, 그들은 비장애인 친척, 친구, 또는 일상에서 그를 도와주는 사람에게서 지지를 받는다. 또 그들은 법에 의한 또는 자발성에 의한 서비스에서 긍정적인 이득을 경험한다. 장애를 완전히 억압이라는 의미로 규정하는 것은 손상이 있는 사람에게 힘이 되는 사회적 관계의 긍정적인 차원을 무색하게 할 위험이 있다.

손상/장애의 구분과 이에 자주 비견되는 성/젠더 구분 사이의 차이를 분명히 할 필요가 있다. 여성주의자(예컨대, Oakley, 1972)는 생물학적인 성(남성/여성)과 사회문화적 젠더(남성성/여성성)를 구분하였다. 그들은 특정한 역사적·문화적 맥락 속에서 남성 또는 여성이 된다는 것은 생물학적인 경험이 아니라 사회적인 경험이라는 것을 주장하였다. 그러나 그들은 여성이 역사적으로 다양한 방식으로 억압받아 왔다는 증거를 제시하면서도, 젠더를 억압과 동일시하려고 하지는 않았다. 젠더는 사회문화적인 것이고 종종 억압과 관련되어 있는 것이다. Thomas의 장애에 대한 관점과 비교해 보면, 사회모델에서 손상은 개인적인 생물학적 속성(여성주의에서 성과 같은)으로 개념규정된다. 그러나 사회모델은 장애를 손상에 대한 사회문화적 경험으로 개념규정하지 않았다. 그 대신 장애는 억압이라고 규정된다—또는 Thomas의 표현으로는 '손상을 입은 사람에게 돌아오는 억압적인 사회적 반응의 형태'다.

Thomas(2004b)는 장애를 '무엇을 할 수 없는 상태', 그리고 '제한된 활동성' 이라고 하는 평범한 개념규정에 대해 내가 동의하고 있다고 주장하였다. Shakespeare와 Watson(2001a)에 대한 그녀의 해석에 나는 동의할 수 없다. 그 책에서 나는 지금과 같이 장애를 개인 요인과 맥락 요인 사이의 상호작용의 결과물로 개념을 규정하였다. 이때의 요인이란 손상, 성격, 개인적인 태도, 환경, 정책, 문화를 포함한다. 장애라는 단어를 '손상효과' 또는 '억압' 또는 '장벽' 중 무엇이라고 쓰든지 간에, 나는 이 용어를 손상이 있는 사람의 경험을 구성하는 다양한 요인의 상호작용 전체를 광범위하게 묘사하는 것으로 사용하고자 했다. 손상은 장애 관계 안에서 필수 요소이지만 충분 요소는 아니다. 그것은 항상 일련의 신체적 또는 정신적 속성의 연합체로서 특정한 물리적 환경 안에, 특정화된 사회적 관계 안에 있는 것이고, 더 큰 문화적·정치적 맥락 안에서 작동하는 것이다. 이 문화적·정치적 맥락은 개인 또는 개인으로 구성된 집단의 장애 경험을 구성하는 데 연결되어 있다(Sim et al., 1998). 많은 장애인이 다양한 맥락에서 장애를 입게 되는데 사회적 장벽과 억압이 일정하게 작용하고 있다는 것을 수용하게 되어 나는 진심으로 기쁘다. 그러나 나는 장애가 사회적 장벽이나 억압으로 개념이 규정되는 것을 받아들일 수 없다.

나는 장애에 대해 완전히 새로운 이해를 가져야 한다고 주장하는 것은 아니다. 내가 좀 더 분명하게 드러내는 것이긴 하지만, 다른 사람도 유사한 이야기를 하고 있다(Williams, 1999; Danermark and Gellerstedt, 2004; Gabel and Peter, 2004). 예컨대, 북유럽의 관계적 접근은 나의 장애 이해와 매우 유사하다. Anders Gustavsson은 관계적 상호작용주의 관점을 근본주의에 대한 대안으로 이야기하고 있는데, 그것은 '어떠한 근본주의적인 분석 수준에서의 가설도 거부하고, 그보다는 장애를 몇 가지 상이한 분석 수준에서 연구하기 위한 프로그램으로서의 입장(programmatic position)을 취하는 이론적인 관점' 이다(Gustavsson, 2004: 62).

최근의 van den Van과 네덜란드 연구팀의 연구(van den Van et al., 2005)도

질적 연구에 기초하여 유사한 결론에 도달하고 있다. 그들은 다음과 같이 결론을 내린다.

> 장애가 있는 개인과 사회의 다른 사람은 모두 장애인을 사회에 통합시키는 것과 관련하여 책임을 공유하고 있다. 통합이 이루어지기 위해서 이들은 각각 자신이 맡은 역할을 해야 한다. 탱고는 두 사람을 필요로 한다. 장애가 있는 개인은 사회 안에서 기꺼이 기능 수행을 하려고 하고 사회 안의 다른 사람에 대한 적응적인 태도를 가짐으로써 사회 안에서의 활동이나 사람들과 화합할 수 있다. 반면 사회는 장애인이 기능 수행할 수 있는 사회를 만들기 위한 행동을 취해야 한다. 즉, 사회는 장애가 있는 사람에 대해 존중하며 통합적이어야 하는데, 이는 반차별 법의 제정, 건물의 접근성 향상, 그리고 장애인을 위한 적절한 지원 체계의 마련 등을 통해 가능하다(van den Van et al., 2005: 324).

이들 저자는, 나처럼 의료적 측면과 사회적 측면의 균형을 맞추고 있다. 그들은 통합에 영향을 미치는 세 가지 주제를 논의한다(개인적 요인으로서 손상뿐 아니라 성격과 기술을 포함한다. 사회적 요인으로서 접근성, 태도 등을 논의한다. 지지체계 요인으로서 사회적 지지, 전문가의 돌봄과 보조설비 등을 논의한다). 이 세 가지 요소의 상호관련성은 장애를 결정하거나 또는 장애를 만들어 낼 것이다. 이 연구팀은 나도 유용하다고 생각하는 통합(integration) 개념을 채택하고 있다. 이들은 다섯 가지 요인을 강조한다.

- 특별한 관심을 받거나 장애의 결과로서 혼자 남겨지지 않고, 일반적인 방식으로 기능을 수행하는 것
- 친구관계나 사회 관계망 안에서 무시되지 않고 타인과 섞이는 것
- 유급의 일자리든 무급 자원봉사든 간에 사회에 기여할 수 있는 역할을 가지고 있는 것

- 개인의 잠재력을 발휘하도록 노력하는 것(이는 타인의 도움을 필요로 할 수 있다)
- 자기 삶의 주인이 되는 것

이러한 접근은 장애의 복합성과 다양성 그리고 장애인이 원하는 바에 부합하며, 미래의 연구에 도움이 된다.

Thomas(2004a)는 나의 의견과 Williams나 Bury의 의견, 또는 WHO의 ICF(International Classification of Functioning, Disability and Health) 사이에 아무런 모순점이 없다고 하였는데, 이는 맞는 말이다. ICF의 근간을 이루는 의료-심리-사회모델은 나에게는 장애의 복합성을 이해하는 데 민감하고 실용적인 방식으로 보인다. 몇몇 장애운동 평론가는 이 새로운 WHO의 틀을 이미 불신임받은 ICIDH의 재판에 다르지 않은 것으로 거부해 왔다(Pfeiffer, 1998, 2000; Hurst, 2000). 그러나 새로운 접근은 제한을 만들어 내는 원인으로서 환경의 역할을 깨달았다(Imrie, 2004). ICF는 '장애(disability)'라는 말을 손상, 기능 제한 또는 환경적 장벽 중 어느 하나를 지칭하는 것으로 사용하지 않고 이 전체 과정을 칭하는 것으로 사용하였다.

> 문제가 발생하고 개입의 초점이 되는 지점은 단지 개인 안에서 발견되는 것이 아니라 그들의 물리적 · 사회적 환경, 사람의 태도 안에 있는 것이다. 장애라는 표식(label)은 단지 사람에게만 붙는 것이 아니라 개인과 환경 간 상호작용의 산물을 묘사하는 것이 되었다(Bornman, 2004: 186).

Zola(1989)의 뒤를 이어, ICF의 틀을 마련한 사람은 모든 사람이 손상과 그 결과의 위험을 안고 있다는 것을 깨달았다(Bickenbach et al., 1999). Rob Imrie (2004)가 정확히 지적한 것처럼, ICF는 이론적으로 아직 미흡하다. 그러나 나는 앞서 말한 이유 때문에 ICF가 장애를 규명하고 연구하기 위한 방향을 제시해 줄 수 있고, 따라서 장애학으로서 추인받아야 한다고 믿고 있다.

상호작용모델은 장애 경험의 범위와 다양성을 설명할 수 있는 힘을 가지고 있다. 예컨대, 자연적인 또는 손상의 정도에 따른 변화 가능성이 존재한다. Simo Vehmas(2006)는 심각한 지적 장애가 있는 Steve라는 남자에 대해서 썼다. Steve는 의사소통하지 못하고 독립적으로 살 수 없고 혼자서 일을 할 수도 없다. 그러나 그는 어떤 자극에 대해서 반응할 수 있고, 기쁨과 고통을 표현할 수 있다. Vehmas는 Steve가 자립생활이나 시민권 운동 또는 장벽제거 같은 운동에 의해서 도움을 받지 못하였고 이런 운동이 Steve의 삶에 아무런 변화를 가져올 수 없을 것이라고 주장하였다. 그의 손상이 매우 심각하기 때문이다. 장애에 대한 어떤 사회 이론도 장애인의 다양한 경험을 대충 뒤섞어 버리는 실수를 저지르지는 말아야 한다. 손상은 정도의 차이가 있는 것이고 다차원적인 것이다. 손상에서의 차이는 개인이 직면한 사회적 불이익의 수준에 영향을 미친다.

손상의 수준이 일련의 연속체를 이루고 있음을 인정하지 못하는 것은 장애의 본질에 대한 소모적인 논쟁을 만들어 낸다. 장애를 어떤 비용을 치르더라도 막아야 하는 비극으로 보는 사람들은 이 연속체의 가장 심각한 극단만을 보고 있는 것이라고 나는 생각한다. 그리고 손상이 문제가 될 수 있음을 부정하는 사람, 그리고 장애를 하나의 다름(difference)으로만 보는 사람은 이 연속체의 경미한 한쪽 끝만을 보고 있다. 달리 말해서, 이 두 진영은 서로 다른 목적에 대해서 이야기하고 있는 것이다. 즉, 이들이 장애에 대해서 토론할 때 이들은 서로 다른 사례를 마음에 두고 있기 때문에 장애가 어떻게 이해되고 규정되어야 하는지에 대해서 서로 합의에 도달할 수가 없다.

이와 관련된 현상으로 이야기할 수 있는 것은 장애학 이론가가 만성질환과 손상 사이에 구분을 두려고 하는 것이다. 이 구분은 Michael Bury, Gareth Williams와 Michael Kelly 같은 의료사회학자의 비판에 대해서 대항하기 위한 시도인 것 같다(Barnes and Mercer, 1996). 또한 이 구분은 더 이상 악화되거나 의료적인 치료를 필요로 하지 않는 고정된 장애가 있는 장애인을 강조함으로써 사회모델을 뒷받침하고 있다. 그러나 실제로는 다발성 경화증, HIV/AIDS, 또는 낭포성 섬유증 등이 있는 사람이 장애인이 아니라고 말하기는 어렵다. 그리고 「장애차별금지법」에 이런 사람을 포함시키는 것은 매우 중요한 문제다. 어떤 사람에게는 손상이 주요한 제한 요소이면서도, 어떠한 사회적 조정이나 장애물 제거도 그가 입은 손상에 거의 영향을 미치지 못하는 경우가 있다. 또 다른 사람의 경우, 손상은 그 자체로 거의 제한을 유발하지 않으며, 그들에게 배제와 불이익 문제를 유발시키는 것은 타인의 반응뿐일 수도 있다. 상호작용 모델은 이러한 다양성을 허용할 수 있다.

왜 장애권리운동가와 장애학이 손상의 차이 문제에 대해서 자세히 들여다보려고 하지 않았는지 생각하게 되는데, 그 이유 중의 하나는 아마도 장애의 위계를 한층 강화하는 것에 대한 두려움일 것이다. 어떤 장애인은 다른 장애인보다 더 낫고 더 가치 있다는 뜻을 암시하고 싶지 않아 한다. 그러나 어떤 손상이 다른 것보다 더 제한적일 수 있다는 사실은 나에게는 피할 수 없는 사실로 보인다. 어떤 장애인은 그들의 손상에 의해서 심하게 제한되는가 하면, 다른 사람은 아닐 수 있다. 물론 손상을 정확하게 순서 매기는 것은 매우 어렵고, 어떤 상이한 요인에 가중치를 둘 것인지에 대한 주관적이고 문화적인 가치판단이 작용하고 있다. 통증의 존재, 기대수명의 감소, 겉으로 드러나 보이는 정도, 이동성 등의 여러 측면이 사람마다 다른 의미로 다가올 수 있다. 일반적으로 장애인은 이 문제에 대해 그들 자신의 개인적 상황과 관련하여 생각하는 것 같은데, 그들은 자신의 손상과 상이한 손상을 더 다루기 어려운 문제로 보는 경향이 있다. 불리한 상황에 대한 인간의 적응력은 대단한 것이다(Albrecht and Devlieger, 1999). 동의하기 꺼려지겠지만, 많은 경우 장애인은 그들 스스로는 손상의 위계를 이미 채택하고 있다(Deal, 2003).

이제 아무도 장애학이 강하게 주장해 왔던 모순적인 두 가지를 주장하지 않는다. 하나는, 일반적으로 손상을 경험하는 사람보다 비장애인이 손상을 훨씬 더 부정적이고 제한적인 것으로 인식한다는 것이다(Young, 1997). 다른 하나는, 사회적 장벽과 사회적 억압은 손상을 입은 사람의 삶에서 주요 변수이고 많은 장애인에게 손상보다도 더 많은 문제를 유발한다는 것이다. 장애의 주요 차원은 장애인이 가진 개인적인 차이에도 불구하고, 사회가 장벽을 제거하고 장애인을 참여시킬 수 있는 정도다. 사회모델 전통이 가지고 있는 가치는 그 이전의 장애 연구가 모두 간과해 왔던 억압과 배제의 문제를 강조한 것에 있다. 그러나 손상은 사회적 조정이나 문화적 맥락이 배제와 불이익을 최소화하였을 때조차도 거의 항상 장애인의 삶에서 어떤 역할을 해 왔다.

네덜란드 팀의 연구가 강조한 것처럼, 상호작용 접근은 종종 무시되어 왔던 장애의 한 측면에 대해서 자리를 만들었다. 이는 개인적인 태도와 동기의 문제다. 개인이 받는 불이익의 정도에 영향을 미치는 것은 손상의 정도나 특성, 또는 장벽과 억압의 정도만은 아니다. 예컨대, 매우 유사한 손상을 입고 동일한 사회에서 살아가는 사람도 상황에 대한 그들의 태도와 반응에 따라서 서로 다른 경험을 하게 된다. 장애인이 좀 더 긍정적인 접근을 하도록 그들을 북돋는 것, 자존감과 자기 확신을 증가시키는 것은 때로 더 좋은 설비를 제공하고 의료적인 치료를 받게 하는 것만큼이나 그들의 삶을 변화시킨다. 자기 옹호나 장애권리집단에 속하는 것도 자기 자신과 상황에 대한 개인적 태도를 변화시킬 수 있고, 그럼으로써 그들이 자신의 삶에 대해 통제력을 가지고 더욱 효과적이게 할 수 있다.

상호작용 접근은 또 장애인의 상황이 다양한 방식을 통해 개선될 수 있음을 강조한다. 장애에 대한 전통적 접근은 의료적 치료와 재활을 강조한다. 사회모델 접근은 장벽 제거와 반차별법을 강조한다. 예컨대, Michael Oliver는 다음과 같이 제안하였다.

> 사회모델은 손상에 따른 개인적 제한을 다루려는 것이 아니라 장애의 사회적 장벽을 다루려는 것이다……. 그것은 의료적 또는 전문적 치료보다는 집합적인 행동을

통해서 변화될 수 있는 문제를 규명해 내고 변화시키려는 실용적인 시도다(Oliver, 1996: 38).

그러나 현실은 장애인이 신체적 · 심리적 · 외부적 문제에 의해서 영향을 받고 있다. 오직 외적인 장벽만을 탐구하는 이론은 장애의 도전에 대한 불완전한 대응이다. 의료적 또는 전문적 치료를 사회 변화와 장벽 제거로 대치하는 것 또한 수용할 수 없다. 즉, 두 가지 접근이 모두 필요하다.

상호작용적 접근은 상이한 수준의 경험을 모두 수용한다. 즉, 의료적인 것부터 심리적인 것을 거쳐, 환경적 · 경제적 · 정치적인 것까지를 포함하는 것이다. 이 접근은 개인적인 개입을 수동적인 것으로, 구조적인 변화를 진보적인 것으로 단순화하기보다는, 각각이 가진 이점에 대해서 토론할 수 있도록 선택 대안을 허용하고 있다. 상호작용적 접근은 삶의 질을 개선하기 위해서 탐구되어야 할 매우 다양한 요인이 있다고 본다. 자존감 증진을 위한 코칭 또는 치료, 기능수행을 증진하거나 통증을 줄이기 위한 의료적인 개입, 지원과 적응, 장벽의 제거, 반차별과 태도의 변화, 더 좋은 급여와 서비스 등이다. 개입을 위해 중첩적이고 상호 모순적이지 않은 선택 대안을 제시하기 때문에, 서로 다른 손상을 입은 사람이나 특정한 한 개인에게 가장 적절한 또는 비용면에서 효과적인 접근이 무엇인지에 대한 논의가 필요하게 된다. 하나의 접근이 모든 사례에 대해서 선호할 만한 것이라는 선험적인 가정은 있을 수 없다. 적절한 개입(appropriate interventions)이라는 개념은 어떻게 개인의 상황을 개선할 수 있는지에 대한 판단은 복합적인 것이고, 이념이 아닌 증거에 기초해야 한다는 것을 제안한다. 다운증후군 아동에 대한 팔다리 연장수술, 인공달팽이관 이식, 그리고 성형수술 등은 그 결정과 관련하여 논쟁이 있을 수 있는 문제다. 특정한 새로운 과학기술—예컨대, 계단을 오르거나 상대방과 눈을 맞출 수 있도록 장애인을 높이 올려주는 Ibot 휠체어 같은—에 대한 평가도 이와 관련된 문제다. 이런 보조공학으로 건축물의 장벽을 극복해 가고 있다. 이런 값비싼 설비에 투자하다니, 유니버설 디자인 운동의 일관된 지향을 훼손하는 것 아닌가?

손상의 편재성

장애를 복합적이고 다층적인 요소를 가진 현상으로 이해하는 상호작용 접근은 손상에 대해서도 숙고할 필요가 있다. 나는 사회모델을 비판하면서, 손상이 많은 장애인에게 매우 중요한 것이고, 장애의 사회모델에서 적절하게 이론화되어야만 한다는 주장을 해 왔다. 지금까지는 오직 두 개의 대안만이 제안되었다. Michael Oliver가 '의료적 비극 이론'이라고 부른 것, 그리고 손상을 부정하거나 무시하는 사회모델이 그것이다. 손상은 세상의 끝도 아니고 비극적이거나 병리적인 것도 아니다. 그러나 삶과 무관하거나 단순한 차이에 불과한 것도 아니다. 많은 장애인은 Michael Oliver와 Bob Sapey가 『장애인에 대한 사회복지실천(*Social Work with Disabled People*)』의 두 번째 판에서 말한 것처럼 손상을 중립적으로 볼 수 없다.

> 어떤 장애인은 손상의 발생을 개인적인 비극으로 경험한다. 이는 환경에 의해 일련의 활동으로부터 배제되는 것이 장애라는 주장을 무효화시키는 것은 아니지만, 손상이 하나의 비극으로 받아들여질 수도 있다는 것을 부정하는 것 또한 부적절함을 뜻한다(Oliver and Sapey, 1998: 26).

전통적인 연구와 장애학 모두에서 극단적이고 일차원적인 설명 대신에 근본적인 양가감정을 포착하는 세심한 태도가 필요하다. 장애학은 손상이 중립적일 수는 없지만 그것이 항상 모든 것을 규정하거나 끔찍하기만 한 것도 아니라는 사실을 이해해야 한다.

손상의 복합성을 이해하는 한 가지 방법은 그것을 곤경(predicament)으로 이해하는 것이다. 옥스퍼드 사전에 따르면 곤경이란 '유쾌하지 않은, 고된, 또는 위험한 상황'을 뜻한다. 여전히 부정적이긴 하지만, 이것은 '비극(tragedy)'이라는 말이 강조하는 피할 수 없다는 의미를 가지고 있지 않다. '고된(trying)'이라는 것은 많은 손상이 보여 주는 어려움을 뜻하는 것일 수 있다. 손상은 극복될 수 있는 어려움이긴 하지만 어쨌든 삶을 더 어렵게 한다(사회적 억압과 사회적 배제 같은 부가된 부담—이것은 손상이 불이익이 되도록 만드는 것으로서—은 제거되어야만 한다). 이것이 나에게는 원래의 UPIAS 접근의 핵심이었다고 생각된다. 손상에 대한 대처를 좀 더 쉽게 하도록 하기 위해 가능한 모든 것이 제공될 필요가 있다. 그러나 장벽의 제거나 지원의 제공이 있다고 하더라도 손상은 많은 장애인에게 여전히 어려운 문제로 남아 있을 것이다.

예를 들어, 나는 성장제한을 가지고 있다. 이는 매우 가시적인 손상이지만, 상대적으로 경미한 것이다. 일상생활에서의 주요한 영향은 많은 사람이 나를 쳐다본다는 것이다. 이는 다수의 많은 사람이 성장제한을 가지고 있지 않아서 성장제한을 가진 사람에 대해 익숙하지 않기 때문이다. 그들에게, 특히 아이들에게 난쟁이(dwarfs)는 신기한 것이다. 교육은 이러한 자연스러운 호기심을 감소시킬 수는 있겠지만, 없앨 수는 없다. 따라서 나는 항상 쳐다봄을 당할 것이다. 사람들이 직접적으로 증오심을 표현하지는 않는다고 하더라고 쳐다봄을 당하는 것은 결코 유쾌한 일은 아니다. 나는 한 개인으로서 내가 아무리 행복하고 성공적이더라도, 나의 비정상적인 신체에 대한 자각을 피할 수 없다. 그러나 나는 이러한 사람들의 반응이 쉽게 억압이라는 말로 설명되고 말 수 있는 것이라고 생각하지는 않는다. 그들의 반응은 인생에서 만나게 되는 하나의 사실일 뿐이다—마치 내 손상의 또 다른 차원으로서 척추의 취약성이 있는 것처럼. 시민권 또는 사회적 통합이 아무리 증가해도 난쟁이로서 내가 가진 곤경의 어느 차원도 완전히 없애 주지는 못한다.

마찬가지로, 앞서 논의되었던 많은 지속적인 환경적 장애물은 곤경으로서 더 잘 이론화될 것 같다. 손상이 안고 있는 곤경—세상과 만나는 데에서 나타나는 내적인 어려움, 통증과 고통, 몸의 제한성—은 손상이 중립적인 것이 아님을 의미한다. 손상은 어떤 자각과 경험을 가져오게 되는데 그것이 긍정적인 것일 수도 있다. 어떤 사람에게는 이런 긍정적인 자각과 경험이 불이익의 경험보다 더 클 수도 있다. 그러나 이것이 우리가 손상을 입은 사람의 수를 줄이거나 그 손상의 정도를 최소화하려고 노력할 필요가 없다는 것을 뜻하는 것은 아니다.

손상만이 곤경은 아니다. 예컨대, Zybmunt Bauman은 "포스트모던 정신은 인간적 곤경이 가져오는 고통이 늘 여기 함께 머문다는 생각과 통한다. 이는 개략적으로 포스트모던의 지혜라 부른다."(Bauman, 1993: 245) 체화(embodiment)의 또 다른 측면—예컨대, 여성의 생리통이나 출산의 고통—은 곤경이라는 개념을 통해 이해될 수 있고, 죽음의 불가피성과 비극 역시 그러하다. 어떤 것을 곤경이라고 부르는 것은 그것을 어려움으로서, 그리고 도전으로서, 또 우리가 그것을 감소시키고자 하지만 궁극적으로는 피할 수 없는 것으로 이해한다는 의미다. Sebastiano Timpanaro가 제시한 것처럼, "신체적인 질병은…… 단지 나쁜 사회적 조정의 탓으로만 볼 수는 없다. 그것은 어떤 자율적이고 정복할 수 없는 현실로서의 영역을 가지고 있는 것이다." (Timpanaro, 1975: 20) 그러나 이러한 관점은 손상을 비극이나 정체성을 규정하는 결점으로 보게 하는 덫에 빠뜨리는 것은 아니다.

어떤 사람은 손상에 대한 부정적인 접근처럼 보인다는 점에서 이에 반대할 것이다. 그들은 내가 장애인을 모욕하려고 하거나, 손상이 장애인을 이등시민 또는 지지하거나 존경할 가치가 적은 사람으로 격하시키도록 하려는 것이 아님을 기억해야 한다. 장애인은 건강, 기능이나 능력에서 때로는 비장애인보다 열등하다. 그러나 그들은 도덕적 가치, 정치적 평등성, 또는 인권에서는 결코 열등하지 않다. 장애인의 고통과 행복은 비장애인의 경우만큼이나 중요하다.

손상이 정말로 중립적인 것이라면—또는 이득이 되는 것이라면—우리는 아이를 고의로 손상시키려는 사람에 대해서 반대할 이유가 없다. John Harris(1993: 2001)가 지적한 것처럼 만약 손상이 하나의 다름일 뿐이라면, 고통 없이 아기를 변화시켜 더 이상 보지 못하게 하거나 듣지 못하게 하거나 휠체어를 사용하게 하는 것도 잘못이 아닐 수 있다. 하지만 그렇게 바꾸는 과정에서 아무런 고통이 수반되지 않는다고 하더라도, 우리는 이를 무책임하거나 비도덕적인 것으로 간주한다. 이는 이미 존재하는 장애인의 가치나 시민권을 침해하려는 것이 아니다. 손상이 곤경을 유발하고 다양한 방식으로 제한을 가하기 때문에, 우리는 그것을 막거나 줄이기 위한 노력을 해야만 한다고 주장한다. 이에 대해서는 이 책의 뒷부분에서 다룰 것이다.

뿐만 아니라, 다른 체화된 곤경과의 연결은 공통기반 관찰(commonplace observation)을 강조한다. 이는 Irving Zola(1989)의 책에서 중심적으로 다루어졌고, 장애에 대한 후 사회모델 접근(post-social model)을 위해서 매우 중요하다(Bickenbach et.al., 1999를 참고하라). 모든 사람이 제한점과 취약성을 가지고 있고(Sutherland, 1981) 궁극적으로는 죽는다는 점에서, 손상은 보편적인 현상이다. 인생주기를 통하여, 모든 사람은 손상과 제한을 경험한다. 손상은 선천적이기보다는 후천적일 가능성이 훨씬 높다. 노화는 특히 손상 수준이 높아지는 것과 관련된다. 손상의 편재성은 인간 게놈 프로젝트에 의해서 강조되었다. 이 프로젝트는 모든 사람이 유전자에 수백 개의 돌연변이를 가지고 있으며 이들 중 다수는 개인이 질병이나 손상에 걸릴 수 있게 하는 것임을 보여 주었다. 이런 의미에서 유전적 진단은 독소를 가지고 있는 지식이며, 그것은 건강한 사람을 곧 손상을 입을(pre-impaired) 사람으로 만드는 힘을 가지고 있다.

"모든 사람이 손상을 입는다."고 주장하는 것은 '손상'이나 '손상된 사람들의 경험'을 별것 아닌 것으로 만들려는 것이 아니다. 앞에서 말한 것처럼, 손상은 그 영향력에서 차이가 있다. 이 진정한 차이—특히 사람들이 고통이나 제한에 의해 영향을 받는 정도—를 존중하는 것이 중요하다. Alastair

Macintyre의 말처럼, 한쪽 극단에는 매우 심각하게 손상된 사람, '공동체 안에서 수동적인 존재 이상은 아닌, 인식도 없고, 말을 못하거나 의식적으로 말하지 못하고, 고통에 시달리며, 움직이지도 못하는' 사람이 있다(1999: 127). 이처럼 서로 다른 상이성 때문에 발생하는 특별한 욕구를 무시하는 것은 분명 잘못된 것이다.

모든 사람이 항상 손상되어 있는 것은 아니다. 손상에 대해서 생애주기 관점을 취하는 것은 손상이 시간에 따라 어떻게 드러나는지를 알려 준다. 장애아동이 자라서 비장애 성인이 되기도 하고, 비장애인이 사고나 노화에 의해서 손상을 입기도 한다. 손상은 다양할 수 있고 일시적일 수도 있다.—사람들은 때로는 회복되고 때로는 손상이 악화된다. 손상의 본성과 의미는 어느 한 순간에 주어지는 것이 아니다. 손상을 입은 모든 사람이 동일한 욕구를 가지는 것도 아니며 동일한 정도로 불이익을 당하는 것도 아니다. 더구나 사람들은 저마다 다른 수준으로 사회적 불이익 또는 사회적 배제의 경험을 하게 된다. 왜냐하면 사회는 특정한 손상을 가진 사람에게는 적응하려는 노력을 하지만, 다른 사람에 대해서는 아니기 때문이다. 모두가 손상을 입을 수 있지만, 모두가 억압받는 것은 아니다.

모든 사람이 손상의 곤경을 가지고 살아가고 있다는 것을 고려하면 우리가 공통적으로 가지고 있는 것에 대해 관심을 기울이게 되는 이점이 있다. 즉, 벗어날 수 없는 인간의 한계에 대해서 거부하거나 싸우려 하기보다는 그것을 수용할 수 있게 된다. 장애인에 대해서 재평가할 필요가 있음을 알게 되고, 장애의 사회적 측면에 대해서 주의를 기울이게 된다. 예를 들어, 만약 모두에게 손상이 있다면, 왜 특정한 손상은 치료되거나 수용되고 다른 것은 그렇지 않을까? 왜 어떤 경우에는 손상이 배제를 가져오고 어떤 경우에는 아닐까? 이러한 과정과 선택은 넓게는 사회적 · 구조적인 것이고 변화될 수 있다. 정책적으로 말한다면, 보편적인 접근은 인간이 갖는 다양성의 범위를 유니버설 디자인의 기초로 사용하게 되며, 자원과 기회에 대한 분배의 정의를 그 목적으로 삼게 된다. 장애인은 더 이상 급여를 받기 위해 그들 스스로를 분리되고 무능력한 존재로 개념규정하도록 요구받지 않게 될 것이다.

결 론

손상의 복합적인 특성은 장애인을 위해서 상황을 평등하게 하는 것이 여성이나 다른 소수자를 위해서 상황을 평등하게 만드는 것보다 좀 더 복합적이고 어려울 수밖에 없다는 것을 일깨워 준다. 앞의 장에서, 나는 한편에 장애를, 다른 한편에 인종, 성과 젠더를 놓고 보았을 때 이들은 서로 차이가 있다고 주장하였다. 그 차이는 장애가 내적인 불이익과 연결되어 있기 때문에 발생하는 것이다. Jerome Bickenbach(1999)가 주장한 것처럼, 장애인은 부적인 자유의 제한—그들의 잠재력을 발휘하지 못하도록 방해하는 차별의 형태로—을 당할 뿐 아니라 정적인 자유의 제한도 경험한다. 사회에 자유롭게 참여할 수 없기 때문이다. "기회와 자원의 부정(denial)은 차별의 문제가 아니라 분배적 부정의의 문제다. 즉, 사회적 자원과 기회를 공정하게 분배하지 않음으로써 사회생활의 모든 영역에서 참여의 제한을 가져온다."(Bickenbach, 1999: 10)

장애차별주의(disablism), 즉 장애인에 대한 불공정한 차별의 종식이 장애인의 모든 문제를 해결하지는 못한다. 심지어 환경과 교통이 접근 가능하고 장애에 기초한 어떤 불공정한 차별도 모두 없어진다고 하더라도, 많은 장애인은 여전히 불이익을 당할 것이다. 예컨대, 어떤 손상은 과도한 비용—난방, 설비, 식사에서(Smith et al., 2005)—을 유발하는 것으로 알려져 있다. 많은 장애인은 개인적인 활동보조와 보호를 필요로 한다. 많은 장애인이 비장애인만큼이나 생산적으로 일할 수 있지만, 차별이 완전히 제거된다고 하더라도 모든 장애인이 그렇게 될 수는 없다. 어떤 장애인은 피곤함 때문에 하루 7시간,

주 5일의 일을 할 수 없다. 어떤 장애인은 비장애인 노동자와 같은 노동 강도와 생산성을 보여 줄 수 없다. 어떤 장애인은 그들이 수행할 수 있는 일의 유형에서 매우 제한적일 수 있다. 물론 어떤 장애인은 일을 전혀 할 수 없다.

이 문제는 몇몇 학자에 의해서 강조되어 왔다. 예컨대, Henley(2001)는 1980년대 학습장애인에 대한 정책이 정상화를 강조하는 방식으로 가면서 주간보호센터 등의 지원 프로그램이 문을 닫게 되었던 것에 대해 논의하였다. 1984년 킹스 재단(King's Fund)은 『일을 하는 평범한 삶(*An Ordinary Working Life*)』을 출간했는데, 이 책은 모든 학습장애인을 위한 임금 고용이 성취될 수 있는 목표라고 말하였다(Henley, 2001: 940). 그 당시보다는 더 많은 학습장애인이 일을 할 수 있게 되었다는 것은 의심할 바 없지만, 이것이 모든 사람을 위한 선택 대안이라고 보는 것은 여전히 비현실적이다.

> 모든 학습장애인을 완전히 통합시키려는 목적을 추구하는 과정에서, 모든 종류의 특별 서비스 지원을 급격히 없애도 된다고 몰아갔던 정책은 실제로는 근본적으로 잘못된 것이었다는 사실이 우리가 과거를 통해 배울 수 있는 교훈이다(Henley, 2001: 946).

Paul Abberley는 또 '심각한 손상을 입은 사람을 노동의 세계로 통합하기 위해서 깊이 있고 진실한 노력을 하고 재정적인 급여로 잘 지원하는 사회에서조차도, 어떤 사람은 배제될 것'이라고 하였다(Abberley, 2001: 131). Paul Hunt(1966)도 노동에 대한 강조에 도전하였는데, 노동시장 밖에 있는 장애인은 다른 방식으로, 적어도 공리주의적인 가치에 도전함으로써, 사회에 기여한다고 주장하였다.

「장애차별금지법」을 분석하면서, Gooding은 모든 사람을 동일하게 다루는 것 이상이 필요하다고 주장하였다(Gooding, 2000: 536). 사회가 장애인의 욕구를 충족시키는 데 실패하는 것은 단순하게 장애차별주의만으로 설명할 수 없다. 고용을 촉진하는 전략은 매우 바람직하지만 고용되지 못하고 고용될 수 없는 장애인을 남길 것이다. 사회는 장애인과 비장애인이 처한 상황을 평등하게 하기 위한 부가적인 투자를 함으로써 이 문제에 대해서 대응해야 한다. 따라서 공정한 기회뿐 아니라 재분배가 필요하다.

장애학과 장애인 권리운동은 장애에 대한 개인적 · 의료적 접근을 비판해 왔지만, 시민권에 대한 강조는 장애 문제에 대해서 여전히 자유주의적인 해결을 내포하고 있다(Russell, 2002). 반차별법과 자립생활 해법은 장애인이 선택권을 행사할 수 있게만 된다면, 시장이 불공정한 차별로부터의 해방을 가져다줄 것이라고 보는 것 같다. 그러나 시장 접근은 때로 장애인의 선택을 증가시키기보다는 제한한다(Williams, 1983; Wilson et al., 2000). 개별적이고 시장에 기초한 해법은 신체적 · 정신적 능력에서 영속적인 불평등이 있음을 인정하지 못하기 때문에, 모든 장애인을 자유롭게 할 수는 없다.

인간은 모두 똑같지 않고, 모두 동일한 능력과 제한을 가지고 있는 것이 아니다. 욕구는 다양하고, 장애인은 다른 사람과 사회로부터 더 많은 것을 필요로 하는 사람이다. Alastair Macintyre는 이러한 현실의 정치적 함의를 탐구하기 시작했다.

> 장애와 타인에 대한 의존이 우리 모두가 삶의 어떤 시점에서 예측할 수 없는 수준으로 경험하게 될 것으로서 자연스럽게 받아들여지는 사회. 그럼으로써 장애인의 욕구가 그들의 목소리를 통해 적절하게 알려지고 그것이 충족될 수 있는 방법에 관심을 기울이는 것이 더 이상 특별한 관심이거나 특정 집단의 이익인 것이 아니라, 전체 사회의 이익이고 그들의 공동선 개념에 부합하는 관심사로 받아들여지는 사회(Macintyre, 1999: 130).

이는 불이익을 만들어 내는 한 요소로서 손상의 영속성을 부정하는 사회모델만큼이나 진보적일 뿐 아니라 훨씬 더 적절한 것 같다. 손상은 보통 개인적인 책임의 문제는 아니다. 그것은 유전이나 질병의 예측할 수 없는 영향으로 인해 발생하거나, 노동, 전쟁, 빈곤 같은 사회적으로 생성되는 비용으로서, 또는 노화 과정의 자연스러운 결과로서 발생한다. 만약 장애인이 비장애인과 동등한 도덕적 가치를 가지고 있다면—그래서 정치적으로 동등한 시민으로 보인다면—정의는 장애에 대한 사회적 조정을 요구할 것이고, 이때의 사회적 조정은 자연적인 결과든 사회적으로 유발된 상처든 손상을 보완할 것이다. 평평한 운동장을 만드는 것으로는 충분하지 않다. 진정한 사회 통합을 촉진하기 위해서는 재분배가 필요하다.

4

꼬리표와 견장: 장애 정체성의 정치

서 론

장애학 문헌에서 강력한 합의를 이루고 있는 것이 있다. 그것은 장애운동이 정치적인 변화를 견인해 내는 집단적인 힘으로서도, 장애인 참여자 개개인에게 가져다 준 이익으로서도 모두 긍정적인 영향을 미쳤다는 것이다(Driedger, 1989; Gilson et al., 1997; Charlton, 1998; Branfield, 1999). "광범위하고 통합적인 장애인 공동체 안에서 확신에 차고 긍정적인 장애인 정체성이 형성되고 있다. 장애인이 그들 자신의 삶을 스스로 결정하는 힘을 얻고 있다는 것은 점점 더 명확해지고 있다."(Gilson et al., 1997: 16)

나를 포함하여 많은 장애학 연구자는 장애인 권리 획득을 위한 투쟁의 대열에 관여해 왔다. 해방적 연구의 원칙(Mercer, 2002)에서는 장애학이 장애인을 우선에 놓고 그들을 조직화하는 것에 책임을 가져야 한다고 되어 있다. 아마도 장애권리운동과 장애학 사이의 이런 밀접한 관련성으로 인해 양자 간의 정치적 결속이 이득을 가져다줄 것이라는 믿음은 아무런 의심 없이 받아들여졌고, 장애 정체성의 정치에 대한 장애학 문헌은 열성적으로 읽혀 왔을 것이다.

예컨대, Jane Campbell과 Michael Oliver의 장애운동 사회사는 1970년대와 1980년대의 정치적 발전에 대해 매우 긍정적인 평가를 내리고 있다. 정치적 의식의 성장과 집합적인 조직화는 많은 사람에게 환영받았다. 그것은 특히 개인 참여자의 자존감을 견고히 해 주는 데 기여했기 때문이다. 사회모델은 멋진 해방론이 되었다(Campbell and Oliver, 1996: 117). 장애권리 차원의 분석을 통한 의식화(Freire, 1972)는 사람들의 자기 개념을 변화시켰다. James Charlton은 이렇게 말한다.

> 비판적인 의식화는 사람들로 하여금 장애활동가로서의 주체적인 위치를 취하도록 한다. 이는 거리에서의 정치적 활동이나 도전뿐 아니라, 장애인을 위한 조직(organisations for the disabled)을 장애인의 조직(organisations of the disabled)으로 변화시키는 것 등을 포함한다. 이런 의미에서 장애를 사회적 억압이라 부르는 것은 희생자의 패배적인 울부짖음이 아니라 사회 변화 주체의 낭랑한 호소다(Charlton, 1998: 192).

이러한 움직임의 한 예는 농인 공동체(Deaf community)에서 나왔다. 1970년대 농인은 사회운동으로서의 조직화를 시작했다. 농인을 손상된 사람으로 보는 것에 도전하면서, 민속학 모델을 활용하여 스스로를 언어적 소수자로 개념화해 갔다. 이 기간 동안 농인의 자긍심, 농인의 힘(Deaf Pride and Deaf Power) 같은 슬로건이 인기를 끌었다. 새로운 농 정체성과 정치적 의식화의 최고조는 1988년 갈라우뎃 대학교(Gallaudet University)에서 농인 총장 만들기 운동(Deaf President Now)으로 나타났다.* 당시 대학의 청인 총장이 농인을 위한 대학을 약속한 후 학생은 재단이사회가 사상 최초로 농인 총장을 임용하도록 하기 위해 학교를 폐쇄하며 정치적 행동에 돌입하였다. 두 분석가는 다음과 같이 말했다.

> 변화는 농인에게서 일어났다. ① 농인 스스로 공통된 가치와 특성(예. 수화)을 공유하는 공동체의 성원으로서 정체성을 가진 것, ② 농인집단과 그들의 가치, 특성을 긍정적인 시각에서 평가한 것이 그것이다. 아이러니하게도 집단성원은 오랫동안 자기 부정(self deprecation)의 시련을 겪은 후 비로소 스스로의 가치를 인정하게 되었기 때문에, 의식화는 인지된 부정의(perceived injustices)에 대한 분노와 정치적 행동으로 이어질 수 있었다(Rose and Kiger, 1995: 522).

이와 동일한 분노가 세계 여러 나라에서 시작되었던 장애인의 직접적 행동에서도 나타났다(Charlton, 1998은 이에 대해 잘 보고하고 있다). John Swain과 Sally French(2000)는 심지어 장애의 새로운 개념을 제안하였는데, 그들은 이를 존재의 긍정모델(affirmation model)이라고 불렀다. 이것은 하나의 집단으로서 정체성을 가짐으로써 얻게 되는 정치적 이점에 대해서 강조함과 동시에 손상의 본질에 대한 재규정을 시도하였다. 예컨대, 손상을 역할 제한과 사회적 기대를 피할 수 있게 하고, 다른 사람에 대한 공감의 가능성, 더 좋은 대인관계 등과 같은 이점을 가져다주는 것으로 보기 시작하였다.

> 손상된 사람으로서의 긍정적인 정체성을 확인하면서, 장애인은 정상성이라는 지

---

* 역자 주-워싱턴 D. C.에 위치한 종합사립대학으로, 연방정부의 지원을 받아 1864년에 설립되었다. 농인에게 특화된 대학으로서, 미국 수화와 영어가 두 개의 공식적인 언어로 사용된다. 대학 설립 이후 계속 청인이 총장을 역임하자, 1988년 농인 총장 선출에 대한 열망이 고조되었다. 그러나 대학 이사회는 또 다시 청인 총장을 임명하였고, 이에 "이제는 농인 총장을"이라는 슬로건하에 격렬한 시위가 벌어졌다. 캠퍼스를 폐쇄하는 투쟁의 결과, 1988년 3월 King Jordan이 최초의 농인 총장으로 임명되었다. 이 사건은 대학의 발전뿐 아니라 농 공동체에 커다란 문화적 변화를 가져오는 계기가 되었다.

> 배적인 가치를 적극적으로 거부하고 있다. 장애 개인에게 나타난 변화는 '장애(disability)' 의 의미에 대한 의식을 전환하는 것뿐 아니라 손상이 있는 사람으로서의 삶의 가치와 타당성을 주장하게 된 것이다(Swain and French, 2000: 578).

Swain과 French는 장애 문화(disability culture)—예를 들면, 장애예술가의 사교모임—가 이 과정에서 중심적인 역할을 한다고 보았다. Campbell과 Oliver의 동료들도 직접적인 행동과 정치적 과정에서의 다양한 집단적 행동의 역할을 강조하였는데, 이는 장애인에게 힘과 가치를 인정받는 느낌을 주었고 억압적이고 배타적인 사회에 대한 상징적 도전으로 받아들여졌다. 이러한 연구가 말하고자 하는 것은 장애 정치의 성장을 통해 지금까지와는 다른 새로운 사회적 모습, 그리고 개인이 준거로 삼을 수 있는 새로운 정체성의 형성 가능성을 찾게 되었다는 것이다. Bill Hughes 등은 현대 문화 속에서 젊은 장애인의 문제를 다루면서, "장애 자부심의 성장은 장애인이 그 자신의 존재와 다른 무엇인가가 되기를 원하지 않는다는 것을 보여 준다. 그들은 장애를 자신의 정체로 삼기를 거부하려고 하거나, 손상의 생물학적인 현실을 피하려고 하지 않는다."라고 주장한다(Hughes et al., 2005: 7).

내가 걱정하는 것은 이러한 설명이 장애 정체성이 그저 주어지는 것이고, 손상이 자동적으로 개인의 정체성의 일부로 자리 잡게 될 것이라는 인상을 풍긴다는 것이다. 그보다 나는 장애 정치가 개인으로 하여금 자신의 손상과 사회 내에서의 자기 위치, 이 양자 모두에 대해 숙고하는 새로운 방식을 제공하였다고 말하고자 한다. Ian Hacking(1986)을 따라, 나는 장애 정치의 등장이 준거와 정체성에 대한 새로운 범주, 새로운 방식을 만들어 주었다고 주장한다. 이는 전에는 없었던 것이다.

어떤 학자나 행동가는 장애 정체성이라는 개념을 개발하려고 적극적으로 노력해 왔다. 그들은 장애 정체성이 장애인 문화를 설명하기에 적절하다고도 하고, 장애 정체성을 하나의 민속학적 개념으로 확고히 하려고도 했다.

Susan Peters(2000)는 농 문화가 있는 것처럼 장애 문화가 있다고 주장한다. 그녀는 공통적인 언어, 공유된 역사적 연결, 응집력 있는 사회적 공동체, 정치적 결속력 등을 지적한다. 그녀에게 버클리에서의 자립생활 공동체는 농인의 마서즈 비니어드 섬과 동일시되었다. Peters는 Carol Gill이 "나는 장애 문화가 있음을 강하게 믿는다. 그리고 만약 그것을 갖지 못했다면 우리는 그것을 가져야 한다. 우리는 물리적으로, 또 정서적으로 억압받는 소수자로서 생존하기 위해 그것을 필요로 한다."(Peters, 2000: 584)고 말했던 것을 인용하고 있다. 같은 의미에서, Fran Branfield는 장애 연구와 분리된 접근을 요구하였다(Branfield, 1998, 1999).

정치적 정체성으로서의 장애를 주장하는 사람들은 사회적 장벽 접근—이는 영국 사회모델의 특징을 규정하는 것인데—이 사실은 소수집단 접근과 중첩되거나 이를 포괄한다고 보고 있는데, 나는 바로 이점이 매우 흥미로운 것이라고 지적해 왔다. 사회적 장벽을 강조하는 접근은 장벽의 제거에 기여하는 특정한 집단을 언급하지 않는다. 그것은 손상이 있는 사람을 두드러진 하나의 집단으로 정체화하는 것에 대해서 반대한다는 것을 암묵적으로 보여준다. 그러나 장애운동의 실제에서는 분명히 손상이 있는 사람이 하나의 집단으로 등장하며, 이 집단은 장벽의 제거와 소수자를 위한 서비스의 증대 모두를 위해서 운동을 벌인다. 다른 말로 하면, 미국의 전략과 영국의 전략 사이에 존재하는 중요한 차이를 보려고 하는 것 이상으로, 소수집단 접근과 장벽이론 사이에는 중첩되는 요소가 있는 것이다. 미국의 접근은 소수집단 접근이라는 차원에서 이해될 수 있지만, 사회적 장벽에 대한 강조를 포함하고 있다. 영국의 접근은 장벽 접근이라고 부를 수 있지만 소수집단 접근의 강력한 요소를 포함하고 있다. 예컨대, Michael Oliver는 장애 정체성에 대한 논의에서 그것이 세 가지 요인을 포함한다고 하였다. 손상을 가지고 있는 것, 외적으로 부과된 제한을 경험하는 것, 장애인으로서의 자기 정체성이 그것이다(Oliver, 1996: 5).

이 장에서 나는 장애 정체성 접근의 이점으로서 당연하게 생각되었던 것에 대해서 언급하고자 한다. 우선 꼬리표와 견장 사이의 긴장에 대해서 탐색할 것이다. 그런 다음 장애인이 정치적으로 동일한 정체성을 가지는 정도와 장애운동이 대표성을 갖는 정도에 대해서 비판적으로 평가할 것이다. 다음으로는, 정체성의 정치(identity politics)가 가진 문제, 특히 장애인에게 이것이 어떤 문제를 갖는지 탐색할 것이다. 이를 통해 해방의 정치를 대안으로 모색할 것인데, 이는 Nancy Fraser의 연구에 기초하고 있다.

꼬리표와 견장

역설적이게도, 손상을 입은 사람을 장애인 집단의 성원으로 동일시하는 것(identification)은 일반적으로 긍정적으로 받아들여지지만, 그 집단의 성원으로 범주화하는 것(ascription of group membership)—일반적으로 진단의 꼬리표를 붙이는 것—은 장애 공동체에서 부정적으로 받아들여진다. 이러한 과정—꼬리표와 견장 사이의 차이—을 분석하는 것은 정체성의 복합성을 이해하는 데 매우 중요하다.

앞의 장에서, 나는 의료적 진단 범주에 대한 회의론이 종종 위협적인 인용으로 비쳐진다는 것을 보여 주었다. 학습장애의 경우에, 정상화(normalization)의 영향은 의료적 · 심리적 진단 또는 꼬리표 달기(labelling) 등에 대한 반대로 이어졌다(Gillman et al., 2000; Chappell et al., 2001). 꼬리표 달기에 대한 반대는 특정한 꼬리표 또는 진단의 결과일 수 있는 낙인에 대한 자각으로부터 나타났다. 어떤 사람이 꼬리표를 달게 되면—예컨대, 학습장애 또는 정신질환이라는—이는 다른 부정적인 연쇄를 불러일으킬 수 있다. '정체성의 확산(identity spread)' 현상은 손상 꼬리표가 그들의 삶에서 가장 두드러지고 중요한 특징이 됨으로써 상호작용을 지배하게 되고, 이에 따라서 그 사람의 전체

인격(individuality)—그들의 성격뿐 아니라 젠더, 성적 · 민족적 정체성 같은 정체성의 다른 부분까지 포함하여—이 무시될 수 있다는 것을 의미한다.

그러나 꼬리표 달기에 대한 반대를 완화시켜야 할 중요한 몇 가지 이유가 있다. Barbara Riddick(2000)은 낙인(stigma)이 심지어 꼬리표 달기가 없이도 일어날 수 있다고 지적한다. 적어로 이론적으로는 꼬리표 달기도 낙인 없이 있을 수 있다. 더구나 어떤 집단에서는 진단이 매우 중요하고 가치 있는 과정이다. 나의 동료인 Steve Macdonald는 난독증(dyslexia)으로 진단받은 사람의 경험에 대해서 연구했다. 그의 연구대상자에게 진단은 가치 있는 것이었는데, 왜냐하면 난독증 진단은 스스로를 지능의 제한이 있는 사람이 아니라 특정한 뇌구조의 차이를 가진 사람으로 볼 수 있게 했기 때문이다. 더구나 난독증 진단은 그들이 학교와 대학에서 생존하기 위해 필수적인 컴퓨터 테크놀로지와 교육적인 지원을 얻을 수 있도록 해 준다. 이와 비슷하게, Fox와 Kim(2004)은 '새로이 등장하는 장애(emerging disabilities)'—잘 드러나지 않는 장애—라 부르는 장애가 있는 사람은 의료적인 승인을 얻으려고 투쟁하고 있다고 하였다. 이들은 꼬리표 달기를 긍정적으로 환영한다.

> 장애가 있는 사람의 이익집단은 그들의 장애를 의료적인 진단이나 치료와 분리시키려고 목소리를 높이지만, 장애가 있는 사람은 작은 자투리땅이라도 얻기 위한 전쟁의 시작 단계(emerging stage)로 인식하며, 의료적 수용을 통해 더 큰 사회적 수용으로 나아가길 바라고 있다(Fox and Kim, 2004: 334).

드러나지 않는 손상이 있는 사람에게 진단은 그들이 가진 차이를 인정해 주는 것이고, 효과적인 의료적 · 교육적 지원으로 이어질 것이며, 또한 ADA 같은 반차별법의 보호 아래 들어오게 되는 것을 의미한다.

자폐아동 가족은 손상이 실질적인 것으로서 생물학적 기초를 가지고 있을 수 있음을 알게 되면서 비로소 해방되었다. 자폐인의 부모는 그들이 자녀를 정서적으로 괴롭혀 왔다는 식의 비난을 받아 왔던 것이다. 그러나 Hodge (2005)는 자폐 스펙트럼 장애인이 갖게 되는 진단 과정에 대한 양가감정에 대해 설명한다. 진단은 문제에 대한 더 나은 이해를 가져올 수 있고, 적절한 지원 메커니즘에 대해 접근할 수 있게 됨을 의미한다. 자원의 할당은 꼬리표에 따라 이루어지기 때문이다. 그러나 자폐 진단은 또 부모의 기운을 쭉 빼놓는 일이기도 하다. 미래에 대한 공포를 불러일으키기 때문이다. 또 아이 개인을 보는 것이 아니라 꼬리표를 보게 될 위험도 있다. 마찬가지로 자폐가 손상이라는 사실을 최소화하는 것, 즉 자폐를 손상보다는 단지 '대안적인 존재 방식'이라고 생각하는 것은 자폐가 아동과 가족 모두에게 전반적이고 엄청난 영향을 미치고 있다는 현실을 부정하는 것일 수도 있다.

꼬리표 달기는 복잡하고 역설적인 과정이다(Brown, 1995; Shakespeare and Erickson, 2000). 예컨대, Clarke 등(2005)은 가족과 지역사회 안에서는 손상이 있는 사람을 정상으로 개념규정하면서도, 서비스와 급여를 받기 위해서는 그들을 비정상으로 규정해야만 하는 현실 사이에 모순이 있다고 지적한다. 이와 유사한 역설이 장애인으로서의 정치적 정체성 갖기를 둘러싸고도 발생하고 있다. 나는 이에 대해서 논의하려고 한다. 어떤 사람은 꼬리표 달기를 반대하고 의료적인 진단을 거부하면서도, 정치적으로 장애를 입은 것으로 규정하고 견장을 다는 것은 기꺼이 하려고 한다. 그러나 손상을 입은 많은 사람은 손상된 것으로도(꼬리표를 가지고), 또는 장애를 입은 것으로도(견장을 가지고) 규정되고 싶어 하지 않는다. 그들은 사회의 평범한 성원으로 보이길 원하고, 제한이나 범주화에서 자유롭기를 원한다.

장애인으로 동일시하기

장애학이 장애운동에 대해서 긍정적으로 평가함에도 불구하고, 손상을 입은 사람이 장애운동에 대해서 정말 얼마나 동일시하는지, 스스로 손상을 입은 사람으로 동일시하는지에 대해서는 의문이 있다. 장애권리운동이 눈에 띄게 가시화됨에도 불구하고, 그것은 항상 장애인을 위한 소수자운동이었다. 예컨대, 직접행동 네트워크(Direct Action Network)는 영향력이 상당하지만, 현재 회원은 100명 미만에 불과하고 최근의 시위에는 겨우 30명 정도가 참여한다. 장애운동의 성장에도 불구하고 2,000명 정도의 장애인만이 1988년 Elephant and Castle 시위에 참여하였다(Campbell and Oliver, 1996). 영국에 6백만 명 이상의 장애인이 있음을 고려하면 이는 매우 적은 수에 불과하다.

물론 시위에 참여하지 않는 것이 반드시 장애권리운동의 가치와 필요성에 대해서 공감하지 않는다는 것을 의미하지는 않는다. 다른 해방운동—예컨대, 여성운동이나 게이/레즈비언운동—도 결코 많은 수의 공동체성원을 시위에 나오게 하지는 못했다. 더구나 교통의 제한이나 이동, 소득의 제한으로 장애인이 움직이는 것은 더 어렵다. 따라서 장애인이 자신을 더 큰 소수집단의 한 부분으로서 동일시하는지에 대해서 이해하기 위해서는 다른 연구를 더 살펴보는 것이 중요하다. 2003년 노동과 연금부(Department for Work and Pension)에 의해 수행된 연구 프로젝트, '인생 전체가 장애인가(Disabled for Life)?'는 「장애 차별금지법(DDA)」에 의해 장애인으로 규정되는 사람 중 52%가 스스로를 장애인으로 동일시하지 않았음을 보여 준다. 젊은 사람은 특히 이러한 정체성을 거부한다. 이는 사회적으로 낙인을 부여받는 꼬리표에 스스로를 동일시하기 싫어한다는 것, 그리고 사회모델이 장애에 대해서 재규정한 바를 무시하고 있다는 것을 보여 주는 것일 수 있다. 2002년 영국 장애인 연합이 200명의 장애인에 대해 연구한 바에 따르면, 그들 중 오직 3%만이 사회모델에 대해서 들어 보았다고 응답했다(Rickell, 2006).

Bob Sapey, John Stuart와 Glenis Donaldson(2005)은 영국 북서부에서 휠체어 사용이 늘어나는 이유를 탐색하고 장애에 대한 인식을 조사하기 위한 연구를 수행하였다. 약 1,000명의 응답자가 참여했다. 휠체어가 장애인을 자유롭게 할 수 있다는 질문에서는 거의 80%의 응답자가 응답하였다. 자신을 둘러싼 환경의 문제로, 휠체어를 사용하면서 자신이 하고 싶은 많은 일을 하기 어렵다는 질문에서는 48%가 응답하였다. 반면 또 그들의 질병이나 신체조건으로 인해 자신이 하고 싶은 많은 일을 중단하게 되었다는 질문에서는 80%가 응답하였다. 이러한 결과는 사회모델의 주장과는 거리가 먼 것이다. 이 연구의 저자는 이 결과가 장애에 대한 사회모델과 일치하며, 사회모델 분석이 그들의 생생한 경험과 관련되어 있음을 보여 준다고 주장하였다. 나에게 이것은 자료를 선별적으로 읽은 결과로 보인다. 더하여 이 결과는 손상과 환경이 장애 경험 안에 서로 얽혀 있으며, 앞 장에서 제시된 장애에 대한 상호작용이론을 지지하는 것으로 보인다.

질적 연구로 눈을 돌려 보면, 몇몇 연구는 사회모델의 단순한 개념규정에 대해 도전한다. 예컨대, 자폐증이 있는 젊은이에 대한 Kelly의 연구에서, 연구 참여자가 들려준 경험과 선호는 사회모델의 범위 안에 쏙 들어오게 요약하기는 어렵다.

> 장애에 대한 사회모델은 사회에서의 억압적 장벽에 초점을 맞추고 있는데, 그것이 이 연구에 포함된 아동의 경험을 완전히 설명하지는 못한다. 연구 결과는 손상에 대한 그들의 경험과 느낌을 드러내 준다. 손상과 장애는 어떤 아이에게는 특히 매우 중요한 경험이지만, 또 다른 아이에게는 중요하지 않다. 어떤 아이에게, 손상 경험(예컨대, 이해할 수 없는 것, 또는 걸을 수 있기를 바라는 것)은 장애를 만드는 사회구조만큼이나 중요하다. 또 다른 사람에게는 사회의 장애물을 경험하는 것(예컨대, 성인의 감독을 받는 것이나 사회적 기회에서 배제되는 것)이 그들의 손상 경험보다 더 현저하다(Kelly, 2005: 271).

Jane Andrew의 장애인 봉사자에 대한 연구는 의료모델뿐 아니라 사회모델도 그녀의 연구 자료를 만족스럽게 설명하지 못한다는 것을 보여 준다.

> 특히 연구의 선 조사 단계에서 인터뷰에 응한 자원봉사자는 계속해서 의료적인 한계에 대해서 좌절감을 표현하였는데, 이 의료적 한계란 결국 사람은 여러 가지 질병과 손상을 가지고 살아갈 수밖에 없다는 것이다. 이러한 제한은 그들이 일상적으로 자원 활동을 하는 매일매일의 생활에서 만나게 되는, 사회적으로 구성된 어떠한 장벽보다도 더 제한적인 것으로 느껴진다(Andrew, 2005: 203).

Nick Watson은 스코틀랜드에서 28명의 장애인에 대해서 심층적인 질적 연구를 수행하였다. 일상적으로 억압을 경험함에도 불구하고 오직 3명의 연구 참여자만이 자신의 정체감 안에 장애를 포함시키고 있다. 그들은 자신의 신체적 제한에 대한 경험을 정상화하였다. 그들은 모두 차별 경험을 묘사할 수 있다. 그러나 그들은 장애인으로서의 정치적 정체성은 거부하였다.

> 참여자에게 있어서, 장애인이 된다는 것은 축하받을 만한 다름이나 다양성을 의미하는 것이 아니기 때문에 그들 자신이 남들과 다른, 장애를 입은 사람으로 꼬리표를 받는 것은 그들의 정체성에 자부심을 불러일으키지 않는다. 단지 자신의 고유한 용어 안에서, 그리고 자신의 고유한 의미로서 장애를 규정할 뿐이다(Watson, 2002: 521).

그들의 바람은 주류에 통합되는 것이고 품위를 떨어뜨리는 다름에서 벗어나는 것이다. 1990년대 후반에 젊은 장애인에 대해 연구를 진행하였을 때 우리도 비슷한 반응을 접하였다. 그들은 배제 과정에 대해서 인식하고 있고 접근성의 결여를 문제로 규정하고 있지만, 그들의 목표는 젊은이의 주류문화 안에 일부분이 되는 것이지 그들 스스로 장애인으로서의 정체성을 갖는 것이 아니었다(Priestley et al., 1999).

초기 장애운동가가 손상을 입은 사람이 억압받는 것으로, 그리고 그 해방은 집합적인 정체성 확립과 운동에 있는 것으로 보았던 것은 지나치게 낙관적인 관점이었음이 증명되었다. 손상을 입은 사람 중 오직 적은 수만이 급진적인 운동조직에 가입하였고, 많은 사람은 이 조직이 자신과 관련이 없는 것이라고 적극적으로 부인한다. 많은 사람은 그것이 의료모델이든 사회모델이든 간에 스스로를 장애인으로 규정하고 싶어 하지 않는다. 그들은 자신의 손상의 중요성을 심각하게 생각하지 않는다. 또한 자기 자신을 장애운동의 일부분으로 보지도 않으며, 장애의 정치적 개념을 가지고 스스로의 정체성을 규정하려고 하지도 않는다. 그들은 스스로를 '정말로 정상'으로 보며, 장애가 그들의 삶을 지배하도록 허락하지 않는다. 이런 측면에 대해 인식하면서, 영국 장애권리운동 연합회(UK Disability Rights Commission)는 더 이상 장애인이라는 용어를 사용하지 않는다. 그 대신 그들은 「장애차별금지법」상의 권리를 가진 사람들(People who have rights under the Disability Discrimination Act)' 이라고 부른다(Fletcher, 2006). 장애운동을 하는 진보주의자는 손상이나 장애를 가지고 스스로를 규정하지 않으려는 것을 때로 '내적인 억압' 또는 '잘못된 의식화'라고 부른다. 그러나 이러한 태도는 그 자체가 가부장적이거나 억압적이다. 결국 장애를 부정하는 것은 암묵적으로 배타적인 '정상성(normality)'이라는 개념을 거부하는 것, 그리고 스스로가 어떤 범주로 묶여버리는 것을 거부하는 마음에 기초를 두고 있는 것이다. 이런 식의 접근 방식은 개인주의적인 것이고, 사회적 차별이나 편견의 문제를 간과하는 태도일 수도 있다. 그러나 분명한 것은 이것은 소수집단 접근에 대한 합법적인 대안이라는 것이다.

장애운동은 대표성을 가지는가

앞에서 나는 장애인의 다수가 스스로를 사회모델에 따라서, 또는 장애 정체성과 관련하여 규정하려고 하지 않는다고 주장하였다. 관련된 문제는 장애권리운동이 장애 인구를 하나의 전체로서 대표하는가 하는 것이다. 많은 나라의 장애운동은 손상된 사람 가운데 제한적인 일부분에 의해서 주도되었다. 예컨대, 서구 국가에서 손상을 입은 사람의 거의 절반은 50세 이상이다. 그러나 대부분의 활동가는 훨씬 젊은 나이에 운동에 참여하며, 손상을 입은 더 나이 많은 사람은 운동의 중요한 부분을 차지하지도 않고 시민권의 관점에서 스스로를 규정하지도 않는다.

뿐만 아니라 특정한 손상집단의 역할과 참여에 대한 회의가 지속적으로 있어 왔다. 예컨대, 학습장애가 있는 사람은 계속 배제되었다. 그 이유는 그들의 특성과 언어 문제가 적절히 이해될 수 없었거나, 그들이 환영받지 못했거나, 사회모델이 지적 손상을 효과적으로 포괄하지 못했기 때문이다(Chappell, 1998; Chappell et al., 2001). 어떤 장애인은 신체적 손상을 입은 사람으로서의 자신의 위상을 지적 손상을 입은 사람을 희생시킴으로써 유지하려고 해 왔다. 또 다른 예는 농인 공동체인데, 이들은 주류 장애운동과 동일시하는 것에 대해 저항해 왔다. 그 이유는 농인이 그들 스스로를 의료적인 상태로 규정되는 사람이 아닌 언어적 소수자로 보기 때문이다. 물론 어떤 장애인은 의료적으로 정체성을 갖게 되는 것을 거부해 왔기 때문에 이는 개념규정만의 문제이기보다는 더 큰 분리된 문화의 문제가 될 것이다(Corker, 1998). 더 큰 문제는 지배적인 장애 인권요구—전 장애아동의 통합교육 같은—가 농인 공동체에서는 거부되었다는 것인데, 이들은 오히려 자기 아이가 수화를 매개로 하는 분리된 교육을 받기를 원했던 것이다. 농운동가는 농인의 자부심과 농인의 힘(Deaf Pride and Deaf Power)운동처럼, 솔직한 정체성의 정치 모델을 채택하는 것이 더 쉽다는 것을 알게 되었다. Rose와 Kiger(1995)는 사회심리학자 Henri Tajfel(1978)의 이론을 기초로 배제된 공동체가 그들의 '목소리'를 획득하는 과정을 탐색하였다. 이 과정은 소수집단의 이해를 증진하기 위한 사회행동을 통해 이루어졌다. 이는 그들 스스로를 억압받는 소수자로 보게 되는 과정이었다. 자신의 자기상을 지탱하기 위해서 집단은 그 성원의 특출함을 과장하고 가치를 부여한다. 부정의와 저항에 대한 의식화는 집단의 정체성을 증가시키고, 이는 그 집단 내 성원의 자존감을 증진한다.

손상의 종류에서의 차이나 연령의 차이는 제쳐 놓더라도, 또 다른 사회적 분열 요인이 장애정치 안에 분명히 나타나는데, 이리하여 정체성의 다양성 문제는 점점 더 어려워지고 있다(Veron, 1996, 1999). 여성주의자는 장애운동을 성차별주의와 여성 문제의 배제라는 점에서 비판해 왔다. 민족적 소수자는 때로 다수에 의해 지배되는 장애인 조직 안에서 무시되는 느낌을 받았다. 레즈비언과 게이 장애인은 동성애 혐오를 경험하거나, 장애인 조직 안에서 환영받지 못하는 느낌을 받았다. 이들 조직은 장애를 보는 관점에서는 급진적이었으나 성 정책에서는 매우 인습에 얽매어 있기 때문이었다. 마지막으로 경제적 · 사회적 권력에 대한 접근성은 일반적으로 장애인의 삶의 경험에 강력한 영향력을 가지고 있고, 장애인 정치에 대한 참여에 영향을 미친다. 많은 운동 지도자가 사회경제적 측면에서 특권층에 속해 있었던 것이다. Gary Albrecht가 제안한 것처럼, 시민권 접근은 가난한 장애인에게는 아무런 이득도 가져다주지 않았다.

> 이 접근의 문제점은 그것이 가난하고 주변적인 미국인을 위해서는 거의 또는 아무것도 성취한 것이 없다는 것이다. 풀뿌리 운동은 주로 로비에 정통해 있는 교육받은 중산층에 한정되었다. 가난하고 주변적인 미국인은 그들 스스로를 대변하지 못했고 자유주의자에 의해서 효과적으로 대변될 수도 없었다. 결과는 서비스에 대한 욕구를 가지고 있는 대부분의 사람이 특히 경제적인 어려움에 처해 있을 때 별로 도움을 받을 수 없었다는 것이다(Albrecht, 1992: 300).

만약 장애운동(그리고 장애학)이 장애인의 다양한 경험을 충분히 대표하지 못해 왔다면, 아마도 이는 사회모델 접근의 부적합성을 보여 주는 또 하나의 이유가 될 것이다. UPIAS의 활동가는 거의 대부분 신체적 손상을 입은 사람이었고, 주로 휠체어 사용자였다. 그들의 장애 개념은 그들 스스로의 경험의 특수성을 반영했을 것이다. 예컨대, 척수손상을 입은 사람은 일단 장애 상태가 안정되고 나면 퇴행성 만성질환자가 겪는 고통을 겪지 않는다. 압박의 고통이나 비뇨기 감염 등의 취약성은 있을 수 있지만, 이런 것은 관리와 위생의 문제 정도가 될 뿐이다. 휠체어 사용자에게 그들의 건강은 문제될 것이 없지만, 물리적인 접근성과 고용주나 전문가의 편견은 문제가 될 수 있다. 달리 말하면 사회모델은 안정된 신체적 손상을 입은 사람의 관점에서는 효과적일 수 있다는 것이다. 그러나 원래의 UPIAS의 이념적 논의는 정신건강의 문제가 있는 사람, 학습에서의 어려움이 있는 사람, 심지어 지속적으로 내적인 고통과 통증을 견뎌야 하는 신체적 손상을 입은 사람을 포괄하려는 것이었기 때문에 장애의 본질에 대한 더 풍부하고 더 복잡한 이해가 필요하다.

장애 정체성에 대한 도전

장애 정체성의 정치는 매우 강력한 것이었지만, 또 모순적이고 불안정한 것이었다. 이는 장애인의 경험의 이질성 때문이다. 따라서 Bickenbach 등이 설명한 것처럼, 인종적 소수자와 장애인을 같은 맥락에서 볼 수 없는 중요한 이유가 있다.

> 정신적 손상과 신체적 손상의 다양한 형태에 대한 사회적 반응이 완전히 다를 뿐만 아니라, 서로 다른 장애가 있는 사람 사이에는 경험의 공통성이나 감정적인 결속력이 거의 없다. 공유하는 문화, 언어, 경험이 없는 것이다. 장애인은 동질적이지 않고, 장애유형을 넘어서는 결속력도 없다(Bickenbach et al., 1999: 1181).

순수한 장벽 접근은 장애인으로서의 정치적 자아정체감을 가질 수 있는 하나의 주체 집단을 특별히 지정하지 않았다. 마찬가지로 장애인 정체성이 손상에 기초한 것일 수도 없다. 즉, 사회모델은 손상에 관련 없이 장애 개념을 규정하고 있다. 더구나 손상은 사회적으로 부정적인 가치를 부여받는다. '게이가 된 기쁨' '검은 피부는 아름답다' 같은 슬로건에 해당하는 문구를 장애운동에서는 쓸 수가 없는 것이다. 그러므로 정체성의 기초는 억압에 대한 저항의 공유에 있을 수밖에 없는데, 이는 '자매애는 강력하다'는 여성주의 슬로건과 유사하다. 손상에 기초한 것이 아니기 때문에, 장애 정체성은 임의적이고 하나로 규정되거나 단속되기 어렵다. 장애인은 장애에 대한 억압을 경험한 사람으로서, 스스로의 정체성을 갖는 사람으로서 범주화된다. 예컨대, Simi Linton은 "누가 장애인으로서 '자격을 갖게' 되느냐의 문제는 어떠한 정체성 지위에 대한 문제보다도 중요하고 혼란스러운 문제다."라고 하였다(Linton, 1998: 12).

영국에 근거를 둔 장애인 단체인 Disability Awareness in Action은 비슷한 말을 했는데 "DAA가 하는 일은 장애인 공동체에 대한 통합적인 시각에서 나온다. 장애인 공동체란 매우 단순하게 개념규정되는 것인데 스스로 장애인 정체성을 선택한 사람들을 일컫는다."(Disability Awareness in Action, n.d.) 그러나 이러한 접근은 장애인 소수집단의 성원이 되겠다는 생각을 기꺼이 하게 된 사람을 포괄할 수는 있겠지만 객관적인 용어로서의 억압받는 사람을 포괄할 수 있는 것은 아니다. 이는 또한 객관적으로 억압을 경험했지만, 주관적으로는 스스로를 억압받는 사람으로 정체화하기 싫어하는 사람은 배제시킬 수밖에 없다. 이 규정은 또 신체적인 다름으로 인해서 사회적 배제를 경험하는 사람을 포함할 수는 있겠지만, 이런 사람이 전통적으로 장애인으로 보였던 것은 아니다. 예컨대, 한 저자는 뚱뚱한 여성이 스스로를 장애인이라고 부를 수 있을지에 대해 질문하고 있다.

> 많은 뚱뚱한 사람이 낮은 자존감으로 고통받는다. 우리는 우리의 몸이 부끄럽게

> 될까 봐, 대중의 웃음거리가 되거나 사회적으로 추방의 대상이 될까 봐 두려워하면서 성장하게 되고, 이러한 문화적 두려움과 우리 자신에 대한 혐오는 우리의 삶을 피폐하게 할 수 있다. 나는 스스로를 '장애가 있는' 사람으로 규정하는 것은 우리로 하여금 우리 자신을 소중하게 받아들이고 다른 사람들에게도 그렇게 하도록 요구할 수 있게 한다고 생각한다(Cooper, 1997: 33).

Cooper는 사회모델 접근을 비만으로 연결시키면서, 장애를 사회적 장벽이나 사회적 억압으로 개념화하면 생물학적인 손상으로 개념화할 때 보다 더 장애의 범주를 확대할 수 있다는 것을 보여 준다. 손상 이외에도 사회적으로 배제되거나 가치 절하되는 다른 집단까지도 포괄하게 된다. 섭식장애 여성은 어떨까(Tierney, 2001)? 만약 '장애인'이 개인적인 정치적 행동이나 집단에 대한 소속감의 결과로서 정해지는 것이라면, 그것은 인공적이고 일시적이고, 그래서 결국은 불만족스러운 집단 나누기가 될 것이다.

장애정체성의 형태에 대한 더 깊이 있는 문제제기는 장애의 민족적 또는 문화적 개념화의 문제일 것이다. 예컨대, Humphrey(1999, 2000)는 정체성에 기초한 분리주의 접근에 대해서 도전했다. 직종별 노조 장애인 네트워크의 상황에서 장애인의 정체성에 대해 연구하면서, 그녀는 스스로 규정한 정체성은 문제가 된다고 하였다. 왜냐하면 스스로 장애인이라고 규정했던 사람은 정말로 장애가 있는 것이 아니지 않을까 스스로도 의심하게 되기 때문이라는 것이다. 손상에 대한 논의를 하지 못하는 상황은 가시적인 손상을 입은 사람에게는 이득이 된다. 그러면서 손상으로 인한 욕구를 논하기는 더 어렵게 된다.

> UNISON 집단 안에서 작동하는 사회모델은 장애인 정체성을 구체화하면서 그것을 특정한 손상의 형태—신체적 손상, 불변적 손상, 명백한 손상, '심각한' 손상—로 귀결시켰다. 이렇게 되면서 많은 사람이 장애인 정체성을 갖고 장애 공동체에 참

> 여하는 것을 막을 수 있었다(Humphrey, 2000: 69).

Humphrey는 장애인을 비장애인의 반대로 보는 것에 대해서도 비판하였는데, 이런 관점은 결국 장애인 정체성을 배타적인 것으로 만든다는 것이다.

> 정체성의 차원에서, 이는 장애인과 비장애인의 세계를 넘나드는 사람, 또는 그 경계에 살고 있는 사람을 적절하게 설명할 수 있는 여지를 남기지 않는다. 정치적인 차원에서, 이는 협동과 변환을 향한 많은 문을 스스로 닫아거는 분리주의로 나아가는 것이다(Humphrey, 2000: 81).

장애 정체성이라는 개념은 특정한 문제를 불러일으킨다. 그러나 정체성의 정치에 의존하는 것은 그 자체가 문제다. 정체성 정치의 논리는 기대하지 않은 결과를 초래한다는 사실이 드러났다. 평면적으로는 무수히 많은 정체성의 가능태가 있을 수밖에 없다. Lennard Davis는 정체성의 정치는 결국 실패할 수밖에 없다고 하였다. 왜냐하면 궁극적으로 모든 사람이 각자의 정체성을 가지고 있기 때문이다. "정체성의 목록은 점점 더 많아질 뿐이고, 확장된 통합성이라는 사고에 의해서 묶여 있을 뿐이다. 결국 종국에 가서 모든 정체성을 포괄할 수 있게 될 때, 거기에는 아무런 정체성도 남아있지 않게 된다." (Davis, 2002: 88) Phil Lee가 논의한 것처럼, 사회적으로 구성된 정체성은 "논쟁의 여지가 있고 변화할 수밖에 없다. 정체성의 어떤 측면에 우선순위가 주어지면, 그에 따라 정체성의 하부에는 쪼개진 집단이 생겨날 수밖에 없다." (Lee, 2002: 151)

그러나 장애에 대한 소수집단 접근이 가지고 있는 더 중대한 문제는 Helen Liggett(1988)에 의해 처음으로 밝혀진 것으로, Foucault의 사상에 기초한 것이다. 장애 정치는 그 근본적인 성격 자체가 장애/비장애의 구분을 무분별하게 수용한 것 위에 존재한다. 장애인은 스스로를 그렇게 정체화한 사람으로 간주된다. 이에 장애인 리더십은 살아 있는 것으로 보인다. 그러나 Liggett는 다음과 같이 말하였다.

> 해석학적인 견지에서 볼 때, 소수집단 접근은 양날의 칼이다. 왜냐하면 그것은 장애 조직에 참여하고 있는 다종다양한 주체까지 껴안아야 함을 의미하기 때문이다……. 장애인 당사자가 스스로 관리하는 조직에 참여하기 위해서 장애인은 '장애인으로서' 참여해 왔다. 정치적으로 활동하고 있는 장애인 사이에서조차도 자신의 목소리가 다른 사람에게 의미가 있으려면 말하고 있는 사람이 장애인이라는 것을 이해시켜야만 한다(Liggett, 1988: 271ff).

이것은 Denise Riley가 '복종시키기(subjectification)와 복종(subjection) 사이의 위험한 결합'이라고 부른 것과 관련되어 있다(Riley, 1988: 17). 소수집단 접근은 장애와 비장애의 이분법을 필요로 하며, 동질성을 증진하기보다는 오히려 이질성을 강화한다. Galvin은 다음과 같이 말했다.

> 위계적인 차별화와 배제의 과정을 통해 만들어진 정체성을 요구함으로써, 복종당한 사람은 그들 스스로 억압을 강화한다. 그리고 자신이 그러한 정체성을 갖게 되는 것이 얼마나 긍정적인지를 보여 줄 수 있다는 믿음에 희망을 가두어 버리게 된다(Galvin, 2003: 682).

활동가가 되는 것—게이이든, 여성이든, 장애인이든지 간에—은 꼬리표를 견장으로 만드는 것이고, 게토를 대항문화로 만드는 것이다. 그러나 앞에서 인용된 장애인처럼, 그저 남과 다르지 않고 평범하기를 바라는 사람에게는 어떠한가? Diane Fuss(1989) 같은 포스트 구성주의자는 정체성에 대한 근본주의적 이론은 궁극적으로 정치를 위해 안정적인 기초가 될 수 없다고 한다.

그러나 장애인이라는 꼬리표를 채택하는 것은 단지 구분이나 차이를 강조하는 것 이상의 더 많은 비용을 치르게 될 가능성이 있다. 장애 맥락에서 더 심각한 문제는, 억압을 중심에 놓음으로써 정체성을 형성하는 것은 소수집단을 희생자의 지위에 놓이게 하는 것이다. 이런 의미에서 장애의 사회모델은 장애의 의료모델만큼이나 부정적일 수 있다. 의료모델은 장애인을 그들의 손상된 몸 또는 뇌의 희생자로 보지만, 사회모델은 장애인을 억압적이고 배제적인 사회에 갇힌 사람으로 본다. 두 가지 모델 모두에서, 장애인 조직은 부정되고 손상 또는 사회에 대해 긍정적인 관계를 맺을 여지는 감소하게 된다.

희생자로서 정체성을 형성하는 것은 억압과 비애의 장황한 이야기를 다시 늘어놓게 한다. 예를 들면, 『장애를 만드는 장벽–장애를 없애는 환경(*Disabling Barriers-Enabling Environments*)』의 개정판 편집인은 그 책의 초판이 출판된 이후 10년 동안 아무것도 변화한 것이 없다고 주장한다. "예컨대, 법령의 주요한 변화에도 불구하고, 지배적인 밑그림은 차별, 편견, 부정의와 빈곤인데, 이는 장애인을 위한 약간의 진보가 있었다는 것으로 정당화되어 왔다." (Swain et al., 2004: 1)

비판적인 활동가인 Paul Darke는 최근의 인터뷰에서 이와 유사하지만 더 극단적인 입장을 밝혔다.

> 표면적으로는 과거에 비해 더 많은 기회가 생겼고 많은 것이 더 나아졌다. 그러나 속을 들여다보면, 실제로는 어떤 의미에서 더 악화되었다. 이제 우리는 법과 접근성 등을 가지고 평등해졌다고 하지만, 99%의 장애인은 여전히 낙태되거나 해고되거나 시설에 들어가거나 분리된다. 이것이 대부분의 장애인이 직면한 현실이다(Darke, 2004: 15).

Darke의 주장은 다소 수사적이고 아무런 사실 기반이 없이 제시되었지만, 이 두 주장은 유사한 부정적 그림을 그리고 있다. 이런 식의 사고는 최근 몇십 년 동안 장애인 스스로의 정치적 운동을 통해 이룩한 진보를 퇴색시킨다.

장애인이 여전히 주류 사회에 비해 열악한 현실에 있고, 여전히 평등과 통합을 강화하기 위해 해야 할 일이 많다는 것은 사실이다. 그러나 장애인에 대한 사회적 태도는 점차로 변화하고 있다. 「장애차별금지법」은 접근성을 방해하는 주요 장애물을 제거하도록 명령하였고, 더 많은 장애인이 고용되었다. 학습장애인의 경우에도, 정부의 「인간에 대한 존중(Valuing People)」 보고서(Department of Health, 2001)는 학습장애인 당사자의 참여를 통해 초안이 마련되어, 그들의 권리, 독립, 선택, 통합을 정책의 중심에 두어야 한다는 원칙을 제시하고 있다. 진보를 부정하는 것은 문제를 간과하는 것만큼이나 잘못된 안내가 된다. 희생자의 지위를 갖기로 선택하고, 차이를 과장하는 것, 그리고 주류사회와 소수집단 사이의 양극화를 강조하는 것은 정치가 더 극단적이고 분리주의적이고 공격적인 것이 되게 하는 결과를 가져올 것이다. 연합(coalition)의 정치(Lee, 2002: 158)는 더욱 멀어지는 것이다.

희생자의 위치는 개인에게는 위안을 주는 것일 수 있다. 그들이 겪는 모든 문제와 어려움을 그들 스스로의 잘못이 아니라 억압에서 비롯되는 것이라고 설명해 주기 때문이다. 이는 노력하지 않는 것에 대한 면죄부를 준다. 모든 노력은 운명 지어진 것이고 모든 변화는 환상이기 때문이다. 희생자의 위치는 또 자신과 비슷한 지위를 차지하고 있는 것처럼 보이는 다른 사람의 성공을 매우 위협적인 것으로 받아들이게 한다. 만약 어떤 장애인이 그들의 목표를 달성했다면, 또는 장애를 만들어 내는 사회에서 성공적으로 살아간다면 이는 희생자의 위치를 침식하는 것으로 보인다. 이러한 이유로 성공을 이룬 '걸출한 인물(tall poppies)'과의 관계를 부인하고 그를 비난하는 것이 더 필요해진다.

정체성의 정치를 강조하면서 사회모델은 장애인을 위해 중요한 심리적 역할을 하였다. 그것은 손상의 관련성과 부정적 특성을 동시에 부정하는 강력한 방법이다. 행동가는 여전히 그들의 문제가 그들의 몸이나 마음의 결함 때문이 아니라 그들이 살고 있는 사회 때문이라고 주장할 수 있다. 이러한 신념을 공유하고 있는 다른 사람과 연합함으로써 그들 자신의 자기상은 강화될 수 있고 그들은 결속력과 자기 존중을 얻을 수 있다. 사회모델은 개별적인 것, 개인적인 것, 심리적인 것을 배제함으로써 이념적인 우위를 점하였다. 그러므로 사회모델 관점이 손상의 문제를 다루기는 어렵다. 정체성의 유지에 목을 매는 이론이 어떻게 그동안 부인해 왔던 것을 이제 와서 제대로 다룰 수 있겠는가?

사회모델의 핵심은 부정(denial)이다. 사회모델 이론은 장애인으로 하여금 그들의 손상된 몸이나 손상된 뇌와의 관련성을 부정하게 하고, 비장애인과의 유사성에 기초하여 평등을 추구하도록 한다. 비장애인에게서 장애인을 구분해 내는 것은 사회적 억압과 사회적 배제를 내포하는 것이다. 더구나 이러한 이념에 의해 동력을 얻은 정체성의 정치는 역설적이게도 장애인 집단의 결속과 분리를 강화하는 데 의존하고 있다. 장애인은 비장애인과 대조적인 사람이다. 비장애인과 비장애 세상은 점점 더 억압적이고 호전적으로 보인다. 장애인을 도와야 한다고 말하는 사람—전문가, 복지기관, 정부—은 거부된다. 강력한 정치적 정체성은 목적을 위한 수단이어야 함에도 불구하고 그 자체가 목적이 되었다. 장애운동은 밖을 내다보기보다는 안을 들여다보아 왔다. 장애운동의 선봉에 선 사람은 다른 집단과의 연결점을 찾거나 장애인 성원의 사회와의 통합을 추구하기보다 분리주의자가 되었다. '그들' 비장애인 억압자에 대한 '우리' 장애인이라는 인식을 강화하는 것이다(Holdsworth, 1993; Branfield, 1998, 1999). 장애활동가에게 이는 강력하고 동기부여적인 것이겠지만, 장애 정치의 기초로서 이것은 역효과를 가져온다.

정체성의 정치 이후

Nancy Fraser(1995)는 급진적인 사회운동은 종종 사회경제적 부정의에 대한 도전을 문화적 부정의에 대한 도전과 묶어 버린다고 주장했다. 그녀는 재분배의 정치(politics of redistribution)와 자각의 정치(politics of recognition)를 구분한다. 그녀가 '이가의 민중(bivalent collectivities)'이라고 부르는 사람은 "사회경제적으로 잘못된 분배와 문화적으로 잘못된 자각으로 고통받는데, 이 두 가지 형태의 고통은 서로에게 간접적인 영향을 미치고 있는 것이 아니라 서로에 대해 일차적이고 근원을 공유하고 있는 것이다." 이 경우에 이 두 가지 부정의에 대한 개선은 서로 다른 방향에서 견인될 수 있다. 그녀는 결속을 통한 개선(affirmative remedies)—내부의 깊이 있는 구조를 강조하고 심지어 불이익 계급에 낙인을 부여할 수도 있는—보다는 집단화를 풀고 연대를 증진하는 것을 의미하는 변형적인 개선(transformational remedies)을 요구한다. 그녀는 또 자각의 정치가 부정적인 결과를 가져올 수 있음을 일깨운다. 왜냐하면 개인으로 하여금 집단 문화나 소모적인 논쟁에 순응하도록 강요하기 때문이다. "결국은 단일하고 철저하게 단순화된 집단 정체성을 부과하는 것인데 이는 인간의 삶이 가지는 복합성, 그들의 정체성의 복잡성, 그들의 다양한 선호의 교차를 부정하는 것이다."(Fraser, 1995: 112)

그녀에게 정체성의 정치 버전은 억압적이고 참을 수 없고 체제 순응적인 것이고, 그밖에 급진적인 장애인 권리운동에 적용될 수 있는 모든 형용사를 붙일 수 있는 것으로, 결국 Fraser가 두려워했던 분리주의와 집단 고립을 가져온다. 이에 대해 Fraser가 제안했던 대안은 불이익을 당하는 집단의 성원으로서가 아니라 개인의 지위 속에서 자각을 추구하는 것이다. 그녀는 "자각을 지위의 문제로 보는 것은, 제도화된 문화적 가치에 대해 평가할 때 사회적 행위자가 차지하고 있는 상대적인 지위에 대해 그 가치가 어떤 영향을 미치는지를 가지고 평가하는 것을 뜻한다."고 설명한다(Fraser, 1995: 113). 그녀가 말하는 자각에 대한 사회적 지위 접근은 집단의 특수성에 가치를 부여하고 근본주의를 증진하는 것이라기보다는, '비정체성의 정치(non-identitarian politics)'를 이끄는 것일 수 있다. 비정체성의 정치에서 "자각하지 못함에 대한 처방은 사회 제도를 변화시키는 것을 의미하거나, 좀 더 특정하여 말한다면, 사람들의 상호작용을 규제하고 있는 가치를 변화시키는 것을 의미한다. 이런 가치는 관련 제도 안에서의 개인의 자각을 방해하고 있는 요인이다." (Fraser, 1995: 115)

Berthe Danermark와 L. C. Gellerstedt(2004)는 Fraser 접근의 지지자이면서도, Fraser가 면대면 만남에 대해 주목하지 않았다는 점에서 그녀를 비판한다. 최근의 다른 장애이론가처럼, 그들은 Axel Honneth(1995)의 저작이 또 다른 수준에서 잘못된 자각과 부정의를 묶어 버렸다고 본다. Honneth는 Mead와 Hegel에 기초하여 개인적 · 사회적 · 문화적 차원을 다음과 같이 살피고 있다.

> 이는 장애인에 대한 부정의가 단지 문화적 메커니즘(문화적 환원주의)이나 사회경제적 메커니즘(경제적 환원주의), 또는 생물학적 메커니즘(생물학적 환원주의)에 의해서 발생하는 것으로 이해될 수 없다는 것을 내포한다. 결국 서로 다른 여러 수준, 여러 메커니즘과 맥락이 고려됨으로써 하나의 현상으로서의 장애는 분석적으로 다루어질 수 있을 것이다(Danermark and Gellerstedt, 2004: 350).

이런 다양한 접근은 정체성 이후, 사회모델 이후의 장애 정치에 주요한 요인을 제공할 것이다. 이러한 재개념화는 정체성의 정치에 갇히는 것에 대한 대안을 제시하기 위해서 필요하다. 정체성의 정치는 희생자 정치와 실패에 대한 찬미를 가져온다. 많은 장애인은 비장애인과 함께 공유하고 있는 부분을 더 많이 찾아내고 싶어 한다. 그럼으로써 분리가 아닌 통합과 평등한 지위로 나아갈 수 있을 것이기 때문이다. 따라서 장애 정치의 목적은 손상과 장애의 영향력을 가능한 한 줄이려는 것이지, 장애인 정체성에 대한 배타적인 민족주의적 개념화를 통하여 세상과 분리된 장애인 자부심을 찾아내고 찬미하는 것은 아니다.

Disability Rights and Wrongs

제 2 부

장애와 생명윤리

5
산전 진단의 문제

이 장은 산전 진단(prenatal diagnosis: PND)에 대한 장애권리 측의 주장에 대해 논의하려고 한다. 장애 활동가와 학자는 산전 진단에 대해 반대 의견을 표명하고 있는데, 나는 이 반대 입장의 기초에 대해서 도전하려는 것이다. 그러나 내가 산전 진단에 대한 장애권리 운동가의 비판을 수용하기 꺼리는 이유가 산전 진단이 실용적이라고 생각하여 그것을 지지하려는 것은 아니라는 사실을 미리 밝혀 두려 한다. 이 장에서 나의 주장은 John Harris(1985, 1992)나 Peter Singer(1993)와 같은 생명윤리론자의 주장을 받아들이는 것도 아니다. 이들 실용주의 철학자는 스크리닝 검사를 강력하게 주장하였고, 심지어 특정 상황에서 영아 살해를 반대하는 것에 대해서도 도전했었다(Kuhse and Singer, 1985; Singer, 1993). 또 다른 곳에서 나의 동료 Simo Vehmas(2003a, 2003b, 2004)는 이들 주류 생명윤리 문헌에서 볼 수 있는 장애에 대한 가정과 주장에 대해 강력하고 잘 논증된 철학적 비판을 제기하였다. 나는 다른 저작에서 유전 및 장애에 대한 실천과 담론 모두에 대해 비판한 바 있기 때문에

(Shakespeare, 1995a, 1998, 1999a, 2005a), 이 장에서 나는 장애권리 측의 주장을 비판적으로 분석함으로써 이 책의 앞 부분에서 수행해 온 수정 작업을 계속해 나갈 것이다.

산전 진단은 우생학인가

장애권리 운동 내부에는 현대 서구사회의 유전학 연구를 과학적 · 사회적 우생학으로 간주하는 경향이 있어 왔다(Shakespeare, 1995; Asch, 2001; Goggin and Newell, 2005; Rock, 1996; Saxton, 2000). 장애인 활동가와 장애학자 중에는 인간 유전학과 산부인과학의 발전을 반대하는 사람과 어울려 두드러진 활동을 벌이는 사람도 있었다. 그러나 산전 진단이 사회에 미칠 영향에 대한 정책적 · 대중적 논쟁 속에서 장애인이 비판적이고 주의 깊은 목소리를 내는 경우는 거의 없었다. 산전 진단과 선택적인 임신중절에 대한 장애권리운동의 반대를 살펴볼 때, 이에 관련된 두 가지의 이슈가 있을 수 있다. 하나는 강력한 우생학 담론이고 다른 하나는 차별금지에 대한 요구다. 이 장과 다음 장에서 이들 주장에 대해서 논의하고, 왜 나는 이러한 주장이 완전히 지지받을 수 없다고 보는지 설명할 것이다.

우생학 담론은 새로운 유전학적 기술이 21세기의 과학을 19세기 초반의 우생학 이념과 결부시켰다고 주장한다. 특히 장애활동가의 문헌에서, 유전학은 장애인을 제거하기 위한 일관된 계획으로 이해된다. 예컨대, 국제장애인권리 뉴스레터인 Disability Awareness in Action의 생명윤리 부록은 장애인이 "고도로 발전한 과학기술의 도움을 받아서, 탄생 전이든 후이든 따질 것 없이, 반드시 '찾아서 제거할 것'이라는 사명의 주요 표적 집단"이 된 것 같다고 하였다(Disability Awareness in Action, 1997: 1).

이 뉴스레터가 발간된 것과 비슷한 시기에 국제 생명 센터(International Center

of Life)가 영국 뉴캐슬에 지어지고 있었다. 이는 '과학 마을'로서, Millennium Commission and Wellcome Trust에 의해 재정지원을 받고 있었는데, 이곳에서 사람들은 뉴캐슬 대학교 인간유전학연구소나 다른 생명의학 기업과 같은 상호작용적 과학교육 센터를 둘러볼 수 있다. Direct Action Network의 지역 운동가는 1997년에 이 건물 앞에서 '나치 우생학에 반대한다!'는 슬로건을 가지고 시위를 벌였고, Disability Action North East는 1998년 3월 11일에 '우생학 아젠더' '나치식 우생학자의 프로그램' '사실상의 우생학 공원' 등의 문구를 적어 넣은 리플렛을 만들어 배포하면서, "우생학자는 필사적으로 장애인의 씨를 말리려고 한다……. 그들은 의료 공화국 안에서, 더 나아가 이 사회 안에서 막강한 힘을 발휘할 것이다."라고 주장하였다.

내가 같은 장소에서 생명윤리와 과학에 관련된 프로젝트에 참여하기로 했을 때, 많은 장애권리 운동가는 그들이 적으로 생각하는 사람과 함께 일하기로 한 것이라고 나의 결정을 비난했다. 유전학자를 나치와 동일시하는 것은 이런 종류의 비판에서 흔히 볼 수 있다. "장애인은 그들이 사회 속에서 환영받지 못한다는 것을 너무나 잘 알고 있다. 그러나 장애를 이유로 이루어지는 낙태를 적극적으로 지지하거나 안락사가 장애가 있는 태아나 아동을 위한 실용적인 대안이라고 결정하는 것, 이것은 파시즘이다."(Rock, 1996: 124)

유전에 대해 논의하지 않는 것은 나치의 안락사와 우생학이라는 역사적 경험을 무시하는 것이 된다. 그것은 현재에 대한 평가를 위한 중요한 출발점이다. 예컨대, 많은 사람은 나치의 우생학에 대한 기억을 통해, 인류의 건강을 증진하기 위한 시도가 얼마나 잘못된 길로 나아갈 수 있는지를 깨닫는다(Bailey, 1996: 144). 이는 사리에 맞다. 우생학적 사고가 1945년 이전의 북미와 유럽에서 보편적이고 광범위하게 지지받았다는 것을 기억해야만 한다(Kerr and Shakespeare, 2002). 단종법(sterilisation laws)은 독일뿐만 아니라(Gallagher, 1995), 캐나다와 미국의 일부 지역(Kevles, 1985), 그리고 모든 북유럽국가(Broberg and Roll-Hansen, 1996)에서 채택되었다. 나치 치하에서, 장애인은 무자비하게, 그리고 효율적으로 박해를 받았다(Gallagher, 1995). 인구의 5%에게 단종수술이 행해졌고, 전쟁이 시작될 때까지 잔인한 안락사 프로그램이 20만 명에서 27만 5천 명을 죽음으로 내몰았는데, 그들 중 대다수는 정신질환 또는 학습장애가 있는 사람들이었다(Burleigh, 1994). 의료 전문가는 나치의 우생학과 안락사 프로그램의 최전방에 서 있었던 것이다(Lifton, 1986).

그러나 나치의 프로그램과 현대의 정책과 실천을 직접적으로 동류로 보는 것(Disability Awareness in Action, 1997: 1)은 역사학자 Michael Burleigh의 주장처럼, 매우 효과적인 수사지만 신뢰하기는 어려운 주장이다(1998: 145). 나치에 대한 비유는 장애인 저술가의 저작에서 자주 나타난다. 산전 스크리닝을 확대하는 것은 많은 문제의 소지를 가지고 있지만, 모든 의사를 파시스트 또는 과대망상가로 치부하는 것은 도움이 되지 않을 뿐 아니라 무례한 것이다. 현대 민주주의는 1911~1960년 사이에 모든 북유럽 국가와 미국의 많은 주에서 채택하고 실행에 옮겼던 것과 같은 단종법을 가지고 있지 않다(Broberg and Roll-Hansen, 1996; Kevles, 1985). '인종 청소(racial hygiene)'라는 생각과 사회진화론은 더 이상 사회의 주류에 의해 받아들여지지 않는다. 현대의 임상 유전학은 유전적인 질환을 예방하거나 치료하는 것에 목적을 두는 것이지, '인구 순화(purifying the population)', 또는 인종적 · 사회적 소수집단의 제거를 목적으로 하는 것이 아니다. 장애인 권리측 비판가가 수사학적으로 나치와의 동일시를 계속 하게 되면, 과학자, 인종주의자, 정책 입안자는 더 쉽게 장애인 비판가가 가진 타당한 요소까지도 무시하게 되고, 심지어 장애인을 '비합리적'이고 '감정적인' 집단으로 치부하여 논쟁에서 제외시키게 된다.

더구나 이러한 담론은 현대의 재생산 정책에 어떤 의도성과 일관성이 있는 것으로 간주하고 있는데, 이는 아직까지의 재생산 정책이 가지고 있을 필요가 없다(Shakespeare, 1999a). 음모론은 국가가 계획하고 과학자가 교사하여 모든 장애인을 제거하려는 계획을 세운다는 식의 생각을 불러일으킨다. 그러나 유전학의 진보는 점증적이고 우연적이고 경쟁적이고 복잡하다. 몇몇 과학자의 과장에도 불구하고 과학은 제한적이고 불완전하고 불확실하다. 대중적인 산전 검사를 통해서 찾아낼 수 있는 선천적인 결함은 극히 일부분에 지나지 않는다. 신생아 중 2% 정도의 아기에게 선천적인 기형이 있지만, 장애인은 전체 인구의 10~20%를 차지한다. 이는 유전적 검사가 장애 발생을 줄이는 데 크게 기여할 수 있는 것이 아님을 보여 준다. 특정한 손상(특히 다운증후군과 신경관 손상)을 가지고 태어나는 아기의 수를 줄이는 데 간접적으로 기여한다고 할 수 있는 공공보건 정책이 있지만, 그 메커니즘은 부정적인 우생학 프로그램보다 훨씬 더 복잡하다. 장애인을 제거하기 위한 정부의 의도적인 계획이란 있을 수 없다.

특히 임신 기간 중 검사를 받기로 결정하는 데에는 소비자의 요구가 중요한 역할을 하고, 현대 유전 및 산부인과 진료에서 환자 자율성의 원칙은 핵심적이다. 강압적인 우생학보다는 개인적 선택이 유전학이 수행되는 메커니즘이다(Hampton, 2005). 유전학에 대한 장애인 권리 운동가의 비판에서는 대개 예비 부모의 역할이 무시되었다. 임신중절을 선택하는 데에서 핵심적인 결정자는 의사가 아니라 예비 부모인 것이다.

따라서 장애인 활동가가 "장애인은 우리의 현대 과학기술 사회에서 존재를 위협받고 있다. 의학은 태아의 근육을 움직여 보고, 태아가 불완전하거나 손상을 가지고 있을 때에는 그 생명 전체를 중단시키는 힘을 가지고 있다." (Rock, 1996: 121)고 하거나, "장애인은 그들이 태어나기도 전에 이미 표적이 되는 사람이다. 산전 진단에 대한 접근성을 높이는 작업은 지난 몇 년 동안 다운증후군이나 이분척추증과 같은 장애인 집단을 제거하려는 목적을 가지고 추동되어 왔다(Disability Awareness in Action, 1997: 1)."고 주장할 때, 그들은 통제권을 임신한 여성이 아닌 의사에게 줘 버리는 담론, 검사가 장애인을 제거하려는 우생학적 열망에 의해서 추동되었다는 담론, 그리고 여성과 그의 배우자가 그들의 임신에 관련된 어려운 결정에 대해서 책임을 발휘하지 못하도록 만드는 담론을 생산해 내고 있는 것이다(Statham and Solomou, 2001). 이러한 담론은 임신과정의 복잡성을 지나치게 단순화한다.

Paul(1992)은 현대 유전학의 우생학적 본질에 대한 논쟁이 궁극적으로 해결될 수 없는 것임을 보여 준다. 왜냐하면 '우생학'이라는 용어가 매우 많은 의미를 가지고 있기 때문이다. '우생학'이라는 용어 자체는 '잘 태어남(well born)'을 뜻하는 것으로, 후세대의 질을 개선하기 위한 광범위한 시도를 의미하는 것일 수 있다. 그러나 이러한 일반적인 수준에서라면, 우생학은 아동과 가족의 안녕을 증진하기 위한 복지 정책의 모든 영역을 포함한다. 우생학은 바람직하지 않은 특정 유전자가 인구집단에 퍼지는 것을 막기 위한 시도라고 좀 더 협소하게 정의할 수도 있다. 이것이 이 용어에 대한 일반적인 이해에 더 가깝다. 그러나 개념적으로 그리고 실제적으로, 이것은 또 일련의 접근을 내포하고 있다. 역사가는 긍정적 우생학과 부정적 우생학을 구분한다(Kevles, 1985). 전자는 선호하는 특성을 가진 개인을 재생산하도록 촉진하는 것을 포함한다. 후자는 바람직하지 않은 특성을 가진 개인의 재생산을 촉진하지 않는 것을 의미한다. 또 다른 중요한 구분은 교육이나 조언의 영향을 받아 자발적인 행동으로 이루어지는 우생학과 법적 통제나 국가적인 전문적 개입에 의해 이루어지는 강압적인 우생학을 구분하는 것이다(Caplan et al., 1999).

강조점과 방법이 무엇이든지 간에 이들 접근은 모두 우생학적 의도를 내포하고 있다. 즉, 우생학적 목적을 가진 행위 주체가 그 목적을 위해 무엇인가를 행하는 것이다. 그러나 현대의 생물의학에서는 우생학적 가치나 이를 위한 프로그램을 찾아보기는 어렵다(Rogers, 1999의 예가 있지만). 또 다른 접근은 우생학을 극복과 관련하여 개념규정한다. 여기에는 우생학적 행위 주체나 명백한 우생학적 정책의제가 반드시 존재하는 것은 아니다. 특정한 사회정책과 개인적 선택의 결과로서 우생학적 극복[특정한 조건(condition)의 영향을 받는 출산의 감소라는]이라는 결과가 나타날 수 있다. 이것은 Philip Kitcher(1997)이 '자유방임적 우생학'이라고 부른 것이고, Simon Hampton(2005)이 '가족 우생학' 이라고 명명한 것이다. 많은 현대의 생물인종학자는 어떤 강제가 작용하지 않는 한, 이러한 형태의 우생학은 반대할 수 있는 것이 아니라고 말한다(Caplan et al., 1999). 어떤 사람은 이러한 자발적이고 소비자에 의한 또는 자유방임적인 유형의 우생학은 도덕적 · 사회적 실천으로서 긍정적으로 받아들여져야 한다고 본다(Harris, 1992). 그러나 나는 이전의 저술에서(Shakespeare, 1998, 2005a) 선택에 가해지는 제한을 강조하려고 노력했다. 명시적인 우생학적 의도가 없다고 하더라도 우생학은 수많은 상호작용과 암묵적인 기대, 미묘한 영향력, 그리고 예비 부모가 스스로 찾아낸 제한적인 선택에서 나타나게 되는 '새로운 현상(emergent property)' 일 수 있기 때문이다(McLaughlin, 2003; Hampton, 2005).

이 문제의 복잡성 때문에 유전학을 우생학과 동일시하거나 의사를 나치에 동일시하는 단순한 슬로건을 만들 수 없다. 더구나 우생학은 현대 의학을 가치절하하는 강력한 모욕적 비유로 사용되어 왔지만, 이러한 담론은 우생학이 전적으로 나쁜 것이라는 일반적인 함의 이외에 우리가 함께 논의하고 동의해야 할 어떤 의미도 제시하지 못하고 있다(Wikler, 1999). 우생학이라는 이름으로 수행되었던 역사적 학대의 잔상이 너무나 강력하기 때문이다. 재생산에 대한 결정이 이루어지는 복잡한 맥락에 대해 오만하게 접근하는 것은 잘못이다. 음모론이나 괜한 논쟁을 불러일으키는 이론도 역시 길을 잘못 잡은 것이다(King, 1999). 현대의 산전 검사, 그리고 낙태와 장애에 대해 서로 다른 도덕적 생각을 가진 사람을 가치절하하기 위해 그렇게 감정적인 수사학을 사용하는 것은 의사에게도, 그리고 오랜 시간 동안 어렵게 산전 검사와 임신종결에 대해 고민하는 예비 부모에게도 모두 침해적이다.

산전 진단은 차별적인 것인가

산전 진단에 대한 장애권리 비판의 두 번째 주제는 우생학이라는 비유와 음모론을 삼가고, 개인적 선택과 생물 의학적 실천이 가진 의미와 함의에 초점을 맞춘다(Parens and Asch, 2000). 예컨대, 산전 진단이 손상을 가진 태아에 대한 차별이라는 점을 주장하는 것이다. 검사를 받지 않았다면 유지되었을 임신이었음에도 불구하고 태아가 손상을 가질 수 있는 상태이기 때문에 또는 그러한 상태라고 믿어지기 때문에 낙태에 이르게 된다는 것이다. 또한 산전 진단이 장애아동이나 장애성인을 차별하는 것이라고 주장한다. 왜냐하면 그들 역시 태어나지 않았으면 더 좋았을 사람이라는 메시지를 전달하기 때문이다. 이러한 주장은 종종 '표현주의자의 반대(expressivist objection)'라고 부른다. 유전적 진단과 선택적 낙태가 장애인에 대한 차별과 부정적인 관점을 '표현한다'고 주장하는 것이기 때문이다.

표현주의자의 반대가 가지는 강점은 세 가지로 나누어 살펴볼 수 있다. 첫째, 산전 진단에서 사용되는 언어와 그것이 주는 더 큰 메시지에 주목하도록 하는 것이다. 유전학과 검사에 대한 문헌에서 장애인에 대해 사용하고 있는 고도로 편견에 찬 언어의 예는 무수히 많다. 예컨대, '범죄 염색체(culprit chromosomes)' '우연적인 비극(random tragedies)' 등이다(Shakespeare, 1999a). 둘째, 많은 장애인, 특히 선천적인 장애가 있는 장애인에게 손상은 정체성의 일부를 이루고 있다는 점을 지적하고 있다는 것이다. 비장애인 논객은 손상을 분리된 영역(인플루엔자 감염처럼)으로 간주하는 반면, 장애인은 그것이 자신이 누구인지를 구성하는 한 부분이라고 주장한다(Edward, 2004, 2005). 셋째, 표현주의적 반대는 또한 산전 검사 프로그램이 장애인에 대해서, 그리고 장애인을 사랑하고 지지하는 사람에 대해서 미치는 정서적 영향을 강조한다. 유전적 검사 또는 스크리닝 기술이 발달하여, 누군가의 출생 자체를 막을 수도 있게 되었다는 것을 받아들이는 것은 매우 어려울 수 있다. 이미 선천적인 손상을 입은 채 살고 있는 사람은 즉각적으로 자신의 부모가 이러한 기술의 이점을 취하려고 하지 않았을지 상상하게 된다. 그것은 그의 가족이나 사회에 의해서 거부당하거나 원치 않는 존재가 되는 것에 대한 두려움을 불러일으킨다. 그렇게 되면 그 장애인은 자신이 존재하지 않는 사회에 대해 생각하게 될 것이다. 이 모든 것은 고통스럽고 위협적인 생각이며, 이러한 테크놀로지 안에서 논의되고 양산되는 매우 부정적인 언어에 의해서 더 악화된다. Steve Edward가 제안했듯이, "그러한 의료적 행위가 도덕적으로 나쁘다는 것은 그것이 가지는 해로운 영향력 때문이다." (Edward, 2004: 419)

그러나 이러한 정서적 반응에는 논리적인 모순이 있다. 모든 장애인은 이미 태어났다. 태어나기 전의 장애인은 어떤 의미에서든 존재하지 않는다. 엄마의 임신 기간 중에 발달하고 있는 세포 조직으로서는 존재하지만, 정체성과 경험과 감정을 가진 개인으로서 존재하는 것은 아니다. '내가 태어나지 못했다면' 하는 반응은 정서적인 여운을 남기기는 하지만, 엄격히 말해 합리적인 것으로 이해하기는 어렵다. 왜냐하면 그 누구도 태어나기 전에는, 태어나지 않은 '나'로서 존재할 수 없기 때문이다. 좀 더 논리적인 반응은 "그러한 기술이 미래의 나 같은 사람들이 태어나는 것을 막는다."고 생각하는 것이거나, "이는 나와 비슷한 조건을 가진 사람이 더 적어진 세상을 만들 것이다."라고 생각하는 것이다. 이는 여전히 서운함과 스트레스를 경험하게 하겠지만, 자신의 비존재를 생각하는 것보다는 개인적인 여운을 덜 남긴다.

게다가 John Harris(1992)가 설명했듯이 내가 태어나지 못했을 수도 있는 상황을 상상하게 하는 다른 많은 경우도 있다. 예컨대, 우리 부모가 서로 만나지 못했다면 나는 태어나지 못했을 것이다. 그들이 피임을 했다면, 그들이 한 달만 늦게 사랑을 나누었더라도, 정말 일초만 늦게 사랑했어도 나는 태어나지 못했을 것이다. Saul Kripke의 접합 원칙에 따르면, 모든 개인은 하나의 정자가 하나의 난자를 만나 수정된 유일한 결과이고, 어떤 다른 조합이나 다른 순간의 수정은 다른 사람—나의 형이나 누나일지언정 나는 아닌—을 만들어 낼 것이기 때문이다(Kripke, 1980).

표현주의적 반대론은 출생 가능성을 제한하는 다른 모든 기술에도 적용될 수 있을 듯하다. 예컨대, 사람들은 원하지 않는 아이를 낳지 않기 위해서 또는 더 많은 아이를 낳지 않기 위해서 피임이나 불임수술을 하기도 한다. 그렇다면 이러한 기술은 미혼모의 아이에 대한, 또는 아이가 많은 집에서 태어난 아이에 대한 부정적인 가치화를 표현하는 것인가? 그러나 표현주의자는 응답하기를, 산전 진단의 초점은 그것이 회피되어야 하는 인구집단을 특정화하는 데 있다고 주장한다. 진단받는 대상은, 그리고 그 부모가 피하려고 하는 대상은 잠재적인 아이에게 있는 장애라는 특징이다. 정말로 문제가 되는 것은 스크리닝이 장애에 대해서 보내는 메시지라고 주장하는 것이다. 그러므로 이제 장애를 막으려고 하는 것이 이미 존재하는 장애인에 대한 부정적인 가치를 표현하는 것이 될 수밖에 없는지 질문할 필요가 있다.

손상을 예방하는 것은 언제나 잘못인가

표현주의적 반대론과는 다르게 나는 손상을 막으려는 노력이 반드시 장애인에 대한 부정적인 메시지를 보내는 것은 아니라고 생각한다. 이미 존재하는 장애인의 권리를 지지하는 것과 더 많은 사람이 손상을 가지게 될 가능성을 막는 것은 상충되는 것이 아니다. 예컨대, 모든 공공보건 프로그램은 장애인의 수를 최소화하려고 노력한다. 신생아 예방접종이나 지뢰제거작전(mine clearance schemes)은 모두 사람이 손상되는 것을 막기 위한 것이지만, 그것이 소아마비나 사지절단 장애가 있는 사람을 이등시민으로 보는 함의를 가지고 있는 것은 아니다. 물론 때로는 도덕적으로 선의를 가진 어떤 노력이 장애에 대한 부정적 인식을 불러일으키는 역효과를 내는 경우도 있다. 예컨대, 1990년대 후반 영국에서는 음주운전 반대운동이 있었고, 그 당시 캠페인 자료로서 심각한 뇌손상 남성의 화보를 사용하였다. 그 광고가 남긴 더 강한 메시지는 만약 음주상태에서 운전을 하면 그들의 삶이 애처로운 식물인간으로 끝나게 될 것이라는 위협이었다. 건강 정보의 중요한 부분이 뇌손상을 입은 사람에 대한 매우 부정적인 태도를 표현하는 방식으로 전달된 것이다.

그러나 일반적으로 대부분의 사람은 이미 존재하는 장애아동과 장애성인을 위협하지 않는 방식으로 이루어지기만 한다면, 앞으로 태어날 장애아동의 수를 줄이는 노력은 수용할 만하다고 생각한다. 일반적으로 손상은 중립적인 상태가 아니라 환영받지 못하고 피하는 게 최선인 상태로 인식되어 있기 때문이다. 예컨대, 뇌성마비는 조산이나 분만과정의 어떤 문제로 인해 산소 결핍과 그에 따른 뇌손상이 발생하는 것과 연관되어 있다. 산부인과 의사는 산모와 아기를 돌봄으로써 뇌성마비를 줄이려고 노력한다. 이것이 뇌성마비를 가진 사람들에 대한 부정적인 가치화를 표현하는 것은 아니다. 또한 그들의 권리와 잠재력을 낮추어 보는 것도 아니다. 또 다른 예는 음식 보조물인 엽산을 권장하는 정책이다. 엽산은 임신 초기 태아 발달에서 이분척추를 감소시키는 것으로 입증되었다. 만약 미국에서처럼 엽산이 밀가루에 추가되었다면 이분척추나 다른 기형의 영향을 받은 임신의 발생수가 극적으로 줄어들었을 것이다. 이는 분명하게 좋은 결과를 가져오는 것이라 할 수 있다.

이분척추나 뇌성마비 증상이 있는 장애활동가는 이러한 정책에도 반대할 수 있다. 나는 오슬로 국제재활회의에서 한 우간다 여성을 만났는데, 그녀는 자기 나라의 장애활동가가 소아마비 예방접종 프로그램이 장애에 대한 부정적인 태도를 표현하는 것이라는 입장에서 이를 비판해 왔다고 말했다. 이러한 대응은 잘못된 것 같다. 소아마비, 뇌성마비, 이분척추 증상이 있는 많은 사람은 정말 행복하고 잘 적응하고 성공적이다. 이러한 조건이 있는 모든 사람은 권리를 인정받고 존중받을 가치가 있다. 그러나 이런 사실이 미래의 사람들이 이러한 조건을 경험하지 않도록 예방하는 방법에 어떤 영향을 미쳐서는 안 된다. 미래의 장애인에게 이러한 조건은 불편과 제한을 의미할 수도 있기 때문이다. 손상 예방은 이미 손상을 입은 사람의 부정적인 가치화를 내포하는 것이 아니다. 손상의 예방과 장애인 권리라는 두 가지 정책은 양립할 수 있다.

그러나 짚고 넘어가야 할 중요한 구분점이 있다. 철학적으로 말하면, 이러한 예는 '같은 값의 경우(same number cases)'라고 할 수 있다(Parfit, 1984). 종종 생물윤리학자가 가설적으로 말하는 상황으로, 만약 어떤 사람이 알약을 먹었는데 그 약이 미래의 자녀에게서 손상을 막거나 손상을 유발할 수 있다면, 또는 임신을 한 달 늦게 함으로써 자녀의 손상을 피할 수 있다면, 이러한 상황에서 건강하고 손상의 영향을 받지 않은 아이가 태어날 수 있도록 행동을 취하는 것은 제대로 된 부모의 일반적이고 도덕적인 의무가 아니냐는 것이다. 이처럼 엽산이나 산부인과의 산전 관리는 특정한 태아의 출산을 막으려는 것이 아니라 그 태아가 손상을 입게 되는 것을 막으려는 것이다. 즉, 예방접종과 마찬가지로 이러한 실천은 미래 후손에게서 손상을 막으려는 것이지 손상을 입은 특정한 잠재적 인간을 제거하려는 것이 아니라는 것이다. 그러나 Ruth Bailey가 관찰한 바와 같이, 산전 진단을 이런 형태의 손상 예방과 동일한 것으로 생각하는 것은 잘못되었다.

> 이는 산전 검사와 질병을 예방하기 위한 다른 방법 사이의 근본적인 차이를 애매하게 한다. 즉, 산전 검사에 따르는 '치료'—즉, 낙태—는 어떤 손상을 유발시키는 애초의 조건을 없애는 것이 아니라 태아를 제거함으로써 손상을 '치료(cure)' 하는 데 목적을 둔다는 점이다(Bailey, 1996: 149).

다시 말해, 표현주의적 반대는 손상 그 자체의 감소를 반대하는 것이 아니라, 낙태를 그 방법으로 하는 손상의 감소를 반대하는 것이다. 바로 이것—낙태를 통해 손상을 감소시키려고 하는 것—이 장애인에게 "장애를 입는 것보다는 차라리 죽는 게 더 낫다."는 메시지를 보내고, 그럼으로써 살아 있는 장애인에 대한 부정적 가치화, 몰이해, 멸시를 표현하는 것이라고 보기 때문이다. 따라서 우리는 이제 임신 종결을 수용할 수 있는지에 대해서 논의해 보아야 한다.

태아가 손상을 입었을 때 임신을 종결하는 것은 잘못인가

낙태의 도덕성은 복잡하고 논쟁의 여지가 있는 것이어서, 이에 대한 충분한 논의는 이 책의 범위를 넘어선다(낙태에 대한 상이한 입장 간의 논쟁에 대해서는 Warren, 1993을 참고하라). 그러나 나는 왜 내가 이 문제에 대한 두 가지 극단적인 입장을 수용할 수 없는지를 간략하게 설명하려고 한다. 두 가지 극단적인 입장이란 '생명이 수정과 함께 시작된다고 보고, 그렇기 때문에 모든 낙태는 잘못이라고 보는 입장'과 '출산 이전까지는 낙태는 허용할 수 있는 것이라고 보는 입장(여성의 자율성에 근거하여 또는 태아는 아직 사람이 아니기 때문에)'이다.

장애권리 측 활동가를 포함하여 일군의 사람은 모든 상황에서의 낙태를 반대한다. 그들은 태아가 장애를 입은 경우와 태아가 장애를 입지 않은 경우를 구분하지 않는다. 그들은 낙태는 그 어떤 상황에서도 잘못이라고 믿는다. 태아는 생명을 가진 인간이기 때문에 다른 인간과 마찬가지로 권리를 가지고 있고 존중받아야 하는 존재라는 것이다. 아기, 아동, 성인을 죽이는 것이 잘못인 것과 마찬가지로 자궁 안에서 자라고 있는 배아 또는 태아를 죽이는 것도 잘못이라고 간주한다. 이러한 관점에서 낙태 또는 배아 연구는 살인 행위다.

낙태 반대론자에 대한 다른 한 쪽의 극단적인 반대는 여성주의 등으로부터 제기되는데, 이들은 여성이 자신의 몸 안에서 일어나는 일에 대해서 선택할 수 있는 권리가 있음을 강조한다(Sharp and Earle, 2002). 태아는 여성의 일부분이므로 여성은 임신과 관련하여 벌어지는 일에 대해 결정할 수 있는 권리가 있는 유일한 사람이다. 태아 역시 권리가 없는데, 왜냐하면 태아는 아직 사람이라고 할 수 없고, 또한 여성의 자궁 안에서 성장하고 있는 한 태아의 권리는 여성의 권리에 의해서 압도되기 때문이다. 과격한 여성주의 입장에서는 여성이 출산 전의 어떤 단계에서든, 어떠한 이유에서든 낙태를 요구할 권리가 있다고 주장한다.

그러나 많은 장애권리 논객은 제3의 입장을 취한다. 왜냐하면 이들은 재생산에서의 자율성이라는 여성주의 원칙을 지지하면서도, 손상을 입은 태아에 대한 선택적인 임신 종결에 대해서는 불안을 느끼기 때문이다(Asch, 2000; Saxton, 2000). 그들은 여성이 임신하는 것 자체를 원하지 않는다면 낙태는 허용할 수 있다고 주장한다. 그러나 여성이 특정한 태아에 대해서만 임신하기를 원치 않는다면 이는 허용할 수 없다. 다시 말해, 낙태의 권리는 엄마가 될 것인지에 대한 선택, 또는 특정한 시기에, 또는 특정한 파트너와 더불어 엄마가 되지는 않겠다는 선택으로 확장될 수는 있지만 태아의 특성에 따른 선택으로까지 확장될 수는 없다. 이처럼 낙태의 권리를 조건적으로 지지하는 이유는 손상을 입은 태아에 대한 선택적인 임신 종결이 장애인에 대한 부정적인 가치화 그리고(또는) 손상을 입은 태아에 대한 차별을 표현하는 것이기 때문이다. 말하자면 딸이라서 낙태를 선택하는 것과 유전적인 장애를 가졌기 때문에 낙태하는 것은 윤리적으로 다르지 않다는 것이다. 대부분의 사람은 직관적으로 여성 태아를 선택적으로 낙태하는 것은 잘못이라고 판단한다. 일반적으로 그것은 여성의 가치에 대해 부정적인 메시지를 보내는 것이기 때문이다. 손상을 입은 태아를 선택적으로 낙태하는 것은 장애인의 가치에 대해서 동일한 결과를 가져온다.

Ronald Dworkin(1984)이 지적한 바와 같이, 총괄적인 낙태반대론자의 문제는, 그중에서도 완전히 일관되게 낙태를 반대하는 사람은 별로 없다는 것이다. 예컨대, 많은 낙태반대론자도 그 임신이 강간의 결과로 발생했다면 낙태를 허용할 것이다. 또 다른 사람은 엄마의 생명이 위험에 처해 있다면 낙태를 허용할 것이다. 마찬가지로 총괄적인 낙태반대론자는 종종 또 다른 상황에서 생명을 없애는 것에 반대하지 않는데, 예를 들어 전쟁이나 사형제도 같은 경우다. Dworkin은 낙태반대론자가 낙태는 살인이라는 믿음에 의해서 낙태를 반대한다고 주장하지만 여기에는 오류가 있다고 결론 내린다. 낙태가 살인이라면, 강간에 의한 임신이라고 하더라도 그것은 여전히 살인인 것이다. 어찌되었든 임신이 이루어진 상황으로 태아가 비난받아서는 안 되기 때문이다. 그 엄마는 매우 어려운 상황에 놓이게 되겠지만, 그녀는 아이를 키울 수도 있고 입양을 통해 아이를 포기할 수도 있으며, 이는 살인보다는 더 나은 방법이 될 것이다.

과격한 여성주의자가 가진 문제는 '몸에 대한 소유권을 가지고 있고 따라서 임신에 대해서도 결정권을 가지고 있는 것은 여성'이라는 아이디어가 임신은 여성만이 아닌 제3의 당사자에게 영향을 미친다는 사실을 간과하고 있다는 것이다. 임신 중의 특정 시점 이후—특히 임신 6개월 이후—에는 자라나고 있는 태아의 이익(interests of the developing baby)이 임신한 여성의 이익과 균형을 맞추게 된다. 특히 임신의 후기 단계에 이르면 아기는 자궁 밖에서 독립적으로 생존할 수도 있게 되는데, 아기는 아무런 권리를 가지고 있지 않고 엄마가 그의 생명을 죽일 권리가 있다고 하는 것은 반대할 만하다. 극단적인 여성주의 입장은 일관성을 가지고 있다는 장점이 있지만, 반감을 사는 결론에 이르고 있다.

낙태에 대해 선택적인 반대를 하는 장애인 권리주의자가 가진 문제는 일관성이 없다는 것이다. 직관적으로 생각하더라도, 결국 임신 종결이 허용할 수 있는 것이라면 장애의 경우에도 종결이 허용되어야 한다. 사회적 이유—예컨대, 임신의 시점이 적절치 않다든지, 여성이 특정 남성과 더불어 아이를 갖고 싶지 않다든지, 부모가 아이를 더 이상 원하지 않다든지 하는 등—로 낙태하는 것은 받아들일 수 있다. 하지만 태아가 손상을 입고 있다는 도덕적으로 중요한 이유에서 낙태를 받아들일 수 없다고 하는 것은 내가 보기에 합리적이지 않다. 태아가 완전한 도덕적 권리를 가진 인간이라고 한다면, 그리하여 장애를 입은 태아의 낙태뿐만이 아니라 모든 낙태가 잘못된 것이라고 주장한다면, 그때는 (선택적 낙태가) 손상을 입은 태아에 대한 차별이라고 주장할 수 있다(Warren, 1997).

다음 두 가지 사례는 태아의 특성에 기초한 선택적 낙태에 대해서 반대하는 장애권리운동 측 주장의 근거를 약화시킨다. 첫째, 그들이 살아가게 될 삶이 매우 심각하게 영향을 받게 되는, 그리하여 장애권리 비평가도 종종 낙태 반대를 철회하게 되는 심각한 손상이 많이 있다는 것이다. 예컨대, 테이삭스병(Tay-Sachs) 같은 대사 장애의 경우 아이는 보통 5세 이전에 사망하게 되고, 레슈-니한(Lesch-Nyhan) 증후군의 경우 아이는 청년기까지 성장하지만 매우 심각한 신체적 · 정신적 디스트레스를 가진 채 살 수밖에 없다. 만약 이러한 상태가 진단에 의해 파악될 수 있는 것이라면 태아의 특성에 근거해서 낙태를 선택하는 것이 잘못이라는 일반적인 원칙은 약화될 수밖에 없다. 둘째, 젊은 미혼여성이 임신을 하여 낙태를 할지 안 할지 고민하고 있을 때 상상할 수 있는 상황이다. 16, 17세의 여성에게 태아가 가진 특성은 그녀의 결정에 매우 중대한 영향을 미칠 것이다. 또한 그녀는 자신이 아기에게 잘 대처할 수 있을지, 지원을 받을 수 있을지, 아이를 돌보는 것이 가능할지, 교육을 계속 받고 자기 자신과 아기의 삶의 질을 보장할 기회가 있을지 등을 생각하게 될 것이다. 만약 심각한 손상을 가진 아기를 낳게 된다면 상황은 더욱 나빠질 것이다. 충분한 지원이 없을 수도 있고, 적절한 보육을 받지 못할 수도 있다. 그녀의 꿈을 이루는 것은 거의 불가능해진다. 그녀와 아기의 미래는 매우 어두울 수 있다. 이 젊은 여성에게 태아의 특성을 알아보는 것은 임신을 지속할 것인지의 문제와 무관하지 않다.

총괄적인 낙태반대주의자나 극단적인 여성주의자와 달리, 나는 점진주의적 입장(gradualist position)을 취한다(Gillon, 2001). 이것은, 발달하고 있는 태아는 임신이 진행됨에 따라서 점점 더 증가하는 도덕적 지위를 가지는 것으로 간주되어야 한다고 주장하는 것이다. 초기의 배아는 잠재성을 가지고 있지만 모든 지위와 그 지위가 내포하는 보호받을 권리가 있는 완전한 인간은 아니다(도토리 대 상수리나무의 비유가 때로 사용된다). 임신 6개월이 지난 아기는 여전히 자궁 안에 있지만 생존능력을 가지고 있고, 인간으로서의 권리가 있는 개인이 받아야 할 도덕적 존중을 거의 다 누리게 된다. 점진주의는 낙태 문제에 대한 불완전한 대답이다. 왜냐하면 도덕적 지위의 이동이 언제 일어나는지에 대해 정확하게 말하기 어렵기 때문이다. 종종 감각능력이나 자궁 밖에서의 생존능력과 같은 생물학적 이정표(milestones)가 중요하게 거론되는데, 이 두 가지 능력은 임신 20~24주에 처음 나타나기 시작한다.

형이상학적이고 법적인 논의를 넘어서, 낙태는 (많은 낙태반대론자가 주장하는 것처럼) 비극적인 것도 아니고 (선택을 강조하는 활동가가 주장하는 것처럼) 단순한 의료적인 과정도 아니다. 모든 임신중절 또는 임신의 상실은 어느 단계에서든지 간에 슬프고 후회스러운 것일 수 있다. 왜냐하면 그것은 성장하는 인간 생명, 모든 잠재력과 가능성이 있는 인간을 소멸시키는 것을 의미하기 때문이다. 특히 원했던 임신이 18~20주 사이에 태아의 비정상성 진단을 받고 종결되는 것은 그 어려운 선택을 했던 부모에게, 특히 예비엄마에게 죄책감과 스트레스를 유발시키는 일이라는 심리적 증거가 제시되었다. 그 고통은 수년 동안, 어쩌면 평생을 두고 지속될 수 있다(White-van Mourik, 1994).

점진주의 입장은 임신 3개월 내에 임신을 종결하는 것, 그리고 태아의 비정상성이 발견되는 경우와 임신 6개월 내에 종결하는 것은 대체로 지지하는 것으로 해석될 수 있다. 하지만 임신 6개월이 지나서의 임신 종결은 도덕적으로 논쟁의 여지가 매우 크다고 본다. 불공정한 차별이라는 장애인 권리주의자의 주장이 설득력을 갖는 것은 바로 이 시기다. 현재 낙태에 대한 영국법은 임신 24주 이후에는 낙태를 금지하고 있는데, 아기가 '심각하게 장애를 입은 채' 태어날 수 있는 심각한 위험성이 있는 경우는 예외로 인정하고 있다. 달리 말하면 임신 6개월 이후의 태아는 그들이 손상의 위험을 가지고 있지 않는 한 법적으로 보호를 받는다는 것이고, 손상의 위험을 가지고 있는 경우에는 출생까지(따라서 임신기간 내내)의 보호를 장담하지 않는 것이다. 이는 단순한 차별 부과라고만 볼 수는 없는데, 왜냐하면 여기에서 도덕적인 근거 위에 구분(distinction)이 만들어지고 있기 때문이다. 즉, 심각한 손상을 가진 태아는 건강한 태아와는 다르고, 이러한 차이는 일반적인 태아 보호를 뒤집기에 충분하다. 이에 대해 어떤 사람은 손상의 영향을 받은 임신뿐만 아니라 모든 임신에 대해서 임신 후기의 낙태를 허용함으로써 이 비일관성(또는 차별)을 해결하자고 한다(Savulescu, 2001). 나는 이 주장에 대해 반대하는데, 내 생각에 임신 6개월 이후의 태아는 도덕적인 지위를 갖기 때문이다.

실제로 임신 후기의 낙태는 필연적으로 태아 살해를 동반한다. 24주 이후의 아기는 의료적인 보호가 제공된다면 자궁 밖에서도 생존할 수 있다. 이 시점에서 분만이 이루어진다면 아기는 살아서 태어날 것이고, 의사는 그 생명을 지키기 위한 노력을 해야만 한다(비록 어떤 실용주의자는 이것이 불필요하다고 주장하지만). 손상을 입은 태아와 손상이 없는 태아 사이의 차이는 일부러 죽이지 않는다면 살 수 있을 만한 생존능력이 있는 아기를 죽여 버리는 것을 정당화하기에 충분하지는 않다. 법이 예외적으로 임신 후기의 낙태를 허용하는 것은 태아가 생존능력이 없이 태어나는 매우 적은 수의 경우(임신 상태나 태어난 직후에 곧 죽을 수 있는)를 규정하기 위한 것이었다. 그러나 현실적으로는 손상이 있지만 생존능력도 가지고 있는 경우에서도 이러한 착취가 있어 왔다(악명 높은 구개파열의 사례에서 보듯이)(Allison, 2003 참조). 이러한 이유로 나는 영국의 법을 더 촘촘히 하여 임신 후기의 낙태는 오직 엄마의 생명이 위험한 경우, 또는 태아가 분만 이전이나 신생아기에 죽을 것이 불가피한 경우에만 허용하는 것이 시급하다고 생각한다.

임신 6개월 이전의 산전 진단과 선택적 낙태는 예비 부모에게 후회스럽고 힘든 것임에도 불구하고 그것이 도덕적으로 옳지 않다거나 더구나 금지되어야 한다고 주장하기에는 어렵다. 우리는 과학적 지식을 통해 자라나고 있는 아기의 특성에 대해 알아볼 수 있는 시대에 살고 있다. 미래의 아이에게 심각한 고통이나 제한을 유발하거나 다른 가족 성원에게 어려움과 제한을 유발할 수 있는 심각한 조건의 증거가 있는 경우, 실용주의자는 임신한 여성과 그 배우자로 하여금 낙태할 수 있는 권리를 행사할 수 있도록 하는 것은 잘못이 아니라고 주장한다. 그렇게 함으로써 그들은 자신의 삶을 좀 더 편안하게 하고 이 생애에서의 고통을 줄일 수 있을 것이다(Glover, 1977; Harris, 1992).

반대로 도덕적인 윤리학자는 부모의 도덕적 특성과 관련하여, 어떤 결정이 좋은 부모됨의 길인지를 중심으로 선택적 낙태에 대해 논의할 것이다(Macintyre, 1999; Vehmas, 2002). 이들은 부모로서의 의무나 태아의 권리를 논하기보다는 아이에 대한 부모로서의 책임감과 무조건적인 사랑을 강조한다. 예를 들어, Macintyre는 도덕적인 부모는 그들 자신의 욕구가 아니라 아이의 욕구—그것이 무엇이든 간에—를 지향한다고 주장한다. “좋은 부모의 양육은 때로 심각한 장애로 아이가 받을 수 있는 고통과 관련해서 정의될 수 있다.” (Macintyre, 1999: 91) 그에게 장애아동의 부모는 좋은 부모의 패러다임으로서, ‘모든 부모의 모델이 되는 사람’이다(1999: 91). 나에게 도덕적 윤리학자의 견해는 심각한 손상이 예상되는 임신 기간보다 장애아동이 태어난 다음에 더 높이 살 만하다. Macintyre는 좋은 부모로서의 덕성에 대해 지나친 이상주의자인 것 같다. 나는 20주 이전의 낙태가 도덕적으로 잘못이라는 주장을 받아들일 수 없기 때문에, 심각한 손상에 근거한 낙태도 정당화되어야 한다.

낙태는 도덕적인 상처다. 왜냐하면 그것은 죽임, 그리고 태아에게서 가치 있는 미래를 박탈하는 것을 포함하고 있기 때문이다(Savulescu, 2002). 이 상처는 (낙태를 통해) 피할 수 있었던 손상의 도덕적 상처에 등치되었다(Glover, 1977). 이러한 등식은 사람마다 이용할 수 있는 지원이 다르고, 손상의 정도가 다르고, 그들 자신의 능력에 대한 믿음과 행복한 삶이 무엇인지에 대한 관점이 다르기 때문에 저마다 다르게 나타날 수 있다. 개별 여성과 남성의 사적인 책임과 관심이 저마다 다르기 때문에 결론내리기 어려운 문제다. 그러므로 철학자, 활동가 등 (태아 손상의) 결과를 안고 살아가야 하는 당사자가 아닌 다른 사람은 겸손함과 세심함으로 논의해야 하는 부분이다.

손상 입은 태아에 대한 선택적 종결은 살아 있는 장애인에게 상처를 주는 일인가

표현주의적 논의는 반결과주의적으로 해석될 수도 있고 결과주의적으로 해석될 수도 있다(Michael Parker, personal communication). 반결과주의적으로 해석하면, 임신 종결은 차별적인 태도를 반영하거나 표현하는 것이고, 그에 따라 장애인이 실제로 부정적인 영향을 받지 않는다고 하더라도 그것은 잘못된 일이다. 달리 말하면, 선택적 낙태가 항상 나쁜 것은 아니라고 하더라도, 그 동기는 나쁜 것이다. 그러나 결과주의적이고 좀 더 강력한 표현주의 버전은 선택적 종결이 가져온 결과로서의 상처에 입각해서 그것을 평가한다. 손상을 가진 태아를 낙태하겠다는 결정에 따르는 어떤 결과를 예비 부모뿐 아니라 다른 사람도 떠안고 살아가게 된다고 보는 것이다. 만약 장애아동을 피하기 위한 임신 종결을 허용하는 정책과 실천이 이루어진다면 다른 장애인에게 부정적인 결과가 있을 것임을 주장하는 것이다.

분명히 많은 장애인과 그들의 지지자는 산전 진단에 의해서 공격당하는 느낌을 받는다. 그러나 이것이 산전검사가 잘못된 일임을 의미하는 것은 아니다. Steve Edward가 주장한 것처럼, "사람들은 다른 사람에게 상처를 줄 수 있는 자기 행동의 결과를 고려할 의무가 있다. 그러나 그 상처가 그의 자유로운 선택을 억압하면서까지 고려되어야 한다는 의미는 아니다."(Edward, 2004: 419) 장애인이 산전검사로 인해 공격받고 차별받는다는 느낌이 든다는 증거가 있지만, 선택적 낙태의 결과 장애인에게 실질적인 해가 있다는 강력한 경험적 증거는 없다. 예컨대, 산전 진단과 선택적 낙태의 증가가 장애인에 대한 태도를 악화시켰다든지, 보호의 수준을 떨어뜨렸다든지, 또는 삶의 질을 떨어뜨리는 것 같지는 않다. 반대로 아이러니한 것은 유전적 지식에 대한 접근성이 증가하면서 장애인 권리에 대한 수용과 장애인에 대한 급여의 점진적인 개선이 함께 일어나고 있다는 것이다.

장애권리 활동가는 손상에 근거한 낙태가 장애를 입기보다 죽는 게 낫다는 메시지를 전달한다고 주장한다. 그러나 Ann Maclean과 다른 많은 사람이 주장하듯이, 낙태가 장애인의 삶은 살아갈 가치가 없다는 의미를 전달한다는 것과 어떤 개인이 장애아동에게 대처할 수 없다는 것은 구분되어야 한다(Maclean, 1993). 예컨대, 어떤 부모는 장애아동을 두게 되면 부부관계가 손상되거나 다른 자녀에게 부정적인 영향을 미친다고 생각할 수 있다. 그들은 경제적인 압박을 두려워할 수도 있다. 특히 부부 중 한쪽이 장애아동을 돌보기 위해 직장을 포기해야 할 경우 더욱 그러하다. 그들은 장애자녀가 스무 살이 될 무렵까지 아이를 돌보기 위해 자유를 희생할 준비를 했을는지 모르지만, 성인이 된 장애자녀가 여전히 돌봄을 필요로 한다면 이에 대한 준비는 어려울 것이다. Macintyre는 지극히 희생적이고 헌신적인 부모의 이야기를 소개하고 있고 이들은 정말로 박수를 받을 만하다. 그러나 모든 예비 부모가 장애인 가족이 직면할 수 있는 어려움에 대해 희생하고 감내할 준비를 하지는 않을 것이며, 그들에게는 이러한 미래를 받아들이지 않을 권리가 있다. 그렇다고 해서 그들이 장애인을 좋아하지 않거나 존중하지 않거나 수용하지 않는 것이라고 말할 수는 없다.

심지어 선택적인 낙태가 이미 존재하는 장애인에게 이익이 될 수 있다는 주장도 가능하다. 예컨대, 배우자가 둘 다 열성유전 조건이 있는 경우, 이는 그들의 아이에게 심각한 손상—낭포성 섬유증 같은—의 위험을 가져온다. 그들은 장애가 있는 아이를 낳고 나서야 자신이 그러한 위험요인을 가지고 있었음을 알게 될 수 있다. 그들이 그 아이를 무척 사랑하더라도, 장애아동을 하나 더 갖게 되는 것은 감당할 수 없기 때문에 산전 진단을 이용하여 그 가능성을 피하기로 결정할 수 있다. 이때 이미 존재하는 아이가 가질 수 있는 이득은 그 부모가 그에게 관심과 보호를 집중할 수 있고 손이 많이 가는 두 명의 아이를 돌보려고 노력하지 않을 수 있다는 것이다. 이 예는 손상이 반복되지 않도록 확실히 하는 것이 이미 존재하는 장애인을 사랑하고 존중하는 것과 병립할 수 있음을 보여 준다.

이러한 주장은 선택적인 임신중절에 대한 맹목적인 변명(implicit reason)과 혼동되어서는 안 된다. 스크리닝의 옹호자—또는 예비 부모—는 때로 손상을 입은 채 살아가는 것이 고통스럽고 제한적인 것이기 때문에, 잠재적인 장애아동이 차라리 태어나지 않도록 하는 것이 그 아이에게도 이익이 된다고 믿는 것 같다(Glover, 1977). 태아에게 이득인지 아닌지는 복잡하고 논쟁의 여지가 있다(Sheldon and Wilkinson, 2001: 89). 그러나 그들이 살아가게 될 삶이 존재조차 하지 않는 것보다 더 나쁜 것만 아니라면, 잠재적인 인간은 태어나는 것이 그들에게 이익이 된다고 보는 것이 좀 더 설득력이 있을 것 같다(Harris, 2000). 극소수의 어떤 손상만이 너무나 고통스러워서 존재하지 않는 것이 더 낫다고 할 수 있을지는 모르겠다. 달리 말하면, 산전 진단은 부모와 다른 형제의 이익이라는 점에서 정당화될 수는 있지만, 가장 극단적인 심각한 손상의 경우를 제외하고는, 결과적으로 존재하는 것마저 제지당한 생명에게 이익이 될 것이라는 차원에서 정당화될 수는 없다. 아이는 태어나는 것으로 해를 입을 수는 없고, 이것이 '잘못된 출생(wrongful birth)' 소송이 있을 수 없는 이유다(Spriggs and Savulescu, 2002).

반대로 스크리닝에 반대하는 사람은 선택적인 임신중절에 의해 해를 입는 사람은 손상을 입은 태아라고 주장한다. 그러나 만약 이것이 장애권리옹호자가 선택적인 임신중절에 반대하는 이유라면, 그 입장은 더 넓은 의미를 가진다. 예컨대, 만약 그들이 손상을 입은 태아가 사람이고, 따라서 선택적인 임신중절이 장애인을 해치는 것이고 차별하는 것이라고 주장한다면, 그들의 입장은 단순히 선택적인 임신중절에 대해서만 반대하는 것이 아니라 모든 임신중절에 대해서 반대하는 것이어야 한다. 만약 손상을 입은 태아가 보호받을 자격이 있는 사람이라면, 모든 태아는 보호받을 자격이 있는 사람이고, 따라서 모든 낙태는 살인 행위가 되는 것이기 때문이다(Gillon, 2001: ii 8).

앞에서 나는 손상의 예방이 원칙적으로 잘못된 것은 아니라는 것을 설명하였다. 나는 표현주의적 반대론이 스크리닝을 금지할 만큼 강력한 논리가 아니라고 주장하였다. 손상 입은 아이가 세상에 나오는 것을 막는 것과 존재하는 장애인의 권리를 지지하는 것과는 양립할 수 없는 것이 아니다(Buchanan, 1996). 나는 더 나아가 표현주의적 반대론이 낙태가 일반적으로 잘못되었다는 함의를 가지는 것이라는 점을 설명하였다. 나에게는, 태아가 장애인으로 자라날 가능성이 있는 경우를 제외한 모든 상황에서 낙태권리를 지지하는 것은 일관성이 없고 비논리적인 것으로 보인다. 어떤 경우에든 낙태는 도덕적으로 심각한 문제이지만, 나는 임신 3개월과 6개월 동안에는 낙태의 선택이 법적인 권리로 인정받아야 한다고 믿는다. 이 결정은 개인의 의식에 맡겨져야 한다.

손상 입은 임신을 진단하고 종결해야 할 의무가 있는가

혹자는 산전 진단이 허용될 뿐만 아니라 의무화되어야 한다고 주장해 왔다. 또 다른 사람은 예비 부모가 임신기간 동안에 검사를 받는 것뿐만 아니라 태아가 손상을 가지고 있다는 것을 발견하게 되면 임신을 종결할 의무까지도 있다고 주장한다. 예컨대, IVF 창시자인 Robert Edward 교수는 "미래에는 장애아동을 가지는 것이 죄가 될 것이다."(Rogers, 1999)라고 한다. 이런 식의 선언은, 비록 드물기는 하지만, 이제는 사회가 거부하는 1945년 이전의 우생학과 완전히 똑같은 것이라는 점을 지적해야만 한다.

낙태의 수용가능성에 대한 종교적 · 윤리적 관점을 검토하면서 나는 사회도 국가도 개인이 임신 기간 동안 취해야 하는 행동 경로를 규정할 수 없다는 생각을 하게 된다. 재생산에서의 자율성 원칙은 사회가 합의할 수 있는 일정한 도덕적 범위 안에서라면, 산전 진단과 임신중절을 하기로 결정한 사람은 모두 자유롭게 그것을 할 수 있어야 함을 말한다. 사회의 역할은 정보를 제공하고 상담하는 것, 개인이 선택한 것을 안전하게 행할 수 있도록 지원하고 질적으로 우수한 전문적 서비스를 제공하는 것 등이다.

임신에 대한 검사와 임신의 종결을 의무화할 수 있는 근거가 될 수 있는 것이 있을까? 손상이 너무 심각해서 죽는 것보다도 더 나쁜 아주 드문 경우가 아니라면, 선택할 수 있는 다른 대안이 없는 상황에서 장애아동은 태어나는 것에 의해 아무런 해를 입지 않는다는 것은 이미 설명하였다. 예비 엄마는 임신 기간 중에 태아(미래의 인간)에게 해가 되지 않도록 하기 위한 모든 합리적인 조치(엽산 보충, 지나친 음주와 약물을 피하는 것)를 취해야 할 의무가 있다. 그러나 이것이 손상을 입은 아동(잠재적 인간)의 출산을 막아야 할 의무로까지 확장될 수는 없다. 그러나 John Harris(1992) 등은 개인에 대한 해(harms)가 아닌 잘못(wrongs)도 있다고 주장한다. 즉, 장애아동을 낳는 것은 그것이 고통을 증가시키거나 효용성을 감소시키기 때문에 잘못이라는 것이다.

그러므로 예비 부모는 장애아동을 낳지 않을, 사회나 국가에 대한 의무가 있다고 주장할 수 있다. 생산적이고 건강한 시민을 생산하는 것이 사회의 이익에 부합하는 것이므로 잠재적으로 손상을 입거나 건강하지 않은 아기를 검사하고 임신중절하는 것은 일종의 의무라는 것이다. 이것은 바로 고전적인 우생학이고 정의, 인권, 부모의 재생산 권리와 배치된다. 많은 장애아동이 자라나서 높은 삶의 질을 누리는 생산적인 성인이 된다는 사실은 더욱 중요한 반론의 근거가 된다(뿐만 아니라 많은 비장애아동이 낮은 삶의 질을 누리는 행복하지 않은 성인으로 자라날 수도 있다). 장애를 자동적으로 부담이나 고통과 동일시하는 생각은 우리의 경험을 돌아볼 때, 지지받을 수 없다

(Albrecht and Delieger, 1999; Brouwer et al., 2005). 결코 생산적일 수 없다거나, 평생 동안 보호를 필요로 하는 적은 수의 장애인이 존재한다는 것을 인정한다고 하더라도, 이것이 부유한 서구사회에서 얼마나 큰 문제가 될까? 개인적인 도덕과 개인의 인권을 집단적인 이익 아래 두는 것은 오직 극단적인 위기 상황에서만 정당화될 수 있는 것으로, 이것은 산전 진단의 경우에는 해당되지 않는다. 발전한 경제 상황에서 의존적인 장애인으로 인한 사회적 · 경제적 부담은, 예컨대 군사비용 같은 다른 항목에서의 지출에 비교하면 오히려 사소한 것이다.

더구나 만약 부모가 자녀의 장애나 낮은 삶의 질을 회피할 의무가 있다면, 이는 논란의 여지가 있는 의미를 포괄하는 것이 된다. 예컨대, 사회에 부담이 되는 것으로 인식될 수 있는 자녀를 가진 또 다른 사회적 집단—도심의 사회적으로 배제된 집단처럼—이 있다. 그러나 이런 사회집단에게 아이를 낳지 않을 의무가 있다고 하는 것은 대부분의 사람에게 매우 폭력적이고 공격적인 것으로 받아들여질 것이다. 사회적으로 배제된 집단—또는 인종주의를 경험하고 결과적으로 낮은 삶의 질을 누리게 되는 소수인종집단—과 관련하여, 중요한 사실은 그들이 받는 불이익이 사회적 조정의 결과라는 것이다. 억압을 경험하는 사람의 출생을 막는 것보다는 모든 에너지를 사회적 배제의 원천을 제거하는 것에 집중해야 한다. 이와 정확하게 일치하는 주장이 장애권리옹호자에 의해서 제시된다. 더 지지적이고 통합적인 환경은 더 많은 손상을 입은 사람이 독립적이고 생산적이 될 수 있도록 도와준다. 그러므로 개별 부모가 장애아동의 출산을 피하도록 의무화할 것이 아니라 장애아동과 장애성인을 기꺼이 통합시켜서 장애라는 사회적 문제가 완화되고 제거되도록 할 의무가 사회에 있는 것이 아닐까?

결론적으로, 임신 기간 중에 손상을 진단하거나 막을 의무는 부과될 수 없다. 손상을 입지 않은 사람은 고통받거나 사회적 부담이 되지 않지만, 손상을 입은 사람은 고통받는다는 주장도 사실일 수 없다. 모든 삶은 고통과 의존을 포함하고 있고 고통을 피할 수 있는 유일한 방법은 재생산을 완전히 중단하는 것뿐이다. 스크리닝과 임신중절에 대한 모든 결정은 어려운 것이고, 그 결정은 그 결과를 안고 살아가야 할 사람에 의해서만 이루어질 수 있다—이는 낙태에 따른 디스트레스든 장애아동을 돌보아야 하는 잠재적인 스트레스든 간에 마찬가지다. 사회는 사람이 잘 결정하고 그들의 결정에 따른 결과를 잘 감당할 수 있도록 지원해야 한다. 특히 산전 진단이나 다른 생의학적 개입이 장애 문제를 해결할 것처럼 선전하는 것보다 국가가 더 많은 자원을 집중하여 장애아동을 키우는 가족을 지원하고 장애성인의 복지를 증진하는 것이 훨씬 정의로운 것이다. Abby Lippman은 이렇게 질문한다.

> 사회적 조건은 생물학적 조건만큼이나 가능하게 할 수도, 불가능하게 할 수도 있다. 도대체 왜 개인 사이의 차이를 만들어 내는 생물학적 차이만 막을 수 있고 피할 수 있는 것처럼 보이고, 비슷한 차이를 만들어 내는 사회적 조건은 어찌할 수 없는, 주어진 것처럼 보이는 것일까(Lippman, 1994: 160)?

산전 진단은 진정 선택인가

이 장에서 나는 산전 진단에 대해서 자유로운 입장을 견지하고 있는데, 이는 몇몇 장애권리운동가의 산전 진단 반대론과 대립된다. 그러나 이것이 선택에 대해서, 그리고 예비 부모가 그들의 선택을 하게 되는 맥락에 대해서 고려하지 않는 것을 의미하지는 않는다. 나는 인구 중 장애인을 제거하고자 하는 일관된 욕망이 존재한다고 믿지 않는다. 그러나 어떻게 스크리닝이 제안되고 선택에 대한 의사소통이 이루어지는지에 관련해서는 의심할 바 없이 문제가 있다(Shakespeare, 1998; Hampton, 2005). 마지막으로 나는 임신한 여성과 그 배우자가 어떤 맥락에서 선택을 하게 되는지에 대해 탐색하고자 한다.

이는 선택이 임상적인 수사학이 설명하는 것처럼 그렇게 자유로운 것이 아니라는 것을 설명하려는 것이다. 여기에서 맥락(context)이란, '환자의 근접 맥락'과 '더 넓은 문화적 맥락'을 포함한다.

먼저 나는 여성과 남성이 어떻게 임신 관련 서비스와 스크리닝의 제안을 받게 되는지 설명하려고 한다(Rapp, 1997). 선택은 세 가지 부분으로 진행된다. 첫 번째는 정보다. 좋은 결정은 양질의 관련 정보를 얻는 것에 달려 있고, 이는 환자에게 분명하게 전달되고 이해될 수 있는 것이어야 한다. 수년 동안 사회적 · 심리적 연구는 스크리닝에 대한 적절한 정보에 접근할 수 있는지에 대해서 의문을 제기해 왔다(Shakespeare, 1998; McLaughlin, 2003). 국가검사위원회(National Screening Committee)에 의해 스크리닝의 제안 과정은 전국적으로 표준화되었고, 그 결과 모든 임신한 여성은 그들이 어디에 살든 상관없이 양질의 테크놀로지에 앞에 줄을 서게 된다. 그러나 이 과정에 여전히 양질의 정보가 첨부되어 있지는 않다. 특히 스크리닝 과정에 대한 정보는 검사를 받는 경험과 검사의 기술적 측면에 대한 설명, 검사의 신뢰성에 대한 설명에만 국한될 수 있다. 가장 중요한 것은 이 검사가 무엇을 위한 것인지, 달리 말하면 스크리닝 프로그램이 그것을 선택한 여성으로 하여금 피할 수 있게 하고자 하는 상태가 어떤 것인지에 대한 정확한 정보를 주는 것이다.

초음파검사, 융모막의 표본, 양수천자 등을 통해 알아낼 수 있는 다운증후군, 이분척추 등의 상태에 대한 양질의 균형 잡힌 정보는 거의 접근할 수 없다(William et al., 2005). 이러한 정보를 제공하지 않는 것은 누구든 이러한 조건은 회피하고자 할 것이 분명하고, 오직 문제가 되는 것은 이들 검사가 진단에 효과적인지에 대한 것일 뿐이라는 가정에 기초한 것이다. 부정적인 정보나 손상의 양상에 대한 얄팍한 임상적 묘사만으로 제한된 정보를 제공하는 것은 그 상태가 피하는 게 상책인 의료적인 문제라는 의미를 전달하고 있는 것이다(Alderson, 2001). 그러한 상태에 있는 사람과 그 가족의 삶에 대한 충분한 정보가 제공될 때에만, 예비 부모는 그들이 자신의 가정 안에서 이 가능성을 피하고 싶은지에 대해서 결정할 수 있을 것이다. 산전 검사에 대한 정보를 구할 수 있는 곳은 많지 않은데 그중 하나는 우리 팀이 개발한 ANSWER라는 웹사이트다. 아직은 시험 단계에 있는데 여기에서는 다운증후군, 이분척추, 터너 증후군, 클린펠더 증후군, 낭포성 섬유증에 대해, 각각의 손상을 입고 살아가는 사람의 인터뷰와 사진 등을 통해서 정보를 제공한다(www.antenataltesting.info).

선택을 위한 두 번째의 '환자의 근접 맥락'은 의료전문가의 태도와 행동이다. 만약 조산사나 산부인과 의사 등 출산 서비스 종사자가 여성이 검사를 받거나 임신중절을 할 의무가 있다는 인상을 주게 되면, 또는 그들이 검사 제안을 거부하려고 하는 여성에 대해서 지지적이지 않으면, 또는 그들이 장애에 대해 편견을 가지고 있다면 분명히 선택은 영향을 받게 된다. 전문가가 종종 이런 식으로 유도한다는 증거가 있다. 특히 국제 조사에서, 그리고 때로는 영국 안에서의 연구(Wertz, 1998; Mao, 1998; Shakespeare, 1998)를 통해서도 증거가 제기된다. 대부분의 전문가는 비지시적이고 선택에 대해 중립적일 수 있지만, 이들은 여전히 여성에게 검사가 분명히 이득이 될 것임을 믿고 있다는 입장을 드러내고 있고, 이렇게 되면 현명한 사람도 이를 거부할 수 없게 된다.

'환자의 근접 맥락'으로서 세 번째 요인은 출산과 검사서비스의 관례화(routinisation)다. 산부인과가 산모와 영아의 사망률을 성공적으로 줄였지만, 이는 임신한 여성의 자율성을 그 대가로 한 것이었다. 검사는 일종의 컨베이어 벨트가 되었고 결과적으로 선택은 요원해졌다(Press and Browner, 1997). 산부인과의 초음파도 한 예다(William et al., 2005). 임신 중에 이 비싼 검사를 하는 목적은 여성을 안심시키고, 예비 부모가 그들의 아기에게 애착을 갖게 하거나, 친지를 위한 예쁜 사진을 제공하는 것만이 아니다. 그것은 태아의 비정상성을 감지하여 임신중절을 제안하기 위한 것이기도 하다. 아무것도 필연적으로 잘못된 것은 없다—단지 부부가 진단적 검사를 받고 있다는 것, 그러면서도 그 검사가 아주 적은 비율이긴 하지만 그들이 그렇게 원했던 임신을 종결해야 하는 가슴 찢어지는 선택으로 그들을 이끌 수도 있다는 것을 분명히 알고 있지 못하다는 것 이외에는.

'더 넓은 문화적 맥락'에서, 나는 장애와 부모됨에 대한 문화적 · 사회적 지식과 태도에 대해 논하려고 한다. 예비 부모는 장애에 대해서 대체로 무지할 수 있다. 그들은 아는 장애인이 하나도 없을 수도 있다. 그들은 장애인이 경험해 왔던 기회와 권리에서의 변화 과정에 대해 모를 수도 있다. 그들은 아직도 장애가 '죽음보다도 못한 운명'이라고 생각할 수도 있고, 그들 자신의 건강과 능력을 상실할까 봐 두려울 수도 있다. 그들은 장애아동의 부모가 되는 것을 상상할 수 없을 것이고, 장애아동의 삶이 고통과 제한으로 점철될 것을 두려워할 수 있다. 이러한 두려움은 부정적인 문화적 고정관념에 의해서, 그리고 유전학 연구와 산전 검사의 이점에 대한 정보에 의해서 강화될 것이다. 또한 인정받지 못하고, 정상적으로 보이지 않고, 좋은 직업을 갖거나 독립적으로 살아가지 못하는 장애인이 현대사회에서는 매우 부정적으로 보일 것이다. 이 모든 심리적 문화적 요인이 예비 부모의 자유로운 선택 가능성을 줄이는 쪽으로 작용한다(Hampton, 2005). 더구나 점점 더 많은 사람이 검사와 임신중절을 선택하면 이에 저항하거나 거부하는 것은 점점 더 어려워진다(Beck-Gernsheim, 1990). 나는 개인이 세뇌당하거나 강제되었다고 말하려는 것은 아니다. 그러나 그들은 종종 두려워하고, 무지하고 때로는 편견에 차 있다. 따라서 검사에서 진정한 선택을 하는 것은 장애인의 권리와 잠재성에 대한 논의와 도움을 필요로 하고 완전히 독립할 수 없는 사람을 수용해야 할 사회의 의무에 대한 논의를 더 확장시키는 것에 달려 있다.

결 론

이 장에서 나는 복잡한 주제를 다루려고 애를 썼다. 이 주제는 현대사회에서 고통스럽고 감정을 고조시키는 이슈일 수 있다. 역설적이게도, 산전 검사를 찬성하는 사람이나 반대하는 사람 모두, 이들 검사가 장애아동을 감별해내고 제거할 수 있는 잠재력을 과장하는 실수를 저지르고 있는 것인지도 모른다. 유전적 개입은 장애문제에 대한 해결책이 아니고 장애인에 대한 심각한 위협도 아닐 것이다. 겨우 장애인의 10~20%만이 선천적인 장애가 있고 이중 대부분은 스크리닝을 통해 감별되지 않는다. 기술적 제한과 경제적 제한으로 매우 극소수의 잠재적 장애가 진단 가능할 뿐이다. 착상 이전의 유전 진단[PGD(pre-implantation genetic diagnosis) 또는 배아 감별, 때로 '맞춤형 출산 기술(designer baby technology)'이라고 부른다]이 더 많은 장애를 진단할 수 있다고 하더라도 오직 한줌의 부부만이 이 검사를 받을 수 있을 것이다. 왜냐하면 매우 비싸고 복잡하고 신뢰할 수 없기 때문이다. PGD 기술은 인간생식 및 발생관리국(Human Fertilisation and Embryology Authority)에 의해서 긴밀하게 규제되고 있다. 이 서비스에 접근하고자 하는 사람은 심각한 유전적 질병의 가족력을 가지고 있는 사람—예컨대, 낭포성 섬유종이나 근이영양증 같은 퇴행성 장애—이나 염색체 기형을 가지고 있어서 임신 기간을 채워서 임신을 유지하기 어려운 사람뿐일 것이다. 따라서 흥미로운 딜레마이긴 하지만(Zeiler, 2005), 장애권리와 관련해서 이 선택 대안은 기존의 산전 진단보다는 덜 문제가 될 것으로 보인다(King, 1999와는 반대의 견해다). 따라서 이 장에서의 분석은 임신 중의 유비쿼터스 스크리닝(ubiquitous screening)에 집중하였는데, 여기에서 고지된 동의의 문제와 우생학 문제가 제기될 가능성이 있다.

나는 산전 진단이 곧바로 우생학이나 차별인 것은 아니라고 결론짓는다. 영국에서 산전 진단이 이루어지는 현실은 분명히 개혁을 필요로 하지만, 그것의 원칙은 장애권리 진영에서 반대할 만한 것이 아니다. 산전 진단 이슈의 핵심은 낙태라는 어려운 문제다. 손상을 피하는 것이 필연적으로 문제가 되는 것은 아니지만 자궁 속에서 자라나는 생명을 죽이는 것은 문제가 된다. 점진주의자로서 나는 임신중절이 임신 전반기에만 허용될 수 있다고 주장하며, 심각한 손상에 대한 진단은 낙태가 갖는 도덕적 심각성을 정당화하는 하나의 기초라고 믿고 있다. 검사는 개인과 가족의 삶의 질을 침해할 만한 심각한 장애로 국한되어야 한다(Henn, 2000). 그러나 이 어려운 결정에 직면한 사람의 프라이버시를 존중하고, 자율성을 지지해야 한다. 모두가 예비 부모가 더 나은 결정을 함으로써 그들이 미래에 후회하지 않을 수 있도록 돕는 데 관심을 가지고 있다. 우리는 상담과 양질의 정보와 지지를 제공해야 하지만, 예비 부모의 의무가 어디까지인지를 규정해서는 안 된다. 또한 우리는 검사 또는 임신중절을 하기로 결정하는 것을 장애인에 대한 경멸이나 차별을 표현하는 것으로 해석해서도 안 된다. 임신에서의 선택은 고통스러운 것이고 부담을 짊어지는 것이지만 그것이 장애권리와 양립할 수 없는 것은 아니기 때문이다.

6

고지가 바로 저긴데: 치료(cure)의 문제

장애의 생명윤리에서 삶의 시작과 삶의 끝에서 부딪히는 문제가 가장 논쟁적이었다. 하지만 또 다른 종류의 주제가 있는데, 그것은 손상을 예방하거나 치료하려는 시도를 수용할 수 있는가 하는 것이다. 기적적인 치료에 대한 상상은 장애에 대한 문화적 표상과 의료적 연구의 핵심이었고 최근 몇 십 년 동안 인간게놈 프로젝트, 유전자 치료, 줄기세포 연구와 함께 그 폭이 넓어졌다. 장애활동가와 장애학 연구자는 치료에 대한 집착에 도전해 왔고 다음과 같이 주장한다.

- 장애는 사회적 장애물과 사회적 억압의 문제이지, 손상의 문제가 아니다.
- 우선순위는 구조적인 변화에 있으며, 개인이 사회적 규범에 맞추도록 변화시키는 것이 아니다.
- 치료담론은 손상을 개별화하고 병리화하는데, 손상은 결함이 아니라 차이라는 관점에서 이해되어야 한다.

이 장에서 나는 치료를 둘러싼 논쟁을 살펴볼 것인데, 의료적 연구에 대한 주류적 접근과 이에 대한 장애권리 측의 반론에 대해서 모두 비판적으로 검토할 것이다. 의료적 연구에 대한 장애학의 주요한 반응을 개괄한 후에, 나는 치료의 원칙에 대해 탐색할 것이고, 장애인의 입장을 하나로 일반화하는 것이 얼마나 위험한지 논의하려고 한다. 개인에 따라 손상 경험은 매우 다양하기 때문이다. 그런 다음, 줄기세포 연구와 Christopher Reeve의 역할에 초점을 맞추어서 치료라는 수사학과 실제를 구성하는 실질적인 이슈에 대해 살펴볼 것이다. 그런 다음 몇몇의 어려운 사례를 논의하고, 치료에 대한 논쟁을 더 광범위한 생명윤리와 장애권리의 논의 안에 위치시키며 결론을 맺을 것이다.

이 책의 1부에서 논의한 세 가지 주장이 이 장의 내용과 관련된다. 첫째, 나는 장애에 대한 진보적 접근이 손상의 문제에 주의를 집중할 필요가 있다고 주장하였다. 손상은 많은 장애인의 삶에 중요한 일부분으로 보기 때문이다. 둘째, 나는 다층적 접근이 장애문제의 해결을 위해 필요하다고 주장하였다. 이는 사회적 · 구조적 수준에서의 개입과 함께(이를 대체하는 것이 아니라 함께하는 것) 손상을 치료하거나 최소화하기 위한 의료적 개입도 가치 있다는 것을 깨닫는 것이다. 셋째, 나는 민족주의적 장애 정체성 개념에 의존하는 것을 비판하였다. 이는 몇몇 장애권리 활동가가 손상을 예방하거나 치료하려는 시도에 대해서, 그들 자신의 존재를 위협하는 것처럼 보인다는 이유로 또는 그들의 삶이 무가치하다는 관점을 표현하는 것이라는 이유로 반대하는 것과 관련되어 있다.

치료에 대한 장애운동

'유전자 치료나 줄기세포 연구'에 회의적이거나 반대하는 장애권리 조직과 활동가는 때로 자신이 배아연구에 대해 낙태반대주의자가 하는 주장과 동맹을 맺고 있음을 발견하게 된다. 그러나 이 동맹은 불편한 관계에 있다. 대부분의 장애활동가는 낙태에 반대하는 것이 아니며, 그러한 관심은 장애의 치료에 반대하는 좀 더 광범위한 입장에서 도출된 것이다(Leipoldt, 2005; Beresford and Wilson, 2002). 이 회의론은 보통 명백하게 연구에 반대하는 것으로 표현되지는 않는다. 예컨대, 영국장애인협회(British Council of Disabled People)의 공식 입장은 사회모델이 의료적 연구와 병립할 수 없는 것은 아니라는 것이다.

> 가장 조잡한 사회모델 저작에서만 이 모델이 의료적 치료나 연구를 거부한다고 주장한다. 의료모델은 의료적 개입을 의미하는 것이 아니라 장애인에 대한 의료화를 뜻한다. 우리가 거부하는 것은 바로 이것이다……. 우리는 의료적 연구를 거부하려는 것이 아니라, 장애인의 삶에 진정한 차이를 만들 수 있도록 자원과 노력을 좀 더 공정하게 분배할 것을 주장한다(British Council of Disabled People n.d.).

Goggin과 Newell(2004: 51)은 호주에서 있었던 줄기세포 논쟁을 '신화적인 구조(mythical structure)'라고 명명하면서 이에 대해 논의하였다. 그들은 줄기세포 치료가 재앙에서의 구출로 간주되었다고 보며, 신화적인 구조를 뒷받침하는 가설로서 다음과 같은 것을 든다.

- 사회에 의해 만들어지는 것이 아니라 개별화된 장애
- 수동적으로 행동하는 장애인
- 가치중립적이면서 이익을 주는 테크놀로지
- 테크놀로지를 지지하는 목소리의 확산
- 우리를 장애에서 영웅적으로 구출하는 도덕적으로 승산 있는 게임
- 장애는 테크놀로지의 문제이지, 정치적 이슈가 아님

그러나 신념에 기초한 반대와 달리, 이러한 회의론 중 어떤 것도 줄기세포 연구에 대해 본질적인 반대를 하고 있는 것 같지는 않다. 다만 이들은 장애 문제에 대한 의료적 접근을 우선에 두면서 장애 문제에 대한 맥락적 접근을 반대하는 것 같다는 점에 대해서는 불만을 나타내는 것이다. 이들은 검증되지 않은 연구로 미디어를 홀려서 정치적인 이슈를 간과하도록 하는 것을 비판하면서, 이들이 장애를 불균형적으로 다루고 있다고 평가한다. 의료적 치료는 완전히 검증된 것이 아니고 아마도 검증된다는 것은 불가능할 것이며, 어떤 경우에도 장애인의 일상적인 문제를 해결할 수 있는 방법도 아니라는 것이다. 어떤 글에서도 성공적인 의료적 치료가 좋은 성과를 가져올 것이라는 점을 인정하지 않는다. 치료가 불가능할 것이라고 말하든, 더 많은 정치적 질문을 무시하든 이를 통해—신화적 구조를 통해—임상적인 이득을 얻을 가능성은 없어 보인다.

이러한 비판의 저변에는 장애권리주의자가 손상의 문제에 대해서 다루고 싶어 하지 않는 대체적인 경향이 토대를 이루고 있다. 치료 내러티브는 장애인을 손상을 입은 사람으로 보는 반면, 사회모델 접근은 장애인을 사회적 억압과 배제의 희생자로 본다. 손상을 치료하는 것에 초점을 맞추는 것은 장애에 대한 사회모델의 기초 자체에 도전하는 것이고, 따라서 이것을 수용할 수 없게 된다(Oliver, 1989). 이렇게 의료적 치료를 놓고 지독히 싸우는 와중에서 위기에 처한 것은 경쟁하는 정체성 내러티브다.

의료적 연구에 대한 많은 장애권리론자의 저술은 과대선전에 초점을 맞추고 있고, 치료 그 자체가 아니라 무책임한 약속과 과장된 기대에 반대할 것을 요구한다. 예컨대, Disability Awareness in Action의 뉴스레터는 생명공학에 대한 특집에서 다음과 같이 말한다.

> 인류를 죽게 하는 질병에 대한 치료 방법을 찾을 것이라고 약속하는 연구에 대해서 반대할 사람은 아무도 없을 것이다. 그러나 성취할 수 있는 것과 과학자가 성취하고

> 싫어 하는 것을 구분해 내기가 어렵다는 점을 명심해야 한다(Disability Awareness in Action, n.d.).

Michael Oliver의 취임기념 강연, '걷는 것은 얼마나 멋진 일인가(What's so wonderful about walking)?'는 의료적 연구의 과대포장에 대해서 좀 더 근거 있는 분석과 비판을 제기하고 있다(이 강연은 『장애의 이해(*Understanding Disability*)』, 1996에 재출간되었다). Oliver는 강연에서 그가 처음으로 출판했던 사회학적 연구를 인용하였는데, "연구의 목적은 다리 없는 사람을 정상으로 만들려는 것이어서는 안 되고, 다리가 없어도 상관없는 사회 환경을 창조하는 것이어야 한다."(Oliver, 1978: Oliver, 1996: 137에서 재인용) 그는 더 나아가 의료적 연구를 지원하는 것을 천년왕국운동의 하나로 묘사한다. 그는 '집단적이고 세속에 관심이 있는 운동으로 기적적인 수단에 의해서 전체 사회 변화를 약속하는 운동'이라고 규정하였다(Oliver, 1996: 100). 또한 그는 의료적 연구의 성과에 대해서 극도로 회의적이다.

> 문제는 말할 것도 없이, 인류 역사를 통틀어서 이들 '만성적이고 장애를 유발하는 질환'에 대해 치료 방법을 찾은 경우는 다섯 손가락 안에 들 것임에도, 여전히 내 차례도 오지 않을까 하는 여지를 남겨 놓는다는 것이다(Oliver, 1996: 101).

특히 그는 국제척수연구재단(International Spinal Research Trust)을 비판하였는데, 1986년에 이 재단은 5년 안에 척수손상을 치료할 방법을 찾을 것이라고 약속했었다. 또 다른 저술에서 Oliver(1989)는 뇌성마비 아동 치료인 전도교육(conductive education)을 나치즘과 아동학대에 비유하였다. 그러나 이러한 비판은 직접적으로 관련된 사람에게서 반발을 샀다. Petö의 개입 방법 중 어떤 것은 이러한 손상을 입은 사람에게 중요한 성과를 낼 수도 있다고 주장하는 것이다(Beardshaw, 1989; Read, 1998).*

치료에 대한 비판적 관점이 장애인 일반의 태도를 반영하는 것인지도 분명하지 않다. 장애활동가의 유일한 조사 연구는 RADAR를 대표하여 Agnes Fletcher(1999)에 의해 수행된 것인데, 조사 결과 손상과 질환을 치료하게 될 수도 있는 유전학 연구에 대해 장애인은 매우 지지적임이 밝혀졌다. 응답자의 73%는 낭포성 섬유증이나 근이영양증 같은 장애에 대해서 새로운 유전적 치료가 개발되기를 고대하고 있었다. 치료라는 원칙과 특정한 치료 방법에 대한 광범위한 지지가 있음을 알 수 있다. 논쟁 안에서 장애인의 목소리를 듣는 것은 중요하지만, 장애인이 오직 하나의 목소리를 낼 것이라고 가정하는 것은 맞지 않다.

치료의 원칙

장애인 공동체 내의 관점이 다양한 이유 중 하나는 장애인 사이의 손상 경험이 다르기 때문이다. 손상 경험의 특징은 장애와 의료에 대한 개인의 태도에 영향을 미친다. 이것은 동일한 손상을 입은 두 사람은 동일한 관점을 갖게 될 것이라는 말이 아니라, 광범위하게 일반화하자면 손상효과의 복잡성이 장애인 사이의 불일치를 만들어 내게 된다는 뜻이다.

예를 들어, 선천적인 손상, 즉 태어날 무렵부터 고정된 손상을 입은 사람은 그들의 상황에 잘 적응하는 경향이 있는데, 그 이유 중 하나는 이들이 손상이 없는 상태를 알지 못하기 때문이다. 이들에게 손상은 정상적인 것이고, 사람

* 역자 주—conductive education(CE)은 헝가리의 물리치료사였던 Andraás Petö 교수의 이론에 기초하여 만들어진 뇌성마비 아동에 대한 교육 방법이다. CE의 기본 관점은 뇌 병변에 따른 운동기능의 문제는 단지 움직임의 문제일 뿐 아니라 학습을 비롯한 발달 전반의 문제와 관련되어 있다는 것으로, 뇌성마비 아동의 발달을 전체적인 관점(holistic)에서 접근하려고 하였다. CE는 뇌성마비인 가족의 지지를 얻으며 세계적으로 확산되었지만, 그 효과성에 대한 결론은 아직 도출되지 않았다.

들도 그들의 상태에 아주 잘 적응하게 될 것이다. 유전적인 요인으로 다른 가족성원이 동일한 장애가 있을 수도 있고, 동일한 장애가 있는 다른 사람과 연계할 수도 있다. 이런 맥락에서 손상은 개인적인 정체성의 일부분이 되며, 이렇게 되면 개인은 그 손상을 갖지 않은 자신을 상상할 수 없게 된다(Edward, 2005). 긍정적인 자아감의 발달은 손상을 긍정적으로 읽어내는지에 달려 있는 것인데, 이는 차이에 기초를 둔 공동체 안에서 재평가될 것이다. 이러한 손상의 고전적인 사례로서 왜소증, 맹과 농 등이 있다. 뿐만 아니라 뇌성마비 등 출생부터 존재하는 장애가 있는 많은 사람도 그들의 차이에 대해 자기 정체성의 일부분으로서 가치를 둘 수 있다.

이러한 상황에서 치료, 더 나아가 완쾌에 대한 열의는 적을 수 있다. 어린 시절에 겪은 교정수술은 매우 부정적인 경험이었을 수 있다. 치료는 부적절한 것으로, 심지어 위협적이고 정치적으로 거슬리는 것으로 보일 수 있다. 나이가 듦에 따라 사람들의 건강 상태는 더 나빠지겠지만, 장애 자체가 조기 사망이나 주요 건강 문제와 관련되어 있는 것은 아니다. 사람들은 그들의 선택과 능력에서 차이가 있을 수 있고—예컨대, 다운증후군이 있는 사람—심지어 제한을 당할 수도 있지만, 그들은 일반적으로 자신의 상황에 잘 적응하고 있고 그들의 삶에서 손상의 역할을 최소화하는 방법을 알고 있다.

이를 급성적인 퇴행성장애가 있는 사람과 비교해 보라. 이런 장애 중 어떤 것은 유전적인 성질로 태어날 때부터 가지고 있을 수 있지만 대체로 아동기 동안 문제가 가시화되며, 또 다른 경우에는 살아가는 동안 얻게 된 장애일 수도 있다. 이런 사람은 정상적인 기능수행 경험이 있거나 적어도 기능 수준이 더 나았던 시절을 알고 있다. 그들은 뭔가 다르거나 장애가 있는 것으로 보이지 않고 정상적으로 보였을 수도 있다. 사람들은 중대한 건강 문제를 겪거나 신체적 또는 정신적 상태가 점점 더 나빠지는 것을 경험하게 된다. 이 경우 손상은 개인적 정체성의 일부로 받아들여지지 않는다. 그것은 외부적인 위협 요인으로 보이거나 질환으로 보일 수 있고, 그럼으로써 치료를 애타게 찾게 된다. 이러한 손상 집단의 고전적인 예는 다발성 경화증, 근이영양증, 프리드라이히 운동실조증(Friedriech's ataxia), 그리고 이와 유사한 희귀성 유전장애 등이다. HIV/AIDS도 이와 많이 비슷한 경우다. 이러한 상황이라면, 사람들은 치료에 대해 많은 관심을 기울일 것이고 어쩌면 필사적으로 치료 방법을 강구할 것이다(예컨대, *Euroataxia* 저널에 소개된 부모의 관점을 보라. www.euro-ataxia.org).

세 번째 집단은 노화 과정의 결과로서 손상을 입게 된 사람이다. 이는 장애인구의 가장 큰 부분을 차지하는데, 관절염과 류머티즘, 심장병, 뇌졸중, 파킨슨병 등이 여기에 속한다. 이러한 상태의 사람은 손상과 제한을 정상적인 노화의 일부분으로 본다. 그들은 장애라는 정체성으로 장애공동체의 일부가 되기보다는, 일생 동안 가졌던 정상으로서의 자아감을 유지할 것이다. 또한 손상은 병리로 간주할 것이다. 그들은 손상 또는 질병에서 벗어나기를 원하겠지만—특히 그것이 발병한 지 얼마 안 된 것이라면 더욱—많은 경우 자신의 상태에 대해 체념하고 치료에 대해 별다른 기대를 하지는 않을 것이다.

마지막으로, 예컨대 척수손상처럼, 살아가는 동안 후천적으로 고정적인 손상을 입게 된 사람이 있다. 노년기에 장애를 입은 사람처럼, 이 집단은 정상적인 삶을 살아 보았기 때문에 갑작스러운 손상이 익숙하지 않고 치명적으로 느껴진다. 그들은 한동안 자신의 정체성을 손상과 별개로 유지할 수 있고, 이는 적응 과정을 더 어렵게 한다. 한 차례 재활이 끝나면, 그들은 자신의 상태를 질병과 동일시할 수 없다. 왜냐하면 고정된 상태를 갖게 되기 때문이다. 가장 제한적인 요인은 사회적 장벽과 사회적 태도로 경험된다. 그러나 노화가 진행됨에 따라서 근본적인 퇴화가 일어난다[후소아마비증후군(post polio syndrom)처럼]. 이 집단에 속한 사람은 정체성에서 다양한 특징을 보인다. 어떤 사람은 자신이 다르다는 것을 거부하고 정상성을 추구한다. 다른 사람은 급진적인 장애 정체성의 길을 따라간다. 또 다른 사람은 손상에 의해서 규정되는 것을 느끼면서도 계속해서 그것을 병리로 여기며 치료하고자 한다. 예를 들어, Michael Oliver는 사지마비(tetraplegic claiming) 증상이 있는 대표적인 사람으로, 손상이 그의 인생에 긍정적인 영향을 주었다고 주장하며 치료를 원하지 않는다고 하였다. 반면 Smith와 Sparkes(2004)의 연구에 참여한 척수손상 남성 중 대부분은 매우 분명하게 '치료를 열망하고' 있었다.

손상/장애의 서로 다른 4가지 경험을 간략하게 검토하는 것만으로도, 손상을 정상화하고자 하는 정도와 그것이 사람들의 정체성의 일부분이 되는 정도에서 개인적인 차이가 있다는 것을 알 수 있다. 이 논쟁은 서로 다른 유형의 치료에 대해서 고려하게 될 때, 한층 더 복잡해진다. 손상 또는 질병 상태의 완전한 제거는 대부분의 장애인에게 실제로 일어나기 어렵다(소아백혈병이나 다른 질병에서 거둔 의료적 성공이 간과되어서는 안 되지만). 그러나 지난 세기 동안 손상 경험을 변화시킬 만한 많은 개입이 있었던 것도 사실이다(예컨대, 예방접종은 천연두와 소아마비 같은 감염성 질환을 예방하였다). 질병의 발생 과정에 대해 알게 됨으로써 산전 개입을 통해 장애를 최소화하기도 하였다(예컨대, 페닐케톤뇨증은 유전적 장애로서 심각한 학습장애를 가져오지만 출생 후 간단한 혈액검사를 통해 이 장애에 취약한 영아를 가려낼 수 있었고, 이들에게 특별한 식단을 제공함으로써 정상적인 기능을 유지할 수 있었다). 임신 전과 임신 초기의 엽산 관리도 이분척추의 발생률을 감소시킨다. 이러한 성공사례와 반대로 실제로 손상을 유발했던 약물 부작용도 있었다. 탈리도마이드가 가장 악명 높은 경우이지만, 항경련 약물 등의 기형발생물질도 있었다.

또 다른 종류의 개입은, 손상을 치료하지는 못할지라도, 장애가 있는 사람이 좀 더 나은 삶을 기대할 수 있도록 하는 것이다. 공공보건을 통해 질병 관리에서 일정한 성과를 냄으로써 사망률이 감소할 수 있었다. 질병에 걸린 개인에게 이것은 분명 주요한 이득이고, 이런 점에서 치료 담론이 일정한 유효성을 가지고 있음은 분명하다. 예컨대, 1920년대 당뇨와 인슐린에 대한 새로운 이해는 제1형 당뇨가 있는 사람을 생존할 수 있게 했다. 2차 세계대전 후 마비된 사람들이 더 나은 관리를 통하여 정상적인 기대 수명을 누릴 수 있게 되기 전까지는, 척수손상은 조기 사망으로 연결되었다. 이와 유사하게 심장 이식이나 폐 이식은 낭포성섬유증이 있는 많은 사람의 기대 수명을 증가시켰고, 간단한 야간 호흡 보조기 기술은 뒤시엔느 근이영양증(Duchenne Muscular Dystrophy)이 있는 남자아동의 생명을 연장하였다(Eagle et al., 2002). 약물조합 치료(combination therapies)는 HIV/AIDS를 급성적인 시한부 질병에서 만성적인 장애로 바꿀 수 있었다.

이렇게 도움이 되는 많은 치료 방법은 질병이나 손상이 있는 사람의 질병 상태를 변화시키기도 하였다. 예를 들어, 척추안정화 훈련(spinal stabilization)은 척수손상을 입은 사람이 척수신경 전체가 아닌 일부분만을 다치도록 한다. 유전 치료는 비록 일부의 아이에게서 백혈병을 유발시키기도 하지만, 어떤 아동에게는 심각한 면역결핍을 성공적으로 치료하기도 한다(Marwick, 2003). 현재의 유전 치료 연구는 뒤시엔느 근이영양증의 심각성 정도를 낮추는 것에 목적을 두고 있다. 감각장애가 있는 사람에 대한 개입은 농이나 맹을 치료할 수는 없지만 감각 기능이 일부 개선되는 효과를 얻을 수 있었다.

또 다른 종류의 개입은 기능 증진이나 삶의 질 개선을 목적으로 한다. 예컨대, 심장박동조절장치(pacemaker), 달팽이관 이식, 고관절 이식(hip replacement)은 신체적 상태에 심각한 제한이 있었던 사람에게 긍정적인 결과를 가져왔다. 다리 교정술(limb straightening) 같은 수술적 개입은 휜 다리나 기형적인 관절로 인해 성장에 제한을 가지고 있는 사람이 좀 더 잘 움직일 수 있고 장애가 심해지는 것을 피할 수 있도록 해 주었다. 뇌성마비가 있는 사람은 경직을 줄이기 위해 근육 긴장을 풀어 주는 약을 사용한다. Prozac과 SSRI 약물(선택적 세로토닌 재흡수 억제제)은 우울증의 위험이 있는 사람이 좀 더 효과적으로 일상생활을 할 수 있도록 해 준다.

끝으로 이면의 기능적 문제를 해결하기보다는 외적인 심미적 측면을 개선하거나 정상화하기 위해 고안된 개입도 있다. 예컨대, 다운증후군이 있는 사람을 위한 성형수술, 성장 제한이 있는 사람을 위한 사지 연장 등 심미적 수술이나 정형외과 수술 등이 그것이다. 부정적인 사회적 반응에 직면한 개인—또는 가족—은 차이를 최소화하고 외모를 개선하기 위해서 의료적인 도움을 받고자 한다. 장애권리의 관점에서 보면 이러한 개입은 '희생자에 대한 비난하기'로 보인다. 사회적 장벽을 제거함으로써 장애 문제를 해결하기보다는 개인이 주류적 규범에 맞게 고쳐지는 것이기 때문이다. 그러나 때로 이러한 개입은 사회적이고 기능적인 이득을 가져오기도 한다. 주류 사회나 문화의 변화를 기대하는 것은 비현실적이고, 그런 상황에서 겉모습을 성형하는 것은 삶의 질을 개선할 수 있다. 이에 대한 부정적인 사회적 판단은 심리적 문제가 신체적 문제만큼 중요한 것은 아니라는 위험한 가정에 기초한 것일 수 있다.

다양한 손상의 상태와 다양한 치료의 측면에 대해 간략히 살펴본 것은 이 분야에 대한 체계적인 분석을 하려는 의도는 아니다. 다만 매우 다양한 경험과 반응과 개입이 있다는 것을 보여 주고, 단순한 일반화나 거칠게 하나로 묶어 버리는 정치적 반대에 도전하려는 것일 뿐이다. 사람들이 의료에 관심을 기울이는 이유는 다양하며, 자기 자신의 손상에 대한 반응도 다양하다. 또한 어떤 문화에서는 상대적으로 이러한 다양성에 대해서 더 지지적일 수 있다.

의료적인 치료는 사회적 변화나 시민권과 양립할 수 없는 것이 아니다. 오히려 이러한 접근을 대안적인 전략으로 보는 것, 즉 보완적 방법으로 보는 편이 더 낫다. 예컨대, De Wolf는 양성근육통성 뇌척수염(Myalgic Encephalomyelitis)을 경험한 사람으로서 치료의 중요성을 깨닫고, 사회모델을 질병을 포함하는 것으로 확대해야 한다고 주장하였다.

> 계속해서 아프고, 피곤하고, 현기증이 나고, 고통 속에서 지내는 사람은 대부분 스스로 의료적인 치료를 받아야 하는 사람으로 생각할 수밖에 없다. 장애활동가에 의해서 논의되어 왔던 몇몇 손상과는 다르게, 질병은 종종 그 희생자에게 그리고 그와 가까운 사람에게 비극으로 다가온다(De Wolf, 2002: 261).

그러나 이것이 사회적 조정도 큰 차이를 만들어 낸다는 점을 부인하는 것은 아니다. 거의 모든 장애인은, 그들이 현재 있는 그대로 행복하다고 하더라도 기능이 더 나빠지는 것을 원하지 않는다. 그들은 장애를 없애는 것을 원하지 않을지는 몰라도, 현재 능력을 더 잃어버리거나 건강 상태가 나빠지는 것을 원하지는 않는다. 그렇기 때문에 치료를 원칙적으로 반대하는 것은 잘못된 것이라고 본다. 즉, 각각이 가지고 있는 이점이 무엇인지를 보아야 한다.

치료의 실제

그러나 이론적으로 치료가 수용할 만한 것이라고 하더라도, 실제적인 문제는 남아 있다. 예컨대, 치료는 장애에 대한 대응으로서는 부적절한 것일 수 있다. 이는 사람들이 그들의 차이를 부정적으로 경험하지 않기 때문일 수도 있고, 장애물의 제거나 사회적 변화가 그들의 문제에 대한 대응으로서 좀 더 효과적이기 때문일 수도 있다. 또 어떤 경우에는 치료에 따르는 부작용이나 비용이 질병이나 손상 그 자체보다 더 문제가 될 수도 있다. 예컨대, 정신질환이 있는 사람은 약물의 부정적인 영향에 대해서 오랫동안 지적해 왔다. 약물이 감정의 기복을 통제하긴 하지만, 무기력하거나 부정적인 증상을 가져오기도 한다는 것이다. 달팽이관 이식은 때로 뇌수막염 같은 치명적인 감염을 포함하여 합병증을 유발한다. 사지를 늘리는 것은 커다란 고통을 유발하고 매우 큰 스트레스를 주는 과정으로서, 뼈 속으로 핀을 삽입한 자리에 감염이 발생하여 몇 달 동안 휠체어에 묶여 있을 수도 있다. 예방접종과 같은 예방 의료의 경우에도, 그것이 가지는 강점이 매우 많지만, 접종을 받은 사람 중 아주 일부분에서 심각한 손상을 유발하기도 한다.

그러나 치료 담론의 주요한 실제적 문제는 새로운 의료적 연구 결과가 과장되고 기대를 부풀리지만, 결국 그만큼의 이득으로 연결되지는 못한다는 것이다. 이것이 장애학과 장애활동가가 의료적 연구와 이에 대한 미디어의 보고에 대해 반응하는 주요 입장이다. 과학과 의료사회학자는 새로운 유전학(Smart, 2003), 기관 이식 같은 개척적인 연구(Brown and Michael, 2003), 유전자 치료(Stockdale, 1999, Martin, 1999) 등을 둘러싸고 과대광고와 실망이 주기적으로 반복되었다는 것에 주의를 기울여 왔다. 예컨대, 1990년대 초반에 유전자 치료에 대한 주목할 만한 과학적 사건이 있었다(Stockdale, 1999: 82; Orkin and Motulsky, 1995). 낭포성 섬유증을 일으키는 돌연변이인 CFTR 유전자의 발견으로 미국 낭포성섬유증 재단의 의료 책임자는 "'몇 십 년이 아니라 몇 년, 불과 몇 년 안에'라고 말하려는 것이다."라고 하였다. 그러나 상태를 일부 개선하는 치료가 이루어졌다고 하더라도, 치료는 여전히 요원하다(Littlewood, 2004). 낭포성 섬유증은 여전히 치료할 수 없는 것이다. 어떤 논자가 말한 것처럼, "이런 주장이 낭포성 섬유증을 가지고 살아가고 있는 사람에게 가져오는 결과는 분명하다. 잘못된 희망을 불러일으키고 부모를 괴롭히고 이 질병이 있는 어른을 소외시키는 것이다."(Stockdale, 1999: 87)

치료를 추구하는 것은 유전적 연구나 줄기세포 연구 이전부터 오랜 역사가 있다. 예를 들어, Nicholas Watson이 지적한 것처럼, 척수손상인 집단은 1950년대에 이후로 치료의 희망에 대해 논의해 왔고, 1959년에는 낙관론을 펼쳤다.

> 지난 열두 달 동안 하반신 마비에 한바탕 태풍이 몰아쳤다. 하반신 마비는 올해 들어 네 방향에서 엄청난 공격을 받았다……. 네 방향의 공격이란 PVE, NFP, PN, 그리고 의학 연구자다…… 의학은 일정한 진보를 가져왔다. 연구자는 동물의 손상된 척추를 고칠 수 있었고 손상되었던 신경의 자극도 얻을 수 있었다……. 척수 신경을 양생하기 위한 새로운 약물이 과학자 Walter Reed에 의해서 개발되었다(Paraplegia News, 1959: 2).

이 글은 '가라앉으려 할 때 차 버리라(Kick him while he's down)'라는 제목의 편집자 글에서 인용한 것이다. 5년 후 Paraplegia News에 실린 글에서, James Smittkamp는 더 구체적으로 전망을 밝혔다.

> 20년 전에 의료전문가는 치료가 불가능하다는 믿음에 거의 만장일치로 동의하였다. 지금도 이는 다수의 의견이긴 하지만, 낡은 주장에 대한 약간의 의심이 살며시 고개를 들었고, 몇몇 의사는 이제 치료 방법을 찾을 수 있다고 믿고 있다. 그러나 이는 엄청난 재능과 에너지, 돈과 시간을 필요로 할 것이다. 그러므로 두 가지의 다른 목적을 세워야 한다. 치료 방법을 찾음으로써 하반신 마비를 제거하는 것, 그리고 치료 방법을 찾을 때까지 하반신마비를 경감하는 것이다. 치료 방법을 찾는 것을 1순위에 놓을 때 우리의 문제는 가장 전도유망한 접근을 선택하는 것이다……. 분명한 해답은 특화된 연구다. 대부분의 의사가 여전히 치료가 불가능하다고 생각하기 때문에, 우리는 '모든 것이 가능하다.' 고 믿고 있는 그 몇 안 되는 신념가를 찾아가야만 한다(Smittkamp, 1964: 6).

이 인용문은 치료 레토릭을 이끄는 추진력이 과학자나 의료인 집단에서만이 아니라, 장애가 있는 사람과 그 가족에게서 나오는 것임을 보여 준다. 이 역사적인 인용문은 또한 '인간 줄기세포는 하반신 마비 증상이 있는 쥐를 다시 걷게 하였다.'(Sample, 2005)와 같은 제목을 단 최근의 글도 매우 주의 깊게 다뤄야 할 문제임을 보여 준다.

유전적인 장애나 그 밖의 손상을 입고 살아가는 사람을 치료에 필사적으로 목을 매는 사람으로 묘사하는 것은 이러한 장애에 대한 대중의 관심을 끌 수 있는, 그럼으로써 자선 재단이나 정부 재원을 움직일 수 있는 강력한 방법이 될 수 있다. Nik Brown(2003)이 주장한 것처럼— "테크놀로지의 판촉 차원에서 질병 내러티브는 연구 공간과 매력적인 투자처를 만들어 내고, 도덕적으로 도전적인 연구를 정당화할 수 있는 강력한 수단이 된다."(Brown, 2003: 8)

Brown은 '기대의 역동성(dynamics of expectation)'의 한 부분으로 희망을 이야기하면서, 환자집단이 연구의 재원 조달을 위한 로비에 참여— '정신적으로도, 육체적으로도 연구에 관여하는 형태로'—한다고 주장한다. 비록 자신의 연구를 통해 Brown은 희망이 꺾인 채 점점 더 양가적이고 회의적으로 변화하고 있는 환자 집단을 발견하였지만 말이다. "고통스러운 질병을 안고 일생을 살아가는 사람이 생명과학기술이 했던 약속의 비극적 운명에 직면하게 되면서, 희망을 함께 품었던 사람은 엄청난 대가를 치르게 되었다." (Brown, 2003: 8)

의학적 연구를 과대선전하는 사람은 비판받아 마땅하다. 그러나 장애권리운동 진영—또는 일반적으로 해체적인 사회과학자—이 만약 의학적 연구의 실패를 즐기는 것처럼 보인다면, 그것 역시 위험하다. 종종 장애활동가와 사회적 논객은 현실주의자나 냉소자의 역할을 맡는다. 그러나 만약 유전 치료나 줄기세포 치료가 손상이나 질병을 치료하는 데 효과적임이 밝혀진다면 그것은 정말 굉장한 것이다. 지금 치료를 논하는 것은 너무 성급하지만, 이러한 개척자적인 과학이 가지고 있을 수 있는 잠재력을 간단히 무시해 버리는 것 역시 너무 성급하다. 과학자가 아닌 논객이 그 과대광고가 정당한 것으로 평가될 수 있는 시점이 언제인지를 판단하기는 어렵다. 예컨대, 1990년대 초반에 유전자 치료에 대한 과대선전은 실질적인 이득으로 연결되지 않았다. 하지만 현재의 줄기세포 연구에 대한 논쟁도 이와 비슷하게 잘못된 것이라고 예단할 수 있을까? 줄기세포 연구가 유전자 치료보다 더 희망적인 것일까, 아니면 5년 안에 부서질 또 하나의 신기루에 불과한 것일까? Nik Brown은 "미래에 대한 약속의 진실성을 판단하기 어려운 채로, 희망을 노래하는 집단은 끊임없이 등장했다. 그리고 우리는 기대했던 대로 이루어지는 경우는 드물다는 것을 알면서도 이 판단의 과정에 동참한다."고 하였다(Brown, 2003: 17).

인류학자 Sarah Franklin은 다음과 같이 주장하였다.

(치료의) 약속이나 새로운 테크놀로지가 가진 위험성에 대해 평가할 때, 우리가 과대선전, 미디어, 또는 상상력의 작용으로부터 벗어날 수 있다고 생각하는 것은 오류다. 이것은 지금도, 앞으로도 불가능하다. 왜냐하면 새로운 유전학과 미래 사회의 전반적인 문제를 근본적으로 규명해 내는 데에는 분명 새로운 가능성을 상상하는 힘이 중요하기 때문이다(Franklin, 2003: 123).

치료에 대한 문화적 표상

치료에 대한 문화적 표상을 좀 더 세밀하게 살펴보기 위해서 줄기세포 연구의 사례, 특히 2004년 배우 Christopher Reeve의 죽음에 초점을 맞추었다. Reeve는 말에서 떨어지는 사고로 매우 심각한 척수손상을 입었고, 척수손상에 대한 치료를 촉구하는 데 국제적 대표성을 갖는 리더가 되었다. 그의 이력과 미디어 노출을 통해, 그는 많은 돈을 모을 수 있었고 이것은 Reeve-Irvine 연구센터의 기금으로 사용되었다. 이 연구센터가 내건 표제는 '치료 방법을 찾아서(Finding the Cure)' 였다. Reeve와 그의 의료 동지들은 척수를 재생하는 것이 이룰 수 있는 목표라고 늘 주장하였다. 그는 "지금까지 해결되지 않고 인류를 가슴 아프게 했던 난제 중 하나를 돌파할 시간이 바로 눈앞에 와 있다."라고 말했던 것으로 전해진다(www.reeve.uci. edu/infodev.html).

많은 장애권리 활동가는 Reeve가 대표했던 입장을 좋아하지 않는다. 그는 잘못된 희망을 주고 장애인을 대표하지 않는 사람으로서, 비현실적으로 보였다. 예컨대, 그는 270,000파운드를 해마다 치료를 위해 지출하였고, 11명의 시중드는 사람을 고용하였고 기부 받은 설비를 사용한 것으로 보도되었다. 그만큼 그는 다른 장애인이 접근할 수 없는 특혜와 기회가 있었다. 더구나 장애권리를 위해서보다는 거의 배타적으로 의료적 연구를 위한 운동을 벌였다. 그는 자신의 치료에 대한 강박적 입장을 공유하지 않는 장애인에 대해서 경멸적이었고, 손상에 대해서 적응하거나 타협하는 것은 잘못이라고 믿었다. 이런 이유로 어떤 장애인은 그에게서 희망과 영감을 얻었지만 또 다른 사람은 그가 하는 일과 그가 대표하는 방식을 거부했고 심지어 그를 반역자로 보기까지 했다.

2004년 11월 11일, 나는 Reeve의 죽음을 The Times, The Independent, The Guardian, The Daily Telegraph, The Daily Mail 등에서 커버 기사로 다루었던 것을 기억한다. 5개의 신문을 통하여 24개의 이야기, 특집기사, 사설, 부고가 실렸다. 제목은 대체로 영감을 주는, 불굴의(indominitable), 영웅적인, 용기를 주는 등의 표현이 주를 이루었다. The Times는 전형적이었다. 표지기사는 다음과 같은 제목을 달고 있었다.

> '모든 미국인의 영웅, 그가 벌인 장애와의 전쟁은 수백만 명에게 희망을 주었다.'

그의 부고에서는 그를 '장애인과 그들의 권리를 위해 일한 지치지 않는 활동가'라고 했는데, 이는 정확한 묘사와는 거리가 있다. 한 사설은 Reeve를 '장애에 대항해 왔던 많은 사람을 위한 영감의 원천'으로 보았다. The Guardian의 주필은 '(Reeve는) 장애가 그의 몸뿐 아니라 영혼을 침식하는 것을 허용하지 않음으로써, 또한 지치지 않고 장애 이슈에 대해 알림으로써, 장애인의 역할모델이 되었다.'고 썼다. 이 장에서 내가 주장한 것처럼, 장애인의 실제적인 반응은 이 견해보다 좀 더 복잡하였다.

아마도 어떤 사람의 죽음 직후에 그에 대해 균형 잡힌 접근을 기대하는 것은 비합리적일 것이다. 그러나 비판적이거나 균형 잡힌 언급은 그것이 드물기 때문에 더 눈에 띈다. 예컨대, The Times의 주필은 Reeve가 "과학이 가져다줄 수 있는 것 이상의 것을 기대하도록 부추겼다는 이유로 사람들의 비판을 받았다."고 언급하였고, 태아줄기세포 연구에 대한 반대 입장을 간략히 다루기도 하였다(Michael Gove가 태아 연구에 대한 우려를 표명하는 의견개진과 함께). The Times는 배우, 과학자, 척추 연구재단의 대표자 등의 말을 인용하였는데, 이들은 모두 Reeve의 역할과 그의 메시지에 대해서 긍정적이었다.

좀 더 비판적인 과학자인 Colin Blackmore는 The Independent에 인용되었고 The Daily Mail에는 좀 더 균형 잡힌 기사를 쓰기도 하였다. 그는 "의학적 연구의 발전 속도에 대해 잘못된 기대를 불러일으키는 것은 분명 잘못된 것이다. 그러나 이것은 Reeve 같이 자신이 치료될 것이라는 확신을 가지고 헌신하는 사람을 계속해서 매진하도록 한다."고 썼다. Blackmore는 줄기세포 연구의 어려움을 강조하면서, 그것이 결코 Reeve를 다시 걷게 하지는 못했다는 분명한 사실을 지적했다. The Independent('슈퍼맨의 성공에 대한 진실')에서의 Jeremy Laurance, The Guardian('이것이 의학의 미래인가?')의 Ian Sample은 줄기세포 연구를 둘러싼 불명확성을 강조하고 그것이 임상적으로 적용되기까지는 시간이 걸릴 것임을 지적하였다.

치료 연구에 대한 기사에서 장애인 당사자, 특히 그들의 비판적인 목소리가 인용되는 것은 매우 드문 일이다(Shakespeare, 1999a). Goggin과 Newell (2004)은 2002년 3월부터 6월까지 호주에서 발간된 출판 매체에 실린, 줄기세포에 대한 300개의 기사와 특집기사를 분석하였다. 구원에 대한 열망을 직접적으로 표현하는 Reeve 같은 몇몇 사람을 제외한다면, 장애인 당사자가 권위자로 인용된 경우는 매우 드물었다. 줄기세포 논쟁에서 나타나는 다양한 입장에 대한 비판적인 사회적 분석을 싣는 경우에서조차도 장애권리 운동의 관점은 다루어지지 않았다(Ganchoff, 2004).

Reeve의 죽음 이후에, 오직 두 명의 이미 알려진 장애인이 신문에 인용되는 것을 볼 수 있었을 뿐이다. The Guardian은 Washington Post의 칼럼니스트 Charles Krauthammer(휠체어 사용자)를 인용하였다. 그는 Reeve의 견해를 '볼썽사나운 오류'라고 하였지만, 기사는 희망의 메시지로 결론을 맺었고 기사의 제목도 '영웅의 삶과 죽음'으로 붙여졌다. 같은 신문에, 한 척수손상 남성이 척수손상자와 척수손상 분야에서 제기되는 반대 입장을 전달하는 인터뷰가 실렸다.

> Reeve는 척수손상인 사이에서는, 특히 척수손상 분야의 전통적인 의료인 사이에서는 논쟁의 여지가 있는 인물이었다. 치료의 희망에 대한 그의 메시지는 무책임하고 오류에 찬 것으로 간주되었다. 그의 이름이 거명될 때는 언제나 좌절이나 냉소가 따라다녔다. 그리고 나는 "그의 이름은 우리 집에서는 더러운 단어다."라는 말까지 들은 적도 많이 있다.

그러나 기사를 작성한 저자의 관점은 Reeve와 치료에 대해서 매우 긍정적이었다. 주류 매체는 Reeve에 대해서 매우 긍정적이었지만 장애인 언론에서는 그렇지 않았다. 예컨대, 장애인활동가 Tara Flood는 Disability Now에서 Reeve가 "치료가 여전히 요원함에도 불구하고, 그로 하여금 치료가 바로 지척에 와 있다고 믿게 하는 사람으로 둘러싸여 있는 것이 분명하다."…… "그는 장애인을 위해서 엄청난 일을 할 수 있는 위치에 있었지만, 다른 길을 선택했다."고 말한 것으로 전해졌다.

Bill Albert는, 문제는 Reeve가 그의 장애를 의료적인 이슈로 보았다는 것이라고 주장했다. 그러나 Disability Now는 척수손상연합의 반대 목소리도 전하고 있는데, 이는 Reeve의 업적에 대해서 좀 더 긍정적인 것이었다. 온라인에서 BBC 웹사이트는 장애인이나 다른 사람에게서 받은, Reeve에 대한 매우 긍정적인 언급을 많이 보여 주었다. 예를 들어, "Reeve는 영감을 주는 인물이다." "Reeve는 내가 삶을 보는 방식을 변화시켰다." 등의 언급이다. 여기에는 Reeve에 반대하는 장애인으로부터의 인용구는 없었다. 국제 장애 연구 목록(international disability-research list) 같은 장애권리 입장에 서 있는 온라인 토론 홈페이지의 논자는 대체로 Reeve에 대해 부정적이었다. 내가 BBC 장애 웹사이트에 좀 더 균형적인 칼럼을 실었을 때 나는 급진적인 집단에게서도 매우 부정적인 피드백을 받아야 했다.

2000년에 태아줄기세포연구에 대한 미디어 보도를 연구하면서, Clare Williams 등(2003)은 줄기세포연구에 대해 지지발언을 하는 환자나 환자 지지집단을 보도하는 TV 뉴스 기사는 5개나 있었지만 (총 8개의 기사 가운데) 그것에 반대하는 경우는 없었다는 것을 보여 주었다. 오직 Labour MPs만이 기사에 자주 등장했다. 또한 22개의 신문 기사가 과학자와 의사를 지지하고 있었는데, 4개는 지지적인 환자 또는 환자집단을 소개하였고 비판적인 환자나 환자집단을 소개한 것은 하나도 없었다. 장애권리집단과 여성운동가는 모두 비주류로 다루어졌다. 이는 앞에서 설명한 것처럼 Reeve의 죽음에 대한 기사에서도 마찬가지였다.

결국 장애 공동체가 Reeve 같은 사람, 또는 더 일반적으로 말해 줄기세포 연구에 대해서 단일하거나 일관성 있는 견해가 있다고 가정하는 것 자체가 사실과 다를 수 있다. 주류 미디어는 이들 연구를 지지하는 비장애인의 목소리로 가득 차 있고, 보통의 장애인도 리브의 업적에 대해 지지하는 글을 썼다. 또 다른 연구는 줄기세포와 다른 의료적 진보를 열망하는 환자 활동가를 찾아내기도 했다(Ganchoff, 2004). 반면 장애활동가와 장애학 논쟁은 반(反)치료, 반Reeve로 기울어 있다.

판단이 어려운 경우

미디어 기사와 일반인의 목소리를 살펴보면 장애계의 반응이 매우 복잡하고 다양하다는 점을 이해하는 것이 중요함을 느낄 수 있다. 몇몇 치료 사례를 상세히 살펴보면 판단에서의 미묘한 차이가 있음을 알 수 있다. Hastings Center의 책 『아동에 대한 수술적 교정(*Surgically Shaping Children*)』(Parens, 2006)은 세 가지 종류의 치료, 즉 구개파열의 교정, 성전환 수술, 성장 제한이 있는 아동에 대한 다리 늘리기 치료를 결정하는 데 다양하고 조심스러운 논의가 관련되어 있다고 설명한다. 저자가 설명하는 것처럼, 이러한 경우는 매우 복잡한데, 왜냐하면 환자가 그들 스스로 자유롭게 선택을 하기에는 너무 어리기 때문이다. 부모가 아동의 이익을 최대화하는 것이라고 믿는 바를 결정하는 것은 어려운 일이다. 이것은 부모됨의 두 가지 가치가 서로 충돌하는 상황에 이른다. 즉, 아동의 복지를 지원하는 것과 자녀 스스로의 길을 가도록 두는 것 사이의 충돌이다. Hastings Center가 발간한 책의 저자들은 대체로 부모가 구개파열을 고치기 위한 초기 수술을 결정하는 것에는 동의하지만, 부모가 성전환 수술 상황에서 아이를 대신해 결정하는 것은 반대하였다. 그리고 다리를 늘이는 수술에 대해서는 아이가 스스로 결정할 수 있도록 지지를 받아야 한다고 믿고 있었다.

Hastings Center 접근[뿐만 아니라 이 주제를 앞서 다루었던 Priscilla Alderson(1993)의 경우]의 한 가지 문제점은 치료에 대한 결정을 개별화할 위험이 있다는 것이다. 달리 말하면, 나는 치료에 대한 결정을 하는 데 아동을 참여시키는 것을 물론 지지하지만, 아이든, 어른이든 더 넓은 문화적 분위기, 즉 정상화를 수용하는 경향에 의해 영향을 받을 위험성을 안고 있음을 뜻한다. 예를 들어, 나는 다리 늘리기에 동의하는 아동이 더 광범위한 사회의 문화적인 메시지에 의해서뿐 아니라 그들의 비장애 부모의 열망에 의해서 암묵적인 영향을 받을 수 있다고 생각한다. 다리를 늘리겠다는 결정은 십대 초기에 이루어지는데, 인생에서 이 시기는 사회적 준거에 대한 압력과 욕망이 최고조에 이르는 시기다. 수술을 받은 사람이 하기를 잘했다고 생각한다는 증거도 분명하지 않다. 그렇게 엄청난 시간과 고통을 감내한 후에, 몸이 바뀌게 되었을 때, 누구든 그것이 잘못된 것이었다거나 결과적으로 행복하지 않다고 인정하는 것은 매우 고통스러운 일이다.

치료에 대해 더 논쟁적인 주제 중 하나는 달팽이관 이식을 통해 청력 손상을 고치는 경우다. 이는 농인에 의해서 반대를 겪어 왔는데, 그들은 손상에 기초하여 농을 개념정의하는 것에 대해서 도전한다. 농 활동가에게 농인이 되는 것은 장애인이 아니라 문화적인 소수자가 되는 것을 의미한다. 농은 마치 인종적인 소수자 집단처럼, 공유하는 언어에 기초한 일종의 문화적 정체성이 되었다. 따라서 농인은 종종 장애인으로 규정되는 것을 거부한다. 장애인은 손상을 입은 사람으로 간주하는 것이다. 보통 농인은 농 아동의 출산을 기뻐하는데, 이들은 수화의 사용을 통해 농 문화에 쉽게 동화될 것이기 때문이다. 최근에 농 레즈비언 커플의 사례에 대한 논쟁이 있었는데, 그들은 농인인 정자 기부자를 선택함으로써 농 아동을 갖게 될 확률을 최대화하는 데 한 걸음 더 나아갔다.

달팽이관 이식에 대한 농 접근 내부의 논쟁이 있을 수 있다. 첫째, 만약 농이 정말로 손상과 관련이 없다면, 논리적으로 농인이 손상 경감에 대해서 반대할 이유가 없다. 둘째, 만약 농이 수화 공동체의 한 성원일 뿐이라면 농 부모의 건청 아동이 이 공동체의 성원이 되는 것을 막을 이유가 없다. 실제로 Children of Deaf Adult(CODA) 운동이 확산되고 있는데 이는 농과 건청 세계 모두에 성원이 되자는 것이다. 셋째, 농 아동의 거의 대부분은 건청 성인에게서 태어난다. 그들의 부모는 원래 수화사용자가 아니기 때문에 이 아동이 수화를 모국어로 사용하는 사람이 되는 것은 쉽지 않다. 이들에게 가장 좋은 선택지는 달팽이관 이식을 통해서 말하고 듣는 기능을 최대화함으로써 그들이 부모와 의사소통하고 건청 세계에 합류할 수 있는 기회가 될 수 있다. 농 부모를 둔 농 아동이라면, '달팽이관 이식이 갖는 이점의 최대치 누리기'는 아이가 수화를 사용하지 않고 말하고 듣고 입술을 읽는 것을 배우는 데 완전히 집중할 때 가능하다는 사실로 딜레마를 경험한다. 다시 말해, 만약 농 부모가 농 아동에게 수술을 해 주는 경우 그들은 자신의 아이와 효과적으로 의사소통할 수 있는 가장 좋은 방법을 희생하는 것이며, 아이는 말하기 어려운 부모를 둔 것으로 추가적인 고통을 받게 된다. 따라서 농 부모가 자신의 아이를 수술하는 것에 대해 반대하는 것은 이해할 만한 일이다. 그러나 건청 부모가 그들의 농 아동의 삶의 기회를 증진하기 위해 달팽이관 이식 기술을 사용하려는 것을 막아서는 안 된다.

판단하기 어려운 경우는 자폐와 '신경학적 다양성(neuro-diversity)'의 형태에서도 나타난다(Happe, 1994; Hodge, 2005). 최근 몇 년 동안, 인터넷을 통한 의사소통이 발전하는 것과 함께, 자폐증이 있는 사람, 아스퍼거 신드롬이 있는 사람, 다른 관련 장애가 있는 사람이 자신의 경험을 가치절하하고 병리화하는 데 대해 도전하고 있다. 'Neuro Diverse' 관점에서 보면, 다른 방식으로 생각하고 관계를 맺는 것은 손상은 아니다. 단지 차이일 뿐이다. 좀 더 융통성 있는 사회라면 신경학적 다양성을 지닌 사람에 대해 그들의 상태를 막거나 치료하려고 할 것이 아니라, 사회가 그들에게 적응하고 그들의 강점과 소질에 대해 가치를 부여할 수 있어야 한다.

이러한 접근을 제쳐 놓으려는 것은 아니지만, 자폐스펙트럼장애가 있는 많은 사람이 그들의 인지적인 차이로 심각한 문제를 경험하고 있다는 것을 지적해야 한다. 그들은 심각한 학습장애가 있을 수도 있고, 다른 사람과의 관계나 사회 참여에서 심각한 어려움이 있을 수도 있다. 또한 미디어에서 주로 묘사되는 것과 달리 그들은 아무런 보완적인 기술이나 재능을 가지고 있지 않을 수 있다. 달리 말하면, 자폐가 하나의 대안적인 삶의 방식이라고 말할 수 있게 하는 높은 기능 수준의 자폐나 아스퍼거 증후군 사람은 자폐가 있는 다른 사람을 대표하지 못할 수 있다는 것이다. 차이에 대해서 수용하고 이해하려고 하는 것은 항상 가치 있는 일이지만, 많은 가족은 자폐를 예방하고 치료하기를 더 바라고 있다(Kelly, 2005). 자폐스펙트럼장애의 경우 앞의 장에서 강조되었던 손상의 두 가지 중요한 문제를 다시 생각나게 한다. 첫째, 손상의 위계가 있다는 것이다. 서로 다른 정도의 손상은 서로 다른 영향을 미치며, 동일한 손상도 다른 영향을 미칠 수 있다. 둘째, 지지적이고 융통성 있는 환경이 다름에 대해 존중하고 가치를 부여할 준비가 되어 있다면, 경하거나 중간 정도인 손상은 누구에게라도 문제가 되지 않을 수 있다. 그러나 심각한 손상의 경우에는 그 개인과 가족에게 심각한 문제와 제한, 때로는 고통과 스트레스를 가져올 수 있다. 손상을 입은 사람에 대한 문화적인 존중과 사회적 수용을 증진한다는 궁극적인 목적이 개인적인 의료적 또는 심리적 치료를 통해서 손상을 완화하거나 예방하는 것의 중요성을 외면하게 하지는 못하는 것이다.

결 론

이 장에서 나는 장애학 안에서 치료에 대해 좀 더 균형 잡힌 접근을 하려고 했다. 장애가 다양한 존재론적 수준에서 작동하고 있음을 이해하는 비판적인 현실주의적 관점에서 보면, 생의학과 심리적 개입은 중요한 역할을 가지고 있다. 줄기세포나 유전치료 연구에서 신속한 결과가 나오기를 기대하는 것은 어리석은 것이다. 따라서 의학적인 연구를 장벽을 제거하는 것에 대한 대안으로 보는 것은 위험하다. 그러나 안전하고 효과적인 치료가 마침내 구체화된다면, 장애인은 혜택을 받게 될 것이고 그들의 삶의 질은 향상될 것이다.

그러나 이 문제에 대해 현명하게 접근하려면 손상의 편재성(ubiquity)을 또한 깨달아야 한다. 의학은 결코 체화된 모든 문제와 제한을 없앨 수 없다. 앞에서 주장한 것처럼, 손상은 어떤 형태로든, 그리고 언제든 모든 사람이 직면하고 있는 곤경이다. 질병과 손상을 최소화하고자 하는 열망은 제한을 받아들이고 그것을 가진 채로 살아가는 방법을 찾는 것과 균형을 이루어야 한다. 치료를 추구하면서 이미 존재하는 장애인의 삶을 모욕하거나 오도하는 것은, 심지어 연구의 재원을 조달하려는 고매한 목적에서였다고 하더라도 정당화될 수 없다. 정상성과 완전함에 대한 강박적 추구는 궁극적으로는 받아들일 수 없거나 잘못된 목표로서, 복지와 자존감을 손상시키는 것이다 (Martz, 2001).

생의학적 연구는 영국에서도, 다른 나라에서도 장애인의 삶을 증진하기 위한 유일한 방법이 될 수 없다. 사실 국제적인 관점에서 보면, 줄기세포 연구나 유전학이 정말로 이득을 줄 수 있는 희귀질환이나 후천적인 장애보다 더 힘든 장애 상태가 많이 있다는 것을 알게 된다(Shakespeare, 2005b). 전 세계 시민의 대다수는 여전히 예방할 수 있는 질병, 예컨대 말라리아나 결핵, 그리고 사고, 나쁜 영양상태, 빈곤, 전쟁 등 사회적으로 유발된 장애로 손상을 입는다. 이 세상의 약학 연구의 90%는 세계 인구의 10%에 영향을 미치는 질환에 대해서 수행되었다(Flory and Kitcher, 2004). Philip Kitcher가 말하는 것처럼, “매년 수백만 명의 어린이가 말라리아로 죽어 가고 있는데, 레이니한(Lesch-Nyhan) 증후군, 낭포성 섬유증, 나아가 일반적인 형태의 암에 대해서도, 그 연구에 막대한 비용을 쓰는 것이 어떻게 정당화될 수 있겠는가?” (Kitcher, 1997: 324)

현대의 생의학 연구에서 또 하나의 흥미로운 측면은 대부분의 프로젝트가 손상과 질병의 완화를 목적으로 하지만, 새로운 연구 결과와 기술은 비장애 인구에게도 광범위하게 적용될 수 있다는 점이다(Juengst, 1998). 비아그라, 인간 성장호르몬(Conrad and Potter, 2004), 프로작(Prozac)(Elliot, 1999) 같은 예는 치료와 기능 증진 사이의 경계를 뚜렷이 하는 것이 얼마나 어려운 것인지를 보여 준다(Buchanan et al., 2000: 118). Jackie Scully와 Christoph Rehmann-Sutter(2001)은 치료/증진의 개념 구분을 한다는 것은 손상과 손상을 입은 사람을 더욱더 병리화하는 것이라고 주장한다. 그들은 치료적 접근이 타당한지, 타당하지 않은지를 구별하는 것에 매달리기보다, 구체적인 개입의 결과에 관심을 두어야 한다고 주장한다. 치료/증진 논쟁은 이 장의 범위를 벗어나는 것이지만, 그것은 생물학 테크놀로지가 천운(natural lottery)을 공평히 나누기—개인에게 불이익을 가져다줄 손상을 보완하거나 고침으로써 궁극적으로 평등을 실현하는 것—보다는, 결국은 불평등을 심화시킨다는 점을 보여 준다는 점에서 중요하다. 생물학 테크놀로지는 비장애인에게는 그들의 능력을 더 증진할 수 있도록 하고 손상된 사람에게는 상대적으로 불이익을 더 크게 한다.

이러한 지적과 주의와 관심은 중요하지만—그리고 많은 생물윤리학자와 몇몇 장애학 논자에 의해서 잘 진행되었지만—그것이 의료적 연구를 추구하는 것에 대한 근본적인 반대의 근거가 되는 것은 아니다. 그러나 이러한 논의는 사회적 규제와 논쟁을 더 확장하기 위한 중요한 질문을 제기해야 한다는 것을 일깨워 준다. 즉, 생의학을 적용하는 것은 소수가 아니라 다수에게 이익을 주기 위해서, 그리고 착취하고 구분해 내기 위해서가 아니라 증진하기 위해서 시도되어야 한다. 우리는 Flory와 Kitcher(2004: 59)가 '질서가 잡힌 과학(well-ordered science)'이라고 명명했던 상태를 요구하는 바다. '질서가 잡힌 과학'의 세상이란 그 과학에 의해 직접적으로 영향을 받는 사람의 목소리가 적극적으로 청취되고, 연구가 가장 중요한 질문을 지향해 나아가고 있으며, 과학자가 그들의 도덕적 의무를 심각하게 받아들이는 세상인 것이다.

7
생명 종결의 자율성

생명 윤리에서 장애 이슈는 매우 논쟁적인 주제다. 왜냐하면 강력한 정서적 문제를 동반하기 때문이다. 즉, 기술적인 개입의 허용 가능성, 장애인의 취약성, 손상은 죽음보다 못한 운명이라는 널리 퍼져 있는 비장애인의 인식, 학대, 억압, 살인의 역사적 배경 등이 그것이다. 이러한 요인은 생명의 시작에 대한 논쟁과 생명의 종결에 대한 논쟁 모두에서 일반적이다. 우생학과 안락사에 대한 공포가 자율성과 생명의 가치에 대한 생명윤리적 논쟁을 바라보는 장애권리 측 반응의 토대를 형성하고 있다(Asch, 2001).

생명 종결의 문제는 자극적이다. 첫 번째로는 어쩌면 산전 진단의 문제보다도 더 개별적이고 직접적으로 장애인의 존재 자체를 위협하는 것처럼 보이기 때문이다. 두 번째로는 개인이 고통스러움과 제한에 직면하여 스스로의 생명을 종결하는 것이 받아들여진다면, 이는 손상은 너무 끔찍하기 때문에 아무도 그것을 가진 채로 살아가길 원하지 않을 것이라는 메시지를 전달하는 것으로 읽힐 수 있기 때문이다. 세 번째는 손상과 고통에 협소하게 초점을 맞추는 것은 다시 사회적 맥락을 간과할 위험이 있기 때문이다. 사회적 맥락은 종종 장애인의 삶의 질을 결정한다. 특히 자립생활에 대한 접근 가능성, 그리고 배제와 차별로부터 시민권을 사수하는 데 결정적 영향을 미친다.

최근 몇 년 동안, 생명종결에 대한 논쟁은 많은 서방 국가에서 이목을 끌어왔다. 미국 오래건 주는 1997년에 자살원조를 합법화했다. 네덜란드는 30년간의 불기소 기간을 거친 후, 2002년에 안락사와 자살원조를 합법화하였다. 벨기에는 2002년에 안락사를 합법화하였다(Finlay et al., 2005). 영국에서는 팽팽하게 이목을 집중시킨 판례가 있었는데, 예컨대 Miss B 같은 경우다. Miss B는 장애여성으로서 손상을 입은 채로 살아남기보다는 인공호흡기를 제거하여 죽기를 원했다. Diane Pretty는 운동신경의 질환으로 시한부인생을 살다가, 배우자로 하여금 자신의 자살을 도와줄 수 있도록 해 달라는 청원을 냈다. Reginald Crewe와 시한부 삶을 사는 몇몇 사람은 스위스에 가고 싶어 했는데, 스위스의 Dignitas라는 자원조직이 자살을 돕는 서비스를 제공하기 때문이다. 이런 사례에 대한 하나의 반응으로서, Lord Joffe는 영국에서 자살원조를 허용하는 법안을 상원에 제출하였고, 이는 자발적인 안락사 연맹(Voluntary Euthanasia Society)에 의해서 지지받았다(Epstein, 2005). 미국에서는 Terry Schiavo 사례가 대중의 엄청난 관심을 끌었다. Schiavo는 뇌손상을 입은 여성이었는데, 그녀의 전 남편은 그녀의 부모나 'Pro-Life' 운동가의 바람과는 달리, 생명연장 기구의 제거를 탄원하였다. 자살원조는 사람들의 이목을 집중시켰고, 영화 〈씨 인사이드(The Sea Inside)〉(Amenabar, 2004)와 〈밀리언 달러 베이비(Million Dollar Baby)〉(Eastwood, 2004)에 상을 안겨 주었다. 하지만 생명종결 문제에 대한 전례 없는 관심은 장애인 사이에서는 그들의 삶이 어떤 위험에 처해 있다는 인식과 두려움을 갖게 했다.

생명종결에 대한 이러한 관심의 타당성에도 불구하고, 생명을 종결할 수 있는 장애인권리에 대한 열정적인 논쟁 역시 정체성의 정치 접근을 뒷받침하고 있음을 기억해야 한다. Not Dead Yet 같은 조직, Kevorkian 같은 열정적인 안락사 지지자를 반대하는 이목을 끄는 논쟁, 안락사를 나치에 비교하는 감정적 반응 등은 모두 하나의 이야기로 귀결되는데, 즉 다른 가족성원, 의사, 사회가 장애인의 죽음을 바란다는 사실을 여러 가지 형태로 제시하는 것이다. 이러한 희생자 입장은 장애인 권리운동에 관심을 불러일으키고 장애 정체성을 뒷받침하는 힘을 가지고 있다(예컨대, Dark, 2004). 취약한 장애인의 이미지는 또한 떠들썩한 'Pro-Life' 운동에 의해서도 강화되는데 이 운동은 선택, 즉 삶을 시작하고 종결하는 것 모두에서의 선택에 대해서 반대하는 그들의 입장을 뒷받침하기 위해 장애인권리운동가와 동맹을 맺어 왔다.

전형적으로, 장애권리 측의 반대 담론은 하나하나의 사안을 다루기보다는 일반적인 수준에서 이루어지고 있다. 그들은 (삶의 종결에 대한) 개입이 보통 합리적이고 분석적이기보다는 정서적이고 수사적이라고 비판했다. 장애인 개인이 고발당한다거나, 다양한 이슈가 합성되어 있다는 등의 비판도 있었다. 장애권리 측의 비판은 생명종결에 대한 논의의 폭을 협소하게 한다. 이는 소생술(심폐소생술 또는 CPR), 사전 지시(advance directives)와 삶의 의지, 치료의 철회, 자살원조, 자발적인 안락사, 비자발적인 안락사 등에 대한 결정을 포괄해 버린다. 각각의 주제는, 그것들이 장애인이라고 규정된 사람의 죽음에 대한 질문이라는 공통점이 있다고 하더라도 서로 다른 질문을 제기하는 것이고, 서로 다른 세심한 대응이 이루어져야 할 문제다.

특히, 장애인의 자율성이 침식당하는 상황[즉, '소생술을 사용하지 말 것(Do not resuscitate)'이라는 지시의 남용, 비자발적인 안락사]을 장애 또는 시한부 질환이 있는 사람이 스스로 그들의 자율성을 실행에 옮기는 상황(즉, 사전 지시, 도움을 받는 자살 등 죽음을 위한 원조를 요청한다든지 치료의 철회를 요청하는 것)과 구분하는 것은 중요하다. 이들을 구분하지도 못하고, 임상적인 현실과 싸우지도 못하는 것은 장애권리 비판가의 입지를 약화시킨다. 단지 삶의 종결 이슈로만 보이는 것이 사실은 얼마나 복합적인 이슈인지를 보여 주는 사례로서, 나는 DNR[소생술을 사용하지 말 것('do not resuscitate')] 논쟁에 대해서 간략하게 살펴볼 것이다.

이 논쟁은 장애인 또는 노인이 대략 작은 수술을 위해서 병원에 입원했다가 의료인이 아무런 사전 의논이 없이 자신의 차트에 'DNR'이라고 휘갈겨 써 놓은 것을 발견하게 된 경우에서 시작되었다. 환자에게 이는 매우 큰 충격일 수 있다. 이는 환자의 삶이 유지될 가치가 없다는 판단이 내려진 것처럼 보이고, 또 의료인이 불공정하게 장애인과 비장애인을 차별하고 있는 것으로 보일 수 있다. 감정적인 주장—"국가보건서비스(NHS)가 장애인을 죽이고 있다."—은 장애인 운동가의 분노를 표현하는 것이지만, 병원을 이용하는 장애인에게는 공포를 확산시켰다.

때로 차별과 편견에 대한 공포는 정당할 수 있다. DNR 명령을 받은 환자는 제대로 된 치료를 받지 못할 것이라는 두려움도 있다(Mohammed et al., 2005). 또한 심폐소생술에 대한 결정은 항상 환자와 그 관련인 사이의 논의를 통해 이루어져야 하는 것이 당연하고, 이는 영국 심폐소생술 협회와 의사, 간호사 조직이 동의한 좋은 실천의 규약에서 핵심적인 사항이다(Resuscitation Council, 2001). 그러나 몇몇 잘못된 사례가 있었음에도 불구하고, "NHS가 장애인을 죽이고 있다."와 같은 감정적 주장은 과장된 것으로 보인다.

더구나 심폐소생술(CPR)은 겉으로 보이는 것처럼 늘 이득이 되는 것도 아니다. 일반 사람이 생각하는 심폐소생술의 효과는 다소 과장된 것 같다. 전문가조차도 CPR이 성공적일 수 있는 가능성을 과대평가해 왔다(Wagg et al., 1995). 대부분 일반 사람의 CPR에 대한 경험은 ER 같은 의학드라마를 통해서 얻어진 것이다. 텔레비전에서 CPR은 매우 높은 성공률을 보인다. 텔레비전의 묘사에 대한 한 연구는 TV에서 심폐소생술의 단기(1시간) 생존 가능성이 75%에 이르고 있다고 하였다(Diem et al., 1996). 하지만 이와 달리, 실제로는 단기생존 성공률의 상한선이 40% 정도이고, 대부분의 자료에서는 25%의 환자만이 단기생존할 수 있었던 것으로 나타난다. 또 TV 묘사에 대한 앞의 연구는 TV에서는 CPR 환자의 67%가 병원을 퇴원할 때까지도 생존해 있는 것으로 묘사된다고 밝혔다. 그러나 이와 대조적으로, 장기간 생존에 대한 연구는 병원 밖에서 심장 박동 정지를 경험한 사람의 20~30%, 병원 안에서 겪은 사람의 6.5~15%만이 장기생존할 수 있었다고 밝히고 있다. 노인환자의 경우에는 CPR 이후에 단 5% 정도만이 장기생존한다고 보는 것이 현실적인 것이다. 비현실적인 미디어의 묘사는 CPR이 성공 가능성이 매우 높은 기적적인 개입이라는 인식을 강화한다. 따라서 많은 의료인은 '소생술을 시도하지 말 것'('do not attempt resuscitation')이라는 결정을 분명히 하기 위해 'DNAR'이라고 쓰기를 선호한다.

CPR은 많은 경우에 성공하지 못할 뿐 아니라 환자에게 해를 입힐 수 있다. CPR은 다음 과정을 포함한다. 즉, 기도가 깨끗한지 확인하고 때로는 목과 기도를 통해 튜브를 삽입한다. 공기나 산소를 폐에 불어 넣는다. 정상적인 심장 박동이 회복될 때까지 뇌와 다른 조직으로 피가 들어갈 수 있도록 심장을 펌프질하기 위해 가슴을 강하게 압박한다. 심장을 다시 뛰게 하기 위해서 전기적인 충격을 사용한다. CPR은 환자와 가족, 의료인에게 고통스러운 경험이다. 장애인이나 노인의 경우에는 때로 CPR 자체가 너무 큰 충격을 주어 심지어 죽음에 이르게 하기도 한다. 예컨대, 골다공증(osteoporosis)이나 골형성부전증(osteogenesis imperfecta)이 있는 사람은 뼈가 약하기 때문에, 의료인이 심장을 다시 뛰게 하려고 압박할 때 뼈를 손상시키게 되고, 결국 흉골이나 흉곽이 골절되어 폐를 찢게 된다. 결과는 훨씬 더 고통스러운 죽음을 맞이하거나 일시적으로 생존하더라도 극단적인 불편을 겪어야 한다. CPR을 통해 생존한 소수의 사람에 대한 연구 결과는 이들 중 20~50%는 경미한 뇌손상부터 영속적인 식물인간 상태에 이르는 신경의 손상을 겪었다는 것이다(Mohr and Kettler, 1997). 즉, CPR을 하지 않기로 선택하는 것은 주어진 현실에서 합리적인 선택일 수 있다.

> 만약 CPR이, 그것을 선택하지 않으면 죽을 것이 확실한 사람에게 장기 생존의 희망을 줄 수 있는 좀 더 예후가 좋고 위험이 적은 절차라면, 소생술을 하지 않으려고 하는 의료인을 선택할 환자는 없다. 그러나 CPR은 분명히 고통의 연장, 심각한 신경 손상, 또는 존엄성을 상실한 죽음을 가져올 수 있기 때문에 이의 사용을 둘러싼 논쟁이 발생하는 것이다(Diem et al., 1996: 1581).

이와 같은 이유로, 의사는 이런 경우에 CPR 금지를 고려하게 되고, DNAR을 제안한다. 만약 CPR 절차와 결과가 환자에게 적절하게 설명된다면, 그들은 더 많이 소생술을 포기하고 DNAR 지시를 요구하게 될 것이다. 예를 들어, 한 연구를 보면 급성 환자의 41%는 처음에는 CPR을 선택하지만, 그 효율성과 결과에 대한 설명을 듣고 난 후에는 22%가 CPR을 선택하였다. 기대수명이 1년 미만인 만성질환자 집단에서는 처음부터 11%만이 CPR을 선택하였고, 설명을 듣고 난 후에는 오직 5%만이 CPR을 선택하였다(Cherniack, 2002; 303). 물론 이러한 결과에 대해 다르게 해석할 수도 있다. 즉, 환자에게 CPR과 DNAR에 대해 설명하는 사람이 환자로 하여금 임상가 자신이 원하는 접근을 선택하도록 이끄는 방식으로 또는 심지어 미묘하게 강제하는 방식으로 정보를 제공한다.

DNAR을 남용하는 것은 공개되고 거부되어야 한다. 더구나 DNAR이 보호의 질을 저하시키는 요인이 되어서는 안 된다(Mohammed et al., 2005). 그러나 의료 행위 안에서 DNAR 조치를 적절하게 사용하는 것은 가능해야 한다. DNAR의 사용 지침은 의료적 가부장주의에서 파트너십으로 이동해 왔다. DNAR 조치는 소수의 사례에서만 사용되었고, DNAR가 남용되는 경우는 아직까지는 드문 일이다. 의료인은 일련의 의료 행위가 임상적으로 효과적이도록 하기 위해, 그리고 환자의 최대한 이익이 되도록 하기 위해 전문적인 판단을 내려야 하지만, 모든 의료적 결정은 전문가와 환자 사이의 자문에 기초해야 한다. 마찬가지로 환자가 DNAR 조치를 요구하는 것도 합리적일 수 있다.

장애가 있든 없든, 모든 사람은 편안한 죽음을 맞이하고 싶어 하는데, CPR은 때로 고통스럽고 존엄성을 손상시키며, 덧없기까지 하다. CPR/DNAR 논쟁에 대한 나의 결론은 극단적인 수사학보다는 차분하게 증거에 기반하여 심사숙고하는 것이 장애인에게 좀 더 필요한 일이라는 것이다.

이 장에서 좀 더 분명해지겠지만, 생명종결에 대한 나의 입장은 장애권리 이데올로기가 아니라 장애인 스스로의 선택과 바람을 일관성 있게 지지하는 것에 기초를 두고 있다. 지금까지 대체로 장애권리운동은 장애인의 자율성을 지지해 왔다. '선택과 권리(choices and rights)'라는 슬로건은 많은 생활 영역에서 장애인을 결집시키는 중요한 이슈였다. 예를 들어, 자율성은 자립생활 철학의 기초다. 이는 장애인이 그들 자신의 삶에 대해 통제력을 가져야 한다는 운동이다. 다른 모든 문제에서 장애인의 자율성을 지지하면서, 오직 그들의 죽음의 순간과 죽음의 방식에 대해서는 그렇지 않다는 것은 나로서는 일관성이 없다고 여겨진다. 이 장의 뒷부분에서 나는 이 일반적인 이슈를 특정한 맥락에서 분석하기 위해 자살원조 논쟁에 초점을 맞추었다.

자살원조와 장애권리 측의 반론

원조를 받아 이루어지는 자살에 대해 반대하는 운동을 벌이고 있는 가장 유명한 장애권리 조직은 US Not Dead Yet이다. 이 조직은 Jack Kevorkian에 반대하며 만들어졌다. 그는 내과 의사였으나 130명의 환자 또는 장애인에게 서비스를 제공하여 그들이 죽을 수 있도록 도왔다. 이 조직이 내건 표제는 '저항'이었고, 그들의 웹사이트에는 "때로 연민으로 묘사되지만 결국 합법화된 의료적 살인에 불과한 자살원조는 시한부로 진단받았든 아니든 중증장애가 있는 사람에게 말도 안 되는 이중 잣대를 적용하는 것이다."라고 주장한다. Not Dead Yet은 자살원조(assisted suicide)가 의료전문가로 하여금 장애인을 죽이는 것에 대해 면죄부를 받게 하는 것이라고 본다. 이 조직의 창립자인 Diane Coleman은 만약 자살원조가 미국에서 합법화된다면, 사적인 건강보호 체계 안에서의 재정적인 압박이 법원에서 보호받지 못하는 현실과 맞물려 장애인을 위협하게 될 것이라고 주장한다.

대부분의 미국 장애인권리 활동가와 장애학자는 Not Dead Yet이 취한 입장을 지지하는 것 같다(예컨대, Gill, 2000; Silvers, 1998). 예를 들어, 역사학자인 Paul Longmore(2003)는 Elizabeth Bouvia 사례에 대해서 웅변적으로 기술하면서, 자살을 원조하는 사람은 그 적용 대상을 모든 장애인으로 확대하려고 하면서 시한부 질환자의 죽을 권리보다 훨씬 더 광범위한 의제를 형성하고 있다고 주장한다. Adrienne Asch도 그녀의 생물윤리와 장애에 대한 저서(2001)에서 Not Dead Yet를 지지하는 입장을 취하였다. 그러나 몇몇 장애 저술가(예컨대, Batavia, 1997)는 또 자율성을 지지하는 입장을 취해 왔다.

영국에서, 자살원조에 대한 장애권리 운동가의 반대는 자살원조를 합법화하는 「상원법(House of Lords Bill)」에 의해서 촉발되었다. 이 법은 2004년과 2005년에 상원의원 Joffe가 발의한 것이었다. Joffe는 매우 제한적인 사례에 대해서만 내과 의사가 자살을 원조할 수 있도록 법제화하려고 하였다. 이 법률조항의 혜택을 받을 수 있는 사람은 오직 ① 시한부 질병에 걸린 사람과 단기간 내에 자연적으로 죽을 것이라 예상되는 사람, ② 참을 수 없는 고통을 겪고 있는 사람으로 제한되었다. 후에 이 법은 의사가 시한부 질환이 있는 사람을 돕고 조언해 줌으로써 이들이 고통 없이 성공적으로 자살할 수 있도록 해 주는 적절한 약물을 효과적으로 이용하도록 하는 것뿐 아니라, 장애인이 그들 자신의 인생을 마무리할 수 있는 권한을 갖게 하는 것으로까지 확장되었다. 이는 비장애인이 자살을 결정함으로써 자기 삶을 마무리할 수 있는 것과 마찬가지라는 것이다.

영국 장애운동 조직은 대부분의 장애권리 학자와 활동가가 그러하듯이 Joffe의 법안에 대해서 거의 공공연하게 반대 입장을 밝혀 왔다. 2004년에 나는 증거를 제시하고 이 법안을 지지하는 입장을 밝혔지만, 내가 알기로 자살원조를 지지한다고 밝힌 장애운동가의 목소리로서는 이것이 유일한 것이었다. 2005년 선거 전에 이 법안은 폐기되었다. Joffe 상원의원이 2005년 11월에 자살원조법(Assisted Dying Bill)을 다시 제출하였을 때 신문 Disability Now는 다시 주요 장애 인사의 견해를 정리해서 실었다. 13명은 법안에 반대하였고 4명은 찬성하였다. Joffe의 법안은 행복한 죽음의 권리를 보장하고 행복한 삶의 가능성을 침해하지 않음으로써 장애인의 자율성을 증진하는 것처럼 보이는데, 장애운동 지도자가 거의 예외 없이 이를 반대하는 이유는 무엇일까?

첫째, 사람들이 이 결정을 내리는 환경에 관한 것이다. 장애인은 상이한 압박에 시달릴 수 있는데, 실제로는 이것 때문에 장애인이 자율적인 결정을 할 가능성이 약화된다는 것이다. 예를 들어, 직접적인 환경 안에서는 생을 마감하라는 직접적인 압력이 장애인의 의지에 반해서 작용할 수 있다. 건강보호제도와 그 관련 요인은 여러 달 동안 죽어 가는 사람을 지원하는 데 들어갈 비용을 절감할 수 있다. 소위 '명예로운 죽음(mercy killing)'이라고 부르는 역사적 선례가 있고, 장애인은 스스로 자살원조를 요구하도록 친척이나 전문가에 의해 압력을 받을 수도 있다는 두려움을 느낀다.

더 일반적으로, 더 광범위한 문화적 맥락이 장애인에게 영향을 미칠 수 있다. 어떤 결정은 항상 사회적 맥락 안에서 이루어진다. 원조받는 자살이나 자발적인 안락사를 지지하는 운동은 종종 고통, 굴욕, 장애의 고통을 강조하는데, 이 자체가 장애인의 존엄성을 침해하는 것이고, 비장애인에게는 두려움과 불안을 불러일으킨다(Hurst, n.d.). 마찬가지로 대부분의 사람은 죽어 가는 것이나 죽음을 두려워한다. Davis는 말하기를, "'존엄한 죽음(death with dignity)'이라는 말은 아프거나 장애가 있는 사람에게 신중하게 주선된 죽음이라는 의미로 빈번하게 사용되었고, 취약한 사람은 오직 죽음으로서만 '존엄할 수 있다'는 의미를 강하게 함축하고 있다."(Davis, 2004: 1) 손상으로 죽어 가는 고통과 괴로움을 과장하는 것—그리고 고통을 완화하는 보호책이 성공적일 수 있음을 무시하는 것—은 사람들의 반응을 왜곡시키고 자살원조에 대한 수요를 자극할 것이다.

자살원조가 가능하도록 하는 것은 장애인에게 그들의 삶을 종결하는 것이 논리적이고 바람직한 것이라거나, 장애인의 삶은 비장애인의 삶보다 열등하다는 암묵적인 메시지를 전달하는 것일 수 있다(Campbell, 2003). 이러한 문화적 신념은 장애인과 함께 살아가고 일하는 사람의 태도에 영향을 미치고, 이 메시지와 태도는 다시 장애인 스스로가 자신의 행동과 선택을 보는 관점에 반영되어, 그들이 원조받는 자살을 선택할 가능성을 높일 것이다. 심지어 그들이 아무런 강압을 당하지 않았다고 하더라도, 이 선택은 장애인의 최상의 이익에 위배되는 것이고 자유롭지 못하다.

많은 장애인은 때때로 취약하고 우울해짐을 느낀다. 특히 처음 손상이나 만성질환을 진단받았을 때는 더욱 그렇다. 손상과 장애를 입고 살아가는 것은 쉬운 일이 아니다. 많은 장애인은 저마다 어떤 시점에서 자신의 삶을 종결하고 싶을 때가 있다. 지지를 받고 시간이 지나면서 대부분의 장애인은 자신의 손상을 받아들이고 자신이 갖게 된 제한에 적응하는 법을 배운다. 그러고 나면 삶의 질이 나아진다고 느끼고 더 이상 삶을 종결하길 원하지 않게 된다. 자살원조를 반대하는 장애인 중 많은 경우는 스스로 이러한 궤적을 통과했고, 다른 장애인이 손상의 발생 직후에 되돌릴 수 없는 선택을 함으로써 장애가 있는 사람으로서 미래에 더 나은 삶을 살 수 있는 가능성을 스스로 부정하게 될까 봐 두려워한다.

현재는 장애인이 아니지만, 손상을 입게 되지 않을까 불안해하는 사람들에게 영향이 있을 수도 있다. 손상에 대한 두려움은 장애인에 친숙하지 않은 비장애인 사이에서는 일반적이다. 많은 연구가 장애인에 대한 심각한 문화적 편견이 있다는 것, 그리고 장애를 입는 것보다 차라리 죽는 게 낫다는 믿음이 일상적으로 표현되고 있음을 보여 준다. 이러한 두려움은 도전받아야 하며, 장애인의 긍정적인 측면과 그들의 기여가 강조되어야 한다. 손상과 장애는 인간 조건의 일부분이며, 사회는 장애에 대해서 인정할 필요가 있다. 더불어 사람들로 하여금 장애가 있는 삶은 살아갈 가치가 없다는 생각을 갖게 해서는 안 된다.

물론 사람들이 원조받는 자살을 선택하도록 만드는 것은 문화적 영향이나 태도 측면뿐 아니라 물질적인 것일 수 있다. 자립생활을 할 수 있도록 하는 일련의 조치(주택, 기술, 원조 등)가 접근 가능하지 않다면, 손상과 시한부 질환이 있는 사람의 삶은 더 어려워질 것이고 그들은 삶의 종결을 더 많이 선택하게 될 수 있다. 장애운동은 자살원조를 요구할 수 있는 권리를 법제화하는 것에 앞서서, 사람들이 충분한 보호와 자립생활 가능성을 확보해야 한다고 주장해 왔다. 마찬가지로 호스피스 운동은 말기환자를 위한 고통완화 치료와 고통 완화이 죽음을 편안하게 맞이하도록 할 수 있다는 증거를 제공해 왔다. 그러므로 고통완화 치료와 호스피스 서비스에 대한 접근 가능성 또한 매우 중요하다. 사람들은 원조 받는 자살을 요구할 권한을 인정받기에 앞서, 이러한 편의에 접근할 수 있어야만 한다. 네덜란드 같은 나라에서는 자발적인 안락사가 가능한데, 호스피스 서비스와 고통 완화 치료는 영국과 비슷한 수준으로 별로 발전하지 않았다.

둘째, 어떤 사람이 원조 받는 자살을 요구할 만한 자격이 있는가에 대한 질문이 있다. '참을 수 없는 고통'은 자살원조를 요구할 만한 자격으로 언급되었다. 그러나 이를 어떻게 규정할 수 있는가? 고통을 객관적으로 측정하는 것에 대해서 동의할 수는 없다. 사람들은 모두 손상과 질병에 대해서 다르게 반응한다. 특정한 수준의 고통이나 제약이 참을 수 없을 만큼 극심한 것이라고 모두가 동의할 수는 없다. 많은 장애인이 고통과 기술적인 또는 물리적인 의존성을 가진 채 살아가고 있는데, 또 다른 사람은 바로 이 점을 원조 받는 자살을 선택할 수 있는 현실적인 이유로 언급하고 있는 것이다. 예컨대, 많은 장애인은 일생 동안 관을 통해 영양을 공급받는데, 자살원조 옹호자에게는 이 튜브를 통한 영양섭취가 죽음이 적절하고 바람직할 수 있는 말기 질환 상태임을 알리는 표식이 된다. 미국의 영향력 있는 장애활동가인 Ed Roberts는 다음과 같이 말하였다.

> 나는 26년 동안 인공호흡장치를 달고 살았고, 이런 사람을 많이 봐 왔다. 그들은 나처럼 인공호흡장치에 의존해 있다. 크게 다른 점은 그들은 스스로 너싱홈에서 살 수밖에 없다고 생각하고 있거나 이미 거기에 살고 있다는 점이다. 나는 나의 삶을 이끌어가고 있다. 이것이 유일한 차이이다. 문제는 인공호흡장치가 아니라, 돈이다 (Priestly, 2004: 174에서 재인용).

관을 통한 영양섭취나 인공호흡 장치 또는 다른 형태에 고도로 의존한 채 살아가는 장애인은 그런 상태에서 살기를 원하지 않는 다른 사람의 결정이나 태도 때문에 자신의 삶이 가치절하되거나, 위험에 처할까 봐 두려워한다.

자주 언급되는 또 다른 자살원조의 조건은 '시한부 질환'이다. 그러나 이것도 어떻게 규정해야 할지 분명하지 않다. 많은 장애인은 시한부로 규정된 조건을 가지고 평생을 살아간다. 예를 들어, 낭포성 섬유증, 근이영양증, 다발성 경화증, HIV/AIDS 같은 손상은 모두 현재로서는 치료할 수 없고, 일반적으로 조기 사망을 가져온다. 이러한 진단을 받은 사람 중 일부는 현재로서는 심각하게 손상이 나타나지 않는다고 하더라도, 더 이상 살아갈 가치가 없다는 결정을 할 수 있다. 이런 손상을 입은 사람은 시한부 질환으로 규정될 수 있고 따라서 원조받는 자살의 지원자가 될 수 있는 것인가? 더구나 이러한 질병 대부분이 증상이 더 심하다가 좀 좋아지기도 하는 변동이 있다. 개인에 따라서 합병증이 있을 수도 있고, 심각한 상태에 진입하여 죽음이 가까운 것처럼 보이다가도 적절한 의료적 치료를 받고 몇 년을 더 살아갈 만큼 회복하기도 한다. 지나고 나서 보아야겠지만, 시한부 질환의 마지막 단계가 언제쯤 시작되었었는지 알 수 있게 된다.

Joffe의 법안이 단기간 안에 죽을 것 같은 시한부 질환이 있는 사람에게만 제한되었다지만, 많은 장애인 운동가는 원조받는 자살에 대한 권리나 문화적 기대가 시한부 질환의 말기 단계에 있는 사람뿐 아니라 일반적인 장애인에게 확대되기는 시간 문제라는 점을 두려워한다. 서서히 대상이 확장되는 것에 대한 두려움은 맥락적인 주장과 범주적 주장 모두를 뒷받침한다. 만약 제한적이고 조심스러운 자살원조 법령—Joffe의 법안처럼—이 승인된다면 장애권리 운동가는 거기에 그치지 않을 것이라고 걱정한다. 즉, 후속 논의가 펼쳐질 것이라고 보는 것이다. 법령을 통해 그것이 좀 더 수용 가능하게 되면 자율적인 의사결정을 보장하는 안전판이 약화될 것이고, 사람들은 죽음을 선택하라는 압력이 점점 커짐을 느끼게 된다. 자살원조를 받을 권리가 있는 사람의 범주가 확대되어 불치병의 말기 단계에서 참을 수 없는 고통을 당하는 것이 아닌 사람까지 포함될 수 있고, 더 나아가 현재 손상, 제한, 불편함을 가지고 살아가고 있는 많은 사람까지 포함될 수 있다. 정책은 점차적으로 확장되어 원조받는 자살이 자발적인 안락사로 대체되고 그 다음에 자발적인 안락사는 비자발적인 안락사로 대체될 것이다.

셋째, 자살원조 법령이 불공정한 차별의 한 형태일 수 있다. 예컨대, Not Dead Yet의 주장의 핵심은 자살원조의 제공이 ADA하에서의 평등한 보호를 위반한다는 것이다. 왜냐하면 비장애인에게는 자살을 막거나 조장하지 않으려고 하면서, 시한부 질환이 있는 사람—장애인—은 그것을 하도록 허용하거나 격려하는 것이기 때문이다. 합법화된 자살원조는 이 점에서 장애차별을 합법화하는 것일 수 있다.

마지막 반대론은, 예컨대 Alison Davis(2004)에 의해서 웅변되는 것인데, 생명은 그 자체가 양도할 수 없는 권리라는 주장이다. 생명은 우리의 빼앗길 수 없는 권리이며, 우리 자신에 의해서도 빼앗길 수 없는 것이라는 의미다. 이러한 관점에 따르면, 심지어 다수의 장애인을 포함하여 대다수의 사람이 자살원조를 지지한다고 하더라도 그것은 여전히 잘못이라는 것이다. 남용이나 강제의 어떠한 증거도 없다고 할 때조차도 그것은 금지되어야 한다고 본다. 그러나 양도할 수 없는 생명이라는 관념은 선험적인 것으로 보인다. 그것은 보통 종교적인 금기에 뿌리를 두고 있다. 따라서 도덕에 대해서 신학적인 접근을 채택하지 않는 사람이 이 개념을 받아들여야 할 이유는 분명하지 않다.

원조 받는 자살을 선택할 수 있는 자율성

자살원조를 허용해야 한다는 가장 강력한 주장은 자율성의 원칙에서 나왔다(Woods, 2002, 2005). 일반적으로, 자유민주주의 안에서 사람들은 자신의 선택이 다른 사람의 가치와 충돌할 때조차도 다른 사람을 해롭게 하는 행동만 아니라면, 자신의 삶을 어떻게 살아갈지에 대해서 선택할 수 있는 자격이 있다. 다시 말해서 비록 내가 나 자신의 삶을 종결하기 원하지 않는다고 하더라도, 나도 국가도 다른 사람이 그의 삶을 종결할 권리를 막아서는 안 된다. 자기 자신의 몸에 대한 통제는 가장 중요한 권리이며, 언제 어떻게 죽을지를 선택하는 개인의 능력을 제한하는 것은 많은 사람에게 침해적인 것으로 간주된다.

선택(choice)은 장애운동에서 매우 중요한 원칙이다. 예컨대, 장애권리 운동가는 자립생활을 위해 오랫동안 싸워 왔는데, 이는 어디에서 어떻게 살고 어떤 지원을 받을지 선택할 수 있는 권리를 의미한다. 어떤 사람이 자신의 신체적인 과업을 수행할 수 없을 때, 자립생활 원칙은 그가 다른 사람을 고용함으로써 그의 통제하에서 그 과제가 수행될 수 있어야 한다고 제안한다(Morris, 1993a). 마찬가지로 장애권리 운동가는 필요하다면 원조를 받아서, 자유롭게 성적 특성을 표현하고, 자유롭게 관계를 형성하며 재생산할 선택권을 위해 투쟁해 왔다(Shakespeare et al., 1996; Earle, 1999). 건강관리에서의 자율성은 선택과 권리의 중요한 차원으로서 장애운동 이념의 중심에 있는 것이다. 예컨대, 사람들은 원치 않는 치료에서 자유로워야 하며, 그들에게 영향을 미칠 결정에 대해서 설명을 듣고 관여할 수 있어야 한다.

따라서 장애운동이 유독 스스로의 삶을 종결하고자 하는 장애인의 바람만은 예외로 하고, 삶의 모든 영역에서 선택의 자유를 지지하려고 하는 것은 역설적이고 일관성이 없는 것으로 보인다. 더구나 자살을 원조하는 것은 장애인이 그들의 욕망을 실현하도록 역량을 강화하는 것이라고 설명될 수도 있다. 이는 다른 원조 활동에서와 마찬가지다. 법적으로 생명유지 장치에 의존해 있는 사람은 치료의 철회를 요구할 권리가 있다(예컨대, Miss B의 요구에 따라 인공호흡기의 작동을 멈춘 것처럼). 그러나 치료에 의존해 있는 사람이 아닌 경우라면 그들의 삶을 종결할 수 있는 가능성은 없다. 장애인은 그들의 신체적인 조건으로 혼자서 자살을 감행할 수 없을 수도 있다. 반면 비장애인은 그들의 바람에 따라 이를 수행할 수 있고 자기 자신의 죽음을 향해서 발을 내디딜 수 있다. 영국에서 자살시도는 더 이상 불법이 아니다. 예컨대, Diane Pretty는 남의 도움이 없이 혼자서 자살할 수 있는 신체적인 능력이 없다는 것에 대해서 불만을 표시하면서 배우자가 자신의 죽음을 도와주는 것이 필요하다고 주장했다. 자유당, 인권 단체는 그녀의 주장을 지지하면서 그녀가 다른 사람과 마찬가지로 스스로 죽을 수 있는 권리가 있어야 한다고 주장한다(Priestley, 2004: 173). 따라서 장애인에게 자살원조를 제공하는 것은 그들을 비장애인과 동일한 입장에 설 수 있도록 하여 불평등을 제거하는 일이다. 논리적으로 이는 자율성, 자립생활, 그리고 비차별의 원칙을 합리적으로 확장하는 것으로 보인다.

더구나 원조 받는 자살을 반대하는 장애권리 운동가의 주장은 스스로 자율성이라는 말에 얽매여 있다. 만약 어떤 사람이 자살하기로 한 선택을 실행하려고 한다면 이는 다른 사람의 자살하지 않으려는 선택을 침해하는 것이 된다고 주장하는 것이다(Campbell, 2003). 그러나 그렇게 연결시키는 것은 개념적으로 불명확하다. 서로 다른 장애인은 다른 관점과 욕망을 가진다. 한 장애인의 욕망이나 결정이 또 다른 장애인의 욕망이나 결정에 대해서 직접적인 함의를 가지는 것은 아니다. 예를 들어, 만약 어떤 장애인이 개별원조 서비스를 이용하고자 한다고 해서, 이것이 모든 다른 장애인이 지원과 보호를 동일한 방법으로 이용해야만 한다는 것을 의미하지는 않다.

경험적으로, 어떤 장애인은 죽을 권리를 실행에 옮기고자 한다. Reginald Crew, Diane Pretty, Miss B와 그 외의 사람이 이러한 예가 된다. 더구나 조사 자료는 원조받는 자살을 반대하는 장애활동가와 옹호자는 장애인 사이에서는 소수자임을 보여 준다. 장애권리위원회(Disability Right Commission)는 2003년에 온라인 조사를 실시하였는데, 63%의 응답자가 생명종결에 대한 새 법을 지지하였다. 2004년 자발적인 안락사 연합(Voluntary Euthanasia Society)의 MORI에 의해 수행된 여론조사에서는 장애인의 80%가 Joffe 법안을 지지했다. Joffe 법안은 통제된 상황 안에서 자살원조를 합법화하는 것이었다. 이러한 자료는 자살원조에 대한 장애운동 측의 반대가 자율성이라는 중대한 장애권리 원칙과 모순될 뿐 아니라, 장애권리 옹호자와 조직이 의사표현을 원하는 장애 대중을 대표하지 못한다는 것을 보여 준다.

어떤 경우에, 사회는 사람들 행동의 결과에서 그들을 보호하기 위해서 사람들의 자유를 제한한다. 예컨대, 영국은 자동차 안에서는 안전벨트를 착용해야 하고, 오토바이를 탈 때는 헬멧을 써야 한다고 강제한다. 그렇게 하지 않았을 때 위험에 처할 수 있는 사람이 안전하지 않은 여행을 자유롭게 선택할 수 있는 개인이라고 할지라도 마찬가지다. 약물을 금지하는 것은 그들의 최상의 이익 차원에서 나쁜 결정을 내리는 것으로부터 취약한 개인을 보호하는 또 다른 사례다. 시한부 질병이 있는 사람도 잘못된 선택의 결과로부터 보호받을 필요가 있다고 주장할지 모른다. 그러나 안전벨트나 헬멧을 쓰지 않거나 약물을 사용한 사람은 스스로 죽음을 원한다고 선택한 것이 아니다. 그들은 부주의하거나, 즐거움이 의학적 위험을 압도한다고 믿고 있거나, 또는 자신은 다치지 않을 것이라는 도박을 하기로 한 사람이다. 이것은 자신의 곤경에 대해서 심사숙고해 보고, 생을 종결하고자 하는 지속적인 바람을 신중하게 표현하는 사람의 상황과는 전혀 다른 경우다.

또 다른 경우에, 장애인의 원조받는 자살에 대한 권리를 시한부 질병의 경우로만 제한하는 것도 일관성이 없다고 할 수 있다. 완전히 일관적으로 평등한 주장은 장애인이 언제든지, 또는 어떤 이유에서든지 자살을 선택할 수 있는 자유를 가져야 하는데, 왜냐하면 이는 비장애인이 실행할 수 있는 권한이기 때문이다. 그러나 자살은 가능한 한 막아야 하는 것이라는 일반적인 가정이 있다. 심지어 자살이 차별적으로 적용된다고 하더라도, 제3자의 입장에서는 자살하지 않도록 만류하는 것이 도덕적인 의무다. 따라서 사회가 자율성에만 근거하여, 장애인이든 비장애인이든 자살하도록 돕는 것은 옳지 않다. 자살이 합법적인 선택이 될 수 있는, 유일하게 사회적으로 인정받는 경우는 시한부 질환의 마지막 단계의 경우다. 시한부 질환의 마지막 단계에 있다는 것은 도덕적으로 삶을 종결할 결정과 연결되어 있기 때문이다. 개인은 삶을 지속할 가능성이 없거나 질환에서 회복될 가능성이 없으며, 통증, 불편함, 제한으로 고통받을 것이다. 그는 자신이 죽어 가고 있음을 알지만 언제 죽음이 찾아올지 알지 못한다. 근대 의학은 예전 같으면 좀 더 빨리 죽었을 사람의 생명을 유지시킬 수도 있다. 죽어 가는 사람은 고통 속에서 며칠 또는 몇 주를 연명할 수 있고, 이 연장된 과정을 지켜보고 있는 가족과 친지를 목도해야 한다. 원조받는 자살은 며칠 또는 가능하다면 몇 주 죽음을 앞당기는 것이다.

달리 말하면, 죽음을 선택하는 것은 삶의 마지막에 와 있는 사람에게는 합리적일 수 있다. 말기 환자의 고통경감 치료를 주장하는 사람들은 대체로 원조 받는 자살의 합법화에 반대한다. 왜냐하면 좋은 고통경감 치료는 모든 죽음을 편안하게 할 수 있다는 믿음 때문이다(Finlay et al., 2005). 그러나 고통 완화 치료나 호스피스 서비스가 있는 경우에도 어떤 죽음은 힘들고 두려운 것일 수 있다. 물론 원조받는 자살은 분명히 모든 시한부 질환자가 원하는 것은 아니다. 어떤 사람은 그들이 가진 제한에 더 잘 적응하고 고통을 참는 것에서 가치를 발견하고, 또 다른 의미와 즐거움을 찾을 수도 있다. 그런 사람은 자신의 삶을 가능한 한 연장하고자 할 것이다. 사랑하는 사람과 더 시간을 보내고 그들에게 허락된 모든 시간을 경험하고 싶기 때문이다. 그러나 또 다른 사람의 경우에는 연기된 죽음의 상황이 참기 어렵고 그들의 고통이 척박하고 불필요하다고 느낄 수 있다. 많은 환자가 자신의 죽음 상황을 통제하기 원한다(Miller et al., 2004). 삶의 종결에 대한 관점은 종교적 가치나 도덕적 가치, 그리고 개인이 고통과 제한에 대처할 수 있는 능력 등에 따라서 고도로 개인적인 것이다. 한 개인의 판단이 다른 사람의 삶 또는 존엄성에 어떤 함의를 가지는 것이 아니다.

이와 같은 이유로, 시한부 질환자와 비장애인 사이에 구분을 두는 것은 차별적인 것이 아니다. 정의는 유사한 사례는 유사하게, 유사하지 않은 사례는 다르게 다루기를 요구한다. 만약 모든 장애인이 단지 그들이 장애인이라는 이유만으로 원조받는 자살에 대한 접근권을 갖게 된다면, 이는 차별이 된다(Davis, 2004). 정상적인 상황에서, 상이한 신체적 또는 정신적 상태를 가지고 있다는 것이 생명 종결의 합법성을 판단하는 데 관련되어서는 안 된다. 그러나 시한부 질병의 마지막 단계와 같은 특수한 상황에서 개인은 극심한 고통을 당하고 있기 때문에, 일반적인 자살 금지를 면제함으로써 환자가 고통 없이, 그리고 그들 스스로 선택한 시간에 죽을 수 있게 하는 것은 도덕적으로 타당한 이유가 있다.

자살원조에 대한 실용적인 주장

'좋은 죽음'에 대한 선택의 합법화, 자율성을 지지하는 것의 중요성, 장애인 자신이 원하는 것의 실현이라는 차원에서뿐 아니라, 자살원조 법령을 만들어야 할 실용적인 이유도 있다. 낙태의 경우와 유사하게, 만약 자살원조가 불법이라면 그것이 일어나지 않아야 한다. 하지만 실제로는 많은 사람이 천

천히 고통스럽게 찾아오는 죽음을 피하기 위해서 그들의 삶을 종결하고자 하는 강한 바람이 있기 때문에 이를 실행에 옮길 것이다. 예컨대, 사람들은 자살원조가 허락되는 곳을 향해 길을 떠날 것이다. 이는 Reginald Crew 같은 경우처럼, 소위 '죽음여행'이라는 복잡한 문제를 발생시킬 수 있다. 또 어떤 사람은 원조 없이 자신의 삶을 종결하려고 할 것이다. 이러한 '밀실에서 원조받은 자살(underground assisted suicide)'은 실패한 자살(botched suicide)의 위험, 원조자가 기소될 위험과 불안을 유발시켜서 시한부 질환자의 상황을 더 어렵고 불안하게 할 수 있다(Magnusson, 2002). 음성적 낙태시술의 경우와 마찬가지로, 적절히 규제되고 의료적으로 안전한 원조를 제공하는 것이 상황을 지하로 몰아넣는 것보다 낫다. 음성적 상황에서 사람들은 더 큰 상처를 입을 위험에 직면하며, 선한 동기로써 욕구가 있는 사람을 도우려고 했던 사람까지도 범죄자가 되어 버린다.

두 번째 실용적인 주장은 비록 대부분의 사람이 원조받는 자살에 접근하기를 원할지라도, 막상 삶을 마감할 권리를 실행에 옮기는 사람은 극소수에 불과할 것이라는 사실에 기초한다(이는 오리건과 네덜란드의 자료가 이미 보여준 것이다). 때로 원조받는 자살이 가능하다는 것을 아는 것 자체가 죽어 가는 사람의 불안을 감소시킬 수 있다. 고통과 다른 증상에 대한 두려움은 그것이 극도에 이르렀을 때에는 그것에서 벗어날 또 다른 방법이 있다는 것을 앎으로써 경감될 수 있다. 죽음을 통제할 수 있다는 것은 삶을 증진하는 것이기도 하다.

Clive Seale(2006)에 의한 전국적 조사 결과에서, 어떤 경우에는 또 다른 방식으로 영국의 의사가 이미 환자의 죽음을 앞당기고 있다는 것이 드러났다. 자료를 보면, 내과의사로서 환자의 죽음을 원조하는 사람은 매우 드물다. 응답자 중 아무도 환자의 자살을 원조한다고 대답하지 않았고, 자발적인 안락사를 행했다고 답한 사람은 0.16%, 비자발적인 안락사를 수행했다고 한 경우는 0.33%에 불과하였다. 이는 장애권리운동 진영이 의사에 대해서 두는 혐의가 잘못된 것임을 보여 준다. 그러나 응답자의 거의 1/3(32.8%)은 생명을 단축할 가능성이 있더라도 증상을 완화시킨다고 답했다[소위 이중효과의 원리(doctrine of double effect)라고 부르는 것으로 의사는 고통을 줄이는 약물이 죽음을 앞당기는 부작용이 있다는 것을 알면서도 이를 처방한다]. 또 비슷한 비율의 의사(30.3%)는 마지막 단계에서 그것이 불가피한 죽음을 앞당길 것임을 알면서도 치료를 중단하는 결정을 내렸다고 하였다. 의사는 새로운 법이 그들이 이미 행하고 있는 고통경감 철학에 어떤 변화를 가져올 것이라고 생각하지 않았다.

「자살원조법」에서의 안전판

만약 자살원조가 합법화되면, 취약한 사람을 보호하고 남용을 막기 위해 적절한 안전판이 필요할 수 있다. 이는 죽기 위한 도움을 받을 자격을 규제하거나, 죽음에 대한 결정을 내리는 과정을 규제하는 것, 그리고 좀 더 광범위하게 원조받는 자살에 접근하는 사회적 · 문화적 맥락을 규제하는 것 등이 될 수 있다.

첫째, 장애인과 시한부질환자는 자립생활과 완전한 지원서비스를 받을 수 있어야 한다. 아무런 선택권도 통제권도 가지지 못한 채 살아가는 것 자체가 너무나 비참하여 죽음을 선택하는 것이어서는 안 된다. 더구나 고통완화 치료는 현재로서는 전 국민이 받을 수 있는 것이 아니다. 고통완화 치료는 삶의 마지막 단계에서 받는 고통과 통증을 줄일 수 있다. 원조받는 자살이 고통완화 치료의 대안이어서는 안 되며, 고통완화 치료에 더해서 가질 수 있는 선택지여야 한다는 것이다. 자살원조가 허용되는 나라 중 고통완화 치료에 대해서는 별다른 지원을 하지 않는 나라가 있는데, 이는 죽어 가는 사람이 지레 삶의 종결을 선택하게 할 수 있다. 막을 수 있는 통증과 고통에 대한 두려움이 성급한 결정을 내리게 하는 것이다. 더 넓은 문화적 맥락 또한 중요하다. 왜냐하면 자살원조가 장애와 죽음에 대한 부정적인 이미지에 의해 촉진되어서는 안 되기 때문이다. 자살원조를 옹호하는 것은 때로 의존성과 장애에 낙인을 부여하고 사람들이 장애는 죽음보다도 나쁜 운명이라고 생각하도록 만들었다. 원조받는 자살은 정말로 시한부 질환을 가진 소수의 사람을 위한 마지막 안식처로 인식되어야 하며, 장애나 어려움에 직면했을 때 바람직하거나 선호할 수 있는 선택지로 알려져서는 안 된다.

둘째, 온정주의에 가까워지는 한이 있더라도, 자율성의 증진은 보호라는 개념과 균형을 이루어야 한다. 자살원조에 대한 규정을 만드는 과정에서, 개념규정의 문제가 매우 주의 깊게 다루어져야 한다. '시한부 질환을 가진 사람(people with terminal illness)'과 '말기에 이른 환자(terminally ill people)'를 구분하는 것이 중요한데, 이 구분이 쉽지 않다. 원조받는 자살을 허용할 수 있는 자격 조건이 참을 수 없는 고통을 동반하는 치료 불가능한 질병의 마지막 단계라는 것은 중요한 원칙이다. 단지 장애인이 되는 것은 원조받는 자살이 허용될 수 있는 이유가 아니다. 자격 기준을 너무 넓게 확대하는 것은 비평가가 두려워하는 것처럼 장애인을 위험에 몰아넣는 것이 될 수 있다.

더구나 장애와 죽음에 대해 두려워하는 것은 자연스러운 것이고, 치료할 수 없는 손상이나 시한부 질환을 발견하거나 진단받는 것은 종종 커다란 상처를 준다. 예컨대, Disability Awareness in Action은 하지마비 의사인 Dr Ian Basnett이 그에게 하지마비를 가져온 사고 후의 시간에 대해 이야기하면서, "나는 한동안 인공호흡기에 의존해 있었고, 때때로 사람들에게 '나는 죽기를 원한다.'고 말했었다. 지금 나는 그때 아무도 그것을 실행에 옮기지 않았던 것에 엄청난 감사를 드리고 있고, 자살원조가 불법이라는 사실에도 감사한다."고 말했던 것을 자주 인용한다(Hurst, n.d.). 그의 경험은 진단을 받고 난 직후의 분노와 스트레스가 시간이 지남에 따라 더욱 균형 잡히고 수용적인 태도로 변화하는 것을 보여 준다. 따라서 최근에 손상이나 시한부 질환을 진단받은 사람은 자살원조에 대한 선택권을 실행에 옮기지 못하도록 막아야 한다. 처음 장애인이 된 사람의 경우, 그들이 자신의 상황을 받아들일 때까지 단기적으로 자율성이 침해될 수밖에 없다. 안락사를 희망하는 사람의 복합적인 두려움과 열망을 깊이 있게 이해하는 것이 중요하다(Wood Mark and Elwyn, 2005).

더구나 자격이 있는 사람조차도 죽음을 요구하는 데 항상 합리적인 결정을 할 수 있는 것은 아니다. 예를 들어, 우울 등의 정신적인 질환은 판단을 흐리게 할 수 있고 시한부 질병이 있는 사람이 죽음을 요구하는 합당한 결정을 하는 데 방해가 될 수 있다. 원조받는 자살을 요구할 수 있는 권리는 시한부 질환이 있는 사람의 정신적인 기능에 따라 제한되어야 한다. 장애인은 고통과 제한 때문에 우울해질 수 있고, 죽음에 대한 열망을 표현할 수 있다. 예컨대, Alison Davis(2004)는 그녀의 인생에서 그런 경험이 실재했다고 말한다. 그녀는 자살원조가 합법화되어 자신이 원조를 요구하게 될까 봐 두렵다고 하면서, 죽음에 대한 욕구는 대부분 우울증에 따른 것이라고 주장한다.

자살원조에 대한 모든 요구는 의료적 전문가와 법적 전문가에 의한 평온하고 조심스러운 숙고 과정을 거쳐야만 한다. 일단 그러한 요구가 발생하고 승인되면, 그 요구자가 자신의 상황을 심사숙고할 수 있는 '냉각 기간(cooling-off period)'이 있어야만 하고, 그런 다음 그들은 자신의 결정이 어떤 결과를 가지고 오는지, 그럼에도 원조 받는 자살을 진행시키고 싶은지 다시 한 번 확인해야만 한다.

자살원조는 매우 제한적인 상황에서만 이용 가능하도록 해야 한다. 시한부 불치병의 마지막 단계에서 고통이 참을 수 없을 만큼 극심해졌을 때다. 법과 규제가 조심스럽게 갖추어져서 반대자가 두려워하는 '경사로에 미끄러져 빠져드는(slippery slope)' 상황이 발생할 수 없도록 보장되어야 한다.

결 론

결정을 내릴 때, 그 결정으로 직접적인 영향을 받는 장애인 등의 목소리를 듣는 것은 생물윤리학의 중요한 원칙이다. 손상을 입는 것이 어떤 것일지에 대해, 비장애인이 자신이 가진 두려움과 잘못된 인식을 투영하는 것은 위험하다. Iris Marion Young(1997)이 주장한 대로, 다른 사람의 입장에 서 보고 그들의 삶의 질이 어떠할지를 상상하는 것은 쉬운 일이 아니기 때문이다. 마찬가지로, 장애인 당사자의 목소리를 분석하고 이에 도전하는 것도 중요하다. 예컨대, 자살원조에 대해 명시적으로 반대하는 사람은 대부분 시한부 질병의 마지막 단계라는 특수한 상황에서의 자살원조에 대한 논의에 대해 심도 있게 들여다보지 않는다. Joffe 상원의원—또는 이 장에서 저자 자신—이 자살원조를 옹호한 유일한 상황은 바로 시한부 질병의 마지막 단계라는 것이었다. 원조받는 자살이라는 방식을 선택할 수 있는 사람의 대부분은 암으로 고통받는 사람일 것이다. 장애인의 거의 대부분은 그 허용 범위에 포괄되기 어렵다. 예를 들어, 그것은 Elizabeth Bouvia 같은 사람이 생을 종결하는데 도움을 받도록 허용하지는 않는다. 엘리자베스는 장애인이었지만 시한부 질환자는 아니었기 때문이다. 시한부 질환의 마지막 단계에서 원조받는 것을 지지하는 나의 입장이 장애인에 대한 자발적인 안락사를 지지하는 것과 동일한 것은 아니다. 나는 장애 권리론자가 제기하는 여러 가지 이유로 장애인에 대한 자발적인 안락사를 반대한다. 장애인에게 죽음을 격려하는 것과 죽어 가는 사람에게 더 잘 죽을 수 있도록 도움을 주는 것 사이에는 중요한 차이가 있다.

Alison Davis(2004)는 자살원조법이 만들어지면 의학이 질병 치료나 고통 완화에 대해 관심을 덜 갖게 될 수 있다고 주장한다. 의사는 인생의 마지막 상황에 대해 뭔가를 해 보려 노력하고 생명을 연장하려고 하기보다, 사람들

옆에 앉아서 그들이 죽도록 허락하는 것을 더 선호하게 될 것이라는 말이다. 하지만 이런 주장은 받아들이기 어렵다. 근대 의학은 질병을 치료하고 사람의 생명을 살리려고 노력해 왔다. 삶의 끝에 있는 많은 환자가 힘든 이유는 의사가 환자가 죽기를 바라기 때문이 아니라, 그들이 돕기를 멈춤으로써 환자가 자연스럽고 행복하게 죽음을 맞이하도록 놔두는 것을 너무나 어려워하기 때문이다. 현실은, 환자는 어떤 죽음이든 죽음을 맞이할 수밖에 없다는 것이다.

뿐만 아니라, 자살원조에 대한 많은 장애권리 조직과 논자의 반대는 전체를 대표하는 것이 아니다. 삶의 마지막에 와 있는 많은 사람은 행복하게 죽을 수 있도록 하는 원조를 요구하고 바라고 있다. 조사 결과는 장애인의 다수, 그리고 일반 인구의 다수는 자살원조를 찬성하고 있음을 보여 준다. 심지어 몇몇 장애인 조직—예컨대, Jerome Bickenbach(1998)는 캐나다의 장애인 지역조직 연합(Coalition of Provincial Organisations of the Handicapped)을 들었다—은 자살원조를 지지하고 있다.

사람들이 의료적 원조를 받아서 스스로 생명을 끊을 수 있도록 허용하는 것은 중요한 한 걸음을 내딛는 것이 된다. 장애인과 시한부 질환자의 취약성을 걱정하는 것은 근거가 없다. 심지어 내게는 그들이 의제를 너무 과장하는 것으로 보인다. 이제 질문은 경험적이다. 자살원조를 선택할 수 있는 사람 또는 그 접근 가능성으로 편안함을 느낄 수 있는 사람에게 주는 이득이 다른 사람, 즉 이론적으로 자살원조를 요구하라는 압력을 받을 수 있을 법한 사람에게 주는 위협보다 더 큰 것인가?

자살원조가 허용되었던 곳—오리건과 네덜란드—의 증거를 보아도, 이 질문에 대한 결론을 내리기는 어렵다. 그러나 이 두 곳에서 죽어가는 사람의 거의 대다수는 원조받는 자살을 선택하지 않았다. 더구나 법을 남용한다는 증거는 분명히 없다. 네덜란드에서 원조받는 자살이 허용되었던 30년 동안 도덕적 규제가 허물어지는 경우는 없었고, 그 대상이 장애인에게로 확장된 경우도 없었다. 오리건의 「존엄한 죽음에 관한 법(Death with Dignity Act)」이 1997년에 제정된 이래로, 200명 미만의 사람이 자신의 내과의가 처방한 치명적 약물에 의해 죽었다(Miller et al., 2004).

몇몇 장애권리 운동가가 자살원조에 반대하는 것을 사회모델 관점의 지배력에서 나온 것으로 해석하려는 경향이 있다. 장애는 손상과 아무 상관이 없다고 주장하는 사람에게, 또는 장애는 의료화되어서는 안 된다고 주장하는 사람에게, 질병, 고통, 죽음에 대해서 이야기하는 것은 부적절한 것일 뿐이다. 왜냐하면 장애 문제의 해결책은 사회적 장애물을 제거하는 것, 자립생활, 사회적 통합과 존중이지 손상에 대한 관심이 아니기 때문이다. 사회모델 접근이 가지고 있는 권력은 장애권리 공동체가 질병, 손상, 삶의 종결에 대한 논쟁에 참여하는 것을 더욱 어렵게 할 수 있다. 사회모델 이데올로기는 장애권리 공동체가 몸과 죽음에 대한 풀기 어려운 질문에서 이탈하도록 하는 것 같다.

이것이 사실이든 아니든, 내가 생각하기에는, 삶을 종결하는 것에 대한 자율성을 장애인이 실현하는 것에 대해 장애권리에 기초하여 반대하는 것은 절차적인 것이지 근본적인 것은 아닌 듯하다. 장애운동이 장애인의 삶의 다른 모든 측면에서 스스로 선택함을 지지하면서도, 자기 죽음의 방식에 대해서는 스스로 통제할 수 없다고 주장하는 것은 일관성이 떨어진다. 충분한 설명을 듣고, 지원을 잘 받은, 그리고 스스로의 역량을 갖춘 성인이라면 시한부 질환의 마지막 단계에서 그들의 선택을 실행에 옮길 수 있어야 한다고 믿는다. 적절한 안전판과 규제가 마련된다면 자살원조 법령의 통과를 지지할 것이다.

Disability Rights and Wrongs

제 3 부

장애의 사회적 관계

8
돌봄, 지원, 그리고 보조

돌봄의 복잡성

돌봄을 주고받는 것은 인간에게는 생물학적으로 필수불가결한 일이다. 인간이 존재해 왔던 수천년 동안, 어린 시절의 의존성이 10~12년 동안 지속되기 때문에 누구나 이 시기에는 돌봄이 필요할 수밖에 없다. 대부분의 사회에서, 인생 말년의 의존성은 또한 복잡한 사회 문화적 조정과 의무를 생겨나게 하였다. 돌봄을 주고받는 것은 인생 과정의 특정 시점에서 그 어느 누구도 피할 수 없다. 이에 따라 Abram de Swaan은 인간은 본질적으로 상호의존적이라고 하였다. 개인은 다른 사람에게 의존해 있고 또한 다른 사람에게 의지가 되어 주어야 하는 것이다. 그는 이러한 상호성의 실제적인 불가피성을 실존적인 목적과 가치의 문제로 격상시켰다—"바로 이것이 인간이 후대를 위한 자신의 의미를 부여받는 이유이고, 스스로 자신의 존재에 대한 만족감을 갖게 되는 지점이다." (de Swaan, 1990: 21)

그러나 널리 퍼져 있는 서구적인 사고방식은 개별 행위자(individual agency)라는 개념에 기초해 있고 공적인 각축장(public arena)이라는 관념에 초점을 맞추고 있어서, 돌봄, 의존성, 상호의존성이라는 현실을 도덕이나 정치의 영역 안에 포괄하고 탐색하는 데 실패했다. 그 대신에 가설적인 인간 존재—보통 이것은 남성의, 방해받지 않는, 신체적 · 인지적으로 온전한 존재이다—를 가정함으로써 권리와 자유의 패턴을 정교화하였고, 이렇게 만들어진 권리와 자유의 패턴은 사실상 대부분 시민의 실제 삶과는 별로 관련이 없었다—아테네 민주주의가 편의적으로 노예를 무시했던 것과 마찬가지로.

이 장에서 나는 돌봄과 의존성에 대한 복잡 다양한 문헌의 숲에서 길을 찾아보려 한다. 주장하건대, 장애학에서 지배적인 몇몇 목소리는 돌봄의 문제를 포용하지 못하였다. 돌봄은 모든 장애인을 자유롭게 할 자립생활 개념에 의해 제거되고 대체되어야 할 사회적 억압의 한 측면으로 간주되었던 것이다. 예를 들어, Michael Oliver는 의존성이 손상에 따르는 필연적인 결과가 아니고, 장애인이 살아가고 있는 사회적 · 경제적 · 정치적 체계에 의해서 생성되는 것이라고 주장한다(Oliver, 1993). 나는 돌봄의 문제를 좀 더 광범위한 사회적 · 정치적 맥락 안에서 살펴보는 것이 필요하다고 주장하는 Oliver와 다른 장애권리 전통 안의 학자에게 동의한다. 나는 또한 돌봄이 때로 억압과 역량 약화(disempowerment)의 배경이 되었다는 점에도 동의한다. 나는 독립성과 선택권을 최대화하고, 학대와 무시, 온정주의를 최소화하는 돌봄과 지원의 체계를 요구하는 장애권리운동에 기꺼이 동참할 것이다. 그러나 자립생활 모델이 그 옹호자가 희망하는 바의 모든 것을 성취할 수 있는지에 대해서는 회의적이다. 더구나 나는 의존성이 인간 존재와 불가분의 것일뿐 아니라, 많은 장애인이 전형적인 시간제한적 의존성을 훨씬 초과하는 지속적인 형태의 의존성을 피할 수 없게 하는 욕구를 가지고 있다고 믿고 있기도 하다.

돌봄을 받는 사람도 가치를 지닌 인간이기 때문에 돌봄과 지원을 주고받는 관계가 복잡해진다는 것은 너무나 당연한 말로 받아들여져야 하지만, 이것이 갖는 함의는 때로 장애학 연구 문헌 안에서도 간과되는 것 같다. 자립생활운동은 대체로 신체적 손상을 가진 성인 장애인에 의해서 발전되어 왔다. 그들은 주류적인 고용과 여가 기회에 접근하는 것뿐 아니라, 자신의 삶에서 더 큰 선택권을 갖기를 원했다(Williams, 1983). 그들이 필요로 했던 도움은 보통 신변처리(self-care), 가사일, 이동성에 대한 것이었다. 그러나 이런 특성을 가진 고객은 각기 다른 형태의 돌봄, 도움, 보조를 요구하는 많은 사람 중의 한 부류일 뿐이다. 다음의 목록은 이러한 지원에 의존할 필요가 있는 사람의 다양한 범위를 보여 준다.

- 아기, 아동, 청소년
- 일시적인 질병이나 손상을 입은 사람
- 거의 변화가 없는 영속적인 손상을 입은 사람
- 만성적인 또는 퇴행성의 질병과 손상을 입은 사람
- 말기 질환이 있는 사람
- 경도에서 중간 정도에 이르는 학습 장애가 있는 사람
- 심각한 학습 장애가 있는 사람
- 정신건강 문제가 있는 사람
- 늙고 병약한 사람
- 늙고 치매에 걸린 사람

물론 복수의 범주에 속해 있거나 범주 사이를 오가는 사람도 있을 수 있다. 또한 '신체적으로 그리고 인지적으로 온전한 성인'도 이 목록에 들어가 있지는 않더라도, 또 다른 방식으로 지원과 보조를 필요로 하게 된다. 특히 그들이 이 범주에 속한 사람을 돌보거나 도와야 하는 사람이 되었을 때에는 더욱 그러하다. 전통적인 자립생활자라는 개념은 주로 10개의 범주 가운데 세 번

째와 네 번째 사람을 염두에 두고 생겨난 것임을 알 수 있다.

지원이 필요한 사람의 범위나 도움이 필요한 인생 과정의 특정 시점이 다양할 뿐만 아니라, 주어진 도움의 형태는 수백 가지의 다른 양상을 띨 수 있다. 의료적인 개입부터 신변처리 과제, 잡다한 집안일과 운전, 조언이나 옹호, 정서적 지원, 안전과 보호에 이르기까지 다양하다. 돌봄을 복잡하게 하는 세 번째 차원은 관계다. 관계는 이처럼 다양한 집단의 사람에게 다양한 형태의 돌봄이 전달되는 형태라고 할 수 있다. 예컨대, 가족성원, 친구, 자원 활동가, 법적으로 규정된 돌봄 제공자, 임금을 받는 보조원 등이 포함될 수 있다. 심지어 돈을 지불하는 돌봄 안에서조차도 전문성의 정도가 다양해서, 예컨대 돌보미, 간호사, 사회복지사, 의사 등이 있을 수 있다. Celia Davis(1998)는 '돌봄 제공(care giving)' '돌봄 노동(care work)' '전문적 돌봄(professional care)' 사이의 유용한 구분을 제시하였다. 이는 돌봄이 포함하고 있는 것과 돌봄을 전달하는 사람의 역할을 자세히 탐구해 보려는 시도였다.

물론 돌봄을 선별적으로 규정한 것이 장애운동만은 아니다. 돌봄에 대한 설명이나 관련 요인이 돌봄의 복잡성을 충분히 설명하지 못함으로써 혼동과 문제가 발생하곤 하였다. 예컨대, Reynolds와 Walmsley(1998: 66)는 자택요양(homecare) 같은 일반적인 서비스 계획이 노인에 대한 것임에도 불구하고 돌봄의 지배적인 이데올로기는 아동과 관련되어 있다고 주장하였다. 이는 장애인, 학습 장애가 있는 사람, 정신건강 문제가 있는 사람 등 이 서비스를 이용하는 아동 이외의 사람에게 문제를 일으킨다(Lee-Treweek, 1996). 또 다른 예는 돌봄을 임금을 받지 않는 자발적인 돌봄으로 협소하게 규정하려는 돌봄 제공자 운동의 시도도 있다. 한편 장애운동은 돌봄이라는 개념을 완전히 상실하고 있었다(Wood, 1991). 돌봄에 대한 관념, 개념규정, 심지어 '돌봄'이라는 용어 자체가 본질적으로 정치적이라는 것은 분명하다. 돌봄에 대한 논의는 개인의 개별성과 자유가 그 무엇보다도 강력한 우선순위를 가진 사회 속에서 발생한다. 프라이버시와 선택은 중요한 가치가 되었고 집합주의와 상호 의존성은 시대에 뒤떨어진 것으로 보인다. 독립성과 자율성에 대한 장애운동의 강조가 자유시장과 민영화의 부활과 동시적으로 일어났다는 것은 우연의 일치가 아니다.

이 장은 돌봄과 지원에 대한 논쟁에서 네 가지 국면을 소개한다. 이들 각 국면을 개괄적으로 살펴봄으로써 여러 관점 사이의 논쟁이 시간에 따라 어떻게 전개되었는지 설명하려는 것이다. 첫 번째 국면은 매우 간략하게 요약하였는데, 이는 돌봄에 대한 전통적인 접근이다. 두 번째 국면은 돌봄에 대한 장애권리 측의 비판이다. 세 번째 국면은 여성주의자의 돌봄에 대한 가치에서 얻은 대안적인 설명이다. 이들 각각의 국면은 이율배반이라 할 수 있다. 즉, 서로 간의 갈등, 모순, 역설을 담고 있다. 넓게 말하면, 돌보는 사람(보통은 여성)과 직접적인 도움을 필요로 하는 사람 사이에 이해관계의 충돌이 있는 것이다. 네 번째 국면은 돌봄의 사회적 관계가 가지는 복잡성에 대한 나의 생각을 밝히는 것이다.

Ann Brechin은 돌봄의 목적은 '지원받는 삶이라는 맥락 안에서 자율성을 촉진하는 것'이라는 사실에 대해 합의가 이루어져 있다고 한다(Brechin, 1998: 175). 이 유용한 명제는 논쟁 속에 관련된 많은 이해 당사자에게서 안정적인 동의를 얻을 수 있을 만큼 충분히 모호하다는 이점을 가지고 있다. 그러나 이 장에서 나는 돌봄과 실생활의 조합은 자율성과 독립 이상의 것이라고 주장함으로써 이 명제에 문제를 제기하려고 한다. 돌봄과 지원을 둘러싼 선호는 또한 좋은 삶은 무엇을 포함해야 하는지에 대한 여러 생각이 상충한다는 것을 보여 준다. 전통적인 제도와 숨 막히는 온정주의는 당연히 근절되어야겠지만, 자율성과 개인주의에 기초한 사회적 조정 속에도 해로운 것이 도사리고 있을 가능성은 있다.

전통적인 돌봄과 그 문제점

산업혁명을 거치면서 그리고 타자성(otherness)과 다름에 대한 관념이 발달하면서 모든 계급의 개인은 생산적인 노동에서 배제되었다. 이와 동시에 가족과 지역사회도 자본주의 경제의 요구에 의해서 해체되었다. 그 결과 학습장애, 신체적 손상, 정신적 질병이 있는 사람은 시설로 들어가는 일이 많아졌다. 주류 사회 안에서 그들을 유지시키고 지원해 주었던 가족이나 지역사회 관계망이 더 이상 존재하지 않았기 때문이다. 1960년대와 1970년대에 이르러, 시설 보호에 대한 비판이 다양한 관점에서 제기되었다. 예컨대, 격리 조치에 대한 반론이 제기되었는데, 이는 정상화 운동과 장애인의 운동으로 대표되었다. 특정 시설 안에서는 학대와 유기에 관련된 일련의 불상사가 발생했다. 대규모의 시설을 유지하는 데 들어가는 비용에 대한 우려도 제기되었다. 1980년대에 들어 이러한 우려와 비판, 그리고 기대는 지역사회 보호를 지향하는 운동으로 이어졌다. 국가보건서비스(NHS)와 1990년 지역사회 보호법(Community Care Act)은 지역사회 안에서의 보호를 증진하고, 시설을 줄이고, 복지를 시장화하고, 궁극적으로 정부 지출을 줄이려는 보수당 정부의 희망을 표현한 것이었다.

이러한 경향 속에서 여성주의자의 비판도 중요하게 제기되었다. 지역사회 내의 돌봄이란 주로 여성에 의한 돌봄을 의미한다. Dalley(1988), Finch(1984), Ungerson(1987) 등의 저자는 돌봄이 여성의 일이라는 가정과 이것이 의미하는 바가 결국 여성의 자유와 열망을 억누르는 것이라는 사실을 강하게 비판하였다. 이들에게 해결책은 집합적인 서비스 제공을 지속하는 것이었다. Hilary Graham(1983)의 설명에 따르면, 여성이 돌봄 제공자(carer)의 대부분을 차지하기 때문에 여성 정체성은 돌봄에 참여함으로써 비로소 완성되는데, 이는 노동 차원에서도 그렇고 다른 사람을 정서적으로 돌본다는 인간 존재의 차원에서도 그렇다는 것이다. 한편 돌봄 제공자의 운동이 성장하면서 정치적인 영역에서 돌봄 제공자의 권리를 정교화하여, 그들에 대해 존중하고 지원하라는 요구가 일어났다. 이 논쟁에서 문제가 되는 것은 장애인, 노인, 기타 돌봄을 받는 사람의 권리는 간과되었다는 것이다. 암묵적으로 또는 명시적으로, 돌봄에 대한 이러한 담론은 돌봄을 받는 사람을 하나의 부담(burden)으로 개념화하고 있었다. 애매한 것은 돌봄 제공자만 주로 여성인 것이 아니라 장애인과 노인도 비율은 다르지만 여성일 수 있다는 것이다. 여성뿐 아니라 장애인도 돌봄이라는 관념을 통해 구성되어 가고 있다(Morris, 1991).

자립생활과 그 한계

초기의 저작(Shakespeare, 2000)에서, 나는 전통적인 돌봄 모델이 식민지배적인 관계의 차원에서 개념화되었을 수 있다고 지적하였다(Memmi, 1990). 장애인과 노인의 삶은 서비스 제공자에 의해서 지배되었다. 개인의 부적절성에 초점을 맞춤으로써, 더 광범위한 구조적 관계—취약한 사람을 지원하고 통합시키지 못한 사회—는 드러나지 않게 되었다. 돌봄을 받는 사람을 부담으로 보고, 그들을 어린애 취급하는 경향이 있다. 식민지배의 과정은 서비스 수취인이 묘사되는 방식, 서비스 이용자의 목소리가 때로 무시되는 방식, 그리고 이와 관련된 이슈가 사회 문제로 구성되는 방식 등을 포함한다.

1970년대 이래로, 자유주의운동은 장애의 식민화(colonisation of disability)에 도전해 왔다. 지금까지와는 다른 형태의 개별적 지원을 요구하는 것은 장애인운동의 핵심이었다. 시민으로서의 권리와 자립생활은 장애 의제의 두 가지 주요한 요소였다. 첫째, 장애인은 거주시설에 들어가지 않으려 하였다. 둘째, 장애인은 돌봄을 피하고, 좀 더 역량강화적인 지원의 형태를 만들어 나가려고 하였다. 영국장애인조직연합회(British Council of Organisations of Disabled

People)의 책임자였던 Richard Wood의 말처럼, "우리가 무엇을 원치 않는지 말함으로써 우리가 무엇을 원하는지 말하려 한다. 우리는 돌봄을 원치 않는다!" (Wood, 1991: 201)

Jenny Morris는 독립적인 삶을 개념화하는 데 최선봉에 서 왔다. 장애가 있는 여성주의자로서 그녀는 1991년의 저서 『편견에 맞서는 자부심(*Pride Against Prejudice*)』에서 여성주의 입장에서 돌봄에 대해 비판하였다. 『자립적인 삶(*Independent Lives*)』에서, 그녀는 몇 가지 생각의 실타래를 풀어놓았는데, 그것은 자립생활이 대항해 싸워 왔던 관념으로서, 특히 장애인은 필연적으로 의존적이고 무기력하다는 가정이다(Morris, 1993a). Morris 등의 장애인 저술가에게, 물리적인 의존—특정한 과업을 해낼 수 없는 상태—과 사회적 의존은 전혀 별개의 것이었다. 목표는 기술과 능력을 배우는 것이 아니라 과업을 어떻게 수행할 것인지를 자신이 통제할 수 있게 됨으로써 독립성을 획득하는 것이다. "중요한 것은 독립적인 사람은 그들의 삶에 대해 통제할 수 있다는 것이지 그들이 모든 과업을 스스로 수행한다는 것이 아니다." (Brisenden, 1989: 9) 예전에는, 자립생활 기술이란 옷 입기, 먹기 등의 일을 어떻게 수행하는지를 배우는 것이었다. 장애권리의 관점에서 보기에는, 목적은 스스로 해내는 것(self-sufficiency)이 아니라 자율성인 것이다.

따라서 자립생활은 접근성을 갖춘 가정, 접근 가능한 환경과 서비스, 정보 등에 대한 이용 가능성에 기초를 둔다. 여기에서 관심의 초점은 개인과 그들이 가진 비정상성 및 한계에서 서비스 환경, 그리고 그것이 어떻게 역량을 강화하고 촉진하는가 하는 것으로 옮겨지게 된다. 자립적이고 통합적인 삶을 위한 훌륭한 서비스에서 가장 중요한 핵심은 개별적인 활동보조(personal assistance)다. 장애인은 가족, 자원 활동가, 또는 지방정부나 자원 조직에 의해 제공되는 돌봄 제공자에 의존하기보다는 직접지불(direct payment)을 통해 자기를 도와줄 사람을 스스로 고용할 수 있게 되기를 요구하였다.

개별적인 활동보조라는 개념은 전통적인 돌봄에 대한 거부를 의미하는 것이었다. 전통적인 돌봄은 비인간화된 지원모델을 의미한다. 외적으로 제공되는 서비스에 의존하기보다는 개인이 그들 자신의 삶에 대한 통제를 행사할 수 있어야 하는데, 이는 누가 도움을 줄 것인지, 도움이 어떤 방식으로 제공되어야 하는지에 대한 결정권을 행사하는 것에 의해 가능하다. 이 모델은 돌봄이 실질적인 과업으로 쪼개질 수 있으며 이는 필요한 것이지만, 정서적인 만족으로 귀결되는 것은 거부되어야 한다고 보았다. 또한 그것은 장애인이 고용주가 되어 타인—종종 여러 명의 타인—의 일을 관리할 만한 능력이 있고 기꺼이 그렇게 하려는 마음도 있다는 점을 전제한다. Vernon과 Qureshi의 조사에 따르면, 개별적 활동보조인의 태도는 매우 중요하다.

> 서비스 이용자가 그들이 받는 서비스에 대해서 어떻게 느끼는지와 관련하여 존중, 존엄, 평등하게 대우받는 것, 신용과 신뢰성 등이 중요한 요인으로 지적되었다. 가장 좋은 것은, 피고용인과의 관계가 선택과 통제를 최대화하고, 자존감과 존엄성을 강화하고, 이용자가 진실하게 가치를 존중받고 배려받고 있다고 느끼도록 피고용인과의 관계가 형성되는 것이다. 가장 나쁜 것은, 둘의 관계가 의존성과 수동성을 강화하고 자존감을 갉아먹으며 침해적인 것이다(Vernon and Qureshi, 2000: 272).

왜 직접지불/개별적 활동보조가 통제와 융통성의 측면에서 장애인에게 가장 좋은 것인지는 개념적으로는 분명하다. 장애인은 성별, 인종, 성적 지향 등에서 자신과 잘 어울리고 자신이 원하는 것을 맞추어 줄 수 있는 활동보조인을 고용할 수 있다. 실제로 개별적 보조를 이용하는 사람의 반응은 일관되게 매우 긍정적이었다. 재정적으로도, 직접지불 방식이 비용 면에서 효과적일 수 있다는 조사 결과가 있다. 이용자는 지급액을 효율적으로 사용하려는 강한 동기를 갖게 되고, 고용주로서 행정과 관리에 대한 책임감을 갖게 된다(Zarb and Nadash, 1995). 그러나 이런 방식으로 돌봄을 제공하는 것에 대한 몇 가지 중요한 비판이 제기되는데, 이는 꼭 살펴보아야 할 사항이다.

첫째, 직접지불모델이 전통적인 돌봄의 형태를 어느 정도나 대체할 수 있는 것인가? 우선 직접지불모델은 처음 이 모델을 개척했던 장애권리 활동가라는 협소한 집단의 바깥에서는 채택되기 어렵다. 많은 지방정부는 장애인에게 이러한 선택 대안을 제시하는 것에 대해 기껏해야 미지근한 반응을 보일 뿐이고 최악의 경우 이것에 저항한다(Pearson, 2004). 이 방식을 채택하기 위해 중요한 요인은 자립생활을 촉진하고, 장애인이 활동보조인의 고용주가 되도록 촉진하고 훈련할 수 있는 지원 서비스가 존재해야 한다는 것이다. 이러한 지원 계획은 이 나라의 많은 지역에서 별로 이용할 수 있는 것이 아니었다. 그러나 「직접지불법(Direct Payments Act)」 이후로, 직접지불모델이 더 지지를 얻고 촉진되면서 직접지불비를 받는 장애인의 수가 빠르게 증가해 왔다. 예컨대, 2002~2003년과 2003~2004년 사이에 직접지불비를 받는 성인의 수는 80% 증가하였다. 그러나 직접지불모델은 여전히 수적으로 소수에 지나지 않는다(Riddell et al., 2005). 2003~2004년에 18~64세 사이의 96,700명이 가정에서의 돌봄 서비스를 받았는데, 이들 중 11,300명만이 직접지불비를 받았다. 한편 67,300명의 18~64세 사람은 여전히 거주 시설이나 너싱홈 케어를 받았다(Department of Health Community Care Statistics, 2003~2004).

직접지불 방식을 이용하는 사람에게는 그것이 바람직한 것으로 보인다는 사실에도 불구하고, 그것은 모든 장애인이 선택할 수 있는 대안은 아니다. 예컨대, 어떤 사람은 가족성원에게서 지원을 받고 싶을 수 있다. 또 다른 사람은 사람을 채용하고 관리하거나, 노동관계의 협상에 임해야 하는 스트레스를 원하지 않을 수 있다(Carmichael and Brown, 2002; Scourfield, 2005). 사회적으로 또는 지리적으로 고립되어 있는 사람은 가족이 아닌 적당한 활동보조인을 구하기가 어려울 것이다. 현재로서는 직접지불 방식의 채택률이 낮은 것은 대략 접근성, 기회, 친밀성 등의 문제 때문인 것 같다. 이러한 문제가 극복되면서 개별적인 활동보조자의 고용을 선호하는 사람과 전통적인 방식으로 제공되는 돌봄 서비스를 계속 받기를 선호하는 사람 사이의 분명한 구분이 생겨날 수 있다. 하지만 현재로서는 아무도 각각의 방안이 어느 정도 비율로 선택을 받을지는 알 수 없다.

이용 가능성의 문제와 관련하여 직접지불모델이 돌봄을 받는 다른 집단에게도 똑같이 적절할 것인지의 문제도 제기된다. 학습장애가 있는 사람(Askheim, 2003), 정신건강 문제가 있는 사람(Ridley and Jones, 2003), 노인(Payne et al., 1998) 사이에서 직접지불방식의 채택은 매우 느리게 변화하고 있다. 이것은 이용자조차도 개별적인 활동보조라는 개념에 익숙하지 않다는 점을 반영하는 것일 수도 있고, 이 모델이 다양한 유형의 이용자들에게 적절하게 조정되어야 한다는 것을 보여 주는 것일 수도 있다. 심지어는 이 모델이 어떤 사람들의 욕구에 대해서는 개별적인 활동보조가 덜 적절하게 되는 내적인 결점을 가지고 있음을 보여 주는 것일 수도 있다.

예컨대, 학습장애가 있는 사람은 신체적인 손상을 입은 사람과는 다른 형태의 보조를 필요로 한다. Reynolds and Walmsley는 가족성원에 의해 제공되었던 지원의 유형에 대해 보고한다.

> 학습장애나 정신건강 문제가 있는 사람의 친지에 의해 제공되어 온 돌봄의 유형은 보통 매우 광범위하고 산만한 것으로, 그들이 필요로 할 때는 늘 이용할 수 있어야 하고 책임감이 있어야 한다. 또한 함께 있어 주고 정서적인 지지를 제공하며, 때로는 서비스를 얻기 위해 싸워야 하는 것이기도 하다(Reynolds and Walmsley, 1998: 68)

신체적 손상을 입은 사람이 개별적 활동보조인에게 기본적인 과업을 수행하기를 요구하는 반면, 인지적 손상을 입은 사람은 옹호, 조언, 정서적 지지를 요구할 수 있다. 이는 자립생활모델 안에서 암묵적으로 가정해 왔던바, 물리적인 활동에서 정서적인 관여를 분리하는 것을 사실상 어렵게 한다(Lynch and McLaughlin, 1995). Reynolds와 Walmsley는 다음과 같이 설명하였다.

이처럼 구입해야 할 하나의 상품이 되어 버린 돌봄을 학습장애나 정신건강 문제가 있는 사람이 그들의 가까운 인간관계로부터 분리해 내는 것은 어려운 일이다. 그들의 가까운 인간관계는 말할 것도 없이 상호의존성을 포함하고 있다(Reynolds and Walmsley, 1998: 78).

개별적 활동보조인이 제공하는 유연하고 개별화된 지원에서 결코 이득을 얻을 수 없는 중증의 학습장애가 있는 일군의 사람도 있다(Vehmas, 2006). 가장 기본적인 선택 이외에는 선택권을 발휘할 수 없는 사람은 대안적인 돌봄의 형태에서 아무런 차이도 경험할 수 없다. 이들에게는 시설 보호든, 가족 보호든, 자립생활이든 학대가 없고 기본적인 욕구가 충족되는 한에서는 무엇이든 상관이 없을 수 있다. 심각한 손상을 가진 딸 Sesha에 대해서 이야기하면서 Eva Feder Kittay는 다음과 같이 썼다.

자립생활은 그 사람의 능력이 허용하는 한 가장 충만하고 풍부한 삶을 살아가기 위한 부차적인 목적일 뿐이다. 나는 독립에 초점을 맞추고 있으나, 장애인을 지역사회 안의 '정상적인' 삶으로 편입시키는 것으로서의 통합(inclusion)에 초점을 맞추는 것이 시민권의 개념을 지나치게 '독립적이고 완전하게 기능을 수행하는 것'으로 등치시켜 버리고 있는 것은 아닌가 하고 생각한다(Kittay, 1999: 172).

Sesha를 비롯해 다른 많은 사람에게 일생 동안 의존하는 것이란 불가피한 것이고, 그들에게 중요한 것은 자극을 받고 즐거움을 느끼는 것이지 독립성을 최대화하는 것이 아니다.

이러한 비판은 잠재적인 이용자에게 이 모델이 수용될 수 있는지에 기초한 것이다. 개별적인 활동보조인 스스로의 상황을 고려하면, 또 다른 문제가 제기된다(Scourfield, 2005). 활동보조의 관계 안에서 도움을 제공하는 사람이 그들 자신의 경험과 가치에 대해서 어떻게 느끼고 있는지에 대해서 조사한 경우는 많지 않다. 몇몇 시험적인 연구 결과는 도움 제공자도 이 모델의 유연성, 그리고 서비스 이용자와의 변화된 관계에 가치를 부여하고 있음을 보여준다(Glendinning et al., 2000). 그러나 또 다른 사람은 고용주와 도움 제공자 사이의 개별화된 관계가 피고용인에게는 위협이 되지 않을까 하고 걱정하고 있었다. 피고용인은 지방정부의 피고용인일 때보다 조합을 만들 가능성이 적어지고, 예컨대 저임금과 반사회적인 노동 시간 등의 차원에서 착취당할 위험성이 커진다. 어떤 장애인은 비숙련된 도움 제공자를 더 선호한다고 적어 넣기도 한다. 이는 최선의 서비스가 무엇인지에 대해 도움 제공자의 생각을 장애인에게 주입하기보다는, 서비스 이용자인 장애인이 자신의 욕구를 적절히 충족할 수 있는 방향으로 도움 제공자를 훈련시킬 수 있다고 생각하기 때문이다. 하지만 이런 경우 피고용인을 더욱 취약하게 할 수도 있다—예를 들어, 피고용인의 척추의 부담을 유발하는 방식으로 장애인을 들거나 옮기게 되는 것 등을 통해서 말이다(Spandler, 2004: 191).

피고용인이 안전하고 좋은 조건, 즉 높은 임금과 충분한 기간을 일하게 되는 경우에도, 이것이 반드시 개별적 활동보조모델이 문제가 없다는 것을 의미하는 것은 아니다. 또 다른 문제로서 피고용인 모집의 어려움, 역할에서의 잠재된 혼란, 비합리적인 기대, 피고용인의 조기 이직, 활동보조인이 다른 사람과 대화를 나눌 때 발생하는 비밀보장의 문제 등이 발생할 수 있고, 같은 보조인이 다른 장애인에 의해 고용되는 경우도 있을 수 있다. 이러한 문제는 20세기 중반에 중산층을 괴롭혔던 '하녀 문제(servant problem)'와 다르지 않다. 몇몇 저자는 개별화된 관계는 사회화된 복지를 위협하는 것이고, 전쟁 이전 시대의 하인계급으로 되돌아가는 위험을 초래한다고 주장한다(Graham, 1991; Williams, 2001). 좌파 정부 관료—그리고 노동조합—에게 직접지불이 서비스의 민영화 또는 시장화의 한 형태로 인식되는 것은 개별적인 활동보조모델을 확대하는 데 장해물이 될 것이다(Carpenter, 1994; Pearson, 2000).

이는 개별적인 활동보조의 고용인/피고용인 관계 안에 내재되어 있는 긴장을 드러낸다. 정서적인 일에서 실용적인 일을 분리해 내는 것은 돌봄을 대체하고자 고안된 이 모델의 핵심인 것으로 보인다. 그러나 도움 제공자나 고용주가 애착과 돌봄을 결여한 인간관계를 맺는 것이 얼마나 바람직할 수 있을까? 나는 장애인이 그의 활동보조인에 대해 매우 형식적이고 거리를 두는 방식으로 대하는 것을 목격해 왔다. 도움 제공자는 부르기 전까지는 어디 다른 곳에 가 앉아 있고 대화에서 배제되며, 전통적인 하녀처럼 다루어진다. 또 다른 극단으로, 나는 한 장애인이 그녀의 활동보조인을 유급의 친구처럼, 피고용인이라기보다는 전통적인 '숙녀분의 동행인(lady's companion)'으로 대하는 것도 본 적이 있다. 이 두 극단은 모두 개별적 활동보조모델에서는 문제가 된다고 생각한다. 전자는 위계적인 주인/하인 관계를 반복하는 것처럼 보이기 때문이고, 후자는 자립생활이 기초하고 있는 실무적인 역할과 정서적인 역할의 분리라는 원칙을 침해하고 있기 때문이다.

[그림 8-1]은 '도움 제공자'/'도움받는 자'의 관계를 좀 더 세부적으로 도표화한 것이다. 가로축은 서비스 이용자(도움 받는 자)가 관계에 대해 생각하는

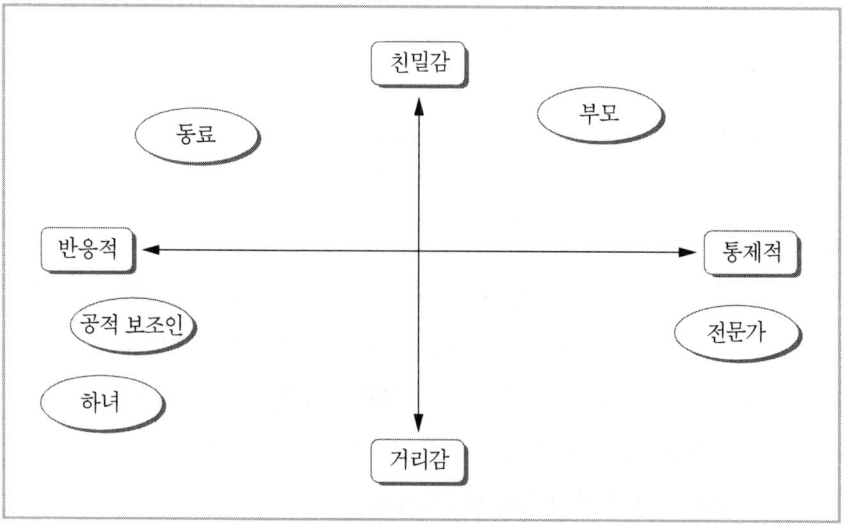

[그림 8-1] 도움 제공자/도움받는 자의 관계

통제 수준을 나타낸다. 반면 세로축은 도움 제공자가 거리를 두고 전문적으로 대하는 것과 친밀하게 친구처럼 대하는 것의 연속체를 나타낸다. 개별적인 활동보조의 관계는 형식적일 수 있는데, 이는 활동보조인이 장애인이 원하는 것에 대해 반응하지만 거리를 유지하는 경우에 그러하다. 아니면 관계가 좀 더 비공식적일 수도 있는데, 그것은 활동보조인이 실무적인 도움 제공자일 뿐 아니라 사회적인 동반자일 경우에 그러하다. 다른 도움관계를 살펴보면 의료적 전문가는 거리를 두는 형식적인 관계로서 환자의 자율성을 존중할 수 있다. 반면 부모는 친밀하고 비공식적이지만 지배적이고 장애인의 바람을 과소평가할 가능성이 있다. 이처럼 도움관계의 역동성을 도표화하는 것은 과업과 감정을 간편하게 분리하는 것이 개별적인 활동보조 관계에 필수적인 것은 아니라는 사실을 보여 준다. 일본에서 수행된 한 연구는 장애인과 그들의 보조인 사이의 다차원적인 관계를 확실하게 보여 주는데, 그 관계에서 보조인은 도구, 피고용인, 동료, 사회적 자산 등으로 다양하게 특징지어지고 있다(Yamaki and Yamazaki, 2004). 스웨덴의 연구는 젊은이가 개별적 활동보조인을 가지게 되는 경우 발생할 수 있는 양가감정과 복잡성을 강조하고 있는데, 이런 경우 권력이 평등하지 않고 관계가 상호적이지 않게 된다(Skär and Tam, 2001).

최근 직접지불 방식과 개별적 활동보조에 대한 조사와 분석이 폭발적으로 증가하였다. 이 연구는 이 모델이 전통적인 돌봄에 대해 강력하게 도전하고 있다는 점과 그것이 장애인에게 가져다줄 실질적인 이득이 무엇인지에 대해서 살펴보고 있다(Stainton and Boyce, 2004). 그러나 이런 연구는 또한 이 분야에서의 변형(Askheim, 2005), 장애물(Morris, 2004), 문제점(Maglajlic et al., 2000; Carmichael and Brown, 2002; Scourfield, 2005) 등에 대해서도 지적하고 있다. 이러한 연구는 장애운동이 개별적 자립생활이라는 단순 모델에 앞뒤 가리지 않고 헌신하기 어렵게 하고 있다. 서비스 공급이 확대되고 더 많은 집단이 지원을 받게 될수록 그림은 점점 더 복잡하고 논쟁적으로 될 것으로 보이기 때문이다.

여성주의자의 돌봄의 원리와 그 실용성

현재 돌봄에 대해 이해하고 이를 개혁하는 데 두 가지의 대안적인 이론적 모델이 활용될 수 있다. 하나는 자립생활 원리에 기초를 두는 것으로 장애운동에 의해 개발되어 온 이론이며, 다른 하나는 여성주의적 돌봄의 원리다. 이 둘은 현존하는 돌봄에 대한 비판 중 몇 가지에 대해서는 공감하지만, 새로운 접근을 어떻게 개발할 것인지에 대해서는 분명하게 다른 전략을 제시하고 있다. 장애인 저술가는 장애인의 시민적 권리를 촉구하면서, 자립은 개별적 활동보조 방식에 의해 성취될 수 있다고 주장한다. 여성주의 저술가는 권리 담론을 돌봄의 담론으로 대체하고자 하면서 자립이라는 개념 그 자체를 파괴하려고 한다. 그러므로 이 두 관점 사이의 파트너십이 형성된다면 좀 더 전체적인 개혁 프로그램이 나올 수 있는 계기를 마련할 수 있을지도 모르지만, 사실상 이 양자 간의 접점을 찾기가 쉽지는 않다.

돌봄에 대한 여성주의적 가치관은 부분적으로 심리학자 Carol Gilligan, 특히 그녀의 1983년 저작 『다른 목소리로(*In a Different Voice*)』에서 기원한다. 이 책은 Lawrence Kohlberg 같은 심리학자에 의해 발전된 전통적 도덕발달 모델을 비판한다. Kohlberg는 사람들이 정의와 평등 같은 추상적인 개념에 기초한 도덕성 발달 단계를 밟아 나간다고 주장하였다. 그러나 Gilligan 등의 학자는 Kohlberg가 세상을 바라보는 특정한 하나의 방식을 설명한 것일 뿐이고, 여성의 경험을 반영하지 못하는 도덕성 발달의 위계를 만들어 낸 것이라고 주장하였다. Kohlberg와 달리, 여성주의자는 여성이 도덕적 문제에 대해 대응하는 방식은 남성과 다르다고 주장하면서, 이는 남성의 대응에 비해 열등한 것이 아니라 단지 다른 것일 뿐이라고 하였다.

Jean Tronto(1993)는 '옳음의 원리'라고 부르는 것과 여성주의자가 '돌봄의 원리'라고 부르는 것 사이의 핵심적인 차이를 세 가지로 요약하였다. 첫째, 돌봄의 원리는 관계성과 책임감에 기초하고, 옳음의 원리는 옳고 그름과 규칙에 기초한다. 둘째, 돌봄의 원리는 형식적이고 추상적인 상황에서보다는 구체적인 상황에서 나온다. 셋째, 돌봄의 원리는 활동에 따르고, 옳음의 원리는 원칙에 따른다. 이러한 차이를 설명하면서, 여성주의 철학자는 공적 담론이 그동안 지배적이었던 옳음의 원리와 균형을 맞추기 위해 그간 무시되었던 돌봄의 원리에 주목할 필요가 있다고 주장하였다. 또한 그들은 이러한 접근이 복지에서의 함의가 무엇인지 세밀히 살펴보고 있다. 예컨대, Eva Feder Kittay는 철학자 John Rawls(1972)가 발전시킨 자유 계약론의 인식 틀에 대해 비판한다. Rawls의 접근은 의존적인 사람과 그 욕구를 돌봐주는 사람을 적절히 포함시킬 수 없다는 것이다. Kittay는 "일단 의존성을 더 이상 무시하지 말아야 하고, 그 다음에는 어떻게 의존성 욕구가 모든 사람에게 평등하게 충족될 수 있는지에 대해서 생각해야만 한다."고 주장한다(Kittay, 1999: 90). Rawls의 핵심적인 관념은 공정함으로써의 정의라고 할 수 있는데, 이것만으로는 의존성의 문제를 다룰 수 없다고 하면서, Kittay는 Rawls의 유명한 두 개의 원칙은 세 번째 원칙에 의해 보완되어야 한다고 주장하였다. 세 번째 원칙이란 바로 돌봄에 대한 사회적 책임을 포함하는 것이다.

장애학의 관점에서 사람들은 이런 접근에 대해 비판할 수 있다. 예를 들어, 이들 여성주의자의 문헌에는 돌봄의 역할을 이상화하는 경향이 있고, 돌봄 제공자로서 여성이라는 거의 근본주의적인 이념을 발전시키는 경우도 있었다. 돌봄 서비스 이용자는 앞에서 강조했던 이유 때문에 이를 거부할 수 있다. 즉, 그들은 자신이 떠넘겨지고, 대변되고, 부지불식중에 약화되고, 권한을 잃게 되고, 심지어 돌봄 제공자에 의해서 무시당하거나 학대받는다고 느낄 수 있다. 이러한 현실은 전통적인 돌봄 관련 문헌에서 볼 수 있는 돌봄에 대한 과도한 낭만적 접근과는 크게 배치된다. 사실 이런 식의 낭만적인 접근은 돌봄을 받는 사람이나 돌봄의 바람직하지 않은 측면에 대해서는 별로 고려해 본 적도 없었던 Nel Noddings(1984) 같은 여성주의 철학자의 저술에서도 찾아볼 수 있다.

더구나 여성주의적 돌봄의 원리에 대한 문헌은 핵심적인 문제를 파악하는 데에도 실패하였다. 공적인 영역 안에서 옳음의 원리에 도전하는 것은 중요할 수 있다. 옳음의 원리는 그 본질 또는 그 가치에 있어 가부장적인 것으로 묘사될 수 있고(Larrabee, 1993), 평등이나 정의, 자유로운 독립이라는 개념, 자율적인 행위자 같은 추상적인 세계에 의존하고 있다. 여성주의적 원리는 어쨌든 근본적인 색채에서는 관계성과 책임에 기초한 하나의 대안으로서 제기된 것이다. 공적인 영역에서 상호적 관계성과 상호적 의존성을 강조하는 것은 환영받을 일이다. 그러나 훨씬 더 많은 돌봄이 실행되고 있는 사적인 영역에서, 여성주의적인 돌봄의 원리는 장애권리 관점을 가진 사람의 저항에 부딪히게 될 것이다. 그들은 돌봄의 사회적 관계에 옳음의 원리를 적용하는 것이 더 근본적으로 필요한 일이라고 주장할 사람이다. 그렇기 때문에, 예를 들어 장애인은 '자선이 아닌 권리(rights not charity)'라는 슬로건을 강조해 왔다. 즉, 그들의 기본적인 바람은 장애인이 개별적인 보조를 그들의 권리로서 받게 되는 것이지 돌봄이나 친절함에 의지하게 되는 것이 아니라는 것이다. Anita Silvers가 주장하는 것처럼 "가부장적인 체계를 없애기는커녕, 평등의 원리를 돌봄의 원리로 대체하는 것은 심지어 더욱 억압적인 가부장제를 초래할 위험이 있다."(Silvers, 1995: 40)

그러나 좀 더 최근에는 여성주의적 돌봄 원리의 입장에 서 있는 저술가가 돌봄과 옳음을 대립된 것으로 보는 입장에서 벗어나서 역량약화(disempowerment)의 문제에 대해 좀 더 이해하게 된 것 같다. 예컨대, Sevenhuijsen 등은 그녀가 '미덕의 그림자(shadow side of virtue)'라고 불렀던 것에 대해 비판하고 있다(Sevenhuijsen, 1998: 12). 이것은 갈등, 공격성, 양가감정을 의미하는 것으로 때로는 돌봄 안에서도 나타난다.

돌봄이 일정 정도는 의존성과 친절함에서 시작되는 것이라고 하더라도, 돌봄을

> 사회적으로 실천하는 구체적인 동기가 항상 의존적인 사람을 취약성으로부터 보호하고자 하는 열망에서만 비롯되는 것은 아니다. 타인을 돌보는 것은 별로 고귀하지 않은 동기에서 시작될 수도 있는데, 타인에게 간섭하거나 타인을 통제하고자 하는 열망과 같다(Sevenhuijsen 1998: 20).

Marilyn Friedman(1993)은 정의와 돌봄은 서로 양립할 수 있는 것이라고 주장한다. 가까운 관계는 상대방에게 상처를 주거나 학대하게 될 특이한 위험성이 있는데, 그녀는 이런 경우에 정의가 상황을 나아지게 할 것이라고 주장한다. 그녀의 저작과 또 다른 사람(Tronto, 1993)의 저작에서 돌봄 대 정의라는 잘못된 이분법을 해결하고자 하는 노력이 있었다. 사람들은 당연히 돌봄이 민주적인 시민권 증진에 도움이 될 수 있다는 주장을 지지하고 싶을 것이다. 정의와 평등이 돌봄을 주고받는 관계와 사적인 영역에 이익을 가져다 줄 수 있다는 사실도 받아들이는 한에서 말이다. 결국 이것이 여성주의적 접근의 핵심이다. 한 여성주의적 접근은 다음과 같이 말했다.

> 장애운동은 돌봄에 대한 남성주의적 접근을 발전시킴으로써 장애인의 자율성을 증진하고자 하였다. 그러나 그것은 돌봄을 형식적 · 계약적 교환관계로 대체해 버림으로써 돌봄 과정에서 감정을 제거하였다(Hughes et al., 2005: 271).

Fiona Williams는 권리와 돌봄의 화해를 위한 노력의 중심에 서 왔고 돌봄에 대한 장애계의 비판에 깊이 관여해 왔던 몇 안 되는 비장애 여성주의자 중 하나다. 그녀는 사람들이 돌보는 사람 또는 돌봄을 받는 사람 중 하나의 위치에 고정될 수 없다고 주장한다. 왜냐하면 우리는 모두 돌봄 제공자이면서 동시에 돌봄을 받는 사람이기 때문이다. “돌봄은 우리 모두를 묶는 활동이다.” (Williams, 2001: 487) 취약함은 인간 조건의 일부분이다. Williams에게 개별적 활동보조는 돌봄의 혼합 경제 안에서 중요한 부분을 차지하고 있다. 여러 가지 선택 대안 가운데 중요한 가치는 접근 가능성, 가격의 적정성, 다양성, 선택, 질적 수준, 유연성, 통제 등이다.

장애권리와 여성주의적 돌봄의 원리를 화해시키는 접근은 돌봄의 사회적 관계를 이해하고 발전시키고자 하는 것이다(Hughes et al., 2005). 그러나 나에게는 두 가지 문제가 남는다. 첫 번째 문제는 그 원리의 중심에 있다는 상호의존과 호혜성이라는 이념은 얼마나 진실한가? 비장애인의 상호 의존성과 손상을 가진 사람의 어쩔 수 없는 의존성 사이에는 엄청난 차이가 있다. Eva Feder Kittay는 다음과 같이 말했다.

> 사람들 사이에서 호혜성과 상호의존성의 이미지는 중요한 것이지만, 사샤와 함께 하는 삶은 우리가 '상호' 의존적이지 않은 순간이 있다는 것을 절감하게 한다. 우리는 단지 의존할 뿐이고 상호적일 수 없다. 나아가 의존성은 때로는 사회적으로 구성되지만 모든 의존성이 그런 것은 아니다(Kittay, 1999: 180).

모든 사람이 취약하다고 말하는 것, 그리고 모든 사람이 돌봄을 주기도 받기도 한다고 말하는 것은 진부하게 느껴질 수 있을 만큼 당연한 말이다. 모든 사람은 아기로 인생을 시작하고 대부분의 사람은 돌봄을 필요로 하는 노인으로 생을 마친다. 그러나 이러한 '통상적인 의존성'은 장애인이 경험하는 확장된 의존성과는 매우 다르다.

호혜성은 사회적 관계에서 중요한 요인이다. 성인은 서로서로 도우며 살아가는데, 장기적으로 보면 이러한 도움은 보통 균형을 이루게 된다. 전 인생과정을 통해 보면 부모가 자녀에게 제공하는 지원은 그 자녀가 또 자신의 아이를 돌보는 것으로 호혜성을 갖게 된다. 동시에 자신의 부모를 돌보는 것도 있을 수 있는 일이다. 마찬가지로, 복잡한 사회에서 모든 사람은 서비스와 도움을 제공하는 타인에게 의지하면서, 동시에 자신이 하고 있는 일을 통해서 공동선에 기여하고 있다. 노인은 사회로부터 지원을 받지만 그 이전에는 생산적인 기여를 해 왔다. 하지만 심각한 손상의 경우—그것이 신체적인 것이든 정신적인 것이든—에는 차이가 있다. 예컨대, Abraham de Swaan(1990)은 질병이 불균형을 가져온다고 지적한다. 도움을 필요로 하지만, 그 정도의 도움을 다른 사람에게 제공할 수는 없는 사람은 의존성의 관계 안에 들어서게 된다. 그들은 타인의 호의를 되돌려 줄 수 없고, 결국 빚을 지게 되고, 불가피하게 상호작용 안에서 어떤 지위를 상실하게 된다. Anita Silvers는 여성주의적 원리에 반대하면서 다음과 같이 주장한다.

> 제도화된 돌봄은 돌봄을 받는 사람이 누구든지 간에 그를 비인간화한다. 왜냐하면 돌봄을 제공하는 사람이 돌봄 받는 사람을 사랑하는 마음에서, 기꺼운 마음으로, 그리고 공경하는 마음으로 도와주려고 하는 동기를 도움 제공자의 사회적 역할에 대한 근면함으로 바꾸어 버리기 때문이다(Silvers, 1995: 43).

내가 보기에는, 장애권리운동과 여성주의적 돌봄 원리는 모두 자신이 가진 문제점을 감추려고 하는 것 같다. 여성주의자는 도움을 주고받는 데에서 생기는 필연적인 불평등을 간과한 채로 상호의존성과 돌봄을 묶어서 이야기해 왔다. 장애권리주의자는 직접지불과 개별적 활동보조에 초점을 맞추면서, 의존성이 개인의 기능수행보다는 사회적 조정의 산물이라는 것을 은근히 전달하려고 하였다. 장애학 저자는 때로 상대주의와 맥락적 근본주의를 채택하는데, 이는 많은 손상이 의존성을 낳을 수밖에 없다는 것을 부정하는 것이다. Silvers가 주장한 것처럼, "어떤 손상은 본질적으로 또는 필연적으로 살아가는 데 아무런 신체적 또는 정신적 해를 끼치지 않는다. 사실 손상이라고 부르는 것 그 자체는 정상이라고 상상되는 것의 상대적인 개념일 뿐이다. 정상이라는 것이 억지로 끼워 맞춰진 개념이라는 것은 주지의 사실이다." (Silvers, 1995: 47) 이와 유사하게 Jenny Morris는 "신체적인 손상—사람들이 스스로를 위해 할 수 있는 것을 제한하는 기능적인 한계—은 그 자체로서 의존성을 만들어 내는 것은 아니다."라고 주장한다(Morris, 1993a: 87).

이러한 주장은 손상 경험의 다양성을 간과하는 것이다. 장애인의 대다수가 개별적인 활동보조모델을 활용하지 않고 있고, 많은 사람은 '결코 그것을 활용할 수 없을 것이라는 현실'을 무시하는 것 같다—개별적 활동보조가 작동한다면 자유로울 것이다. 그러나 개별적인 활동보조의 이용자조차도 지원서비스를 받지 못하는 시간—활동보조인이 아프거나, 늦게 오거나, 그 외의 가늠하기 어려운 이유로 그 역할을 수행하지 못하게 되었을 때—에는 취약할 수밖에 없다. 활동보조 이용자는 과거처럼 돌봄에 대해 의존적이지는 않을지도 모른다. 그러나 그들은 이제 개별적 활동보조 패키지에 의존하고 있고, 때때로 그것이 여의치 않을 때 다시 의존을 경험하게 될 것이다. 왜냐하면 그들이 가진 신체적인 제한이란 대다수의 '통상적으로 의존적인' 성인이 수행할 수 있는 과업을 그들은 수행할 수 없다는 것을 의미하기 때문이다. 따라서 자립생활은 의존성을 없애지 못한다. 더 많거나 적은 의존성—그리고 다른 종류의 의존성—그리고 상이하게 가치를 부여받는 의존성이 있을 수는 있지만 의존성은 항시적으로 존재하기 때문이다.

내가 여성주의적 돌봄 원리에 대해서 제기하는 두 번째 문제는 실제적인 것이다. 이 접근은 이념으로서는 강력한 것처럼 보인다. 그러나 세부적인 부분에서 미흡하다. 실천적인 차원에서 이 원리가 의미하는 바는 무엇인가? 여성주의적 돌봄의 원리를 따라가게 되면, 어떤 유형의 지원을 만나게 되는 것인가? 여성주의적 돌봄의 원리는 조작화될 수 있는 것인가? 장애권리 접근의 강점은 그것이 자립생활 모델을 제공하고 있다는 것이다. 자립생활모델은 수많은 장애인에게 실제적인 차이를 가져올 수 있다. 아마도 여성주의적 원리 접근이 갖는 가치는 비판으로서의 가치인 것 같다. 그것은 독립성과 권리를 유일한 목적으로 신봉하는 것의 위험성을 지적한다. 직접지불 방식과 개별적 활동보조에 기초한 자립생활이라는 해결책이 모든 문제를 해결하지는 못한다. 자립생활 모델 안에서도 장애인은 여전히 선의와 상부상조에 의존해 있는 것이다(모두가 그러하듯이). Alastair Macintyre는 다음과 같이 주장하였다.

> 시장관계(market relationship)가 공동체적인 유대를 갉아먹거나 무너뜨리지 (사실은 자주 이렇게 하고 있지만) 않고 전반적인 번영에 기여하고자 한다면, 특정한 유형의 지역적인 비시장적 관계(local nonmarket relationship), 즉 계산하지 않고 주고받는 관계 안에 뿌리를 내림으로써만 유지될 수 있다(Macintyre, 1999: 117).

장애인이 자립생활에 접근하는 것을 거부당할 때, 그들이 아무런 선택과 대안이 없을 때, 그리고 장애인의 욕구에 반응적이지 않은 서비스나 의미 없는 자선에 의지하게 되어 사회의 주류에 참여하지 못하고 의존적인 존재로 밀려나게 될 때, 위험은 도래하게 된다. 역량 강화된 장애인조차도 자신의 이익을 최대화하고자 하는 경쟁적이고 이기적인 개인들로 차 있는 세상에서보다는, 사람들 각자가 타인에 대한 자신의 책임성을 깨닫고 있는 지역사회 안에서 더 양질의 삶을 가꾸어 나갈 수 있을 것이다.

복잡한 결합과 결론

돌봄과 지원이 발달해 온 세 국면을 탐색함으로써, 돌봄 논쟁의 복잡성을 보여 주려고 노력했다. 나의 목적은 자립생활과 직접지불 방식의 문제점을 폭로해서 그 지위를 떨어뜨리려는 것이 아니라, 상황이 좀 더 복잡하다는 것, 그리고 그 해결책은 몇몇 장애학 문헌에서 가정해 왔던 것만큼 완전한 것이 아니라는 것을 설명하고자 한 것이었다. 나는 여성주의적 돌봄 원리의 관점이 가지고 있는 통찰력을 자립생활의 철학에 통합하는 것이 필요하다고 믿는다. 또한 돌봄과 지원을 제공하는 데에서 다원주의적인 접근을 유지하는 것이 중요하다고 믿는다.

이들 영역의 윤곽을 잡아 보기 위해서, 하나의 단순화된 도표를 사용하는 것이 유용하다(〈표 8-1〉). 돌봄의 조정 형태는 복잡하고 다차원적이다. 어떤 장소에서 돌봄이 제공되는지, 돌봄을 받는 사람과 주는 사람의 관계가 어떠한지, 그 지원이 연속적인지 간헐적인지 등의 요인이 얽혀 있다(Peace, 1998). 개별 장애인에게 모든 선택 대안이 이용 가능한 것은 아니다. 예컨대, 완전히 독립적으로 생활하는 것은 정기적인 개별적 활동보조조차 요구할 필요가 없는 장애인에게만 가능하다. 직접지불 방식은 손상을 입은 사람이 이런 형태의 서비스를 이용하고 있는 경우에만 적용 가능하다. 가정에서 지내며 지원을 받는 것은 같이 살려고 하는 부모나 형제가 있는지에 달려 있다.

〈표 8-1〉은 단순화한 것인데, 독립적인 가구주가 이용할 수도 있는 모든 서비스, 예컨대 식사배달 서비스 같은 것을 계산에 넣지는 않았다. 이 표의 각 칸은 다음과 같은 질문을 받을 수 있다. 예컨대, 가족 안에서의 교제나 집합적인 시설 안에서의 교제는 사실상 자신이 선택한 것이 아니다. 사고의 위험성은 집합적인 시설에서 최소화될 수 있지만 학대의 위험성은 증가할 수 있다. 가로축과 세로축의 조합으로는 다차원적인 현상을 효과적으로 담아 낼 수는 없다. 그러나 일반적인 수준에서, 도표는 이용할 수 있는 모델의 다양성을 보여 줄 수 있으며, 각각의 모델이 어떤 이점과 약점을 가지고 있는지 보여 준다.

이 표는 독립적인 세대주가 누리는 자유에서부터 거주시설에서 생활하는 사람의 의존성에 이르기까지, 일반적으로 생각할 수 있는 독립성의 수준을 구분해 본 것이다. 장애권리 측은 자율성과 정상성의 가치를 강조해 왔다. 즉, 나이에 걸맞은 평균적인 생활의 형태와 비슷할 것, 그 안에서 개인이 자신의 삶에 대해서 가능한 한 최대의 통제력을 발휘할 수 있을 것을 추구한다. 그러나 이 표에서 알 수 있는 것은 '더 제한적인 삶의 형태도 어떤 이점(특히 사회적 접촉과 낮은 책임성의 측면에서)을 가지고 있다는 것'과 '독립적인 생활 형태일수록 잠재적인 결점도 가지고 있다는 것'[예컨대, 뭔가 잘못되기라도 하면(누군가 잘못을 저지르는 등의 위기상황 같은 것) 더 소외되고 취약할 수 있는]이

〈표 8-1〉 돌봄 형태별 특성

	타인과의 교제	교제/도움제공자에 대한 선택	존재의 형태	융통성	프라이버시	관리의 책임	위험성
독립세대주	고립될 가능성	완전한 선택	완전한 자기통제	완전한 융통성	높음	완전한 책임	높음
직접지불 이용	고립될 가능성	제한 속에서의 선택	높은 자기통제	제한 속에서의 융통성	침해받을 가능성	완전한 책임	낮을 수도, 높을 수도 있음
자택요양	고립될 가능성	이론적 의미의 선택	서비스에 의존	형식화한 일상	도움 제공자에 의한 침해	낮은 책임	보통
지원받는 숙소	친교	최소화된 선택	배려된 자기통제	제한 속에서의 융통성	약간의 침해	낮은 책임	보통
가족	친교	선택 없음	잠재적인 가부장적 보호	제한 속에서의 융통성	결여	낮은 책임	낮음
거주시설보호	친교	선택 없음	높은 의존성	부과된 일상	결여	책임 없음	최소화

다. 개인의 선호는 그들이 삶에서 무엇에 가치를 두는지에 따라, 그리고 그들이 무엇을 이용할 수 있는지에 관련된 구체적인 상황, 예컨대 부모나 형제와의 관계가 어떠한지, 각자의 욕구와 취약성 정도가 어떠한지 등에 따라서 달라질 수 있다.

이 표에서 분명하지 않은 것은 가장 자율적인 삶의 형태, 즉 독립적인 세대주의 형태—이것이 평균적인 비장애인의 삶의 형태에 가장 근접한데—는 의존성이나 약점에서 자유롭지 않다는 것이다. 예를 들어, 소위 자립적인 시민은 바쁘고 위험하고 복잡한 이 세상에서 살아남기 위해 다양한 형태의 많은 서비스—쓰레기 수거부터 집의 유지 관리, 대중교통, 식료품이나 피자의 가정배달에 이르기까지—에 의지하고 있다. 베이비시터가 도착하지 않을 때, 지방정부의 서비스가 파업에 들어갔을 때, 또는 기타 외적인 돌발 사태로 조심스럽게 유지되고 있던 개인의 자율성이라는 환상이 깨지게 될 때, 선택과 통제라는 환상은 여지없이 무너지고 만다.

이 표는 돌봄과 지원 모델의 다양성을 보여 주고, 각각의 비용과 편익을 살펴볼 수 있다. 이는 개념적인 부분을 지적하고 있다. 돌봄의 딜레마에 대한 어떠한 해결책도 그 자체로 목적처럼 인식되어서는 안 되고, 목적에 도달하기 위한 수단으로 간주되어야 한다. 예컨대, 자립생활은 개인이 그의 삶에 대한 통제력을 가질 수 있도록 힘을 주기 위한 하나의 수단이다. 시설보호는 개인이 안전을 확보하도록 하기 위한 하나의 수단이다. 반면 돌봄은 단일하고 단순한 하나의 목적이 아니고 일련의 서로 다른 목적으로 쪼개질 수 있다. 지원을 제공하는 다양한 방식은 동일한 목적을 위한 서로 다른 수단이기만 한 것이 아니라 서로 다른 목적에 도달하기 위한 서로 다른 수단을 대표하는 것으로 보아야 한다. 이러한 상이한 목적 가운데 무엇을 바라는지는 각 개인이나 그 가족이 채택하는 좋은 삶에 대한 이상에 따라서 달라질 수 있다. 예를 들어, 사람마다 가치를 두는 목적이 다음과 같이 다양할 수 있다.

- 자신의 삶에 대한 통제력
- 편리함과 책임성의 부재
- 안전함과 안정성
- 친구관계와 친밀성
- 일상적인 관례와 익숙함

또한 다양한 행위자가 연관되어 있다. 여기에는 장애인 당사자, 장애인의 부모나 가족, 돌봄 서비스를 제공하는 사람, 돌봄 서비스의 재원을 조달하고 조직할 책임을 맡고 있는 관료 등이 포함된다. 이들은 원조를 주고받는 과정에서 저마다의 목적이 있을 것이고, 이는 서로 충돌할 수 있다. 예컨대, 학습장애가 있는 사람의 부모는 안전과 안정을 가져다줄 수 있는 생활 방식을 찾고자 할 것이고, 자유와 융통성에 우선순위를 둠으로써 안전과 안정을 위태롭게 하는 정책에 대해서 두려움을 느낄 수도 있다.

어떤 특정한 생활방식은 다른 목적을 상쇄할 수 있다. 즉, 안전은 융통성이나 통제라는 값을 치러야 얻을 수 있다. 또 독립성은 소외라는 값을 치러야 얻을 수 있다. 이러한 접근이 올바른 것이라면, 생활방식을 선택하는 데에서 복잡성은 서로 다른 돌봄의 형태를 하나의 단선적인 위계—직접지불 방식이 대다수의 장애인에게 최상의 그리고 가장 힘을 줄 수 있는 방식으로서 맨 위에 자리 잡고 있는—안에서 순위를 매기는 식의 접근으로는 잘 설명될 수 없다.

그러나 직접지불에 기초한 자립생활이 평균적인 장애인에게 다양한 목적 사이에서 최상의 조합으로 여겨질 수는 있다. 예컨대, 많은 직접지불 방식의 이용자는 일정 수준의 편리함과 통제, 친구관계, 그리고 수용 가능한 정도의 안전과 관례적 생활방식을 취할 수 있다. 그러나 그렇다고 하더라도, 다른 방식을 선호하는 또 다른 많은 장애인은 존재할 것이다. 왜냐하면 그들은 선택과 통제보다는 다른 목적에 가치를 두고 있기 때문이다. 예컨대, Botton 마을의 Camphill 공동체에서 살고 싶어 하는 학습장애인도 있다(Rawles, 2004).*
이 장에서 나는 돌봄과 지원에 대한 다원주의적 접근을 주장하였다. 장애인의 삶과 선호의 다양성을 강조한 것이다. 자립생활은 수많은 장애인의 선택을 바꾸어 놓았지만, 신체적 욕구 등을 충족시키는 데에서 겪는 어려움을 해결하기 위한 유일한 접근은 아니다. 자율성과 선택만이 유일한 바람직한 목적으로 간주된다면, 개별적 활동보조 방식은 항상 최고의 자리에 올라앉을 것이다. 그러나 또 다른 장애인은 다른 목적에 가치를 두고 있을 수 있다.

돌봄과 지원에 대한 논쟁은 사람이 지원에 대한 욕구, 열망, 가치 등에서

* 역자 주–Botton은 잉글랜드 북요크셔 지역의 국립공원 안에 자리 잡은 아름다운 작은 마을이다. 이 마을에는 약 280명의 학습장애인이 Camphill 공동체를 이루고 있다. 이들은 돌봄 제공자들과 함께 살면서, 농장을 일구거나 특산품을 만드는 작업장에서 일하며 살아간다. http://en.wikipedia.org/wiki/Botton_Village 참고.

모두 다르다는 것을 인정하는 데 기초를 두어야 한다. 즉, 개개인을 적절한 방식으로 지원하는 다양한 형태의 돌봄이 필요하다. 이를 통해 사람들은 각자의 계획을 가꾸어 나가고 성취할 수 있게 된다. 동일한 크기의 옷이 모두에게 맞을 수는 없다—전통적인 형태의 시설보호나 현재의 자립생활 이념도 모두 마찬가지다. 어떤 형태의 돌봄이나 지원이 채택되든지 간에 그것은 돌봄과 지원을 전달하는 사람과 그것을 받는 사람 양쪽 모두를 존중하는 것에 기초를 두어야 한다. 대부분의 경우 개인은 어느 하나의 역할에만 고정되어 있지 않다. 왜냐하면 대부분의 사람은 전체 인생 과정의 어느 시점에서 또는 다양한 관계 속에서 돌봄을 주기도 하고 받기도 하면서 살아가기 때문이다. 사람들의 이해관계가 상반되고 집단별로 분리되어 있다는 생각은 잘못되었다. 모든 지원과 돌봄의 체계는 개인주의와 상호성의 균형을 필요로 한다. Selma Sevenhuijsen은 다음과 같이 말한다.

> 여성주의적 돌봄 원리는 연대(solidarity)를 강조한다. 그 연대 안에는 다름이 자리 잡을 공간이 있고, 연대 안에서 우리는 특수한 상황에 처한 사람이 존엄성을 유지하며 살아가기 위해 필요로 하는 것을 발견할 수 있다. 사람들은 연대에 기댈 수 있어야만 한다. 왜냐하면 우리가 이미 알고 있듯이, 취약성과 의존성은 인간 존재의 일부분이기 때문이다. 우리는 예상했든 예상하지 못했든, 어느 순간에는 서로의 사심 없는 지원을 필요로 한다(Sevenhuijsen, 1998: 147).

서비스의 형태가 무엇이든 간에, 돌봄과 지원을 받는 사람의 안전은 중요하다. 서비스는 신뢰할 만하고 학대가 없고 이용자의 취약성을 최소화하는 것이어야 한다. 따뜻함, 배려와 존중은 개별적인 활동보조 관계의 중요한 부분으로 남아 있어야 한다. 마찬가지로 자율성, 독립성, 융통성은 전통적인 돌봄관계에서 더욱더 키워져야만 하는 덕목이다.

9 장애권리와 자선의 미래

서 론

영국 장애권리운동의 일관된 주제 중 하나는 장애인을 대신하고 지원하려는 자선에 대해 열정적으로 반대하는 것이었다. 분리에 저항하는 신체장애인 연합(UPIAS)의 초기 활동가 중 대다수는 햄프셔의 Le Court Cheshire Home* 출신이었다. UPIAS 자체가 비장애인에 의해 운영되는 주류 자선단체나 압력단체에 대해 반대하면서 성장한 것이다. 1980년대와 1990년대를 통하여 자선 모금에 대항하는 시위—예컨대, 1992년 Block Telethon**의 직접 행동—는 장애권리에 대한 의식화가 진전되는 데 중요한 정치적 계기가 되었

* 역자 주-영국의 대표적인 거주시설로, 공군대령 출신인 Leonard Cheshire에 의해 1948년 처음 지어졌다. 그 후 현재까지 영국 내에 250개 이상의 각종 장애인 보호시설뿐 아니라 인도를 비롯한 50여 개국에서 신체적 · 정신적 장애가 있는 사람, 만성적인 보호를 필요로 하는 환자, 노인 등을 돌보는 시설을 운영하고 있다.

다. 그들은 장애 활동가를 한자리에 모으고 장애에 대한 전통적인 사회적 반응에 대해 도전하였다. 이 시기의 주요 슬로건은 '자선이 아닌 권리를(Rights not charity)'과 '동정에 오줌을 갈겨라(piss on pity)' 같은 것인데, 이런 슬로건은 현수막, 포스터, 티셔츠 등에서 쉽게 볼 수 있었고, 저니 크레센드와 이안 스탠튼(Jonny Crescendo and Ian Stanton)이 부른 저항 가요에도 등장하였다.

자선에 대한 반대는 21세기까지도 이어지고 있다(Rickell, 2003; Burrows, 2003). 예컨대, 직접행동네트워크(Direct Action Network: DNA)는 주류사회의 자선에 대항하는 캠페인을 떠들썩하게 벌였다. 2002년 일군의 DNA 활동가는 맨체스터에서 열렸던 Leonard Cheshire Foundation의 자선무도회에서 출입문을 봉쇄하고 악취 탄을 터뜨려 그것을 망쳐 놓았다. 2003년 11월에, DNA는 4대 자선단체—Scope, RNID, RNIB, Mencap—앞에서 3일간의 시위를 펼쳤다. 한 시위자가 Mencap과의 미팅에서 했던 말이 수차례 인용되었다. "우리는 당신과 싸우고 있다. 우리는 당신에게 가능한 한 많은 상처를 낼 것이다. 왜냐하면 당신은 우리 편이 아니기 때문이다." (Burrows, 2003) 자선에 대한 장애활동가의 반대는 때로 거의 강박적으로 보이기도 한다. 『런던 장애예술(*Disability Arts in London*)』(2004년 여름, 182호)의 한 구독자는 BCODP와 Disability Arts in London에서 탈퇴하면서, 자신의 탈퇴 이유를 밝힌 편지에 이들이 Scope로부터 광고를 받았기 때문이라고 썼다.

여기에는 역설이 존재한다. 자선에 대한 대중의 인식은 매우 긍정적이다. 많은 대중은 국내와 국외에서 서비스를 제공하고 있는 자원조직의 사업을 지원하기 위해 돈을 기부하려고 한다. 결핍을 경험하고 있는 수많은 사람—아동, 노인, 장애인, 저개발국 사람—은 자선적인 기부와 분배를 통해서 지

** 역자 주–telethon이란 television과 marathon의 합성어로, 방송을 통해 수시간 또는 하루 종일 이루어지는 모금활동을 말한다. 1990년부터 영국의 장애인단체는 이런 방송 프로그램이 장애인에 대한 부정적인 고정관념을 강화함으로써 장애인에게 오히려 해를 끼치고 있다고 주장하였고, 1992년에는 1,000명 이상의 장애인이 telethon에 반대하는 시위에 나섰다.

원을 받아 왔다. 민간부문은 자기 이익을 챙기는 것 같고, 정부는 반응적이지 않고 융통성이 없는 것처럼 보일 때, 자선조직은 혁신과 직접적이고 실용적인 지원을 하는 것으로 인정을 받아 왔다. 그러나 영국의 장애인 공동체는 자선단체를 공공연하게 비난하고 문을 닫으라고 요구하고 있다.

옥스퍼드 사전에 따르면, 자선(charity)이라는 단어는 몇 가지 의미를 가지고 있다. 첫째는 '동료에 대한 사랑, 친절함, 애정, 관용'이다. 둘째는 '결핍되고 어려움을 당하고 있는 사람에 대한 은혜와 인정, 구호물품의 제공'이다. 이 두 번째 개념정의에는 '욕구를 가진 사람을 돕는 기관'이라는 뜻도 함께 적혀 있다. 장애권리 공동체의 좌절과 분노는 주로 기관으로서의 자선을 향한 것으로 보인다. 사회모델을 채택한 사람의 주장은 억압과 장벽이 없는 세상, 즉 장애인이 완전한 시민적 권리를 갖게 되는 세상은 자선이 더 이상 필요하지 않은 세상이라는 것이다.

이 장은 장애권리 공동체의 자선에 대한 비판에 대해 살펴보고 평가해 볼 것이다. 또한 자선 조직에 대한 반대가 21세기에도 여전히 정당화될 수 있는지 질문해 보고, 시민적 권리와 평등에 기초를 둔 세상에서는 자선이 불필요해지는 것인지도 살펴 보고자 한다. 장애권리 비판을 제시하면서, 나는 세 가지 차원에 초점을 맞출 것이다.

- 자선이 무엇을 상징하는지의 문제
- 자선이 하는 일이 무엇인지의 문제
- 자선이 어떻게 그들의 사업을 해 나가는지에 대한 실질적인 문제

이 각각의 차원에서, 장애권리 비판은 타당성을 가지고 있다. 그러나 나는 이러한 강점에도 불구하고, 그들의 비판은 전체적으로 시대에 뒤처지고 실패를 자조하는 것이라는 결론에 도달하게 된다.

상징으로서의 자선

종교적 신념과 인본주의적 감성은 도움을 필요로 하는 사람들에 대한 자비와 원조를 명한다. 예수는 착한 사마리아인의 비유를 들었고, 이슬람교를 지탱하고 있는 다섯 개의 기둥 가운데 하나가 자선이며, 부처는 노인, 빈자, 장애인의 고통에서 영감을 얻었다. 그러나 자선은 종종 세상의 불평등 문제에 대한 부적절한 반응으로 비판을 받아 왔다. 자선으로는 근본적인 문제를 해결할 수 없고, 의존적 관계를 만들어 내기도 하기 때문이다. 철학자 Raymond Gaita가 말한 것처럼, "선한 마음을 가진 사람은 무기력에 대한 치료가 힘 있는 사람의 자비심—낡은 관점의 자선에서 나오는—에 달려 있다는 사실을 더 이상 참을 수 없게 되었다." (Gaita, 2002: 201)

자선은 결핍을 개별화하는 경향이 있다. 모든 사회적 문제가 무능력한 사람이 능력 있는 사람에게 도움을 요청하는 것으로 인식될 수 있다. 이는 결핍의 근본적인 원인을 볼 수 없게 한다. 활동가는 장애인이 고용과 사회참여에서 배제되어 왔기 때문에 자선에 의존할 수밖에 없게 된 것이라고 주장한다. 그것은 장애인이 무능력하기 때문이 아니라 그들이 억압과 장벽을 경험하고 있기 때문이다. 따라서 자선은 부적절하고 모자라는 해결책이다. 해답은 자선이 아니라 장벽을 제거하는 것, 더 나은 서비스를 제공하는 것, 사람들이 독립적일 수 있도록 역량을 강화하는 것이어야 한다.

특정한 집단이 자선적인 도움과 강하게 연결되어 있을 때 나타나는 결과는 그 집단의 가치가 훼손된다. 자선을 받는 사람은 스스로를 도울 수 없는 사람으로 간주된다. 힘과 자원이 있는 사람은 힘과 자원이 없는 사람을 자발적으로 도우려고 한다. 그러나 결과는 그들이 의존하고 독립적으로 생존할 수 없게 한다. 자선적인 관계는 불평등하다. Jerome Bickenbach는 주장하기를, "자선의 도움을 받는다는 것은 다른 사람의 자비를 입는 것으로, 그 수혜자는 이 덕목을 스스로는 갖지 못한 것을 의미한다. 따라서 자선은 도덕적으로도 비대칭적인 관계를 만들어 낸다." (Bickenbach, 1993: 197) 상징적으로는, 자선조직을 통해서 이타심이 제도화됨으로써, 영국사회에서 도움이 전달되고 이해되는 방식에 영향을 미칠 모델이 만들어졌다. '어떤 사람은 적극적인 행위자가 되고 또 다른 사람은 그저 수동적인 수혜자가 되는 사회적 관계의 틀'이 만들어지는 것이다(Williams, 1989: 42).

장애인과 자선이 연합되면서, 장애인은 남이 주는 것에 의존할 뿐 아무런 선택권도 없는 사람이라는 생각을 갖게 했다. 이는 비장애인은 선을 행하는 사람이고 장애인은 결핍된 사람이라는 생각이다. 이에 따라 장애인은 의존적이고 무능력하다는 느낌을 갖게 되었다. 이러한 담론은 비장애인이 장애인과 관계를 맺는 방식, 장애인이 그들 스스로에 대해서 느끼는 방식을 구성한다. 장애 정체성 연구에서, Nick Watson(2003)은 응답자 중 많은 사람이 자선담론과 관련해 자신이 겪은 불행에 대해 이야기하는 것을 들었다. 어떤 이들은 길거리에서 던져 주는 동전을 받아 본 경험까지 있었다.

특히 장애 분야에서 활동하는 자선기관은 역사적으로 장애를 개별화해 왔고, 거의 대부분 배타적으로 의료적인 용어를 가지고 장애를 보았다. 자선조직은 장애가 개인적인 비극이라는 생각에 주요한 기여를 하였다. 기부자는 끔찍한 질병에 시달리는 사람—종종 어린이—이라는 이미지에 의해 동정과 자비심을 갖도록 유도되었다. 주요 의학 연구를 위한 마케팅과 광고를 정밀하게 분석한 Davis Hevey(1992)는 자선이 어떻게 손상을 자기가 만들어 낸 사업 '브랜드'로 '마케팅'하는지를 탐색하였다. 예컨대, MS Society는 '찢어진' 척추나 눈을 가진 의존적이고 중성화된 성인의 섬뜩한 이미지를 통해 자신을 특화시켰고, '산산이 부서진 삶'이나 '지옥에서의 희망' 같은 문구를 사용하였다. 이러한 묘사는 자선의 필요성과 가치를 부각시켰지만, 질병이 있는 사람에 대한 부정적인 관점을 강화하였다. 그러면서 역설적이게도 조직의 수혜를 받는 장애인의 수용과 통합이라는 목적을 강조하고 있다. 장애는 분명히 그들의 몸에—사회적 배제에 있는 것이 아니라—존재하는 것이고 목적은 동정심을 불러일으켜서 자선적 기부를 하게 하는 것이었다. Hevey에게 자선 광고는 '접근할 수 없는 사회에 접속하려는 전화카드'에 불과하였다.

자선 모금활동에 대해서도 냉소적이기 쉽다. 특정한 캠페인을 벌이는 거대한 옥외 광고판이 도시를 지배하고 장애인으로 하여금 부적절함과 비극을 느끼게 하였다. 장애는 하나의 비극일 뿐 정치적인 책임의 문제가 아니다. 저명인사는 눈에 띄는 자선을 통해서 긍정적인 평판을 얻거나 대중적인 인기를 얻고 그들의 실수를 만회할 수 있다. ITV의 Telethon이나 BBC의 〈도움이 필요한 아이들(Children in Need)〉 같은 텔레비전의 모금행사는 좋은 볼거리가 되고 그것에 참여하거나 보거나 기부하는 모든 사람이 스스로에 대해서 좀 더 좋은 느낌을 가질 수 있게 한다. 그러나 장애권리 공동체가 보기에, 사람들이 생각하는 장애에 대한 이러한 반응은 얻는 것보다 잃는 게 더 많다. 자선은 대중과 정치인으로 하여금 문제가 해결되었다고 느끼도록 하고, 그들이 걱정할 것이 없다는 느낌이 들게 한다. Paul Longmore(1997)는 모금에 돈을 내는 것은 미국인으로 하여금 허무감과 숙명론을 벗어날 수 있게 한다고 설명한다. 그들은 인간 조건을 초월할 수 있다고 믿음으로써 재보증을 얻는다. 자선은 장애인을 의존적인 사람으로 여기는 생각을 더 강화한다. Barnes와 Mercer(2003: 26)의 말대로, "자선은 무기력과 의존의 이미지를 영속화하는 견고한 문화적 메시지를 제공한다." Robert Drake는 "장애인은 사람들이 제공한 자선 구호품을 받는 것보다 직업을 통해 자원을 얻을 수 있는 기회를 요구한다. 많은 사람은 동정의 대상으로서 그려진 자신의 모습에 분노를 느낀다. 그 이미지는 그들의 존엄성과 사회적 위상을 손상시키는 것이다."라고 설명한다(Drake, 1996: 157).

제공자로서의 자선

장애권리운동이 자선에 대해서 비판해 왔던 두 번째 이유는 자선조직이 보통 제공하는 서비스와 활동의 유형에 관련된 것이다. 그것은 장애인의 조직이 채택하는 가치와 전략의 안티테제로 보이기 쉽다(Campbell and Oliver, 1996). 장애인에 대한 자선의 기원을 살펴보면 이들 사이에는 많은 차이가 드러난다.

어떤 자선조직은 빅토리아 시대까지 거슬러 올라간다. 그것은 특정한 손상을 입은 사람을 지원하기 위해 만들어졌다—예컨대, 맹인을 위한 왕립위원회(Royal National Institute for the Blind)나 농인을 위한 왕립위원회(Royal National Institute for the Deaf)처럼. 이런 자선조직은 도움이 필요한 특정한 손상집단을 지원하는 데 목적이 있었고, 주택, 학교, 보호 작업장 등을 개발하였다. 이 시기, 도시의 산업자본주의 경제로 급속히 전환되는 과정에서 가족, 교회, 지역사회 등의 전통적인 지원 구조는 무너져 내리고 있었다. 더구나 사회적으로 배제된 사람에 대한 자각과 관심은 더욱 커졌다. 국가의 지원이 없는 상황에서 자선가는 분리된 형태의 서비스를 제공하는 쪽으로 나아가게 되었다.

또 다른 자선조직은 전후에 등장하였는데, 이들은 특정한 의학적 문제에 대한 대응으로서 나타났다. 예컨대, Scope의 전신인 국립 뇌성마비협회(National Spastics Society)는 1952년에 사회복지사와 연합한 뇌성마비인의 부모집단에 의해 만들어졌다. 1963년에 이것은 영국 뇌성마비인복지연합회(British Council for the Welfare of Spastics)와 합쳐서 뇌성마비협회(The Spastics Society)가 되었다. 이는 뇌성마비인에게 교육 서비스와 거주 서비스를 제공하는 주요 조직으로 발전하였다. 다양한 의료적 문제를 겪고 있는 개인과 가족을 지원하기 위해 자조집단이 결성되었다. 이들은 정보와 조언을 제공하면서 때로는 더 나은 급여를 위한 옹호기능을 수행하기도 하였지만, 보통은 서비스 제공자가 되지는 않았다. 전형적으로 의사와 부모는 이들 조직을 처음 만들기 위해 함께 노력하였다. 퇴행성 질환이나 생명을 위협하는 질환의 경우, 자선조직은 이들 질병에 대한 과학적 연구를 위한 모금을 하기 위해 만들어졌다. 여기에서도 부모와 의학자는 주도적인 역할을 수행하였다.

장애운동 관점에서 보면, 이러한 자선적인 대응은 문제가 있다. 왜냐하면 각각의 조직은 특정한 유형의 손상을 입은 사람을 위한 것이었기 때문이다. 특정한 하나의 대상 집단을 위한 장애권리조직이 없는 것은 아니지만—예컨대, 영국농인연합(British Deaf Association)—일반적인 경향은 맨체스터 장애인연합(Greater Manchester Coalition of Disabled People)이나 런던 장애인연합(Greater London Associaltion of Disabled People)처럼 지역적인 기초를 두고 손상 범주를 아우르는 조직이 만들어진다. 사회모델 관점에서 보면, 손상에 따라 별도의 조직을 만드는 것은 손상이 장애인에게 지배적인 문제라는 인상을 주며, 장애인을 하나로 묶는 공유된 억압 경험을 무시하게 된다. 즉, 많은 자선조직이 보여 주는 의료적 연구와 치료에 대한 강조는 장애가 사회적 창조물이고 개인적인 의학적 비극이 아니라는 사회모델의 주장에 역행하는 것이다.

많은 자선조직은 역사적으로 분리에 기초한 서비스를 제공해 왔다. 예컨대, Leonard Cheshire Foundation, Scope, RNID, RNIB 등은 모두 거주시설과 특수학교를 만들었다. 장애권리운동은 통합교육과 지역사회 내에서의 자립생활에 뜻을 같이하고 있다. 직접행동 네트워크(Direct Action Network)는 거주 서비스가 동의할 수 없는 주요 문제라는 입장을 분명히 해 왔다. '우리를 자유롭게 하라'라는 슬로건과 거주 홈을 '식민 농장(plantation)'이라고 명명하는 것은 장애인 자선조직이 장애인을 그들의 의지와 상반되게 유폐하고 노예화하고 있다는 것을 암시한다(Campbell and Oliver, 1996: 131).

마지막으로, 장애운동은 시민권의 법제화와 사회 변화를 위한 노력을 해 왔지만, 역사적으로 장애 자선조직은 정치적인 행동을 등한시해 왔다. 법적으로 자선단체의 정당 정치 활동은 금지되어 왔고 그들이 법을 바꾸기 위해 노력할 수 있는 여지는 매우 협소하게 제한되었다. 반면 장애인의 조직은 오랫동안 장애인 문제의 해결책은 「반차별법」이나 「직접지불법」 등 새로운 법을 만드는 것에 있다고 믿어 왔다. 주요 자선조직은 뒤늦게서야 시민권 보장을 이루기 위한 Rights Now 운동에 합류하였다.

조직으로서의 자선

장애권리 비판의 세 번째 요소는 장애인에 대한 자선의 관리 방식(governance), 정신(ethos), 이력(profile)과 관련된다. 여기에서도 자선 부문과 장애권리 부문 사이에는 일련의 상반되는 점이 있다. 이는 종종 '장애인을 위한 조직'으로서 자선과 '장애인의 조직'으로서 장애 집단 사이의 차이로 표현된다(Oliver, 1990).

역사적으로 자선은 비장애인에 의해서 관리되고 운영되어 왔다. 때로는 후원자를 자처하는 거물급 인사나 독지가가 단체를 운영하였다. 전후 자선의 경우에는 의사나 부모가 자선 사업을 시작하고 좌지우지했다. 자선조직이 성장함에 따라 전문적인 운영자가 때로는 장애에 대한 아무런 선행 경험 없이 조직의 운영을 장악하였다. 많은 자선조직은 그들이 돕고자 하는 장애인 중에서 전혀 직원을 채용하지 않았다(Prasad, 2003). 자선조직은 비장애인에 의해서 운영되었을 뿐 아니라, 장애인이 내놓는 의견에 대해서 반응적이지도 않았다. Robert Drake가 1990년대 웰시(Welsh)의 장애인 조직에 대해 조사한 바에 따르면, 이들 조직에서는 극히 제한된 고객 참여만이 이루어지고 있었다. 이용자가 관여할 수 있는 영역은 따로 정해져 있었고, 조직의 기본 구조를 만드는 주요한 결정에서는 배제되었다(Drake, 1996: 160). 이들 조직 안에서 힘의 균형을 이루기 위한 변화는 관찰되지 않았다. Drake(1996)가 웨일즈(Wales)에서 자선조직을 운영하고 있는 비장애인을 인터뷰하였을 때, 그들은 이런 조직이 비장애인에 의해서 운영되는 것을 매우 자연스러운 현상으로 보는 경향이 있었다. 장애인은 수동적인 수혜자였고, 이들은 그들이 가진 신체적 또는 정신적 한계로 주도적인 역할을 할 수 없다고 본 것이다.

자선조직의 대다수는 작은 자조집단이지만, 몇몇의 장애인 자선단체는 사실 매우 커졌다(Harris and Rochaester, 2001). '장애인을 위한' 조직과 '장애인의' 조직 사이에 정부의 재정지원이 매우 불균형하다는 것은 장애학 문헌에서 전통적인 비판의 대상이 되어 왔다(Oliver, 1990). 1990년대 초반의 지역사회 보호 개혁은 더 많은 재정지원을 장애인 자선조직에게로 집중시켰고, 이들 자선조직은 서비스를 제공하는 계약을 맺게 되었다. 장애인에 의해 운영되는 몇몇 조직도 이러한 변화 아래에서 재원을 조달받게 되었지만, 대체로 보면 이러한 복지 급여상의 변화로 이득을 볼 수 있을 만큼 기술과 규모를 가지고 있는 장애권리집단은 별로 없었다. '5대(Big Five)' 조직—Leonard Cheshire, RNID, RNIB, Scope, Mencap—은 거대한 사업체로서 1억 파운드의 거래액을 운용한다. 이들 조직은 유능한 최고경영자를 끌어오기 위해서 그에 걸맞은 수준의 월급을 제공하는데, 이는 장애인이 얻는 평균 소득보다 훨씬 더 높다. 이러한 수백만 파운드의 조직을 운영하는 데 필요한 경험이나 기술을 가지고 있는 장애인은 거의 없고, 따라서 비장애 최고경영자가 운영을 맡는 게 일상화된다. 자선조직의 회계는 비슷한 규모의 사업체나 기관의 회계와 마찬가지로 공적인 조직과 관계를 유지하고 관리 하는 데 무시할 수 없을 만큼의 지출이 있다는 것을 보여 준다. 장애 비평가에게 이 모든 것은 기부금이 잠재 수혜자에게 돌아가는 것이 아니라 직원의 월급과 운용비로 들어가고 있음을 의미한다. 장애 자선조직은 자기의 이익만 추구한다는 비판을 받아 왔다. 즉, 대부분 그 조직에 고용되어 있는 직원을 먹여 살리기 위해 존재한다는 것이다. 이것이 정당한 비판인 경우도 분명히 존재한다. 그들은 방대한 재정 적립금을 축적해 놓고서도, 이용자에게 그들이 쌓아 놓은 자원만큼의 이득을 제공하지 않는다.

거대한 자선조직과 반대로, 장애인의 조직은 역사적으로 주로 자원 활동가에 의해 운영되었다. 적은 재정을 가지고 주로 또는 배타적으로 장애인으로 구성된 회원제를 유지하고 있다. 장애권리집단은 주로 소규모 조직이고, 정보의 공유와 논쟁을 촉진하며, 회원과 관리자 사이의 긴밀한 접촉을 유지한다. 장애권리 측의 주장을 살리고 촉진하기 위해 투쟁하면서, 활동가는 장애계의 전통적 자선조직의 지배 양상에 오랫동안 분노해 왔다.

비판에 대한 평가

자선에 대한 장애권리 비판은 분명히 강점을 가지고 있으면서도 일방적이고 과장된 것 같다. 그것은 또한 자선조직을 그것이 등장한 역사적 상황 안에서 분석하는 데 실패하고 있다. 예를 들어 보자. 결과적으로 보면, 일상생활과 교육, 고용 등에서 분리된 상황이 만들어진 것은 지금으로서는 부적절하고 잘못된 것으로 보일 수 있다. 그러나 자선조직이 이러한 서비스를 발전시키고 있었던 그 당시로서는, 이것은 장애인 지원을 위한 최상의 방법이 무엇인지에 대한 당시의 생각을 반영한 것이었다. 분리된 자선적 서비스가 없었다면, 많은 장애인은 완전히 버림받았을지 모른다. 1893년까지 장애인에게 공식적인 서비스를 제공한 것은 오직 자원적인 자선조직뿐이었다(Topliss, 1979). 앞선 시대를 지금 우리의 기준과 기대를 가지고 판단하는 것이 늘 적절하거나 도움이 되는 것은 아니다.

마찬가지로 주요 자선조직에 대한 장애권리 비판은 최근 몇 년 동안 발생한 변화를 고려하지 못한 것이다. 장애권리의 역사와 문헌을 검토해 보면, 영국 장애운동은 그것이 일률적으로 자선에 반대하는 것 같은, 그리고 장애인의 조직(organisations of disability)(예, 장애권리집단)과 장애인을 위한 조직(organisations for disability)(예, 자선조직) 사이에 강력한 정치적 이분법이 존재해 왔던 것 같은 인상을 준다. 장애운동이 서로 강하게 연대했던 1970년대 당시에는 자선에 대한 고전적인 장애권리 측의 비판이 대체로 정확하였다. 대부분의 자선조직은 장애에 대한 지배적인 사고방식을 그대로 반영하고 있었다. 즉, 장애는 의료적인 문제라는 것, 비장애인은 장애인을 도울 종교적 · 사회적 의무를 가지고 있다는 것, 장애인은 자기 스스로를 대변할 수 없고 스스로를 돌볼 수 없다는 것 등이다. 장애운동 측의 핵심적인 활동가 중 많은 사람은 자선조직이 운영하는 시설에서 살아왔거나, 분리된 학교에 다녔고, 몇몇의 경우에는 자선조직에서 일을 하기도 했다. 그들 자신이 분리되거나, 온정주의적인 도움을 받거나, 자기표현을 하지 못하고 타인에 의해 대변되는 경험을 가지고 있었던 것이다. 따라서 그들이 자선에 대해 반대하는 것은 스스로의 아픈 경험에 기초한 것이고, 이념적일 뿐 아니라 개인적인 것이다. 그러나 30년이 지나면서, 자원 부문은 많은 점에서 변화했다. 장애권리 측의 비판 중 어떤 것은 이제 구태의연하고 시대에 맞게 수정되어야 할 필요가 있는 것이다.

장애운동이 갖는 대중적 위상으로 그들이 가진 어떤 비일관성이 드러나지 않았다는 사실도 지적할 필요가 있다. 영국장애인조직협회(British Council Of Organizations of Disabled People: BCODP)의 초창기에 그것이 자선조직으로서의 지위를 가져야 할 것인지에 대해 오랫동안 논쟁이 있었다. 오늘날 그것은 다른 많은 장애인의 조직, 예컨대 런던 장애인연합회(Greater London Association of Disabled People), 더비셔 통합생활센터(Derbyshire center for Inclusive Living), 워릭셔 코번트리 장애인연합회(Council of Disabled People Warwickshire and Coventry)처럼 자선조직으로서의 지위를 가지고 있다. 협회 초기에 BCODP의 창시자는 주요 기업가에게 자선적인 기부를 호소하는 편지를 쓰곤 했다(Campbell and Oliver, 1996: 79). 오늘날 다른 많은 장애인의 조직이 그러하듯이, BCODP는 자선적인 기부를 호소하는 것을 부끄러워하지 않는다. 2003년 연간보고서에 따르면, BCODP는 BBC 라디오 4의 자선 호소를 주도하였고, Comic Relief,* 국민복권, Lloyds TSB Foundation, Joseph Rowntree Foundation, City Parochial Foundation** 등으로부터 자금을 받았다.

장애권리 측의 수사학이 1970년대 상황에 고정되어 있었던 반면, 주요 장애 자선조직은 그 모든 비판에서 벗어나기 위해 변화를 시도해 왔다. 부분적으로 그 변화는 더 광범위한 정치적 · 사회적 변화—즉, 자원 부문과의 계약에 의해 서비스를 제공하도록 했던 지역사회보호 정책 등—에서 기인한 것이기도 하지만, 그뿐만 아니라 장애인의 조직이 벌여온 로비와 저항의 결과이기도 했다. Mike Oliver는 다음과 같이 말했다.

> 내 생각에는, 자선 조직은 그 안에서만 일하는 두더지 같은 사람이 있다는 점에서는 변화하지 않았다. 하지만 다른 한편에서는 변화하였다. 그 이유는 우리가 그들의 바깥에서 너무나 강력하게 압박을 가했기 때문에 그들에게 다른 선택의 여지가 없었던 것이다. 그들은 현재 자기의 모습을 갖고 싶어 했던 것은 아니다. 그들은 현대 복지사회에서는 존재할 수 없는 19세기의 낡은 자취일 뿐이다(Campbell and Oliver, 1996: 193).

장애인 분야의 자원조직에 대한 한 조사를 보면, 사회모델을 적어도 표면적으로라도 수용하는 것이 이제는 일반적이다(Stalker et al., 1999: 14). 장애권리를 지향하는 쪽으로 생각이 변화함을 보여 주는 또 다른 지표도 나타나고

* 역자 주-Comic Relief는 1985년에 설립된 영국의 자선조직으로 희극작가와 배우에 의해 세워졌다. 영국에서 가장 큰 telethon을 격년으로 진행하는 조직으로서, 1985년 설립 이후 지금까지 7억 5천만 파운드를 모금하였다.

** 역자 주-1891년 설립된 영국의 자선조직으로 2010년에 런던 신탁(Trust of London)으로 이름을 바꿨다.

있다. Comic Relief의 자선 프로젝트(Charity Project), 국민복권, Platinum Trust를 포함한 몇몇 자선 신탁과 재단은 1990년대부터 장애인이 주도하는 사업에 대해 재정지원의 우선순위를 두기 시작했다. 결과적으로 많은 장애권리조직이 이들 재단에서 재정적인 지원을 받을 수 있었다. 이는 자선조직에 대해서 덮어놓고 반대하는 것과는 부합하지 않다.

더구나 주요 자선조직의 관리 운영 방식과 가치가 변화하고 있다. 이제 많은 장애 자선조직에서 장애인에 의해 통제되는 다수파가 공식적으로 형성되어 있다. 예컨대, 한때 불구자 보호를 위한 중앙협의회(Central Council for Care of Cripples)로 알려졌던 장애와 재활을 위한 왕립위원회(Royal Association of Disability and Rehabilitation: RADAR)는 이제 그 운영위원회 안에 장애인이 과반수를 차지하고 있고 장애가 있는 의장을 두고 있다. 이러한 변화의 주요한 사례는 Scope다. 이 조직은 1994년에 뇌성마비협회(Spastics Society)로 이름을 바꾸었다. 몇 년 동안의 변화를 거쳐 마침내 그 운영위원회에 장애인이 다수를 차지하게 되었다. 2003년에는 당시 BCODP의 최고 책임자였던 Andy Rickell을 초빙하여 고위관리로 기용하였다(Benjamin, 2004). 2004년에 Scope는 영향력 있는 활동을 전개하였는데, 하나는 '이제는 평등해질 때(Time to Get Equal)'라는 이름의 시민권운동이었고 다른 하나는 장애인 몫의 고위관리직을 남겨 놓는 정책이었다. 이는 2006년까지 장애인 직원을 20%까지 채용한다는 목표에 도달하기 위한 노력의 일환이었다(Scope는 현재 3.4%의 장애인 직원을 채용하였지만 이들은 주로 조직의 하위직에 있다). Scope는 또한 분리된 서비스 제공을 근절하는 것에 뜻을 같이하였다(Carvel, 2005). Scope 산하의 거주시설에서 생활하는 사람이 500명, 산하 학교의 학생이 300명인데, 이 중 절반은 통합적인 환경에서 교육을 받고 있다. 궁극적으로는 이들 서비스를 통합적인 교육과 자립생활을 지원하는 방향으로 재편하려는 것이다.

셋째, 자선 관련 광고에서의 변화가 있어 왔다. 동정심을 유발하는 의료적 비극이라는 이미지를 사용해 왔던 오래된 광고의 틀은 이제는 찾아보기 어렵게 되었다. Scope와 Mencap 같은 조직은 이제 그들의 광고 안에 있었던 장애차별 요소를 명백하게 무너뜨리고 있다. Leonard Cheshire Foundation도 이와 유사하게 자신이 새로운 장애담론에 대해 자각하고 있음을 알리기 위해 '가능케 하는(enabled)' 이라는 단어를 사용하고 있다. 이들 조직은 저마다 차별과 사회적 배제에 대한 연구와 캠페인을 지원한다. 하지만 장애 활동가는 자선조직의 이러한 개선에 대해 인정하기보다는 반대자 노릇을 계속하고 있다. 심지어 자선조직이 장애권리라는 수사학을 도용하고 있다고 비판하기까지 한다(Carr, 2000; Carvel, 2004).

전통적인 자선조직이 변화해 왔던 것과 똑같이 장애권리 조직도 그러했다. 몇몇 장애권리집단과 장애인이 통제하는 자조집단은 그 규모와 기술 면에서 발전해 왔다. 예컨대, 지역사회 보호 정책을 통해 통합생활 센터는 현행 활동보조 제도를 포함한 서비스의 제공자가 될 수 있었다. 이를 통해 통합생활 센터는 더 많은 재원과 조직적 성장을 이룰 수 있었다. 동시에 풀뿌리 행동주의와 자발적 참여는 좀 더 기업과 유사하고 전문화된 접근으로 대체되었다. 이러한 성장에 따라 장애인이 주도하는 서비스 제공조직은 그들의 경영 방식에서 자선조직을 닮아가고 있다. 기층 장애인과의 접촉을 상실하는 똑같은 위험을 안게 된 것이다.

이 모든 것은 전통적인 장애권리 측의 이분법, 즉 '장애인을 위한 조직'과 '장애인조직' 이라는 구분이 1980년대에는 유용했을지라도, 이제는 장애인과 함께 일하는 조직의 복잡성을 반영하지 못한다는 것을 보여 준다. 자발적인 장애조직이 가지고 있는 성격은 그 형태와 원칙에서 다양하고, 단순하게 '장애권리조직'과 '자선적 조직' 으로 구분될 수 없다. 자선조직은 점점 더 장애권리집단처럼 변화하고 있고, 장애권리집단은 점점 더 자선조직처럼 되어가고 있다.

복잡성에 더해서, 이제는 이용자 주도의 비사회모델적 조직(user-led non-social model organizations)이라는 신세대 조직이 등장하고 있다(Goodley, 2003:

125). 전형적인 혼종모델(hybrid)은 척수손상연합(Spinal Injuries Association: SIA)인데, 2003년에 이미 30주년을 맞이한 이 조직은 등록된 자선조직이다. 2003년 연보에 따르면, 이 조직은 거래액이 2,153,195파운드에 이른다. 30명의 직원을 고용하고 있는데, 그 가운데 절반은 장애인이다. 총장, 의장과 평의원, 총책임자가 모두 장애인이다. 이 조직은 BCODP의 회원이고 조직의 연보에는 그 창립 멤버 중 하나인 Mike Oliver의 기고문이 실려 있다. Mike Oliver와 Frances Hasler(1987)는 SIA의 자조적 접근을 강력하게 주장하였다. 그러나 1984년 이후 SIA는 앤 공주를 후원자로 두었고 모금을 위한 고전적인 수단까지 모두 동원하였다—자선무도회, 점심식사와 복권, 자선 신탁과 법인조직 후원에 의한 기부, 심지어 성탄절 카드 판매까지. 이 조직의 목적은 통합과 참여다. 그러나 사회적 행동이나 캠페인과 함께 의료적 서비스와 연구를 지원하기도 한다.

또 하나의 중요한 질문은 장애권리 측의 비판이 어느 정도로 장애인 대중의 의견을 대표하는지다. 실제로 장애인은 다양한 관점과 바람이 있다. 자선조직은 비민주적이고 장애인에 대한 대표성을 갖지 못하는 것으로 비판을 받아 왔다. 그러나 내가 알기로, 자선조직에 대해 장애인의 태도를 조사한 대표적 연구는 없었고, 따라서 누가 영국의 천만 장애인의 관점을 가장 잘 대표하는지, 누가 그들의 지지를 받고 있는지에 대해서는 알 수가 없다. 많은 장애인과 그 가족이 자선조직에 의해 제공되는 서비스로부터 도움을 받고 있다는 사실은 의심할 바 없다. 예컨대, 2004년도에는 25,000명의 장애인이 Scope의 서비스를 이용하였고 150,000명이 RNIB의 서비스를 이용하였다. 때로 장애인 당사자나 그 가족이 분리된 형태의 서비스를 더 원하기도 한다. 평생을 거주시설에서 살아왔던 사람은 지역사회로 옮겨 오는 것을 원하지 않거나, 스스로를 독립적으로 관리하는 것이 가능하지 않다고 생각할 수 있다. 부모는 자녀의 욕구가 일반학교에서 충족되지 않을 것이라는 생각에서 또는 따돌림을 당할까 봐서, 자녀를 특수학교에 보내려고 할 수 있다.

자선조직은 완벽한 기관은 아니다. 소수의 그리고 좀 더 전통적인 자선조직 중에서는 긴급하게 개혁을 필요로 하는 곳도 있다. 그러나 활동가의 분노의 표적이 되어 왔던 주요한 장애인 자선조직은 아마도 그런 공격을 받아야 마땅할 만한 조직은 이미 아닐 것이다. 자선에 대한 적개심은 부분적으로 초창기의 유산이거나, 또 부분적으로는 정체성의 정치가 집단의 결속력을 다지기 위해 외부의 적을 설정하는 방식으로 기능해 왔던 것에서 기인하는 것 같다. 좀 더 합리적인 접근은 그 비판을 좀 더 선별적으로 하는 것이고, 자선부문의 실패뿐 아니라 성공에 대해서도 인정하는 것일 듯하다. 나의 분석은 장애권리 측이 자선에 대해서 비판하는 많은 방법이 이제는 시대에 뒤처진 것이라는 점을 지적하는 것이다. 그것은 늘 지나친 단순화였던 것 같다.

자선 없이 살아가기

많은 활동가가 자선의 종식을 요구해 왔다. 이 부분에서, 나는 장애인이 자선 없이 생존할 수 있는지를 묻고 싶다. 이 질문은 몇 가지 다른 방식으로 제기될 수 있다. 첫째, 장애인과 함께 일하는 자선적 목적을 둔 자원조직은 있어야만 하는가? 둘째, 기존의 장애 자선조직은 문을 닫거나 장애인에게 넘겨져야 하는가? 셋째, 자선의 정신 그 자체는 장애 정책 안에 여전히 자리를 차지하고 있는가?

자원조직이 없다면, 장애인의 욕구는 오직 그들의 가족에 의해서, 시장에 의해서, 또는 국가에 의해서만 충족될 수 있다. 가족과 비공식적 도움 제공자는 이미 극도의 압박을 받고 있고, 장애인은 친척과 지인에게 의존하기를 원하지 않는다는 것을 그들 스스로 분명하게 주장해 왔다. 장애인의 빈곤과 그에 따른 구매력의 결여라는 이미 존재하는 상황 속에서, 장애인이 편의시설, 지원, 상담, 교통, 기타 서비스 등에 대한 욕구를 시장을 통해 충족하는 것은 쉽지 않을 듯하다. 시장성이 확장되는 영역—예컨대, 노인을 위한 거주 홈의 제공을 시장이 지배하는—에서, 상업적인 서비스 제공자가 자발적인 또는 법적인 서비스를 제공하는 사람보다 더 질적으로 우수하고 더 욕구에 반응적인 서비스를 제공하고 있는지는 분명하지 않다. 몇몇 나라, 특히 북유럽 국가는 영국보다 훨씬 더 광범위한 국가 차원의 서비스를 제공한다. 그러나 이는 훨씬 더 높은 세금 비율에 기초를 둔 것으로, 현재 영국의 실질적인 정치적 선택지는 될 수 없는 것 같다. 더구나 국가 제공 서비스는 획일적이고 유연하지 못하고 개인적 욕구에 대해 반응적이지 않은 경향이 있다.

자선적인 보조는 중심적인 서비스 제공의 부족분을 보충하거나 사회조직의 서비스에 문제가 있을 때에 한해서 필요한 것이라는 주장이 있었다. 예컨대, Robert Drake는 다음과 같이 묻는다.

> 지금 장애인의 시민권을 침해하고 있는 장애물이 언젠가 해소되어서, 장애인이 유급의 일자리를 통해 소득과 자원을 얻게 되고 사회적 · 물리적 환경이 이들에게 적절하게 개조된다면, 그때 가서 법률로 규정된, 또는 자발적인 서비스 조직이 수행해야 할 일이 뭐가 남게 되겠는가(Drake, 1996: 163)?

이러한 질문은 유급 노동이 모든 장애인을 위한 현실적인 대안이라고 가정하는 것이다. 이 책의 앞 장에서 설명한 것처럼, 나는 이 사실을 의심한다는 점에서 Paul Abberley(1996)와 의견을 같이한다. 예컨대, 극히 심각한 학습장애가 있는 사람이나 신체적 손상과 감각 손상을 복합적으로 입고 있는 사람은 절대 일을 할 수 없다. 마찬가지로 완전히 장애물이 사라진 세상을 생각하는 것은 유토피아를 꿈꾸는 것이다. 일자리에 대한 접근성과 장애물 제거는 자발적 부문으로부터의 지원에 의지하는 사람의 수를 분명히 감소시킬 수 있다. 장애인의 독립성과 사회참여가 증가하는 것은 이미 현실화되고 있다. 그럼에도 불구하고 자원조직은 여전히 장애인과 그 가족에게 매우 중요한 지원을 제공하고 있다. 또한 이러한 지원이 지속되지 않는 세상을 생각하기는 어렵다.

자원조직(voluntary organisations)은 장애인에 대한 지원과 서비스를 제공하는 조직으로서 많은 이점이 있다. 사실 전체 장애권리운동은 그 자체가 더 광범위한 자원 부문의 일부분이다. 자원조직은 유연하고 역동적이고 장애인의 욕구에 대해서 반응적일 수 있다. 종종 그들은 서비스에서의 혁신을 이끌어 내는 주체가 된다. 예컨대, Swain 등(2003: 92-97)에서 논의했던 실어증 환자를 위한 자선조직 Connect와 같이, 희귀하고 지원을 받지 못했던 장애를 위한 조직을 보라. 자원조직은 그들이 지원하는 공동체로부터 출발하기도 하고, 클라이언트의 문화와 가치를 조직의 것으로 채택하기도 한다. 예컨대, HIV/AIDS가 만연하기 시작하면서 게이 공동체에 의해 만들어진 자원조직은 이들을 존중하고 욕구에 반응적인 방식으로 서비스 제공 방향을 이끌어 나갔다. 마찬가지로 소수인종 공동체로부터 만들어진 자원조직은 장벽과 편견을 극복하고 그들만의 특별한 문화적 욕구를 이해할 수 있었다. 가장 좋은 것은, 자선조직이 정신적 리더의 역할을 할 수 있다는 것이다. 그들은 도덕적인 기준과 공유된 생각을 천명하고 이끌어 갈 수 있다(Saxton, 1997).

의학 연구를 지원하는 자선조직이 없는 세상도 상상하기 어렵다. 자선 부문에 의한 독자적인 모금 활동이 없다면, 의학 연구는 크게 제한을 받는다. 연구에 대한 정부의 기여는 Wellcome Trust 같은 자선조직이나 주요 장애 자선조직에 의해 제공되는 것에 미치지 못한다. 2003년에 의학 연구 자선재단 연합회(Association of Medical Research Charities)의 111개 회원 조직은 흔한 질병이나 희귀 질병에 대한 연구에 6억 6천만 파운드 이상을 기부하였다. 몇몇 활동가는 의학적 연구가 장애에 대한 부적절한 반응이었다고 주장한다. 이 책의 또 다른 부분에서, 나는 의학적 연구가 아니었다면 많은 장애인이 좀처럼 가질 수 없었던 활동의 즐거움을 끝내 얻지 못했을 것이라고 주장하였다. 낭포성 섬유증이나 근이영양증 같은 진행성 손상을 입은 사람에게, 장애 자선조직에서 재정지원을 받은 의학 연구는 앞으로 상태가 좀 더 완화되거나 치료될 수 있다는 희망을 준다.

장애 자선 부문을 없앤다는 생각은 자선의 문제점에 대한 너무 과격한 반응이다. 또한 활동가의 가장 극단적인 대응일 뿐 그 자체로 목적이 될 수 없다. 그러나 장애 자원 부문의 필요성을 수용하는—다른 말로 하면 장애 자선조직이 어떤 형태로든 존재하기를 원하는—많은 사람은 그들의 바람에도 불구하고 실제 문을 닫는 자선조직을 목격하게 될지도 모르겠다. 예컨대, 1996년 장애권리 측의 리더인 Campbell은 다음과 같이 설명하였다.

> 이들 조직이 장애인에게 주었던 도움은 그들이 초래한 방해 요인과 입힌 상처에 비교한다면 극히 작은 것에 불과하다. 이 조직은 장애인으로 하여금 자신의 몸과 마음을 거부하도록 만들었고 자신이 입은 손상을 어떠한 대가를 치르더라도 뿌리 뽑아야 하는 비극으로 보게 하였다. 또한 손상이 없는 정상성에 대한 신화적 인식을 심어 주었다. 이 조직은 장애인의 자기인식에 커다란 상처를 입혀 왔다. 따라서 나는 손상에 관련된 자선조직의 종말을 보고 싶다고 감히 말할 수 있다(Campbell and Oliver, 1996: 195).

나는 앞에서 자선에 대한 이러한 장애권리 측의 수사학은 과거에 얽매어 있는 것이라고 주장하였다. Campbell의 설명이 30년 전에는 정확한 것이었을지도 모르지만, 오늘날의 RNID, RNIB, Scope, Mencap, Leonard Cheshire 같은 조직이 Campbell의 묘사에 부합하는지는 잘 모르겠다. 이들 조직은 변화하고 있고, 더 변화하기 위해서는 지지를 받아야 한다. 그렇게 되면, 이들 조직은 장애인과 그 가족에게 좀 더 반응적이게 되고 더욱 현대적인 조직이 될 것이다. 현재의 계속되는 반대는 과거의 학대와 실패에 대한 복수처럼 보일 뿐이다.

어떤 사람은 기존의 자선조직이 장애인에게 이관되어야 한다거나, 그 재정이 장애인이 통제하는 조직으로 넘어와야 한다고 주장하기도 한다. 이러한 주장에 대해서 의문을 제기할 만한 실제적 · 이론적 이유가 있다. 단일 성분으로 구성된(self-organized) 장애인 권리조직의 경험을 되돌아 보면, 이 조직도 문제가 없는 것은 아니라는 것을 알게 된다. 모범적이고 전문성을 가진 장애인이 이끌어 가는 조직이 있는 반면, 실패한 조직이나 프로젝트의 사례도 많이 있다. 예컨대, 장애인의 조직에서는 잘못된 인사 관행이 발생했던 적이 많이 있다. 인종차별주의, 성차별주의, 동성애공포증 같은 문제도 있어 왔다. 장애인의 운영위원회는 때로 기술과 전문성을 결여하고 있었다. 잘못된 선출 절차의 문제—또는 오직 장애인을 채용해야 한다는 지나치게 열성적인 집단 헌신—는 역할을 효과적으로 수행할 능력이 없는 장애인의 채용으로 이어졌다. 주도권을 누가 행사하는가에 따라 재정적 지원이 결정되어, 그 분배가 효과적으로 이루어지지 못하였다. 전국적인 장애인 잡지를 만들겠다는 1990년대의 프로젝트, 『장애문학(*Disability Writes*)』이 그 예다.

이러한 문제는 장애인의 조직에만 특별하게 나타나는 것은 아니었다. 유사한 이야기는 다른 많은 지역사회 조직과 운동단체에서도 발견될 수 있다. 마찬가지로 장애인이 이끄는 전문적이고 경영친화적인 조직도 많이 있었다. 하지만 장애인의 조직에서 효과성이 떨어지는 문제가 있었던 것도 사실이다. 이 때문에 그들의 사업에 재원조달을 하지 못하게 되어 자원봉사자에게 의존하게 되는 경우도 있었다. 때로는 장애인 스스로 확신을 갖지 못하거나 교육이나 경험을 갖지 못함으로써, 결과적으로 장애 차별을 더 확대시키기도 하였다. 결국 장애인이 이끄는 집단의 현실은 자선조직이 장애인의 손에 넘겨져야 한다는 직접행동 네트워크(Direct Action Network)의 요구를 통해 자동적으로 이익을 얻을 수 있는 것은 아니라는 사실을 일깨워 준다. 거대 자선조직의 연간 거래액은 1억 파운드를 상회하지만 가장 큰 장애운동 조직의 거래액은 고작 2~3백만 파운드에 불과한 것이 현실이다. 현재로서는 장애운동 조직은 그처럼 거대한 조직을 운영할 수 있는 능력이 없다는 결론에 도달할 수 있다.

이론적으로는 장애인이 주도권을 갖는 것이 최선이라는 가정을 충분히 가질 수 있다. 이는 상식이 되었다. 장애가 있는 직원은 그들이 함께 일하게 될 다른 장애인에게 좋은 역할모델이 될 것이다. 장애가 있는 매니저는 장애인의 삶의 현실을 좀 더 잘 이해할 수 있을 것이다. 장애가 있는 직원은 변화를 만들어 낼 수 있는 열정과 헌신적인 마음을 가지고 있을 것이다. 예컨대, 장애인의 조직은 직접지불과 자립생활을 촉진하기 위한 최선의 조직이 될 것이라고 생각한다. 그러나 이러한 가정이 항상 진실일 것인지는 분명하지 않다. 내가 앞에서 설명한 것처럼, 장애인이 이끄는 몇몇 조직은 비효율적이고 무능력하며 잘못된 실천을 저지르고 있었다. 비장애인이 직원으로 일하고 비장애인에 의해 운영되는 조직이 장애인을 지원하는 데 사명감을 가지고 좀 더 효과적으로 사업을 수행할 것이라는 생각도 충분히 가능하다. 조직이라는 것은 목적에 도달하기 위한 수단이지 목적 그 자체가 아니다. 보통은 장애인의 조직이 더 나을 수 있겠지만(예컨대, 직접지불 방식을 더 많이 채택한다는 점에서), 때로는 장애인만으로 조직된 집단(self-organized group)이 최선의 선택 대안이 아닐 수도 있다.

결 론

자선에 대한 반대는 장애활동가를 결집시키는 데 강력한 역할을 수행하였다. 자선적 조직과 그들이 수행한 활동은 손쉽게 분노와 좌절의 표적이 되었다. 직접적 행동은 장애인 활동가에게 긍정적인 정체성을 부여한다. 이는 비장애인 억압자에 맞서 싸운다는 느낌을 촉진한다. 자선에 맞서는 시위는 장애에 대한 대중의 이해와 기존의 반응을 뒤집어 버리고 부조화를 만들어 냈다. 그러나 이러한 반대가 공감을 얻고 유지되기까지는 자선조직의 역할에 대한 시대에 뒤떨어지고 일방적인 그림이 제시되어 왔다. 이 그림에서는 자선조직이 지난 30여 년 동안 일궈온 변화는 완전히 무시되었다. 자선조직의 입장에서 보면, 그들이 장애권리 측의 비판을 무시한다면 당연히 혹평을 받겠지만, 만약 비판을 받아들여 적절한 방향으로 변화한다고 해도 칭찬을 받지는 못하는 상황이다.

장애권리운동은 '자선이 아닌 권리를'이라는 슬로건을 채택해 왔지만, 나는 장애권리가 자선과 양립할 수 없는 것이 아니라고 생각한다. 참여를 제한하는 장벽을 제거하고 장애인의 권리와 독립성을 촉진한다는 것은 주요하게 우선순위를 두어야 한다. 자선이 장애인과 비장애인 간의 평등이라는 가치를 대체할 수 있는 것은 결코 아니다. 유대인 철학자 마이모니데스(Maimonides)는 기부자와 수혜자의 익명성이 존재하는 자선의 형태를 선호하였는데, 이는 낙인이나 부채감을 막을 수 있기 때문이었다. 하지만 그가 말한 '자선의 황금 사다리(golden ladder of charity)'에서 가장 꼭대기를 차지하는 것은 다른 것이었다. 즉, 사람을 타인의 관대함에 의존할 수밖에 없게 하는 구조적 제약을 제거하는 것이다.

그럼에도 불구하고 자원조직과 자선으로 이어진 관계는 앞으로도 필요하다. 좀 더 평등한 사회로 가는 길목에서뿐 아니라 평등이 성취된 이후에도 자선은 필요하다. 왜냐하면 장애인과 그 가족은 계속해서 복합적인 욕구를 가지게 될 것이고, 자원조직은 이들의 욕구를 지원하기 위한 최선의 방법이 될 것이기 때문이다. 자선조직은 계속해서 변화해야 한다. 예를 들어, 혁신적인 조직은 겨우 50%뿐이고, 그 운영체계 안에 이용자를 포함하고 있는 조직도 겨우 50%뿐이라는 연구가 있다(Taylor, 1997). 자선적 서비스 제공은 장애인과 그 가족의 권리와 존엄성에 대해서 좀 더 반응적일 필요가 있다. 이들의 서비스는 장애인과 비장애인 사이의 파트너십에 기초를 두고 제공되어야 한다. Selma Sevenhuijsen(1998)는 이를 '돌봄의 연대성(caring solidarity)'이라고 불렀다. Robson 등(1997: 17)에 따르면, 자원조직은 세 가지 가치에 기초해 있다. 타인에 대한 돌봄(박애주의를 포함하여), 상호적인 도움(비슷한 상황에 있는 사람 사이의 상호 보은), 역량의 강화와 평등성(변화를 이루기 위한 연대)이 그것이다. 장애인의 조직이 보통 두 번째와 세 번째 가치에 집중하고, 주류 조직은 첫 번째와 두 번째 가치에 우선순위를 두고 있다면, 이들 세 가지 가치는 모두 서로 연관되어 있는 중요한 것으로, 장애인의 삶을 증진하기 위한 긍정적인 기초를 제공한다.

자선이 취하고 있는 형식이 때로 잘못된 길을 갈 수는 있을지라도, 자선을 뒷받침하고 있는 근본적인 정신은 그 자체로 긍정적인 것일 수 있다. 'caritas'라는 라틴어는 사랑(love)으로 번역된다. 연대와 상호 원조의 정신, 그리고 약자를 돌보는 것은 선한 사회의 핵심을 이룬다. 사회적 불평등과 부정의에 대항하는 투쟁은 정서적 연대나 도덕적 헌신과 양립할 수 없는 것이 아니다. 결국 이것은 Che Guevara가 "진정한 혁명은 강렬한 사랑의 감정에 의해 인도된다."고 쓴 이유다. 아마도 '권리와 함께 자선을(rights and charity)'이라는 슬로건이나, 구약성서의 선지자 미가(Micah)의 '정의와 함께 자비를(justice and mercy)'이라는 말이 더 나을지도 모른다. 이러한 맥락에서, 자선을 뜻하는 히브리어가 공정(righteousness) 또는 정의(justice)로 번역된다는 사실은 흥미롭다. Simone Weil에 따르면, "정의라는 초자연적인 덕목은 불평등한 관계 속에서 어느 한쪽이 더 강력한 힘을 가지고 있을 때조차도 정말로 평등한 것처럼 행동하는 것이다."(Gaita 2002: 202에서 재인용) Zygmunt Bauman은 유대 철학자 Emmanuel Levinas의 말을 인용하였다. "자선은 정의가 없이는 불가능하다. 그러나 자선이 없는 정의는 기형적이다."(Bauman, 1998: 49)

10
사랑, 우정, 친밀성

서 론

1994년에서 1996년 사이, 나는 『성의 관점으로 본 장애의 정치(*The Sexual Politics of Disability*)』를 쓰기 위해 조사와 집필을 하면서, 영국의 장애운동과 확장되고 있는 장애학 연구 안에서 섹슈얼리티 문제에 대한 관심의 정도가 매우 낮다는 것을 알고 놀랐었다. Jenny Morris(1993b) 등의 장애 여성주의자는 장애학이 학계의 오래된 문제를 그대로 재생산하고 있다고 비판해 왔다. 즉, 장애학이 사람들에 대해서 이야기할 때, 그것은 사실상 남성에 대한 이야기일 뿐이라고 비판하는 것이다. 그러나 우리는 이와 관련하여 뭔가 다른 설명이 첨가되어야 한다고 생각한다. 공적인 것과 사적인 것의 구분, 이것 역시 여성주의자가 강조한 주제인데, 이 구분은 장애 정치 안에서 성과 정체성의 이슈가 무시되어 왔던 이유를 설명하는 데 핵심적인 것이다. 장애 남성과 여성의 공적인 삶은 장애학의 분석과 토론, 캠페인의 대상이었다. 교육, 고용

등에서의 차별을 종식시키려는 노력은 모두 개인적인 어려움을 공적인 이슈로 전환하는 것이었다. 그러나 장애가 있는 여성과 남성의 사적인 삶은 동등하게 관심을 기울일 가치가 있는 것으로 보지 않았다. 사회모델이 등장한 것은 1970년대의 일인데, 이 시기에 개인적인 것을 정치적인 것으로 인식한다는 것은 단지 여성운동에서 제기되는 슬로건일 뿐으로 여겨졌다. 당시 영국은 성적인 보수주의가 여전히 규범으로 자리 잡고 있는 사회였다.

부분적으로 이것은 의심할 바 없이 우선순위의 문제다. 빈곤과 사회적 배제를 종식시키는 것은 '행복한 성생활을 위한 운동'이나 '술집, 식당, 클럽에 대한 접근성 확보를 위한 운동'보다 욕구의 목록에서 우선순위를 차지한다. 뿐만 아니라 영국 장애운동이 섹슈얼리티 문제를 무시했던 것은 의식적으로 노동운동조직의 전통에 가까이 접근하고, 의식고양과 여성주의 패러다임보다는 노동조합주의와 사회주의 패러다임을 채택하기 위해 활용할 수 있었던 하나의 방법이기도 했다고 나는 생각한다. 좌파적 접근을 채택하는 UPIAS의 경향이 여성주의와 개인적 성장 접근을 채택하는 자유주의 네트워크(Liberation Network)의 경향을 이긴 것이다. 남성적 · 제도적 · 공적 · 합리적 · 물질적 관심이 가정 내 이슈보다 더 현실적이고 더 억압적인 것으로 보였다. 때때로 장애인의 직접 행동 안에 존재하는 남성우월주의를 보게 되거나 활동가가 드러내는 대결주의나 분노, 과격함 등에 직면하게 될 때, 우리는 왜 인간관계, 친밀성, 그리고 아동 양육 등의 문제가 장애운동의 의제에서 빠져 버렸는지에 대한 단서를 얻을 수 있다.

셋째, 장애인에게 섹슈얼리티는 너무나 오랫동안 배제되고 긴장을 유발시켜 왔던 영역이기 때문에, 어쩌면 그렇게 많은 사람이 배제되어 왔던 영역을 새삼스레 다루는 것보다는 차라리 고려하지 않고 넘어가는 것이 더 쉬운 선택이었을지도 모른다. 성과 사랑에 대해서 이야기하는 것은 아주 기본적인 수준에서의 수용—즉, 자기 자신을 수용하고 중요한 타인에 의해 수용되는 것—과 관련되고, 장애인으로 하여금 매우 위협적인 것, 즉 많은 장애인이 겪고 있는 학대받고 소외된 삶에 직면하게 한다. Anne Finger는 다음과 같이 설명하였다.

> 섹슈얼리티는 종종 우리의 내면 깊은 곳의 억압의 원천이다. 또한 우리의 가장 깊은 곳에 자리한 고통의 근원이다. 섹슈얼리티와 재생산에서 배제당하는 우리에 대해 이야기하는 것보다, 고용, 교육, 주택에서의 차별에 대해서 이야기하고 이를 변화시키기 위한 전략을 세우는 것이 우리에게는 더 쉬운 일이다(Finger, 1992: 9).

Kath Gillespie-Sells와 Dominic Davies, 그리고 나는 우리가 함께 쓴 책 『성의 관점으로 본 장애의 정치(*The Sexual Politics of Disability*)』(1996)를 위한 연구를 통해서 이 간격을 메우려고 노력했다. 우리는 장애인을 만나서 그들의 성, 사랑, 친밀성과 관련된 경험을 이야기했고, 그들이 널리 퍼져 있는 정상성의 규범에 어떻게 도전해 왔는지 들었다. 그들은 젠더, 섹슈얼리티, 장애 담론의 교차 속에서 스스로를 어떻게 남성과 여성으로서, 이성애자와 동성애자로서 규정하는지에 대해서 이야기했다. 그중 많은 사람은 자신의 성생활에 대해 이야기했고, 어떤 경우에는 자신이 겪은 학대와 고통의 경험을 이야기하기도 했다. 그 당시 책을 쓰면서 우리가 목적으로 삼았던 것은 우리가 장애인의 섹슈얼리티에 대한 의료적 모델이라고 생각했던 것, 즉 발기부전, 움직임의 제한 등 어떤 무능력에 의해 지배되는 설명 방식을 장애인 섹슈얼리티에 대한 사회모델로 대체하는 것이었다. 섹슈얼리티에 대한 사회모델의 설명 방식은 우리와 대화 나누었던 사람이 직면해 있는 장벽에 초점을 맞춘다. 예컨대, 우리가 만난 사람은 부정적인 태도, 장벽, 자존감에 대해 말하고 있었다.

지금에 와서 이때의 작업에 대해 재평가해 보면, 나는 우리가 충분히 나아가지 못했다고 생각한다. 첫째, 손상과 장애 사이의 편의적인 구분을 수용함으로써, 그리고 장애화 장벽에 거의 배타적으로 초점을 맞춤으로써, 우리는 몸과 다양성의 문제를 적절히 다루는 데 실패하였다. 둘째, 섹슈얼리티를 우리의 일차적인 관심사로 삼음으로써 친밀성이 장애인에게 중대한 우선순위를 가진 문제일 수 있음을 이해하지 못하였다. 섹슈얼리티는 친밀성의 중요한 형식 중 하나다. 근대 서구사회는 성적인 행동과 성애화한 몸에 매혹되었다. 그러나 우정과 수용은 섹스보다 더 근본적인 것이다. 수많은 매체와 대중문화가 드러내는 의미에도 불구하고 섹스는 인구 중 많은 사람에게 상대적으로 덜 중요한 것일 수 있다. 인생주기의 관점에서도, 성적인 욕망은 사춘기에서 장년기 사이의 인생과정에서 주요한 부분을 차지하는 것 같다. 이는 아마도 70년 또는 80년의 인생 중에서 약 30여 년에 해당할 것이다. 물론 아동은 다양한 방식으로 성적 행동을 하며, 노인을 무성적인 존재로 보는 것은 정확하지 않을 수 있다. 그러나 섹슈얼리티는 분명히 인생 과정의 각 단계마다 다른 모습으로 나타난다. 더구나 섹슈얼리티의 정점에 도달해 있는 동안에도, 타인과의 관계 중 많은 부분은 섹스에 의해 지배되는 것이 아니다. Leonore Tiefer(1995)는 「뉴잉글랜드 의학(*New England Journal of Medicine*)」에 실린 역사적 연구를 인용하고 있다. 스스로 '행복한' 커플이라고 생각하는 100쌍을 조사한 결과, 대부분의 커플이 성적 흥분기나 절정기의 기능적 문제가 있었지만, 그럼에도 불구하고 이 커플은 성적 측면과 비성적 측면 모두에서 스스로 행복하다고 생각하고 있었다(Frank et al., 1978). 이를 통해 알 수 있는 것은 관계가 지속되고 성숙됨에 따라 성적 행동의 빈도와 중요성은 줄어들고, 다른 관계의 방식이 점점 더 중요해진다는 것이다. 섹스는 항상 우선순위를 갖는 것은 아니지만, 친밀함에 대한 욕구, 동반자로서의 믿음, 상대방에 대한 수용은 거의 모든 인간에게 태어나서 죽을 때까지 핵심적인 주제로 남아 있다. 사람들은 섹스가 없이도 생존할 수 있고 심지어 풍요롭게 살 수 있지만, 우정(friendship)이 없다면 대부분의 사람은 황폐해질 것이다.

우정의 중요성

인간은 사회적 동물이다. 고독해지려 하거나 친구 되기를 피하는 사람은 드물다. 어떤 사람들은 색다른 방식으로 관계를 형성하기도 하는데, 예를 들어 자폐스펙트럼에 속해 있는 사람들이다. 하지만 대부분의 사람은 친구를 찾고, 인정받고 수용받고자 한다. 이런 것이 없다면 인생은 황량하고, 지루하고, 외롭다. 우정은 정서적으로, 실용적으로, 심지어는 의학적인 이유에서도 중요하다. Ray Pahl은 우정에 대한 연구를 개척한 사회학자인데, 그는 '사회적 호위대(social convoy)'의 중요성에 대해서 강조한다. 사회적 호위대란 그들만의 공유된 방식으로 삶을 살아가는, 서로 연결되어 있는 개인의 집단을 뜻한다.

> 다양한 형태로 지지받는 경험이 축적되면 개인은 실제로 안전하다는 느낌을 받게 된다. 이 느낌은 자신이 유능하고 능력 있는 사람이라는 것, 자신을 믿어 주는 중요한 타인이 있음을 알게 됨으로써 자신감을 가질 수 있는 것, 자신을 사랑하고 위기에서 의지할 수 있는 사람이 있다는 믿음 같은 것이다. 사회적인 지지를 받는 것은 사람들로 하여금 좀 더 효과적으로 살 수 있도록 힘을 주는 것이고, 이를 통해 정말로 좀 더 건강하고 오래 살 수 있게 된다(Pahl, 2000: 149).

지역사회와 연계망은 그것이 사람들을 행복하게 하고 서로 연결되도록 한다는 점에서만 중요한 것은 아니다. 연계망은 정서적인 지지뿐 아니라 수많은 기능을 하고 있다. 도구적인 원조(이동이나 아동 양육을 도와주는 것, 돈을 빌려 주거나, 일자리를 찾는 것 등), 평가(문제 또는 해결책에 대한 평가), 모니터링 등이 그것이다(Pescosolido, 2001: 472).

선행 연구를 보면, 사회적 지지를 받지 못하는 것은 의학적 상태의 악화와

도 관련된다. 좀 더 다양한 사회적 관계망을 가지고 있는 것은 질병에 맞서는 데 도움이 된다는 연구 결과가 있다. 별거나 이혼을 한 사람은 결혼생활을 하는 사람보다 특정한 질병으로 인한 사망률이 더 높다(Pahl, 2000: 145). 사회적으로 격리된 사람은 사회적 관계망과 정서적 지지의 원천을 가지고 있는 사람보다 사망률이 두 배 또는 세 배 정도 높다(Brunner, 1997). 이러한 메커니즘이 어떻게 작동하는지에 대해서는 분명하지 않지만, 심리적 긴장이 면역체계의 변화를 유발시켜서 질병에 취약하게 만들 가능성이 있다. 예컨대, 스트레스 상황에서 분비되는 호르몬으로 알려진 코르티솔(cortisol)이 심장과 뇌에 나쁜 영향을 주는 것으로 알려져 있다.

우정은 단순한 문제가 아니다. 다양한 종류의 우정이 있고, 우정의 사회적 의미와 형태는 서로 다른 역사적 시대와 상이한 공간에 따라서 매우 다양하게 나타난다. 더구나 각각의 사람은 저마다 다르게 우정을 맺어 나간다. 예컨대, 남자의 우정은 전형적으로 공유된 활동에 기초를 두는 반면, 여자의 우정은 전형적으로 의사소통에 기초를 둔다. 일반적으로 여성은 남성보다 우정과 상호작용에 훨씬 능력이 있는 것 같다(Traustadottir, 1993). 그것이 가져다주는 이익과 관련해서, 두 가지 유형의 친구가 있다고 한다. 첫째, 친밀한 친구다. 사람들은 친밀한 친구와 사적인 경험과 감정을 주고받는다. 이 유형의 우정은 깊이 있고 서로를 돌보는 유대감을 가지고 있으며 신뢰, 좋아하는 감정, 그리고 아마도 공유된 경험의 역사가 있을 수 있다. 친밀한 친구는 서로 자주 만나지는 않을 수도 있다. 그러나 그들은 필요할 때는 만난다. 사람들은 그렇게 많은 친밀한 친구가 있는 것은 아니고, 고작 두세 명 정도 있을 수 있다. 둘째, 사교와 친목을 위한 친구가 있다. 이는 사회생활에서 의미가 있는 관계다. 즉, 무엇인가를 함께할 수 있는 친구다. 어떤 이는 이런 친구를 많이 필요로 할 수 있다. 자기가 사람들과 같이 어울리고 싶을 때 만날 수 있는 친구를 많이 두고 싶어 한다. 이 두 가지 유형의 우정은 때때로 실제적인 도움을 제공할 수 있다—예컨대, 보조(assistance)나 조언을 제공하는 것이다. 상호성(reciprocality)은 우정에 필요한 덕목이다. 각자는 상대방을 위한 어떤 기능을 해 주는 것이고 관계 속에서 서로 주고받는 것이 있어야 한다.

21세기에, 친구는 인류 역사상 이전 시대에 비해 더 중요한 역할을 하게 될 것이다. 한 세기 전만 해도, 우리는 자신이 속한 가족에 의해서 사회적으로, 문화적으로 결정되어 왔다. 50여 년 전에는 이 역할을 개인이 속한 일터나 직업이 수행하였다. 이제 중요한 것은 함께 하는 사람들이다. 풍부하고 다양한 사회적 연계를 만들어 나가고 친구를 사귀는 것은 드러나지 않지만 매우 중요한 사회적 차원이다. "한 시민이 완전히 그 사회에 포함되기 위해서는 물질적인 자원에 접근하는 것만으로는 충분하지 않다. 심리적인 자원에 접근하는 것도 필요하다."(Pahl, 2000: 164)

장애인과 고립

친구관계가 정서적 · 사회적인 이득만이 아니라 의학적 · 실질적인 이득도 주는 것이라면, 이는 친구관계가 특히 장애인에게 중요할 수밖에 없는 이유가 될 것이다. 장애인은 종종 자신의 몸과 건강을 돌보는 데, 그리고 환경과 사회체계와 타협해 나가는 데 비장애인보다 더 큰 어려움을 겪는다. 그들은 매일매일의 일상에서 도움을 제공하는 타인에게 좀 더 의존해 있고, 의학적인 문제에 대해서 더 취약할 수 있다.

이처럼 장애인이 친구에 대해 더 큰 필요를 느끼고 있음에도 불구하고, 그들은 연결망이나 친구 집단 안에 잘 통합되지 못한다. 장애인은 다른 불이익 집단과 달리, 심각한 고립과 외로움을 경험하고 있다. 노동계급이나 소수 인종집단의 경우, 보통 그들은 이웃끼리 공동체를 이룬다. 또한 가족은 냉혹한 세상에서 피난처가 될 수 있다. 가족 안에는 서로 경험을 공유할 수 있는 타인, 역할모델이 되어 줄 수 있는 타인이 존재하는 것이다. 여성은 여성 가족

성원과 친구를 통해서 역할 모델, 친구, 지지자를 발견할 수 있다. 레즈비언과 게이는 가족과 이웃에게서 위협과 고립을 경험할 수 있다. 그러나 많은 경우 연결망과 하위문화가 이들에게 대안을 제공한다. 특히 도시지역에서는 더 그러하다. 어떤 게이나 레즈비언은 상업적인 게이 클럽에서도 그들의 정체성과 공동체를 발견한다. 또 다른 사람은 대안적인 공동체를 모색하거나 '선택한 가족(families of choice)'(Weeks et al., 2001)을 만들어 자신의 가까운 이웃이나 생물학적 가족을 대신하기도 한다.

반대로 장애인은 가족, 이웃 또는 더 넓은 지역사회 안에서 자기가 아닌 다른 장애인을 한 명도 알지 못하고 지낼 수도 있다. 그들은 장애인으로서 정체성을 찾는 것이 어렵다는 것을 알게 될 것이다. 그들은 사회적 상황에서 배제될 수 있다. 편견, 무시, 적개심 등이 장벽을 만들 수 있는데, 이런 것은 모르는 사람을 새로 사귀기 어렵게 할 수 있고, 공적인 공간에 진입하는 것이 고난의 길이 되게 할 수도 있다(Watson, 2003). 장애인은 사교적일 수 있는 에너지나 기술, 또는 자원이 없을 수 있다. 지역사회 보호는 대부분의 손상을 입은 사람이 격리된 시설 공간이 아니라 지리적으로 가까운 이웃과 함께 살아가는 것을 강조하였다. 그러나 많은 장애인은 집이라는 그들만의 공간에 사실상 죄인처럼 갇혀 있다. 이는 환경적인 장벽, 경제적 빈곤, 감정적인 취약함, 이동성의 문제 등에서 기인한다. 노인이 사회적 접촉과 친밀성을 상실할 위험에 처해 있다는 것은 잘 알려져 있지만, 장애인도 이러한 어려움을 경험할 수 있다. 20여 년 전에 지역사회에 기초한 서비스에 대해 검토한 문헌에서, Traustadáttir(1993)는 대부분의 장애인이 여전히 고립되어 있고, 외로움을 겪으며 친구가 별로 없다고 결론 내렸다. 이러한 비연결성은 인생 과정의 특정한 시기에서(Priestley, 2004) 또는 장애인 중에서도 특정한 집단에서 더욱 크게 나타날 수 있다.

예컨대, 가족 중에 장애인을 둔 사람은 사회적으로 고립되는 경향이 있다. 부모는 충분한 서비스를 받지 못한 채 낮은 소득으로 생존하기 위해 투쟁해야 하고, 장애가 있는 자녀가 친구관계를 형성할 수 있도록 지원할 시간이 없을 수 있다. 장애아동에 대한 사회적 조사 결과에 따르면, 또래집단으로부터의 고립은 손상을 입은 많은 청소년에게 주요한 문제다(Priestley et al., 1999; Skär, 2003). 어떤 아이는 그것이 특수학교든 일반학교든 간에 자신에게 적절한 편의를 제공할 수 있는 학교에 다니기 위해 멀리 떠나 있기도 한다. 그 결과 그들은 자기 이웃 친구를 사귀지 못하게 된다. 많은 장애아동이 시간의 대부분을 어른과 보내고 있다. 그 어른은 부모일 수도 있고, 학교의 특수교육 보조원일 수도 있고, 또 다른 돌봄 제공자나 치료사, 사회복지사일 수도 있다. 장애아동은 거의 항상 어른과 동행하기 때문에 아이의 사회에 접근하지 못하게 되고, 나이에 맞는 활동을 함께하지 못한다. 또 아동과 청소년기의 전형적인 반항을 표출하기도 한다. 조사에 따르면, 많은 장애아동은 친구가 거의 없거나 전혀 없다. 그들은 "안녕, 친구야." 하고 인사를 할 수는 있지만, 진정으로 친한 것은 아니다. 예컨대, 시각손상이 있는 청소년에 대한 Huurre와 Aro(1998)에서, 이 청소년은 또래에 비해 친구가 더 적었고 더 큰 외로움과 낮은 자존감을 보여 주었다. Karl Atkin과 Yasmin Hussain(2003)은 아시아인 장애 젊은이가 고립되어 있고 연결망을 가지고 있지 못하다는 것을 발견했다. 예를 들어, 여가생활에 대한 질문에 대해 Shakeel은 "남는 시간이요? 나에게는 매일매일이 남는 시간인 것 같은데요."라고 대답하였다(Atkin and Hussain, 2003: 169).

Aitchison(2003)은 그가 조사한 장애 젊은이는 대부분의 여가 시간을 혼자 있거나 집에서 하는 활동에 쓰고 있다는 것을 알게 되었다. 예컨대, 텔레비전을 보거나 음악을 듣거나 컴퓨터 게임을 하는 것 등이다. 그가 조사한 15명의 응답자는 조사가 진행된 2주 동안 평균 한 번 정도 친구를 만났을 뿐이었다. Pippa Murray는 100명의 장애 10대에 대한 조사를 수행하였다. 그들 대부분은 인생이 고립, 외로움, 배제로 얼룩져 있다고 묘사하였다(Murray, 2002). 적절한 지원—즉, 교통편과 개인적 활동보조—이 제공되지 않을 경우 참여를 막는 주요한 장벽이 된다. 전문가는 여가생활을 누릴 기회가 인생을 살아가는 데 필요한 기술과 독립성을 익히는 데 유용한 방법이라고 생각하지만, 정작 젊은이의 목적은 친구를 사귀는 것이다.

정신질환이 있는 사람은 장애인 중에서도 특히 고립되기 쉬운 또 하나의 집단이다. 정신질환이 있는 많은 사람에게, 지역사회는 당황스럽고 외로운 곳으로 보일 수 있다(Lester and Tritter, 2005). 이들이 인간관계를 유지하기는 어렵다. 정신질환에 대한 편견과 두려움이 있기 때문이기도 하고, 정신질환이 행동에 미치는 영향 때문이기도 하다. 정신증이 있는 사람은 일반 인구에 비해 이혼율이 3배 정도 높다(Meltzer et al., 2002). 중증의 정신질환이 있는 3,000명에 대한 최근 연구에서, 심지어 지원조직과 접촉을 하고 있는 사람 중에서도 1/4은 지역사회 활동에 전혀 참여하지 않거나 거의 참여하지 않는 것으로 나타났다(Pinfold, 2004). 사회적 연결망이 정신건강 서비스를 이용하거나 그곳에서 함께 일하는 다른 정신질환자로 국한되는 경우도 10명 중 4명꼴로 나타났다. 정신질환자의 84%는 고립감을 느끼고 있는데, 이는 일반 인구의 29%와 비교되는 수치다.

학습장애가 있는 사람도 친구관계의 문제에 직면하고 있다. 탈시설화 이후, 그들은 지역사회 안에서 살아가고 있지만 거기에 참여하지는 않는다. 학습장애인은 종종 전문 직원의 집단이나 학습장애가 있는 또래 집단 안으로 고립된다. 한 연구에서는 학습장애 서비스를 이용하고 있는 사람 중 겨우 1/3만이 단 한 명의 비장애인 친구를 가지고 있는 것으로 나타났다(Robertson et al., 2001). Emerson과 McVilly(2004)는 잉글랜드 북쪽의 지원 거주 시설(supported accommodation)에 살고 있는 사람을 연구하였다. 그 결과 학습장애인의 81%는 더 많은 친구를 갖기 원했고, 65%는 '절친한 친구(best friend)'를 두고 싶어 했다. 65%는 다른 학습장애인과 친구관계를 맺고 있었고, 25%는 학습장애인이 아닌 친구가 있었지만, 4주 이상 친구관계를 맺고 있는 사람 수의 중앙값(median)은 2명에 불과하였다. 연구자는 사회적 활동의 수준을 결정하는 것은 개인의 성격 특성이 아니라 환경이라고 결론 내렸다. 학습장애인의 적응 목표에 대해 조사한 결과, 가족과 친구 등 사회적 연결망에 접근하는 것은 일상생활 관련 개입의 핵심적인 측면이었다(Barr et al., 2003). 응답자는 자신의 가정에서 프라이버시를 유지하는 것에 우선순위를 두면서도, 가정 안에 혼자 남겨지는 것에 대해서는 두려움을 표현하였다.

장애인 가운데서도 어떤 사람들은 이런 정도의 사회적 배제를 경험하지는 않을지도 모른다. 예컨대, 성장 제한이 있는 사람은 보통 인지적인 제한을 경험하지 않기 때문에 사회 속에서 일하거나 참여할 수 있고, 때로는 스스로가 장애인으로 규정되는 것에 대해 저항하기도 한다. 그러나 잉글랜드 북부의 성장 제한이 있는 사람에 대한 지속적인 연구를 통해서 우리 연구 팀은 일반 인구 집단과는 다른 사회적 현상을 발견하게 되었다. 이 연구는 63명의 응답자에 대해 조사하였다. 이들 중 55%가 결혼하지 않은 사람들이라는 것은 일반인구 집단의 30%와 크게 차이가 나는 것이었다. 또 이중에서는 겨우 39%만이 결혼을 했거나 결혼을 한 적이 있는 사람들이었는데, 일반 인구에서는 69%가 그러했다. 일반 인구집단에서는 12% 정도만이 혼자 사는 사람이었지만 우리 응답자 중에서는 30%가 혼자 살고 있었다. 성장 제한이 있는 모든 성인이 외롭고 고립되어 있다고 말하는 것은 오류일 수 있겠지만, 이러한 자료는 그들이 비장애인 동년배집단보다 사회적 접촉이 더 적음을 암시하는 것으로 보인다.

친구와 동료가 있는 장애인이라고 하더라도, 비장애인은 당연하게 여길 만한 일상생활 속에서의 친밀성을 경험하는 것에서는 어려움을 느낄 수 있다. 이는 단지 아이를 갖거나 가족생활을 영위하는 것에만 관련된 문제는 아니다. 물론 아이를 갖고 가족생활을 영위하는 문제도 중요하다. 많은 이들이 의사소통에서의 좌절과 어려움을 경험하는데, 이는 단지 억압에서만 기인하는 것이 아니라, 언어장애가 있는 사람을 이해하는 데 발생하는 매우 실제적인 문제에서 기인한다. 어떤 장애 성인은 타인과의 신체적 접촉을 거의 경험하지 못한다. 그들의 몸은 일상적으로 고통, 제한, 통제할 수 없음으로 경험된다. 타인이 그들의 몸을 만지는 경우는 주로 돌보는 사람, 개인적 활동보조인, 전문가가 일상적인 생활 장면에서 그들을 옮기거나 움직이려고 할 때이거나, 의료적인 개입을 할 때다.

장애인의 고립감과 외로움을 어떻게 설명할 수 있을까? 이 고립감과 외로움이 손상으로 발생하는 필연적인 결과라고 말하는 것은 잘못된 결론으로 이끈다. 그러나 그것이 단지 사회적 억압의 문제라고만 말할 수도 없다. 광범위한 사회적 흐름, 장애인이 직면하고 있는 하나하나의 장벽, 손상에 따른 사회적 곤경, 이 모든 것이 이 문제에 관련되어 있다.

지역공동체의 쇠락과 연계를 위한 투쟁

20세기를 통하여 서구사회는 점점 더 개인주의화하고 원자화하였다. 즉, 가족, 종교, 지역공동체와 같은 전통적인 유대가 사라지고 있다. 사회적 · 종교적 · 인구학적 요인으로 말미암아 친족, 친구, 지역공동체의 연결망이 갖는 강도가 약화되었다. 예를 들어, 다음과 같다.

- 가족규모가 작아지고 점점 더 뿔뿔이 흩어지고 있다.
- 조직화된 종교는 더 이상 일반적이지 않다. 종교를 둘러싸고 형성되었던 사회적 연계망은 점차로 일반적이지 않은 것이 되었다.
- 사람들은 더 유동적이 되어서, 자신이 태어난 지역공동체를 벗어나 고등교육을 받으러 떠난다. 때로는 일자리를 찾기 위해 평생 여러 곳을 옮겨 다니며 살아간다.
- 직업 경력(careers)의 압력은 노동 연령에 해당하는 사람이 지역공동체의 활동에 헌신할 수 있는 시간이 점차 줄어든다는 것을 의미한다. 일하

는 여성이 늘어나고 전업주부로서 가정에만 있는 사람이 줄어들기 때문이다.

- 전화와 인터넷을 통한 비면대면 상호작용과 텔레비전과 멀티미디어 등의 수동적인 여가 형태가 사람 사이의 직접적인 사회적 접촉을 대신하고 있다. 같은 지역의 가게나 서비스를 이용하고, 그곳의 직원과 관계를 맺어 나가기보다는 마을 밖의 쇼핑 센터로 차를 몰고 나간다. 그리고 그곳에서의 상호작용은 보통 익명적이다.

이러한 요인은 그 수준은 다양하겠지만, 지속성과 상호연결을 해친다. 이러한 변화 중 어떤 것도 우정을 불가능하게 하지는 못하며, 우정은 여러 차원에서 중요하지 않았던 적이 없었다. 그러나 이 요인은 우정을 약화시킬 뿐 아니라 우정의 형태를 변화시키는 요인이 될 수 있다. 예컨대, 사람들은 직장을 통해서나 자녀 양육을 위한 네트워크를 통해서 친구를 빨리 사귈 수 있을지 모르지만, 사귐이 빠른 것과 마찬가지로 관계를 종결하고 다른 관계로 옮겨가는 것도 빠르다. 사람들은 자기 마을에 사는 이웃을 모를 수 있고, 지역공동체 안에서 친구를 사귀는 데 시간을 할애하지 않을 수 있다. 왜냐하면 관심사에 따른 네트워크에 연결되어 있기 때문이다. 반대로 과거의 공동체는 장기적이고 안정적인 익숙함에 기초를 두고 있었고 지역 안에서의 활동을 공유하고 있었다. 인류학자 Mary Douglas는 강한 연대와 약한 연대를 구분하여 이렇게 설명한다.

> 강한 연대는 영유아, 노인, 장애인, 만성 질환자 등 의존적인 인구집단에게 가장 좋다. 그러나 강한 연대가 한번 깨지면 그것을 보수하기는 어렵다. 인생 과정의 특정한 단계에서 그것을 강하게 하고, 또 다른 단계에서는 그것을 느슨하게 하기는 어렵다. 반면 약한 연대는 개방적인 사회를 선호하는 우리의 문화적 취향에 더 잘 어울린다(Pahl, 2000: 159에서 재인용).

이 모든 사회적 변화는 장애인에게뿐만 아니라 다른 많은 사람에게 고립과 비연계성의 문제를 가져온다. 그러나 그 문제는 특히 장애인에게 큰 영향을 미친다. 지역사회 보호는 대부분의 장애인이 지역공동체 안에서 살아가게 된 것을 의미하는데, 바로 그 지역사회의 개념이 침식당하고 있는 것이다.

장애, 우정, 그리고 사회적 장벽

우정의 발달은 사람을 만날 수 있는 기회를 갖는 것, 그리고 우정을 발전시키고 유지할 수 있는 기술을 가지고 있는 것에 달려 있다. 장애인의 삶을 필연적으로 슬프고 비극적인 것이라고 생각해 버리는 전통적인 실수에 빠지지 않기 위해서는 우정에 관련된 사회적 요인의 역할을 이해하는 것도 중요하다. 이는 장애인의 고립을 환경 및 사회적 장벽과 관련하여 설명하려는 것을 의미한다. 즉, 교육에서의 분리, 고용 차별, 접근할 수 없는 이동 수단과 접근할 수 없는 사회적 환경 등을 고려하는 것이다.

『성의 관점으로 본 장애의 정치(*The Sexual Politics of Disability*)』에서 우리는 장애와 섹슈얼리티의 문제가 우리의 몸이 남들과 다르기 때문에 나타나는 결과가 아니라는 것을 보여 주기 위해서라도 사회모델을 활용할 필요가 있다고 주장하였다. 그동안 사회모델은 우리 시대의 사회적 조직—즉, 잘못 설계된 교통, 편견에 찬 태도(Keith, 1996), 사람을 무능력하게 하는 차별적인 고용주 등—의 실패를 설명하는 데에만 활용하여 왔다. 장애인에게 성적 문제가 있는 것은 그들이 걷지 못하거나, 보지 못하거나, 또는 그들이 몸의 여기저기에 느낌이 없기 때문에 생기는 것이 아니다. 우리가 이미 설명한 것처럼, 장애인의 섹슈얼리티 문제는 어떻게 할 것인지의 문제가 아니라 누구와 할 것인지의 문제다. 장애인의 성적 표현을 막는 장벽은 그들이 살아가고 있는 사회와 일차적으로 관련된다. 그들의 몸과 관련된 것이 아니다. 예를 들어, 많은 사람은 학교나 대학에서 함께 공부하는 사람, 그리고 함께 일하고 있는 사람 사이에서 친구를 사귀게 된다. 만약 장애인이 학교에서 격리되거나 고등교육에서 배제된다면, 또 그들이 두 배 이상 높은 실업률을 보이고 있다면, 그들은 기술, 기회, 소득을 가질 수 없을 뿐 아니라 사회적 연결망과 자존감에서도 결핍을 경험할 수밖에 없다. 사회적 연결망을 갖고 자존감을 키우는 것은 교육과 고용에 참여함으로써 얻을 수 있는 것이기 때문이다. 만약 사람들이 돈이 없으면, 그들은 음료와 식료품을 살 수 없고, 극장에 물리적으로 접근할 수 있다고 하더라도 영화나 문화적 이벤트를 즐길 수 있는 티켓을 구입할 수 없다.

사회적 배제를 극복하기 위한 사회적 · 교육적 개입은 장애인의 통합과 친구관계를 맺을 기회에 역설적인 영향을 미친다. 예컨대, 이미 논의한 것처럼, 특수한 욕구를 충족하기 위한 보조요원이나 비장애 원조자의 존재는 장애아동이 또래집단에서 배제되게 하는 결과를 가져올 수 있고, 친구에게 접근하고 사귀는 것을 어렵게 하기도 한다. 역설적이게도, 거주시설과 특수학교는 많은 곳에서 격리, 무능력화(disempowerment), 학대 등의 문제가 발생함에도 불구하고, 장애인에게는 친구관계를 맺을 수 있는 안전한 장소가 되기도 한다. Edgerton(1984)는 시설 안에 내재해 있는 하위문화가 얼마나 사교성, 조화, 자존감을 강화하는지를 보여 주었다. 지역사회 안에서 독립적으로 살아갈 권리를 갖는다는 것은 바람직한 원칙이다. 그러나 실제로는 이웃 사이 한가운데에 있는 자기의 집 안에 고립되는 것이 될 수 있다. 그 이웃은 연결망이나 친구관계의 기회를 거의 제공하지 않는다. 많은 장애인이나 노인에게, 데이 센터에 출석하는 것이나 그룹 홈에서 살아가는 것은 하루 종일 지루하게 있거나 혼자서 살아가는 것보다 더 선호할 만하다. 많은 장애인이 지역사회 안에 있지만, 진정으로 지역사회의 일부분이 되지는 못하는 것이다.

장애 관련 서비스도 항상 문제를 제대로 인식하는 것은 아니다. 친구관계의 기회를 촉진하는 것은 그들의 의제가 아닐 수 있다. 서비스 관계자는 그들의 클라이언트가 친구를 사귈 수 있도록 돕는 것은 자신의 일이라고 생각하지 않는다. 장애 서비스는 클라이언트 개개인이 속한 상황에서 기회를 촉진하는 것보다는, 그들을 주류와 구분되는 곳으로 끌어 내서 집단 활동에 참여시키는 것에 초점을 맞춘다. 많은 서비스는 장애인이 겪을 위험과 그에 대한 보호에 집중되어 있고, 그들의 클라이언트가 세상과 비구조화된 접촉에 노출되는 것에 대해 걱정스러워한다. 예를 들어, 학습장애가 있는 사람이 그들의 섹슈얼리티를 탐색하기 시작하면, 그들이 학대나 착취에 노출될까 봐 걱정한다.

장애권리운동의 발전은 다른 영역에서도 많은 강점이 있지만, 장애인이 고립과 외로움을 극복하도록 하는 데에도 이점이 있다. 예컨대, 반차별법, 사회적 · 환경적 장벽의 제거, 접근 가능한 교통수단, 주류적인 교육과 고용에 참여할 수 있는 기회의 확대, 그리고 경제적 자원의 증가 등은 모두 장애인의 삶의 질을 개선한다. 이렇게 되면 사람들은 좀 더 많은 사회적 접촉과 기회를 갖게 되고 주류 사회에 더 많이 접근할 수 있게 되어 더욱 통합에 가까이 갈 수 있다. 둘째, 장애권리 접근은 장애인의 문제에 대해 개인 당사자의 문제에서 억압적인 사회의 문제로 인식을 전환함으로써 자존감을 증진한다. 또한 사회모델은 장애인이 억압과 고립을 극복할 수 있도록 비장애인이 이들에게 힘을 실어 주어야 한다는 도덕적인 사명을 부과한다. 장애인이 그저 불운한 것이 아니라, 어떠한 억압에 직면하고 있는지를 보여 주기 때문이다. 셋째, 장애권리운동은 일차적으로 장애인 내부에서부터 사회적 연결망을 만들고 유지하게 한다(Campbell and Oliver, 1996). 예컨대, 연대, 직접 행동을 통한 저항, 장애인 예술 활동 등은 모두 장애인이 서로서로 연대할 수 있는 기회를 제공한다. 장애권리에 기초한 것이든, 공유된 손상경험에 기초한 것이든, 장애인의 하위문화는 억압받는 개인에게 친구를 만들고 자기를 확인할 수 있도록 한다.

이러한 결과물은 분명 가치 있는 것이지만, 역설적이게도 장애권리운동의 등장이 갖는 부정적인 영향도 있다는 점을 지적해야 한다. 예를 들어, 장애운동은 모든 장애인에게 환영받거나 모든 장애인을 포괄하는 것은 아닐 수 있다. 또한 장애인 내부에서도 소수자인 사람이나 특정한 손상을 입은 사람이 늘 동등하게 대표되거나 지원받지는 못한다는 불만이 있어 왔다. 더구나 권리 담론은 정치적 정체성을 강화할 수 있는데, 이는 비장애인에게 거부감을 드러내거나 적대적이고, 스스로를 격리시키는 반응을 촉진하는 결과를 가져올 수도 있다. 장애가 있는 친구를 더 많이 사귀는 것은 때로 비장애인 친구나 가족과 가까워지지 못하는 대가를 치르는 것이기도 하다. 비장애인 친구나 가족이 장애인에 대해 온정적이고 부적절한 반응을 보이는 사람으로 보이기 때문이다. 물론, 이것은 부정적인 결과물이 아닐 수도 있다—나를 깎아내리기보다는 나의 자존심을 높이도록 도와주는 몇 명 안 되지만 좋은 친구가 나로서는 더 선호할 만할 테니까.

장애인의 삶에서 친구와 연인이 없는 것에 대한 사회모델의 분석은 오래되었지만 무시되어 왔던 이러한 문제에 대해 충분히 설명해 주지 못한다. 개념적으로 이것은 사회적인 현상이지 생물학적인 현상이 아니다. 그러나 이는 또한 단순히 차별의 문제만도 아니다. 이것은 부분적으로 손상에 따른 불편함과 관련이 있다. 광범위한 사회 변화는 장애인이 특히 불이익을 당하게 되는 세상을 만들었고, 손상을 입는 것이 가져오는 문제를 더 악화시켰다. 장애인과 노인만이 역량을 상실하고 가치를 잃게 되는 것이 아니다. 우리가 살아가고 있는 이 시대의 사회적 환경은 호혜적인 관계에서 기여하는 것이 별로 없을 것 같은 사람을 위한 공간을 별로 가지고 있지 않다. 즉, 세속주의, 개인주의, 소비주의가 지배하는 세상은 고립되고 배제된 사람을 돕는 데 별로 우선순위를 두지 않는다.

사회적 상호작용의 성취

장애인과 비장애인 사이의 상호작용은 여러 가지 이유로 어려울 수 있다. 그 이유 중 어떤 것은 장애인 자신과 관련된다. 어떤 종류의 손상은 사회적 관계 맺음을 더 어렵게 하기도 한다. 예컨대, 언어적인 손상이 있는 사람은 이해받기 어렵다(Paterson and Hughs, 1999). 농인은 의사소통을 위해 수화에 의존하는데, 많은 건청인은 수화에 익숙하지 않거나 잘 알지 못한다. 농인이거나 듣기에 어려움이 있는 사람은 타인과의 의사소통의 어려움 때문에 결과적으로 매우 고립된 위치에 처하게 된다. 대부분의 비장애인은 농-맹이 다 있는 사람과 어떻게 의사소통해야 하는지 알지 못한다. 학습장애가 있는 사람도 언어를 잘 사용하지 못할 수 있고 마카톤(Makaton)*을 사용할 수도 있다. 이 모든 경우에, 통역인에게 의지하는 것은 상호작용에서의 긴장을 유발할 수 있다. 친밀감, 선의, 참을성을 가지면, 의사소통은 좀 더 쉬워진다. 그러나 대화에 참여하는 양쪽이 모두 대화를 유지하려고 노력해야 한다.

또 다른 경우, 명백하게 드러나는 의사소통의 장애물은 없을지라도 상호작용이 여전히 어려울 수 있다. 예컨대, 학습장애가 있는 사람은 평범하게 행동하지 않을 수도 있고, 미묘한 신체 언어나 가벼운 농담 같은 것을 이해하지 못할 수도 있다. 정신건강의 문제가 있는 사람이나 인지적인 손상을 입은 사람은 통찰이 부족하거나, 불안하거나 의심이 많을 수도 있고, 그렇지 않더라도 일반적이지 않은 방식으로 상호작용할 수 있다. 그들은 이전에 나누었던 대화나 이전에 만났던 사람을 잊어버릴 수도 있다. 시각적인 손상이 있는 사람의 경우, 접촉을 처음 시작하는 것이 어려울 수 있고, 또는 비언어적인 단

* 역자 주-말하기를 통해 효과적으로 의사소통하지 못하는 인지 장애인, 자폐인, 언어장애인 등을 위한 보완 · 대체 의사소통 체계.

서를 통해 의사소통하기에 어려움이 있다. 눈 맞춤을 하지 못하기 때문에, 이들에게 익숙하지 않은 사람은 불편함을 느낄 수 있다. Erving Goffman(1968a)이 설명한 것처럼, 낙인의 영향이 상호작용을 시작부터 어렵게 하기도 한다. 이러한 손상의 효과가 상호작용에서의 당황스러움이나 어색함이 아니라 억압이나 차별에서 기인하는 것이라고만 말하기는 어렵다. Lenney와 Sercombe (2002: 16)가 관찰한 바에 따르면, "장애인이 다른 사람과 상호작용할 때 발생하는 역동성은 복잡하고 모순적이다."

손상이 반드시 상호작용의 결과를 결정하는 것은 아니다. 고도의 시각손상이나 의사소통장애가 있는 사람도 매우 성공적으로 사회적 상호작용을 수행하기도 한다. 그러나 평균적으로 말하면, 이러한 손상은 많은 장애인의 사회적 고립을 유발하는 데 기여한다. 예컨대, 상호작용에 성공한 사람은 Fred Davis(1964)가 '정상화(normalization)'라고 불렀던 방식으로 성공할 수 있었다. 여기에서 정상화란 비장애인이 손상에 대한 선입견을 넘어설 수 있도록 격려하고 둘이 공유할 수 있는 것을 발견함으로써, 상대방에게 한 걸음씩 다가서는 것을 말한다(Fisher and Galler, 1988: 173). 장애인이 이러한 방식으로 움직이고자 한다면 기술과 확신이 필요하다. 사회적 장벽을 극복하는 사람을 보면, 그들의 손상을 보완할 만큼의 다른 요인을 가지고 있기 때문에 그것이 가능한 것이다. 예컨대, 그들은 인종, 성별, 지위 등에서 문화적 이점을 누리고 있거나, 적응 유연성, 또는 관대한 성격을 가지고 있다.

그러나 장애인은 손상과 차별 모두를 경험해 왔고, 과거에 의사소통의 어려움을 경험함으로써 자신감이나 자존감을 잃어버린 경우가 더 많다. 예를 들어, 후천적인 뇌손상이 있는 사람은 그 손상으로 인해 자신의 정체성이 무너져 버렸다고 느낄 수 있다(Sherry, 2002). 평생을 거주시설에서 보낸 사람은 개별성이나 자율성에 대한 생각을 별로 갖지 못할 수도 있다. 일반적으로 장애인은 중요한 타인이나 일반 사회로부터 부정적인 메시지를 내면화해 왔을 것이고, 그들 스스로가 무능력하거나 가치가 없거나 바람직하지 않다는 생각을 하고 있을 수 있다. 또 다른 방향으로, 이들은 자신의 상황에 대해서 분노하거나 적개심을 가지고 있을 수도 있다. 자신이 취급받는 방식에 대해서 화가 나 있고, 타인에게서 실제 경멸을 당하거나 또는 경멸당했다고 인식하게 되면 이를 그냥 넘기려 하지 않을 수 있다(Keith, 1996). 스스로 자신감을 잃어버리든 상황에 대한 분노를 표출하든, 이 모두는 손상과 장애에 따른 어려움에 대해 장애인이 보이는 반응으로서 이해할 만하다. 그러나 이 둘 모두 다른 사람과 편안한 관계를 맺는 데 도움이 되는 것은 아니다.

물론 장애인이 연결망과 지역사회 안에서 고립되거나 통합되는 정도에 가장 크게 영향을 미치는 것은 비장애인의 태도와 행동이다(Keith, 1996; Tregaskis, 2004a). 비장애인이 장애인과 의사소통하거나 사귀려고 노력하지 않는 데에는 여러 가지 이유가 있을 수 있다. 장애인이 비장애인으로부터 분리되어 왔다면, 이로 인해 비장애인은 장애인에게 익숙하지 않게 된다. 그렇게 되면 두려움이나 편견이 생겨날 수 있다. 비장애인이 가질 수 있는 무시하는 마음이나 사회 기술의 부족도 장애인과의 의사소통에서 발생하는 어려움을 극복하거나 일반적이지 않은 장애인의 행동에 대처하기 어렵게 하는 요인이 될 수 있다. 장애인을 무성적이고 거친 사람으로 보게 하는 문화적 표상은 비장애인으로 하여금 장애인과 더불어 여가나 사회적 활동을 하도록 마음을 열고 싶지 않게 할 수 있다. 자기 자신의 불안정성으로 많은 사람은 성공한 사람이나 높은 성취를 이룬 사람과 어울리고 싶어 한다. 장애인은 옆에 두기에는 능력이 없고 신뢰할 수 없는 사람으로 보일 수 있다. 만약 장애인이 힘들어하거나 고통스러워하는 것처럼 보이면, 이것이 비장애인을 불편하게 할 수 있다. 사람들은 인생의 힘든 구석은 되도록 피하고 싶어 한다. 장애인과의 관계는 비대칭적인 것으로 인식될 수 있기 때문에, 비장애인은 그 관계에서 아무런 개인적 이익도 기대할 수 없다고 가정할 수도 있다. 마지막으로, 이런 문제에 별달리 신경을 쓰지 않고 장애인에게 접근하려는 사람도 돌보는 역할을 떠맡고 싶지는 않을 수 있다. 이는 특히 여성의 반응을 구성하는 요인이다.

"여성에게는 먹여 주고, 도와주고, 치료해 주는 역할이 맡겨지기 때문에, 장애가 있는 누군가를 알게 되는 것은 비장애 여성이 자동적으로 돌봐 주는 사람이 되는 것을 의미하는 것처럼 보일 수 있다."(Fisher and Galler, 1988: 76) 극단적으로는 의존적인 관계를 만들어 낼까 봐 두려운 것이다. 의존적인 관계 안에서 장애인은 과도하고 끊임없는 요구를 하고 비장애인은 이런 요구를 충족시켜 줄 마음이 없거나 능력이 없다(DisAbility Services, n.d.: 16).

그러나 이러한 부정적인 반응이 전체를 설명할 수 있는 것은 아니다. 장애인과 기꺼이 친해지고 싶어 하고, 그들을 도우려고 하고, 자신의 생활과 의사소통 영역 안에 장애인을 포함하려고 하는 사람도 많이 있다. 사람들이 장애인과 친구가 될 때, 손상이 두드러져 보이는 정도는 서서히 약해지게 된다. 장애인은 '낙인을 벗어나게(delabelled)' 되고(Taylor and Bogdan, 1989: 32), 정상으로 받아들여지며, 관계성은 상호적인 것이 될 수 있다. Traustadáttir(1993)는 장애인의 사회적 관계망 안에는 상대적으로 여성이 더 많고, 사회적인 지지를 제공하는 데에서도 여성이 더 중요한 역할을 하고 있다고 설명한다. 여성은 남성에 비해 장애인에게 좀 더 수용적인 것 같이 보인다. 남성은 장애가 있는 친구를 도와주는 것을 어려워할 수 있고, 정서적인 친밀감을 나누는 것도 쉽지 않다.

Taylor와 Bogdan이 1989년에 수행한 수용의 사회학(sociology of acceptance)에 대한 연구를 살펴보면, 왜 비장애인이 부가적인 노력을 하면서까지 장애인과 친구가 되는지에 대해 몇 가지 이유를 짐작할 수 있다. 첫째, 사람들은 장애가 있는 가족성원이 있는 가족관계에서 강한 유대감을 느낀다. "장애가 있는 그 가족성원이 없었다면 우리 가족은 지금의 우리 가족처럼 되지 않았을 것이다."(Taylor and Bogdan, 1989: 27) 웹사이트 AnSWeR(www.antenatal-testing.info)에 도움을 주고 있는 장애인의 부모와 형제는 장애가 있는 가족성원으로 인해서 그들의 삶이 얼마나 충만해졌는지, 그들이 장애 가족성원에 대해 얼마나 마음을 다하고 있는지 잘 보여 준다.

둘째, 장애인과 함께하는 데에서 실제로 많은 것을 얻을 수 있기 때문이다. 다음의 대화에서 나타나듯이, 사람들은 장애인을 좋아하고 그들과의 사귐을 즐긴다. “나는 그와 함께하는 시간을 정말 좋아합니다. 왜냐고요? 우리 두 사람은 모두 풍부한 상상력을 가지고 있고, 예술적 감성을 지니고 있으며, 비슷한 유머 감각을 가지고 있고, 초콜릿을 정말 좋아하고, 일요일 아침에 마시는 향기로운 커피 한 잔을 정말 좋아하기 때문이죠.”(Taylor and Bogdan, 1989: 27) 장애인은 유쾌한 사람이고 함께 즐길 수 있는 사람이다. 그들과의 사귐은 주류 사회에서의 좀 더 경쟁적이고, 지위 지향적이고 때로 스트레스를 유발하는 사회적 관계와는 좀 다른 경험을 줄 수 있다. 예컨대, 학습장애가 있는 사람은 비장애인보다 더 개방적이고 관대하고, 신뢰할 만하고 밝다. 그들은 유머 감각이 있고 인생을 즐길 줄 안다. 이런 것은 매우 가치 있다(Vanier, 1999).

셋째, 비장애인은 그들 자신의 자아에 대해 좀 더 긍정적인 느낌을 얻기 위해서 좀 운이 덜 좋은 사람을 가까이 하는 것일 수도 있다. 그들은 자신의 삶의 목적에 대해서 깨달을 수도 있고, 이 관계를 통해 뭔가 자신이 보람 있는 일을 하고 있다고 느낄 수 있다. 그래서 스스로가 좀 더 멋진 사람이 되는 느낌을 받을 수 있다. 사실 그들은 자선적인 활동으로 인해서, 그들이 속한 공동체 안에서 사회적으로 가치를 인정받을 수 있다. 장애인과 함께하는 것만으로 그들은 스스로의 자존감을 증진하는 것이다(Wuthnow, 1991).

넷째, 사람들은 이념적인 이유로 장애인을 포함하려고 하고 지원하려고 할 수 있다. 그들은 종교적인 책임감을 가지고 착한 사마리아인 또는 선한 이웃이나 자선을 행하는 사람으로 역할을 다하는 것이 바람직하고 그들이 믿는 신앙의 일부분이며 사후에 복을 가져다줄 것이라는 믿음을 가지고 있다. 또 어떤 경우 사람들은 정치적 또는 인류애적인 이유로 사회적 연대에 대한 신념을 가지고 있을 수도 있다. 그들은 타인을 포용하고 억압을 극복하는 것이 그들이 해야 할 일이라고 생각한다. 예를 들어, 여성운동은 명백하게 여성 사이의 우정, 그리고 상이한 배경을 가진 여성 사이의 우정을 격려했다(Fisher and Galler, 1988). 직업적으로 장애인과 함께 일하는 사람은 직업적 관심을 확장하여 그들의 삶에서 장애인과의 우정을 키워 갈 수도 있다.

상호성(reciprocity)은 좋은 친구관계에서 중요한 요인인 듯하다. 이는 심지어 장애인이 친구 사귀는 기술을 가지고 있고 비장애인이 장애인을 친구로 사귀고 그 관계를 유지하려는 마음을 가지고 있을 때조차도, 둘 사이에 문제를 남기기도 한다. 개별적인 활동보조와 더 나은 서비스가 제공되면서 장애인이 친구에게 의존하는 정도가 덜해지긴 하였지만, 언제든지 도움이 필요한 상황이 있을 수 있다. 장애인은 친구에게 도움을 청해야 하는 상황, 그래서 관계의 균형을 깨뜨리는 상황을 피하기 위해서 자신의 욕구를 최소화하려고 할 수 있다. 상호성은 대화의 주제를 찾는 데에도 문제가 될 수 있다. 예컨대, 섹슈얼리티나 임신, 심지어 장애 그 자체에 대한 대화에서도 검열이 이루어진다고 장애여성은 말한다(Fisher and Galler, 1988: 183). 비장애인은 장애 친구의 한계나 어려움에 대해 공유하지 못하는 것에 대해 죄책감을 느낄 수도 있다. 이 모든 것은 상호작용을 복잡하게 하고, 또 때로는 감정적 개방성과 교류의 가능성에 영향을 미치기도 한다.

때로 장애인과 비장애인 사이의 우정은 애매모호한 구석이다. 비장애여성인 Miehelle과 심각한 학습장애가 있는 여성 Susan 사이의 우정에 대해 묘사하면서, Traustadáttir(2000)는 Miehelle이 사랑의 언어(language of love)뿐 아니라 일의 언어(language of work)도 사용한다는 것을 보여 준다. 그들의 관계가 진실하고 상호적인 친구관계가 되는 것이 이상적이겠지만, 실제 매일매일의 현실은 Miehelle이 그들의 우정을 만들고 발전시키기 위해서 많은 노력을 기울이고 있는 것이었다. 정상적인 친구관계는 보통 동질적이고 균형이 잡혀 있다. 그러나 노력하여 얻어진 친구관계는 친구관계에 대해 흔히 가지고 있는 문화적 표상과 딱 들어맞지는 않는다. 이 관계에서 보상은 상호적이거나 서로서로 도움을 주고받는 것에 있는 것이 아니라, 누군가 다른 사람을 더 행복하게 해 주고, 사회에 포함시키기 위해 더 노력하고, 사회적으로 가치 있는 역할을 하도록 도와주었다는 것에 대한 만족감에 있다.

고립감과 외로움은 어떻게 극복할 수 있을까

고립감과 외로움의 원인을 단순히 억압에서 찾을 수 있는 것이 아니라면, 장벽의 제거만으로 이 문제를 완전히 해결할 수 있을 것이라고 보기는 어렵다. 강력한 반차별법과 잘 갖추어진 접근성을 가진 사회라면, 이는 틀림없이 장애인이 사회적으로 더 잘 참여할 수 있는 곳이 될 것이다. 그러나 그렇다고 해서 모든 장애인이 자동적으로 통합되는 것은 아니다. 특정한 집단(예컨대, 학습 장애나 정신보건의 문제가 있는 사람)은 특별히 더 고립의 위험에 처해 있을 수 있고, 인생주기의 특정 시점(예컨대, 청소년기)이 장애인에게 어려움을 초래할 수도 있다. 즉, 사회복지 기관과 사회운동은 이러한 문제를 이해하고, 장애인을 위한, 그리고 장애인과 함께하는 사회적 연결망과 공동체를 육성하는 데 긍정적인 기여를 해야 할 필요가 있다.

직 원

장애인의 통합과 친구관계를 촉진하는 데 직원(staff)은 중추적인 역할을 할 수 있다. 택시 기사, 돌봄 제공자, 간호사와 의료전문가는 감정노동을 한다. 명백하게 주어진 실무적 과업뿐 아니라 우정과 신뢰를 제공한다. 많은 장애인은 그들의 개별적 활동보조인이 실무적인 도움을 주는 것뿐 아니라 동반자 관계를 제공하는 것에 의지하고 있다. 전문주의와 정서적 거리두기를 강조해 왔던 전통은 이제 Traustadáttir가 '헌신과 관여'라고 칭한 것에 자리를 내주어야 한다(1993: 122). 장애권리 담론의 현재의 흐름에는 원조자 역할의 이러한 측면을 간과할 위험이 있다. 비장애인, 특히 전문가를 잠재적인 동지이기보다는 잠재적인 착취자 또는 학대자로 보는 것이다. 때로 개별적 활동보조인이 시종으로 취급되거나 그 역할의 심리 정서적 측면이 경시되는 문제점에 대해서는 앞에서 이미 지적하였다.

서비스

서비스가 장애인의 고립을 증가시키는지 감소시키는지 잘 지켜보아야 한다. 서비스 제공은 단지 통합에 초점을 맞추기보다는 쉼터를 만들고 상호연관성을 맺는 데 목적을 두어야 한다. 예컨대, 학교 교실에서의 특수교육보조원은 그들이 다른 욕구를 충족하는 데에서는 성공적이라고 할지라도 때로 아동의 고립을 증가시키는 경향이 있다. 지원받는 장애인을 고립시키거나 다른 가치 있는 상호작용에서 배제시키지 않는 방식으로 지원을 전달하기 위해서는 상상력이 필요하다. 새롭게 시도되는 서비스는 그것이 장애인의 친구관계와 친밀한 관계를 맺을 가능성에 어떤 영향을 미치는지, 다른 사람과 연계를 맺는 데 도움이 되는지 안 되는지의 차원에서도 평가해야 한다. 예를 들어, 이메일이나 전화에 의지하는 것은 얼굴을 마주하고 의사소통하는 것보다 효율적일 수 있다. 그러나 사회적 접촉의 기회는 감소시킨다. "스크린은 이용자에게 새로운 세상을 열어 줄 수 있지만, 그것은 또한 고립을 더 악화시키고 일상적인 세상에서 관계를 맺기 위해 필요한 기술과 자신감을 획득하는 데에는 도움이 되지 않을 수 있다."(Seymour and Lupton, 2004: 302) 또 다른 집단의 경우, 온라인 토론 기회를 제공하는 것은 연계성을 만들고 상호 지원을 촉진하는 것일 수 있다. 예컨대, 희귀한 장애가 있는 사람은, 예를 들어 성장 제한이 있는 사람을 위한 Shortlist e-group 같은 전국적인 또는 국제적인 자동메일링 시스템을 통해서 동료의식을 발견할 수 있다. 의사소통이나 사회적 상호작용에 어려움을 겪는 사람은 얼굴을 직접 대하는 모임보다 온라인 집단에 더 쉽게 접근할 수 있다.

직원은 친구관계를 지원하는 것 이상의 것을 할 수 있는 잠재력이 있다. 예를 들어, 장애인과 함께 장애인을 위해서 일하는 사람은 서비스 제공을 위한 지역사회 개발 모델을 촉진해야 한다. 이는 그들의 클라이언트가 사회적 활동에 연결되고 참여할 수 있는 기회를 찾기 위한 것이다. 집단 활동뿐 아니라 클라이언트를 위한 개별화된 사회적 활동을 촉진할 수 있다. 적극적이고 창의적인 직원은 아이디어를 내고 기회를 만들어 내고 그것이 가능하도록 활동할 수 있다. 이를 통해서 공유된 관심사에 기초한 연계를 만들어 낸다. 호주 빅토리아 지역의 Metro Access의 직원은 이러한 역할을 정확하게 수행한 것으로 보인다. 즉, 주류 지역사회 조직과 활동이 어떻게 장애인의 참여를 이끌어 낼 수 있는지를 모색하고 있다.*

자발적 집단

장애인 공동체 내의 자발적 집단은 사회운동이나 서비스 제공에서의 도구적인 가치를 지닐 뿐 아니라 친구관계와 동료관계를 맺을 수 있는 가능성을 제공한다. 장애권리 집단, 자기옹호 집단, 그리고 좀 더 전통적인 의미의 자조집단은 고립되었던 사람을 한 자리에 모으고 우정이 싹틀 수 있는 공간을 만들어 낸다. 문화적 프로젝트도 이러한 역할을 한다. 예를 들어, 아트스튜디오 네트워크는 정신건강의 문제가 있는 사람이 방문하여 함께 시간을 보낼 수 있는 공간이다. 그곳의 직원은 단순한 돌봄을 위한 직원이 아니라 전문적인

* 역자 주—호주 빅토리아 지역의 마을 만들기 사업(community building program)은 장애인이 통합될 수 있는 지역사회 조성을 목표로 공유하면서 정부 조직과 민간 자원 조직 등이 상호 연계를 통해 다양한 지역 프로그램을 개발하는 모범적인 사례가 되고 있다. 자세한 내용은 다음 사이트 참고.
http://www.dhs.vic.gov.au/for-individuals/disability/community-life-and-jobs/community-involvement

예술가로서 창의성을 배양하는 역할뿐 아니라 동료로서의 관계도 맺어 나간다. 학습장애인을 위한 연극회(스웨덴의 Olla나 영국 Gateshead의 Lawnmowers 처럼)는 자신감을 기르고, 사람들의 부정적인 태도에 도전하며, 의미 있는 사회적 활동을 제공한다. 장애인 예술가 클럽과 학습장애인을 위한 나이트클럽(예, Krocodile Klub, Big Snapper)은 장애인이 편한 시간에 모여서 다른 사람과 친교를 나눌 수 있는 공간을 제공한다.

친구관계 동아리

진실한 친구관계가 발전할 수 있는 토대를 마련해 주기 위한 다양한 노력이 있어 왔다. 자생적인 사회적 연결망과 전통적인 지역공동체가 부재한 상황에서, 장애인의 동료관계나 친구관계를 만들기 위한 인위적인 방법을 탐색할 필요가 있다(Abraham, 1989). 여기에는 친구관계 동아리(Perske, 1988)나 '다리 만들기(bridge-building)' 등도 포함된다. 예컨대, 지원동아리(Circles of Support)(Gold, 1999)는 장애아동이나 장애성인에게 친구관계를 맺을 기회를 제공하는 비장애인의 연결망이다. 이러한 친구관계 동아리는 종종 학습장애가 있는 청소년의 부모에 의해 조직되었으며, 아이의 통합을 촉진하기 위한 것이다. 그러나 이러한 친구관계는 집단 모임이 진행되는 동안으로만 국한되는 경우가 많다. 더구나 '진정한 친구관계'에 대한 희망과 장애인에게 또다시 낙인을 부여하는 지원 서비스로 전락할 위험이 있다. 따라서 "또 하나의 '전문가'와 '클라이언트' 세대가 만들어지는 것에 그치지 않도록 조심해야 한다. 그렇지 않으면 전자는 언제나 능력자이고 후자는 언제나 모자라는 사람이 되고 만다."(Van Der Klift and Kunc, 1994: 3) 너무 많은 도움을 주는 것은 그 자체로 상대방을 무기력하게 하는 것일 수 있다. 우정은 쉽사리 만들어질 수 있는 것이 아니고 손에 잡히지도 않는다.

훈 련

학습의 어려움 등 인지적 손상을 입은 사람도 훈련을 통해서 친구 사귀는 방법을 배울 수 있다는 사실이 논의되어 왔다. 예컨대, 일정한 프로그램을 통해서 높은 기능 수준을 가진 자폐청소년이나 아스퍼거청소년에게 친구사귀기 기술을 가르칠 수 있다(Duffield, 2001). 이러한 접근은 온정주의적인 것으로 보일 수도 있다. 그러나 의사소통하는 방법, 상대방과 나 사이의 경계를 민감하게 파악하는 방법, 질투나 소유욕을 극복하는 방법을 배우는 것은 모두 복잡한 기술이고 이는 직접 경험해 보거나 다른 사람을 관찰함으로써 얻을 수 있다. 뿐만 아니라 역할극을 통해서 이러한 기술을 개발하고 익히는 데 도움을 받을 수 있다. 예컨대, 상대방을 이해하고 적절히 행동하도록 하는 것, 그리고 갈등을 해결하는 역할극 등을 활용할 수 있다. 한 가지 조심해야 할 것은 기술에 초점을 맞추어 실제로 친구를 사귀고 만나는 것이 아니라 단지 이를 배우는 데만 시간을 쓰는 것이다. 빅토리아(Victoria)의 인간 서비스부 장애 서비스국(DisAbility Services Branch of the Department of Human Services)이 인지적 손상을 입은 사람 사이의 사회적 관계망과 그 증진 방안에 대해 조사하였을 때, 그 보고서는 기술을 익히도록 하는 것뿐만 아니라 사회 통합에 초점을 맞추었다. 중요하게 강조되어야 할 것은 단순한 물리적 근접성이 아니라 공유된 관심사—예컨대, 스포츠나 애완동물 같은—에 기초를 두고 공동체에 접근할 수 있는가다. 그 보고서의 결론은 친구관계에 초점을 맞추는 것은 학습장애인을 위한 서비스에 주요한 변화를 가져올 수 있다는 점이었다.

교 육

친구가 되기 위해서는, 비장애인이 장애에 대해서 배울 수 있어야 한다. 장애에 대한 일반적 지식뿐 아니라 그들이 만나게 될 특별한 개인에 대해서도 배울 수 있는 기회가 있어야 한다. 무시와 두려움—잘못을 저지르거나 틀린 말을 하게 될까 봐 두려워하는 것을 포함하여—은 모두 사회적 상호작용을 하는 데 걸림돌이 된다(Lenney and Sercombe, 2002: 17). 장애인이 학교에 통합되는 것은 장애인과 비장애인이 서로에게 익숙해질 수 있는 기회를 만들어 낸다. 손상과 장애에 대한 교육, 그리고 장애인에 의해서 제공되는 교육은 잘못된 신화에 대해 문제를 제기하고 함께할 수 있는 방법을 모색하는 기회가 된다. 결국 장애인은 여전히 자기의 손상이 무엇을 의미하는지, 그리고 어디에 어떤 설비와 조정이 필요한지에 대해서 비장애 동료와 친구에게 설명하고 그들을 교육시켜야 할 필요가 있다.

결 론

이 장을 서술하는 과정에서 나는 6편 정도의 최근 장애학 연구 성과를 참고하였다(Campbell and Oliver, 1996; Barnes and Mercer, 2003; Swain et al., 2003; Swain et al., 2004; Barnes and Mercer, 2004; Barnes et al., 2002). 이 저서 안에는 친구관계, 섹슈얼리티, 외로움 등에 대한 논의가 많지 않았다. 친구관계와 장애에 대해서 수행되었던 연구의 대부분은 학습장애가 있는 사람에게로 그 초점을 제한하였다. 섹슈얼리티에 대해서는 관심사가 비교적 다양했지만—예컨대, 섹스의 촉진에 대한 연구(Earle, 1999), 학습장애가 있는 레즈비언과 게이에 대한 연구(Abbott and Mitchell, 2005), 2005년 Disability Now의 섹스에 대한 서베이—영국 장애학의 대표적인 저자 중에서는 아무도 우리가 1996년에 시작했던 작업을 해 온 사람은 없었다. 마찬가지로 친밀성과 우정에 대한 주류 연구도 장애인에 대한 특별한 관심을 기울이지는 않았다(e.g. Jamieson, 1998). 영국의 장애 여성학자인 Liz Crow는 다음과 같이 말했다.

> 나는 그동안 가장 시급한 장애 시민권운동이 우리가 지금 열심히 추구하고 있는 것—고용, 교육, 주택, 교통수단 등—을 위한 것이어야 하고, 섹슈얼리티 같은 문제는 이런 것 다음으로, 거의 없어도 그만인 것이라고 생각해 왔다. 이제 나는 처음으로 그동안 다른 것에 밀려 무시되어 왔던 섹슈얼리티의 문제가 우리가 추구해야 할 것의 핵심에 있다는 것을 믿기 시작하였다……. 하나의 문제는 그것 하나로만 동떨어져서 해결될 수 있는 것이 아니다. 문제는 모두 서로 얽혀 있다. 그러나 자기 자신 또는 '서로의 곁에서 살아가는 사람들'의 핵심에 접근하는 데 섹슈얼리티만 한 것이 또 있을까(Crow, 1991: 9)?

Crow의 주장을 인정함에도 불구하고, 내가 보기에는 섹슈얼리티만의 문제보다는 좀 더 광범위하고 더 깊은 문제가 있는 것 같다. 성적인 표현에 앞서 좀 더 기본적인 것은 함께 있는 것, 대화를 나누는 것, 그리고 함께하는 것이다. Steve Taylor와 Robert Bogdan(1989: 34)은 수용의 사회학이라 부른 연구에서 무엇이 두 사람의 연결을 촉진하는지, 관계가 어떻게 지지를 받을 수 있는지, 장애인과 비장애인이 상대방과의 관계를 형성하기 위해 어떻게 할 수 있는지에 대해서 연구하였다. 이들 주제는 장애학의 중요한 일부분이 되어야 할 것이다.

친밀성과 우정에 대한 장애인의 욕구에 반응하는 정책은 단순히 일상적인 생활의 과업보다는 좀 더 다양한 차원에서 지원책을 찾을 수 있어야 한다. 이는 분명 논쟁을 불러일으키는 것일 수 있다. 장애인이 마사지를 받도록 하거나 심지어 성적 서비스를 구매하도록 하기 위한 재정지원이 이루어져야 할 수도 있다. 유료의 도움에 친밀한 신체 접촉이 포함될 때, 학대나 착취의 가능성이 증가할 것이다—서비스의 수혜자뿐 아니라 제공자도 착취당할 수 있다. 그러나 이러한 위험성에도 불구하고, 분명하게 규정되고 잘 규제된 시스템을 통해서 잘 드러나지 않았던 장애인의 신체적 · 정서적 욕구를 충족할 수 있는 방법을 찾아 나갈 수 있다.

장애인이 사회에 통합되고 우정을 키울 수 있도록 지원하는 것은 매우 복잡하고 어려운 일이다. 다양한 해결책은 긴장과 타협을 포함하고 있다. 예컨대, Camphill이나 L'Arche 지역은 안전하고 보호된 환경을 제공하고 있다. 그곳에서 학습장애인은 가족 안에서 도움을 받고, 취업해 일하고 정상적으로 살아가는 자유를 누릴 수 있다. 그러나 이는 비교적 격리되고 보편적이지 않은 농촌 마을 상황을 만들어 냄으로써 얻을 수 있다. 이 농촌 마을에는 매우 강한 동기를 가진 비장애인이 도움을 필요로 하는 더 많은 수의 장애인과 함께 살아가고 있는 것이다(Vanier, 1999; Rawles, 2004). 마찬가지로 인위적인 방식으로 비장애인과 장애인의 연결을 만들어 내는 것은 온정주의로 보일 수도 있다. 어떤 구조를 통해 제공되는 접촉과 교류의 틀은 진실하지도, 가치가 있는 것도 아닌 것처럼 보일 수 있다. 그러나 시간이 지나면 이러한 관계는 서로에게 만족을 주는 중요한 연계로 발전할 수 있다. 더구나 자발적으로 이루어지는 봉사를 통해서 도움을 받는 많은 사람—특히 노인과 학습장애가 있는 사람—에게 이러한 도움은 장애권리운동가가 때때로 표현하는 자선 또는 온정주의에 대한 어떠한 불안감도 누를 만큼 그 의미가 크다.

Traustadáttir(2000)는 비장애인과 학습장애인 사이의 장밋빛 꿈같은 이야기에 등장하는 이상주의에 대해서 경고한다. 그녀는 이러한 관계가 보기보다 얼마나 어렵고 복잡한 것인지, 그리고 실제로는 서로서로 도움을 주고받는 일반적인 친구관계와 얼마나 다른 것인지를 잘 보여 준다. 장애인, 특히 심각한 인지적 문제가 있는 사람이 진정한 관계를 형성하고 친밀한 관계를 이루도록 하는 것이 얼마나 어려운지에 대해서 과도하게 낭만적으로만 바라보는 위험이 있다.

장애인 내부의 특정 집단—특히 학습장애가 있는 사람과 정신건강 문제가 있는 사람—의 우정에 대한 욕구는 비교적 많은 주목을 받았지만, 내가 보기에 공동체나 서로 간의 연결은 다른 많은 신체적 손상을 입은 사람에게도 중요한 문제다. 특히 의사소통이나 청각에 문제가 있는 사람에게는 더욱 그러하다. 손상을 입지 않은 노인도 분명히 고립의 위험성을 안고 있다. 더구나 원자화된 현대 사회에서 장애인을 돕고자 하는 자발적인 마음은 비장애인에게도 어떤 이득을 가져다줄 수 있다(Bates and Davis, 2004). 장애인을 돕는 사회적 모임은 때로 비장애인 참여자에게 의미 있는 무언가를 가져다주기도 한다. 비장애인도 때로 외로움을 느끼기는 마찬가지다. 달리 말하면, 자발적인 봉사는 도움을 받는 사람뿐만 아니라 도움을 주는 사람에게도 만족감과 삶의 의미를 부여한다. 장애인의 소외는 단지 손상에 따른 결과가 아니라 더 광범위한 사회적 변화 속에 놓여 있는 문제이기 때문에, 소외 문제의 해결은 장애의 세상 밖에까지 더 광범위한 영향을 미칠 수 있다.

11 장애의 세상에서 비장애인의 역할

장애 정치의 핵심은 장애인이 자신의 삶에 대한 통제권을 되찾고자 하는 노력에 있다. 비장애인이 결정권을 갖고, 비장애인이 그들을 위해 말해 주는 것, 달리 말해 비장애인이 그들을 지배하는 것보다는 장애인이 독립적일 수 있는 자신의 능력과 권리를 주장하고 있는 것이다. 그러므로 핵심은 '우리 없이, 우리에 대한 것은 아무것도(nothing about us, without us)'라는 개념에 함축되어 있다. 이는 Charlton(1998)이 전 세계적인 장애운동에 대한 자신의 연구에서 제목으로 사용한 문구였다. 이러한 과정에서 다양한 비장애인 집단이 장애인의 삶에 대한 역할이 부정되었는데 거기에는 부모, 자원봉사자와 돌봄 제공자, 전문가, 이용자가 책임자가 아닌 조직, 장애 경험을 이해하고자 하는 연구자도 포함된다. 이런 오래된 움직임은 장애의 개념을 규정하고 장애 문제에 대한 적절한 대응 방안을 찾는 데 장애인 당사자를 중심에 두려는 것이었다(Branfield, 1999).

장애인 리더십의 원칙은 장애에 대한 소수집단 개념과 연결되어 있다. 이 개념에서 장애인은 사회 안에서 뚜렷이 구분되는 하나의 집단으로 인식되는데, 이들은 억압받고 주변화되어 있다. 이러한 분석이 성장함에 따라, 정체성의 정치는 소수자 공동체로서의 자존감과 자긍심을 강조하였고, 더 나아가 비장애인에게서 장애인 공동체를 분리시켰다. 장애는 지배적인 표식 또는 중심 지위(master status)가 되었다. 즉, 사회를 두 개의 상호 배타적인 집단—장애인과 비장애인—으로 구분하는 표지가 된 것이다. 이러한 접근은 급진적 여성주의자의 성 계급(sex class), 남성과 여성 사이의 양극성, 그리고 가부장적 지배 등의 개념을 차용한다. 또한 인종과 민족 특성이라는 개념을 빌린 것이기도 하다. 장애인은 일종의 민족 집단처럼 인식되었다. 그들만의 문화, 언어, 존재 방식을 가진 집단으로 간주되었다. 장애인은 특정한 역사적 경험—격리된 학교교육, 시설에서의 생활, 데이 센터, 특수한 교통수단, 전문적인 병원 치료—을 공유하고, 이는 하나의 공유된 자기 개념과 일련의 공유된 문화적 준거를 만들어 낸다. Gill은 이러한 분리 경험은 오직 장애인만이 장애를 이해할 수 있음을 의미하는 것이라고 설명한다. "비장애인은, 그들이 아무리 우리를 사랑한다고 하더라도, 장애가 있는 사람의 내면의 경험을 이해하지 못한다. 더구나 그들은 낙인을 피할 수 있는 위치에 있다."(Gill, 1994) 억압적인 체계는 거부되었지만, 자긍심과 저항에 기초를 둔 장애문화를 만들고 공유한다는 생각은 장애운동의 탄생 이후 서구 사회에서 점점 더 강력해졌다. 장애 예술은 다른 것과 뚜렷이 구별되는 장애문화라는 개념을 옹호하고 칭송해 왔다.

자각을 위한 정치적 · 문화적 투쟁을 이끌면서, 장애학은 연구자가 장애인을 연구의 중심에 두고 장애인의 목소리를 반영하는 데 우선순위를 두도록 격려해 왔다. 이는 매우 환영할 만한 일이다. 역사적으로 연구와 정책은 장애인의 대리인(부모, 돌보는 사람들, 전문가)에 의해 지배되어 왔지만, 이제 가장 중요하게 대두되는 것은 바로 장애인 당사자의 관점이다. 장애인을 돌봄이나 배려의 대상으로 보는 것이 아니라, 선택과 통합의 권리를 가진 주체로서

보는 것이다. 해방적 연구의 이상은 연구 의제가 장애인에 의해서 제기되어야만 한다는 것, 그리고 연구자—장애인이든 비장애인이든—는 장애인 집단에 대한 책임성을 가져야만 한다는 것을 강조한다.

이 장에서 나는 장애 안에서 비장애인의 역할에 대해 탐색하려고 한다. 나의 주장은 장애인을 분석의 중심에 두려고 하는 바람직한 열망 때문에, 정치와 정책은 때로 비장애인을 제외시킨 저술을 해 왔다. 예컨대, 다른 점에서는 충분한 가치가 있는 Priestley의 장애인의 인생 과정에 대한 연구에서는, 장애인의 부모, 형제, 배우자나 동거인, 또는 그 아이는 어디에서도 적절하게 고려되지 않고 있다. 장애라는 것이 그 사람의 인생에도 상당한 영향을 미치고 있음에도 불구하고 말이다(Priestley, 2004). 장애인은 마치 진공 상태에서 존재하고 있는 것 같다.

이러한 과정은 장애 문제 가운데 세 가지의 중요한 측면을 간과하게 한다. 첫째, 손상은 인생 과정의 어느 순간에서도 발생할 수 있다. 비장애인은 항상 손상을 입을 위험을 안고 있는 것이다. 거의 대부분의 사람은 그들이 평생을 두고 유지하게 될 성별을 가지고 태어난다. 하지만 많은 사람은 심각한 손상이 없이 태어나더라도 사고나 질병으로, 그리고 인생 후반기의 노화 과정을 통해서 손상을 입게 된다. 어떤 사람은 아동기에 손상을 입게 되지만, 성장하면서 장애가 없어지기도 한다. 장애인과 비장애인 사이의 경계는 삼투성이 있는 것(permeable)이다. 이는 성별의 경계나 민족성의 경계가 보통은 넘나들 수 없는 것이라는 점과는 다르다.

둘째, 손상/장애는 장애인의 정체성이나 경험의 단지 한 부분에 불과하다. 그것은 이들의 삶에서 지배적인 요인이 아닐 수 있다. 인생의 어떤 시점 또는 전체 시점을 통해서 그들의 정체성의 다른 측면이 더 현저하게 드러날 수도 있는 것이다. 예컨대, 대부분의 사람은 복합적인 소속감을 가지고 있다. 사람들은 그들이 가진 손상보다는 자신의 섹슈얼리티, 민족성, 종교, 성별과 관련하여 더 소속감을 느끼고, 이를 자신을 규정하는 특성으로 받아들일 수 있다.

달리 말하면, 사람들은 자신과 동일한 손상이 있지만 그 밖에는 아무런 공통점도 없는 사람보다는, 게이라는 같은 특성을 가진 사람, 또는 같은 무슬림과 더 많은 공통점을 느낄 수 있다. 사실 손상 경험 그 자체는 맥락에 따라, 문화와 기회에 따라 매우 다를 수 있다. 단지 동일한 진단을 받았다는 것이 그들이 동일한 손상/장애 경험이 있음을 뜻하는 것은 아니라는 것이다.

셋째, 비장애인과의 교류는 대부분의 장애인의 삶에서 필요하고 바람직한 부분이다. 극도로 분리주의적인 장애활동가만이 장애인끼리 배타적으로 일하고 사회생활하기를 선택할 것이다. 많은 장애인은 그들의 가족 안에서, 또는 그들이 일하는 일터 안에서 유일한 장애인으로 존재한다. 장애인의 부모, 형제, 배우자, 이웃, 직장동료, 친구 등은 대체로 비장애인인 경우가 많다. 어떤 사람은 손상이나 장애 경험을 공유하고 있는 사람을 만나는 것을 적극적으로 피하기도 한다. 손상/장애가 그들의 삶을 지배하도록 하기보다는, '진정으로 정상적인' 사람이길 원하면서 그들의 차이를 거부하고 자기 자신을 비장애인과 분리시키지 않고 연결시킬 수 있는 것을 추구하는 것이다. 비장애인에게서 장애인을 분리해 낼 수 없다는 것은 장애 경험이 민족적 소수자의 경험보다는 여성의 경험과 좀 더 유사한 특성을 갖는다는 것을 보여 준다. 또한 비장애인에게서 분리된 장애 정체성이라는 관념은 문제가 있는 것임을 알려 준다. 농인(deaf)의 경우에서만 유일하게 장애에 대한 민족적 정체성 개념이 적용될 수 있다.

실천적으로든 개념적으로든 장애인의 삶을 비장애인에게서 분리하기 어렵다는 점에서, 장애학과 장애 행동주의가 비장애인의 역할을 적절히 개념화하고 이해하는 데 실패했음이 분명하다. 억압에 적지 않게 초점을 맞춘 반면, 파트너십이나 협력에는 초점을 두지 않은 것이다. 비장애인이 장애인의 삶에서 행하는 역할에 대해서 이해하고, 더 좋은 관계를 키워 나갈 수 있는 방법에 대해서 탐색할 필요가 있다. 이러한 관계 속에서 장애인은 더 좋은, 더 빈번한 통합적인 삶을 누리도록 지원을 받을 수 있다. 장애인이—또는 다른 그 누구도—진정으로 자율적일 수 있는가 하는 것은 어려운 문제다. 그러나 그들이 교류 없이 살아가거나 완전히 자기 충족적일 수 없다는 것은 분명하다. 이 장에서는 비장애인이 장애인과 조우하며 그들 곁에서 살아갈 때 행하게 되는, 이제까지와는 좀 다른 역할에 대해서 탐색해 보려고 한다. 장애인 당사자 역시 이러한 역할을 맡고 있다는 점을 부정하려는 의도는 전혀 없다. 다만 장애가 비장애인에게 영향을 미치는 방식에 대한 우리의 생각을 더 확장하고 싶을 뿐이다.

부 모

내가 처음 가족과 부모에 대해서 연구하기 시작했을 때(Shakespeare, 2000), 나는 장애인을 위한 가족의 지원에 대해 전통적으로 부여하고 있는 가치에 도전하는 것이 중요하다고 생각하였다. 전통적으로 부모는 이타적이고 자애로운 사람으로 칭송받아 왔지만, 가족 안에 존재하는 불평등, 억압, 학대를 지적하고자 하였고, 이는 가부장적 가족 형태에 대한 여성주의자의 비판에서 단서를 얻었다. 다음의 한 단락은 이 초기 분석에서 가져온 것이다.

가족 이데올로기는 원조에 대한 우리의 이해에 강력한 영향력을 행사하고, 지역사회 보호라는 현재의 정책에 긴 그림자를 드리우고 있다(Dalley, 1988). 여성주의자가 주장하는 것처럼, 지역사회 보호를 지나치게 확대하는 것은 결국 가정 내의 무급 여성의 돌봄 노동에 의존하는 것이다. 여성은 만성질환이나 손상을 입은 사람, 또는 노인의 자연스러운 돌봄 제공자가 될 것이라는 기대를 받고 있다. 돌봄은 이상화된 핵가족 안에서 이루어져야 하는 것으로 비쳐지고, 유급의 돌봄은 차선책으로 보이게 된다. 따라서 정책 대부분이 가족의 돌봄을 유지할 것을 강조하고, 자원 조직이나 국가가 가족에 대한 대안으로서 시설보호를 제공하게 되면, 이러한 경향은 이 모델을 더 강화하게 될 것이다(Brechin et al., 1998). 그러나 가족 보호와 '정상적 가족'이 이상적인 것으로 받아들여짐에도 불구하고, 사회조사와 연구는 가족 내 환경이 어떻게 변화하고 있는지에 대해 회의하고 주의를 기울여야 한다는 점을 잘 보여 주고 있다. 무제한적이고 무조건적일 것이라는 기대를 받아 왔던 부모의 사랑과 지지는 이데올로기가 요구하는 것과 달리 별로 믿을 만하지 않은 것 같다.

내가 2000년에 취했던 이러한 분석은 장애권리 측의 전통적인 생각을 그대로 반영한 것이었다. Simon Brisenden 같은 초기 자립생활 운동가는 가족이 제공하는 무급의 돌봄에 사회가 의지하는 것에 대해 비판하면서, "이는 돌봄 제공자와 돌봄 수혜자 모두를 착취하는 것이다. 이는 사람 사이의 관계를 훼손시키고, 결과적으로 돌보는 사람과 돌봄을 받는 사람 모두에게 삶의 기회를 박탈하는 것이 되고 만다."고 하였다(Briesenden, 1989: 218).

최근 들어 정신보건 분야의 저술가는 정신질환을 경험하는 많은 사람에게 그 부모가 어떻게 문제의 일부가 되고 있는지를 보여 주고 있다(예컨대, '표현된 감정'의 역할을 보라. Leff, 2001). 부모에 대해서 논의한 장애학 연구에서, Dona Avery는 온라인 토론에 참여했던 장애인의 부모가 전개했던 '비극적' 이야기에 대해 논의하였다(Avery, 1999). Avery는 기존 연구가 부모의 경험을 눈여겨보지 않았었다는 점을 지적하면서, 부모의 경험이 '장애에 부착되어 있는 수치심에 대한 사회적으로 추동된 죄의식'에 영향을 받고 있다고 주장한다(Avery, 1999: 117). Avery는 부모가 장애자녀를 환자로 규정하는 이야기에 저항하고 의료화 관점이 아니라 소수집단 관점을 채택할 것을 요구하고 있다.

나는 자립생활과 탈의료화의 중요성을 수용함에도 불구하고, 이러한 분석이 부모의 역할을 무시하거나 가치절하할 위험이 있다고 생각한다. 부정적인 측면을 강조하는 것 속에는 불균형적인 그림을 그려 낼 위험, 그리고 장애자녀를 둔 부모가 감당하고 있는 선하고 고된 일을 온전히 보지 못할 위험이 있다. 부모는 거의 항상 장애아동의 일차적인 돌봄 제공자다. 그들은 의사와 병원을 찾아다니며 장애아동을 돕고, 교육을 통해 그들을 지원하며, 장애아동이 성공적으로 성인기에 진입할 수 있도록 하기 위해 애쓴다. 부모는 자신의 아이가 고통당하는 것을 볼 때, 함께 고통스러워한다. Jeni Harden이 정신건강 문제가 있는 청소년의 부모와 함께 수행한 연구는 그들이 자신의 아이에 대해서 얼마나 책임감을 느끼는지, 아이의 문제를 해결하기 위해 얼마나 노력을 하는지, 아이의 미래에 대해서 얼마나 불안을 느끼는지를 잘 보여 준다(Harden, 2005). Karl Atkin과 Yasmin Hussain은 아시안 부모와 이야기하면서 양가감정을 발견하였다.

> 부모는 자신의 아이와 생생하게 연결되어 있다. 그래서 부모의 이야기 속에는 지속적인 긴장이 존재한다. 그들은 장애자녀를 둔 것에 대한 자신의 슬픔을 이해하려고 노력하면서, 동시에 자기의 아이를 위해서 최상의 기회를 마련하고 싶어 한다(Atkin and Hussain, 2003: 166).

장애자녀가 스스로를 위해 뭔가 말을 하기에 너무 어리거나 너무 심한 손상을 가지고 있다면, 부모는 자녀를 옹호하고, 자녀가 수혜 자격을 가지고 있는 서비스를 받을 수 있도록 돕는다. Dora Bjarnason은 장애아동의 이후의 삶의 궤적에서 부모가 매우 중요하다고 주장한다. "어린 시절의 부모의 결정과 가족의 지지체계는 성인이 된 장애인의 사회에 대한 요구에 영향을 미치고, 장애인의 목소리가 경청되고 이해받을 가능성에도 영향을 미칠 것이다." (Bjarnason, 2002: 316)

전문가의 지지는 부모가 자녀에게 효과적인 지원자가 되도록 하는 데 중요한 영향 요인이다. Bjarnason은 부모가 자신이 처한 상황에 대한 상이한 대응 방식 사이에서 얼마나 우왕좌왕하는지를 보여 준다. 장애운동, 아노미, 수동적인 수용과 반응 사이를 오가는 것이다. 장애운동에 참여할 수 있는 부모는 성인 장애자녀가 주류 사회에 통합되어 자립을 성취하도록 도울 수도 있다.

Dan Goodley의 자기옹호운동에 대한 연구는 부모의 역할에 대한 이러한 양가감정을 잘 보여 준다(2003: 112). 한편으로 그의 연구는 부모가 학습장애가 있는 사람의 힘의 원천이 되어 왔다는 것을 일깨운다. 그들은 일반학교 진학을 위해 압력을 가하고, 긍정적인 자아상을 심어 주려고 노력한다. 또 다른 한편으로 부모는 뛰어넘을 수 없는 한계로 보이기도 한다. 그들은 과잉보호적이다. 모든 가족에서, 부모가 된다는 것은 힘든 균형 잡기인 것이다. 자신의 인생이 부모에 의해 과잉보호받고 간섭받는 것에 대해서 비판적으로 보는 시각은 비단 장애인의 경우에만 국한되는 것은 아니다.

부모의 기여에 대해서 좀 더 균형 잡힌 설명을 제공하기 위해서는 손상/장애가 비장애 가족성원에게 어떤 방식으로 영향을 미치는지 살펴보아야 한다. 장애자녀를 돌봐야 하기 때문에 부모 중 한 사람은 일을 할 수 없는 경우가 자주 있는데, 이는 가구 소득에 압박을 가져오거나 경력의 단절을 가져온다. 영국과 다른 많은 나라에서, 장애아동과 청소년을 지원하기 위해 이용할 수 있는 자원과 서비스가 부족하기 때문에, 결국 장애인 한 사람뿐만이 아니라 그 가족 전체가 여러 가지 방식으로 장애를 갖게 된다. Jane Brett는 심각한 손상을 입은 아동의 부모와 전문가 사이의 관계에서 발생하는 문제에 대해 논의하면서, 부모가 전문가에 의해서 통제당하고 무능력해진다고 주장하고 있다. 그녀는 이러한 문제를 극복하기 위해서 '동맹 모델(alliance model)'이 필요하다고 본다(Brett, 2002). 사회모델 접근의 가치는 손상을 입고 있다는 것에서 장애를 만드는 장벽에 의해 억압받고 배제된다는 것으로 초점을 이동시킨 데 있다. 비장애 부모와 가족성원까지 억압과 배제에 의해 영향을 받고 있다는 점에서 이들 또한 장애인으로서 개념화될 수 있어야 한다는 주장이 설득력을 가질 수 있다(Dowling and Dolan, 2001).

돌봄 제공자

장애권리 운동가는 부모의 역할에 대해서는 별로 주목하지 않았던 반면, 돌봄 제공자는 주목해 왔다. 그것은 부정적인 주목이었다. 예컨대, 장애운동에서는 돌봄 제공자의 권리라는 개념에 대해서 회의적이었다. 또한 당국자나 연구자가 장애인 당사자의 관점을 수집해야 하는 어려운 과업 대신에 돌봄 제공자가 하는 이야기로 대체해 버리는 것에 대해 두려움도 가지고 있었다. 내가 자립생활 활동가를 인터뷰하였을 때, 그들은 돌봄 제공자의 권리를 증진하기 위한 가장 좋은 방법은 장애인의 권리를 증진하는 것이라고 말하였다. 한 장애인 응답자는 그가 사는 곳의 돌봄 제공자 조직에 대해서 독설을 퍼부었는데, 그 조직이 접근성조차 갖추지 않은 건물에 있다는 것이다. "내가 돌봄 제공 조직에 대해서 좀 더 부드럽게 말할 수 있을 만한 뭔가를 가지고 있었으면 좋으련만, 난 그렇지 못해요."라고 하면서 덧붙여 말하기를, "내 생각에는, 당신이 돌봄 제공자의 권리를 더 크게 할수록, 당신은 그들을 장애인으로부터 더 멀어지게 하는 거예요."라고 하였다. 이러한 관점은 나의 저서 『도움(*Help*)』(2000)에 반영되었다. 돌봄 산업에 대한 회의론, 그리고 돌봄을 제공하는 사람의 실제적인 문제를 드러내는 것은 돌봄을 받는 사람의 권리에 대한 관심을 흐트러뜨리고 우선순위를 빼앗을 것이라는 두려움이 표현된다.

예컨대, 전국 돌봄 제공자 연합회(Carers National Association)가 1986년에 결성되었다. 돌봄 제공자라는 개념이 사회적으로 구성되는 데 핵심적인 역할을 한 '도덕적 기업가(moral entrepreneur)'는 Jill Pitkeathley였는데, 그의 책에서 돌봄 제공자는 '정신적 질병, 정신적 장애, 신체적 장애가 있는 사람 또는 질병이나 고령으로 건강이 상한 사람을 돌보아야 한다는 책임감에 의해 자신의 삶을 일정 정도 제한당하고 있는 사람'으로 개념규정되고 있다(Pitkeathley,

1989: 11). 이는 돌봄 제공자라는 개념이 도움을 필요로 하는 무기력한 사람이라는 범주의 구성에 기초해 있다는 것을 잘 보여 준다. Pitkeathley가 사용한 용어는 '의존적인 사람' '고통 받는 사람' '심각하게 의존적인 사람' 같은 것이다. 돌봄 제공자의 어려움을 강조하기 위해서 Pitkeathley는 관계의 긍정적인 측면보다는 부정적인 측면을 강조하고, 도움 받는 사람을 더욱더 짐으로 여기도록 뭉뚱그려서 일반화해 버린다. 예컨대, 그녀는 돌봄 제공자가 소외, 가치 절하, 두려움, 분노, 성가심, 죄책감, 당황스러움, 역할 전도, 상실감, 정서적 스트레스, 관계에서의 긴장 등을 경험한다고 설명하고 있다. 많은 사람이 그럴 수도 있겠지만, 그 결과는 희생자를 비난하고 돌봄 제공자가 직면한 어려움의 구조적 원인을 간과한다.

Pitkeathley가 제안한 해결책은 시설수용이나 거주 서비스를 제안하는 여성주의 이론가의 의견을 반영한다(Dalley, 1988; Ungerson, 1987). 예컨대, Pitkeathley는 핵가족 모델에서 집합주의 접근으로 이동해야 한다고 말한다. 그러나 그녀는 장애인이나 노인 당사자의 관점과 선호는 고려하지 않았다. 또한 그녀는 장애인에 대한 직접지불 방식을 통해 무급의 착취적인 돌봄이 안고 있는 문제를 해결할 수 있으리라는 생각에 반대한다. 돌봄 제공자의 욕구에 과도하게 초점을 맞추었기 때문에 그녀는 돈이 서비스 이용자가 아닌, 돌봄 제공자에게 직접적으로 돌아가야 한다고 주장한다. Pitkeathley의 책에 포함되어 있는 철학—재정과 관련된 제안은 아니더라도—은 대부분 1995년 「돌봄 제공자법(Carers Act)」에 반영되었는데, 이 법은 돌봄 제공자를 일주일에 20시간 이상 돌봄 서비스를 제공하는 사람으로 규정하고 있다.

장애운동에서 제안하는 돌봄 문제에 대한 해결책의 핵심은 장애인 당사자의 역량을 강화하는 것이다(Morris, 1993b). 예컨대, 직접지불 방식은 장애인으로 하여금 무급의 돌봄에 의존하지 않고 개별적 활동보조인을 고용할 수 있도록 하는 것이다. 또한 자녀가 돌봄 제공자 역할을 하는 경우에 대한 열띤 학술적 논쟁이 진행되고 있지만, 적절한 개별적 활동보조 정책은 자녀 돌봄의 필요성도 없애 줄 것이다.

돌봄 제공자로서 비장애인이 수행하는 역할에 대해 생각해 보면, 장애권리 관점과 돌봄 제공자 옹호 관점 사이의 화해가 중요하다는 것을 깨닫게 된다. 예컨대, Jenny Morris의 저작에 따르면, Bill Bytheway와 Julia Johnson(1998)은 '돌봄 제공자'의 사회적 구성에 대해 분석하고 돌봄 제공자 운동의 관점에 대해서 비판하였다. 그들의 연구는 상호성에 기초한 '돌봄 시스템'이라는 개념을 강조하면서, 돌봄이 일반적인 가족생활과 지역사회 생활의 정상적인 부분으로 재인식되어야 한다고 결론 내리고 있다.

내가 이 책의 다른 장에서 이미 주장한 바와 같이, 자립생활은 결코 가족에 의해 제공되는 무급의 돌봄 기능을 완전히 대체하지 못할 것이다. 장애아동의 부모로서든, 장애성인의 배우자로서든, 또는 나이 든 부모의 자녀로서든, 비장애인은 항상 장애인을 지원하는 역할을 수행할 것이다. 이 문제에 대한 사회적 대처가 더 발달하여 자기 자신의 신체적 욕구를 스스로 충족할 수 없는 사람이 경험하는 사회적 의존성을 감소시킬 수 있다고 하더라도, 여성주의 이론가가 '돌봄의 연대성(caring solidarity)'이라고 부르는 것에 대한 욕구는 여전히 살아 있을 것이다. 타인을 돌보는 사람들에 대한 재정적 · 사회적 · 개인적 영향 또한 여전히 중요하다. 이는 장애 논쟁에서 비장애 돌봄 제공자가 서 있는 위치를 보여 준다. 즉, 비장애인 역시 손상/장애로 불이익을 당하고 배제된다. 장애인과 그들을 돕는 비장애인 모두의 삶의 질을 개선하기 위해서 도전은 계속되어야 한다.

전문가

개별적 활동보조인이나 권익옹호인(advocacy worker) 같은 역할이 새롭게 등장하고 있지만 아직까지는 전문직으로 자리 잡지는 않았다. 그러나 기존의 전문직—의사, 의료 관련 전문직, 사회복지사, 심리학자 등—은 장애인의 삶에 중요한 역할을 수행해 왔다. 결과적으로 이러한 전문직은 장애 활동가와 학계로부터 상당한 관심을 받아 왔고, 그 관심은 대개 비판적인 것이었다.

전형적인 것은 Ken Davis(1993)의 '좋은 클라이언트 만들기'라는 글로서, 첫 회는 1990년 가을 호 『연합(*Coalition*)』에 실렸다. Davis는 '전문가'의 역할에 대해서 통렬히 비판하였다.

> 참 많은 종류가 있다. 그들은 다양한 직함을 가지고, 다양한 기관에서 일하고 있다. 가끔 우리는 누가 누구인지 헷갈리기도 한다. 그들은 강의를 듣고 책을 읽음으로써 장애에 대해서 배운다. 그들 중 몇몇은 이를 통해 학위를 따고, 그럼으로써 자신이 장애 문제에 대해서 얼마나 전문가인지를 증명하곤 한다. 이 학위증 한 장을 가지고 그들은 우리의 욕구와 무관하게 직장을 얻고 경력을 쌓을 수 있다(Davis, 1993: 197).

Davis는 이렇게 일하는 사람을 '전문적인 장애 기생충'이라고 묘사하기까지 한다(1993: 199). 이런 부류의 분석은 Michael Oliver로 이어졌는데, 예컨대 그는 NHS의 주요 수혜자는 거기에서 일하는 의사와 간호사였다고 주장하였다(Oliver, 1991: 157). 그 외에 Vic Finkelstein(1980)과 장애권리 측 전통 안에 몸담고 있는 다른 많은 사람도 이러한 주장을 하고 있다. 미국에서 Irving Zola는 다음과 같이 결론 내린다.

> 서비스를 전달하는 사람이 성별, 경제적 계층, 인종 등에서 그들이 제공한 서비스를 받는 사람과 현저하게 다른 특징을 가지고 있는 한, 의료서비스에 대한 접근 가능성이 권리가 아니라 특전으로 주어지는 것인 한, 이윤을 쫓는 기업이 제약회사와 보험 산업을 장악하고 있는 한, 사회는 그 안의 일부 층과 관련된 불편한 현상을 떠안고

> 갈 수밖에 없다. 즉, 그 일부 층은 다른 사람의 고통에서 한 걸음 떨어져, 그리고 어느 정도는 이런 문제가 해결되지 않고 지속되는 것에 의해 자신의 기득권을 부지중에 유지하면서 살아가는, 잘 살아가는 사람이라는 사실이다(Zola, 1977: 66).

또한 『도움(*Help*)』(2000)에 실었던, 전문가에 대한 나 자신의 분석도 이러한 접근을 따르고 있다. Friedson(1970)과 Illich(1977)을 따라, 나는 전문가가 욕구를 규정하는 위치에 있으면서 장애인 등 도움을 받아야 할 사람을 규정하고, 그들 자신의 용어로서 욕구를 충족하고 있다고 주장하였다. 나는 전문성이라는 관념에 도전하였고 의료 기술의 언어가 통제와 배제를 위해 사용되고 있다고 비판하였다. 나는 의료 전문가의 훈련 과정을 통해서 의료인이 장애인에게 공감하고 이들과 의사소통하는 능력을 어떻게 상실해 가는지도 비판하였다(Fraser, 1992: 27; St Clire, 1986). 나는 또한 전문적 치료를 받는 사람과 전문적 치료를 제공하는 사람 사이의 양극화가 문제의 원천이라고 주장하였다. 장애인이 전문직에서 배제되어 온 역사는 상호 간의 이해와 존중을 더욱 어렵게 하였다.

전문가에 대한 장애학 문헌을 재검토하면서, 나는 다시 이러한 설명에 불균형적인 측면이 있다고 주장하려 한다. 많은 장애인이 전문가의 손에서 고통을 당하고 있다고 하더라도, 또 다른 많은 사람은 양질의 전문적 보호를 받고 있다. 전문가의 대부분이 그들의 환자와 클라이언트를 통제하고 착취하고 그들에게서 이익을 얻으려고 하는지도 분명하지 않다. 많은 활동가에 의해 표현되는 분노와 적개심은 부적절하고 건설적이지 않은 것처럼 보인다. 양질의 의료적 또는 치료적 도움은 많은 장애인에게 정말 중요하다. 장애권리 공동체는 전문주의를 거부하기보다는, 장애인을 도우려고 하는 전문가와 장애인 사이의 관계를 증진하기 위해 할 수 있는 일을 찾아야 할 필요가 있다.

2002년 Susan Deeley가 학습장애가 있는 사람과 함께 일하는 전문가에 대해서 조사한 바에 따르면, 이들은 정설로서 널리 수용되는 정상화를 고수하는 사람과 좀 더 온정주의적인 이데올로기를 받아들여 정상화에 도전하는 사람으로 양분되어 있다. 이는 전문가 집단 안에서도 내적인 갈등이 있다는 것을 일깨워 주는 것으로, 전문가와 장애인(또는 그 부모) 사이의 분쟁 가능성과 관련되어 있을 수 있다. 그들은 또한 돌봄 영역에서 관계가 점차 변화하고 있음을 반영한다. 윗세대 전문가는 정상화가 비현실적이고 실용적이지 않다고 생각하는 반면, 신세대 전문가는 좀 더 진보적인 사고를 수용하고 있다. Ingrid Helgøy 등(2003)의 연구는 전문가와 서비스 제공자들이 적어도 5개의 상이한 역할을 맡을 수 있다고 설명한다. 첫째, 재활사—그들의 이데올로기와 권위, 기술을 부과하는 사람. 둘째, 하인—예컨대, 개별적 활동보조인의 역할을 하는 사람. 셋째, 돌봄 제공자—예컨대, 가사 도우미 또는 간호사 역할을 하는 사람(이 경우 장애인의 요구와 돌봄 제공자 자신의 전문적 기준 사이에 긴장이 있을 수 있다). 넷째, 충격 흡수자—복지 관료와 좌절한 장애인 사이를 중재하는 사람, 그리고 클라이언트의 좌절을 함께 나누는 사람. 다섯째, 법률가—클라이언트가 시스템을 활용할 수 있도록 돕는 일선 공무원으로서 활동하는 사람, 이들 각각의 다양한 역할은 장애인이 취할 수 있는 다양한 역할(예컨대, 보통 이상으로 비범한, 무능력하고 순종하는, 통제받고자 하는)과 조합하여 둘 사이의 다양한 관계 양상을 만들어 낸다.

지배적인 전통에 도전하기 위한 한 가지 방법은 더 많은 장애인이 전문직으로 들어가는 것이다. 장애가 있는 보건 및 치료전문가에 대한 연구에서, Sally French(1998)는 많은 장애인 전문가가 장벽과 장애물에 부딪힘에도 불구하고, 환자나 클라이언트에게 더 많이 공감할 수 있고, 더 잘 이해하고 의사소통할 수 있는 이점을 가지고 있다고 느끼고 있음을 발견하였다. 더 많은 장애인이 전문직에 진입함에 따라, 원조의 이용자와 제공자 사이의 관계가 변화할 수 있게 되었다. 또 다른 방법은 전문가의 훈련 과정과 그들의 실천 현장이 장애인의 권리를 자각하고 그들의 자율성을 지지하도록 하는 것이다. 예를 들어, 이제는 많은 의과대학에서 미래의 의사를 훈련시키기 위해서 장애인을 개인지도교수나 강사로 초빙하고 있다. 장애인의 인생 경험과 전문적 기술의 가치를 인정함으로써 전문가와 환자가 건강과 치료 욕구에 대한 더욱 적절한 해결책을 찾기 위해 함께 일할 수 있게 될 것이다. 중요한 것은 지배의 관계를 협력의 관계로 바꾸는 것이다.

그러나 여전히 변하지 않는 사실은 많은 장애인의 삶에 특수한 전문가(specialist expertise)가 필요하다는 것이다. 모든 장애인이 전문가의 도움을 필요로 하는 것은 아니지만, 손상이 있다는 것—또는 이 손상에 연결된 사회적 불이익을 경험한다는 것—은 장애인으로 하여금 의사, 치료사, 그 외의 전문가를 활용하게 될 가능성을 높이는 것이다. 따라서 장애 영역에서 전문가는 중요한 위치를 차지하고 있다. 자신의 인생을 통해 장애인과 관련된 직업을 가지고 있는 사람은 장애인이 겪는 어려움이 무엇인지, 그리고 무엇을 우선순위에 놓아야 하는지에 대한 통찰력을 가지고 있을 것이다. 장애가 있는 개개인은 자기 자신만의 제한된 경험으로부터 일반화해야 하지만, 전문가는 손상을 입은 집단에 대한 훨씬 더 광범위한 지식이 있을 수 있다. 사실 많은 전문가는 장애인과 그 가족을 위해서, 그리고 그들과 더불어서 자조집단과 옹호집단을 개발하는 데 중요한 역할을 수행해 왔다. Goodley와 Moore (2000: 880)는 이러한 진보적 전문주의가 장애인의 상호 의존을 촉진하고 그들의 능력에 초점을 맞추며 자신은 한발 뒤로 물러나 있음에 박수를 보냈다. 전문가의 통찰이 필연적으로 자신의 전문 분야에 대한 충성심으로만 제한되거나 왜곡되는 것은 아니다. 많은 의료인은 자신이 훈련받은 전문 분야와 관련 없이, 장애인의 문제가 질병이나 손상의 문제가 아니고, 참여와 빈곤이 우선적으로 다루어져야 하는 문제라는 사실을 깨닫고 있다(Clover, 2005).

지원 인력

장애학 문헌에서 돌봄 제공자에 대한 논의는 보통 이들을 비난하는 내용이다. 전통적으로 돌봄 제공자는 도움받는 사람에게서 힘과 통제력, 목소리를 빼앗아갔다고 보았기 때문이다. Barnes(1990)가 설명한 것처럼, 낮은 지위의 활동보조인 스스로가 선택권이 없고 권한이 없다는 것은 그들이 맡고 있는 클라이언트의 상황을 반영하는 것이다. Ruth Marquis와 Robert Jackson (2000)은 장애인을 위한 생활환경 서비스에서 발생하는 다양한 관계에 대해 연구하였다. 이들 직업에 대한 논의는 단지 수행해야 할 과업을 강조할 뿐, 자율성을 증진하거나 지지적인 관계를 형성하는 것에 중요성을 두지 않는다. 장애인은 그들의 삶을 함께 나눌 사람, 단순한 노동자 이상이 되어 줄 수 있는 사람을 필요로 한다. 돌봄 관계를 통해 때로는 이런 관계가 가능하지만, 또 다른 경우에는 거의 학대와 같은 상황이 발생하기도 한다. 그러나 Stacey (2005)에 따르면, 가사보조인은 종종 자신의 일에 갇히는 느낌을 가짐에도 불구하고, 때로는 더럽고 지위가 낮은 일로 간주되어 왔던 자신의 일을 통해서 보람과 자부심을 느끼기도 한다. 연구에 참여한 응답자는 클라이언트와의 정서적인 연결을 추구하고 있고 가사보조 일에 대해 가치와 존엄성을 부여하고 있었다.

장애인의 역량강화와 통합을 적극 지지하는 비장애인의 역할이 점점 더 중요해진다는 사실은 그 가치에 비해 별로 주목받지 못했다. 여기에는 학습장애가 있는 사람을 옹호하고 지원하는 사람, 장애인을 개별적으로 돕는 유급의 활동보조인, 그리고 수화통역자로 일하는 사람이나 또 다른 방식으로 의사소통과 통합을 촉진하는 사람이 포함된다. 내가 여기에서 말하는 지원 인력(support workers)과 전통적인 돌봄 제공자(traditional carers) 사이에는 몇 가지 중요한 차이점이 있다. 지원 서비스는 전형적으로 급료를 받는 직업이지 자원봉사가 아니다. 그것은 지속적이기보다는 간헐적이다. 지원 인력은 보통 통합과 역량강화에 대한 정치적 또는 윤리적 사명감(commitment)으로 그 일을 할 것인지에 대해서 적극적으로 선택한 사람이다. 또한 지원 인력의 역할로부터 몇 가지 중요한 점을 도출할 수 있다.

첫째, 옹호자, 개별 활동보조인, 통역자로 일하는 비장애인은 장애인의 통합과 독립에 있어 절대적으로 중요한 사람이다. 그들이 없다면, 학습장애인의 의견과 선택은 외부에 전달될 수 없고, 신체적으로 의존적인 사람은 자립적으로 일하며 살아나갈 수 없으며, 농인은 외부 세상과 조화를 이루는 것이 훨씬 더 어려워질 것이다.

둘째, Dan Goodley는 학습장애인의 옹호자로 일하는 비장애인은 장애인을 위한 조직과 장애인의 조직이라는 장애권리 운동가의 전통적인 구분을 흐려지게 한다고 지적했다. '대변인(speaking out)'과 옹호조직은 주로 비장애인을 직원으로 고용하고 비장애인에 의해 운영되지만, 그럼에도 불구하고 학습장애인의 이득을 위해 일한다. 비장애 지지자와 연구자의 역할을 살펴보면서, Jenny Walmsley는 "정상화의 철학이 비장애인에게 난공불락의 중심적인 지위를 주었다."고 설명한다(Walmsley, 2001: 194). 나아가 Goodley는 "자기 옹호를 제한하거나 가능케 하는 것은 단지 전문가가 관여하는지가 아니라 지지자에 의해 제공되는 개입의 성격이 어떤 것인가 하는 것이다."라고 하였다(Goodley, 2001: 123). 동맹자, 옹호자, 보조자, 통역자는 비장애인으로서 그들의 지위를 잃어버리고, 장애인의 세상에서 일시적으로 누리는 구성원으로서의 특권을 더 좋아하는 것 같다.

셋째, 이들 비장애 지원 인력의 동기와 관점, 경험에 대해서는 거의 주목하지 않았다. 특히 자립생활에 대한 문헌은 개별적 활동보조인의 관점을 적절히 포함하지 못하고 있다. 장애인이 선택권과 권한, 통제권을 갖는 것에 대해 너무 초점을 맞춤으로써 그들이 고용한 사람의 권리에 대해서는 간과하고 있었던 것이다. 여성주의자는 새로운 하인 계층이 등장할 위험이 있는 것은 아닌지 의문을 제기하고 있다. 이 노동자 속에는 압도적으로 여성이 많고, 기술을 갖지 못하거나 이민 온 노동자 출신이 많으며, 노동조합을 가지고 있지 않아 전통적으로 지방정부에 의해 고용된 돌봄 노동자보다 더 열악한 고용조건을 안고 있을 가능성이 있다.

이러한 논의를 모아서, 나는 장애 관련 직종에서 일하는 비장애인을 올바로 평가하고, 존중하고 가치를 부여하는 것이 많은 장애인의 역량강화와 자립을 위해서도 매우 중요한 것이라고 주장한다.

> 개별적 활동보조 정책이 진정으로 고용인(소비자)과 피고용인(보조인) 모두에게 이득을 주는 윈-윈 정책이 될 수 없다면, 그것은 '신선한 아이디어' 이긴 하지만 질적으로 불안정한 것이 될 수밖에 없다. 그 역시 하나의 고용 상황인데, PAS 일을 수행하는 데에는 능숙하면서 매력적인 임금과 이득, 개인적 · 전문 직업적 향상의 기회 등을 요구하는 사람을 끌어들일 수 있는 인센티브가 없기 때문이다(Marfisi, 2002: 28).

지원 인력의 상황에 대해, 그리고 그들을 동기화할 수 있는 것이 무엇인지에 대해 이해하는 것은 마음에서 우러나는 헌신을 지속하도록 하는 데 중요하다. 예컨대, 장애인이 계속해서 개별적 활동보조인을 모집하고 재교육시키는 데 어려움을 겪게 된다면, 직접지불 방식의 활용가능성은 충분히 담보될 수 없다.

이는 또한 앞으로 긴장이 발생할 가능성이 있음을 의미한다. 특히 개별적 활동보조인과 이용자 사이의 관계에서 긴장이 있을 수 있다. 대부분의 전문직이 거쳐 왔던 역사적인 궤적을 보면, 그 방향은 사회적인 위상, 지식, 자격기준을 높이는 것, 그리고 이를 지렛대 삼아 보수와 노동 조건을 개선하는 것을 향해 있었다. 만약 지원 인력의 역할도 좀 더 틀이 잡힌다면, 그리고 유능한 직원을 공급하는 데 문제가 생긴다면, 임금 인상의 압력이 발생할 것이고 장애인과 그 장애인이 의지하고 있는 피고용인 사이의 통제권의 다툼이 증가할 가능성이 있다. 이러한 가능성을 둔화시킬 수 있는 두 가지 요인이 있다면, 하나는 지원 인력의 정치적 · 윤리적 동기이고, 다른 하나는 유연한 고용 기회를 필요로 하는 비숙련 노동자의 지속적인 공급일 것이다.

연구자

비장애 연구자에 대한 거부는 영국 장애운동이 시작할 때부터 있었다. E. J. Miller와 E. V. Gwynne이 Le Court Cheshire home의 거주자와 함께했던 연구는 이들에게 억압적이고 상처를 입히는 것이라고 비판을 받았다. 그 이후로 비장애 연구자에게는 장애인의 삶에 기생하는 사람이라는 혐의가 따라붙었다(Branfield, 1998). 해방적 연구라는 목적(Oliver, 1992a; Mercer, 2002)은 비장애 연구자의 역할을 거부하지는 않지만, 이들은 장애인에 의해 제시된 연구 의제를 따라야만 한다고 주장하였고, 장애인에 의해 통제되는 조직에 대한 책무성이 매우 중요하다고 주장하였다. 장애인과 그들의 조직이 연구자가 되고 연구를 관리하도록 지원하기 위한 노력이 경주되었다.

어떤 사람이 단지 장애인이라는 이유만으로 다른 장애인의 삶에 대해서 자동적으로 통찰력을 가질 수 있는 것은 아니다. 한 사람의 경험은 전형적인 것이 아님에도 불구하고, 그것이 장애의 본질인 것처럼 오해될 수 있다. 손상은 매우 다양하기 때문에, 하나의 손상을 입은 사람은 자신과 다른 손상의 경험에 대해 손상이 하나도 없는 사람만큼이나 통찰력을 갖지 못할 수 있다. 예를 들어, 학습장애가 있는 사람에 대해 연구하는 대부분의 사람은 비장애인이지만, Jan Walmsley나 Dan Goodley 같은 연구자는 학습장애가 있는 사람에 대해 나 같은 장애인 학자보다도 훨씬 더 잘 이해하고 있다. 스스로 '손상이 있다는 것이 손상을 이해하는 데 필수적'이라고 생각하는 것은 위험한 근본주의다. 그가 장애인이든 비장애인이든 경험 많고 민감한 연구자의 기술과 지식은 적절한 설명을 위해 필요하다. 비장애 연구자는 그들 자신이 무능력하게 되거나 주변화되었던 경험—예컨대, 여성으로서—을 연결시켜서 장애인이 경험하는 장벽에 대한 통찰을 얻을 수도 있다(Duckett, 1998).

예컨대, Rannveig Traustadóttir(2001)는 장애인과 그 밖에 배제되고 '타자화'된 사람에 대해 매우 섬세하고 반영적인 설명을 제공하였다. Dan Goodley와 Michele Moore(2000)는 연구자가 어떻게 학습장애인의 목소리 내기를 촉진할 수 있는지 보여 주었고 정치적 투쟁에 함께하였다. 비록 학자는 대학이 요구하는 수행 기준과 장애인의 이해를 증진하는 데 대한 자신의 몰입 사이에서 갈등하고 있음을 보여 주고 있지만 말이다.

> 연구자로서의 우리의 위치는 현실적인 어려움을 가져다준다. 즉, 우리는 장애인의 동맹군이 되고자 하지만, 우리로 하여금 존경할 만한 연구 성과를 내는 데 기여할 것을 요구하는 상황에 처해 있다. 우리는 장애 정치를 이해하는 데 앞장서고 싶어 하지만, 학계 내의 일정하게 정해진 위치를 유지할 의무도 있다(Goodley and Moore, 2000: 875).

뿐만 아니라, 비장애인은 앞서 논의한 것처럼, 그들의 가족을 통해서 장애 경험을 가지고 있기도 하다. 앞에서 인용하였던 Don Avery는 장애인을 자녀로 둔 비장애 부모다. 장애학계에서 일하고 있는 많은 비장애 연구자가 장애인의 가족이라는 사실은 흥미롭다. Avery와 마찬가지로 장애자녀를 둔 부모이면서 연구자인 경우는 Dora Barnson, Michael Berube, Eva Feder Kittay, Lars Grue 등이고, 장애인을 부모로 둔 비장애자녀로서 연구자인 경우는 Lennard Davis, Rannveig Traustadóttir 등이며, 장애인을 형제로 둔 경우는 Eda Topliss 등이 있다. 이들 각각은 '의례적 낙인(courtesy stigma)'뿐 아니라 장애인의 동반자, 돌봄 제공자, 또는 장애인의 피보호자 앞에 놓여진 환경적·경제적 장벽을 경험해 왔다. 앞에 열거한 사람, 그리고 Gary Albrecht,

Len Barton, Mike Bury, Leanne Dowse, Kristjana Kristiansen, Geof Mercer, Mark Priestley, Bob Sapey, Mårten Söder, Linda Ward 등이 아니었다면 장애학은 지금과 같은 수준으로 발전할 수 없었을 것이다.

결 론

이 장에서 나는 비장애인도 장애의 일부분을 차지하고 있다는 것을 보여주려고 노력하였다. 다양한 역할과 관계 속에서, 손상/장애 문제는 그들의 삶에 영향을 미치고 있고, 그들은 장애인을 지원하고 장애인에게 힘이 되는 역할을 수행하고 있는 것이다. 장애가 있는 가족을 둔 사람, 또는 장애인을 돕고 장애인에 대해서 연구하거나 또 다른 형태로 도움을 주는 일을 하는 데 일생을 바치고 있는 사람은 장애인의 사회적 상황과 삶의 질 증진에 관심을 기울이고 있다.

대부분의 장애인은 비장애인으로부터 부정적인 태도를 경험해 왔다. Lois Keith(1996)은 원하지 않는 관심이나 적개심이 미치는 영향에 대해 웅변적으로 서술하였다.

> 우리 장애인은 우리를 무능력하고 수동적이고 매력이 없는 사람으로 보는 파괴적인 세력에 맞서 지속적으로 싸워 나가야 한다. 우리가 아무리 힘을 내서 적극적으로 세상을 향해 나가려고 하더라도, 우리는 우리가 일상적인 모습을 가지고 있지 않고 일반적인 규준과 다르다는 것에 대해 우리를 무력하고 분노하게 만드는 방식으로 반응하는 사람과 부딪힐 수밖에 없다(Keith, 1996: 70).

다르게 보이는 사람은 자주 주시와 조롱에 직면한다. 취약한 사람은 때로 폭력, 학대, 혐오 범죄를 경험한다. 이러한 부정적인 대우를 드러내고 도전하는 것은 장애권리 공동체를 위해서 중요한 한걸음을 내딛는 것이다. 그러나 이처럼 처량하고 때로는 끔찍한 경험이 장애인으로 하여금 모든 비장애인이 거부적이거나 억압적일 것이라고 가정하게 하는 이유가 되어서는 안 된다. 많은 비장애인은 대부분의 경우에 장애인에 대해서 수용적이고 지지적이다. 그들이 적절히 반응하지 못하는 경우라고 하더라도 장애인에 대해 무지한 것 정도일 것이고, 적극적으로 적개심을 드러낸다고 하더라도 두려워하는 것 정도일 수 있다.

장애활동가와 학자는 비장애인이 장애인에 대해 억압적이지 않은 접근을 할 수 있는 가능성이 있다는 사실을 부정하는 경향이 있었다. 잡지 『연합(*Coalition*)』에 실렸던 논문에서, Alan Holdsworth(1993)은 비장애인의 세계를 세 개의 집단으로 구분하였다. 전문적인 억압자, 자유주의적인 억압자, 그리고 동맹자. 그에게 비장애인은 적이다. "그들은 우리의 동맹군이 아닐 뿐 아니라, 실제로는 야수 그 자체다."(1993: 4) 동맹군이 갖추어야 할 것에 대한 Holdsworth의 설명은 그럴듯해 보인다. "동맹군이라면 장애인에게서 권한을 탈취하거나 빼앗지 않으면서 그들의 모든 기술과 지식, 능력을 활용할 수 있는 길을 찾아야만 한다."(1993: 5) 하지만 그의 논의는 전문가와 자선조직을 이기적이고 서비스 삭감을 지지하는 사람으로 보고 있다. 전문적 억압자는 '두려움과 삭감에 따른 구조조정, 그리고 사소한 개개인의 이해관계라는 시스템으로' 직원을 통제하는 사람인 것이다(1993: 7). '자유주의적 억압자'는 자신이 장애운동 쪽에 서 있다고 착각하고 있지만, 정치적인 접근보다는 자선에 의지하고, 장애인의 시설화를 지지하며, 장애인이 스스로 발언하도록 허용하려 하지 않는다. Karin Barron(2001)의 사회조사는 이러한 허술한 구분을 파괴한다. 전문가도 부모도 동질적인 집단이 아니라는 것을 보여 주는 것이다. 즉, 어떤 사람은 장애인의 자율성을 지지하지만 또 다른 사람은 통제를 가하고, 어떤 사람은 장애인을 보호하려고 하지만 또 다른 사람은 옹호자로 활동한다.

Holdsworth의 글이 보여 주는 전형적으로 논쟁적이고 분리주의적인 활동가 스타일은 장애운동과 전문가 및 장애인 분야 조직 사이의 관계에 독이 되어 왔다. 이 장에서 나는 앞으로 나아갈 길은 장애인과 비장애인 및 그들의 조직 사이에 파트너십과 동맹관계를 형성하는 것이어야 함을 주장하였다. 비장애인도 장애 문제를 해결하는 데 기여하고 있다. 전문가, 돌봄 제공자와 기타 도움을 주는 사람은 장애인을 억압하려는 것보다는 도움을 주려는 마음으로 동기화되어 있다. 인생에서 쉽게 일하면서 좋은 보수를 받고자 기대하는 사람에게 장애 분야에서의 일을 선택하라고 하는 것은 잘못된 조언이 될 것이다. 역사적으로 이 일은 낮은 지위와 낮은 보수를 받는 직종이었다. 대부분의 장애 개인은 가족, 장애 분야에서 일하는 사람, 옹호자와 지지자 같은 비장애인과 매우 좋은 관계를 맺고 있다. 그러나 집단적으로, 장애권리운동은 긍정적인 측면을 간과하고 배제와 억압의 경험만을 강조하기로 선택해 왔다. 비장애인의 삶도 장애에 의해 영향을 받는다는 것을 깨닫고 비장애인의 역할에 대해 좀 더 현실적인 평가를 내리는 작업이 오랫동안 지연되었기 때문이다.

맺/음/말

이 책에서 나는 영국 장애권리운동의 핵심적인 원칙에 대해서 재검토해 왔다. 나는 장애의 사회모델과 자립생활의 개별적 활동보조모델이 기초하고 있는 지적인 기반과 정치적 기반에 대해서 의문을 제기하였다. 나는 또한 치료, 유전적 검사, 타인의 원조를 받는 자살, 자선 등에 대해 반대하는 것에 대해서도 의문을 제기하였다. 이 책 전체를 통하여, 나는 학자, 활동가, 그리고 정책 입안자가 그동안 중요하게 지켜졌던 수사학이나 당연하게 여겼던 가정에 대해서 다시 검토할 필요가 있다고 주장하였다.

그러나 나는 다음의 세 가지 점 또한 강조하고자 한다. 첫째, 나는 사회적 · 환경적 장벽이 많은 장애인이 갖는 주요 문제를 구성하고 있다는 것, 그리고 이러한 장애물을 제거하는 것이 장애 정치의 중심적인 우선순위를 가지고 있다는 것을 수용한다. 둘째, 나는 장애인이 그들 자신의 삶에 대해 선택해야 한다는 것, 그리고 지역사회 안에서 살아갈 수 있도록 지원을 받아야 한다는 것에 동의한다. 셋째, 나는 장애의 의료화와 장애인이 그들의 무능력에 의해 규정되는 구태의연한 가정이 장애인의 해방을 방해하는 문화적 장벽이고, 이를 깨뜨려야 한다는 것에 대해 아무 의심 없이 동의한다. 나는 사회적 장벽과 자립생활에 대한 초점 맞추기가 대다수 손상이 있는 장애인의 욕구를 가려 버리지 않기를 바라고 있음에도 불구하고, 영국 정부 보고서 '장애인의 삶의 기회 증진(Improving the Life Chances of Disabled People)'(Cabinet Office, 2005) 또한 환영하고 있다.

나는 장애에 대한 나의 주장이 실천적인 연구 의제를 제안하고 있다고 믿는다. 장애학은 양적 · 질적 모든 방법을 통해, 장애인이 그 장벽을 어떻게 경험하고 자신의 손상을 어떻게 경험하는지에 대한 풍부한 경험적 연구를 제공하기 위해 일해야 한다. 특히 장애인 사이의 차이는 그 유사성만큼이나 중요하다. 예를 들어, 역설적이게도 장애인의 계급적 차이에 대한 탐구는 심지어 유물론적 장애학자에 의해서도 이루어지지 않았다. 장애학은 사회모델의 정통성 안에 갇히기보다는, 분석적 엄격함과 개방적인 논쟁에 가치를 두어야 하고 다원론적이어야 한다. 장애 연구자는 밖을 내다보고 의료사회학, 생명윤리와 기타 학문 영역과 함께 일해야 한다.

이 책은 또한 해방적 전략을 향해 나아가는 길을 강조한다. 장애운동은 장애 정체성이나 장애 권리가 해방을 위한 확고한 기초라는 가정에 대해 주의를 기울여야 한다. 손상을 입은 사람 중 다수가 스스로 장애인으로서 정체화되기를 전혀 바라지 않는다는 것에 대해 깨닫는 것은 늦은 감이 있다. 또한 권리 하나만으로 모든 장애 문제가 해결되는 것이 아니라는 것을 인정하는 것도 마찬가지다(Young and Quibell, 2000; Barron, 2001). 사회정의는 궁극적으로 선호할 만한 목표다. 장애집단은 공통점을 가진 다른 공동체, 특히 노인집단과 협력을 모색해야 한다. 손상의 예방이나 장애인의 의료적 욕구에 대한 관심을 저버리는 것은 잘못이다. 마지막으로, 권리나 정의가 자선이나 지역사회 개념을 쓸모없는 잉여로 만들 수 있는 것은 아니다. 장애인과 비장애인 사이의 긍정적인 사회적 관계를 지원하고 연대성과 상호성이 주는 이득을 깨닫는 것은 장애인을 풍요롭게 하는 데 중요하다.

참고문헌

Abberley, P. (1987) The concept of oppression and the development of a social theory of disability, *Disability, Handicap and Society*, 2, 1, 5-20.

Abberley, P. (1992) Counting us out: a discussion of the OPCS disability surveys, *Disability, Handicap and Society*, 7, 2, 139-155

Abberley, P. (1996) Work, utopia and impairment, in L.Barton (ed.) *Disability and Society: emerging issues and insights*, Harlow: Longman.

Abberley, P. (1998) The spectre at the feast: disabled people and social theory, in T. Shakespeare (ed.) *The Disability Reader: social science perspectives*, London: Cassell.

Abberley, P. (2001) Work, disability and European social theory, in C. Barnes, M. Oliver and L. Barton (eds) *Disability Studies Today*, Cambridge: Polity.

Abbott, D. and Howarth, J. (2005) *Secret Love, Hidden Lives? Exploring issues for people with learning difficulties who are gay, lesbian or bisexual*, Bristol: The Policy Press.

Abraham, C. (1989) Supporting people with mental handicap in the community: asocial psychological perspective, *Disability, Handicap and Society*, 4, 2, 121-130.

Aitchison, C. (2003) From leisure and disability to disability leisure: developing data, definitions and discourses, *Disability and Society*, 18, 7, 955-969.

Albrecht, G.L. (ed.) (1976) *The Sociology of Physical Disability and Rehabilitation*, Pittsburgh, PA: University of Pittsburgh Press.

Albrecht, G.L. (ed.) (1981) *Cross National Rehabilitation Policies: a sociological perspective*, London: Sage.

Albrecht, G.L. (1992) *The Disability Business: rehabilitation in America*, London: Sage.

Albrecht, G.L. and Devlieger, P.J. (1999) The disability paradox: high quality of life against all odds, *Social Science and Medicine*, 48, 977-988.

Alderson, P. (1993) *Children's Consent to Surgery*, Buckingham: Open University Press.

Alderson, P. (2001) Down's syndrome: cost, quality and value of life, *Social Science and Medicine*, 53, 627-638.

Allison, R. (2003) Does a cleft palate justify and abortion? Curate wins right to challenge doctors, *Guardian*, 2 December.

Amundsen, R. (1992) Disability, handicap and the environment, *Journal of Social Philosophy*, 23, 1, 105-118.

Anderson, E. (1999) What is the point of equality? *Ethics*, 109, 287-337.

Andrews, J. (2005) Wheeling uphill? Reflections of practical and methodological difficulties encountered in researching the experiences of disabled volunteers, *Disability and Society*, 20, 2, 201-212.

Anspach, R.R. (1979) From stigma to identity politics, *Social Science and Medicine*, 134, 755-763.

Asch, A. (2000) Why I haven't changed my mind about prenatal diagnosis: reflections and refinements, in E. Parens and A. Asch (eds) *Prenatal Testing and Disability Rights*, Washington, DC: Georgetown University Press.

Asch, A. (2001) Disability, bioethics and human rights, in G.L. Albrecht, K.D. Seelman and M. Bury (eds) *Handbook of Disability Studies*, Thousand Oaks, CA: Sage.

Asch, A. and Geller, G. (1996) Feminism, bioethics, and genetics, in S.M. Wolf (ed.) *Feminism and Bioethics*: Beyond reproduction, New York: Oxford University Press.

Askheim, O.P. (2003) Personal assistance for people with intellectual impairments: experiences and dilemmas, Disability and Society, 18, 3, 325-340.

Askheim, O.P. (2005) Personal assistance-direct payments or alternative public service: Does it matter for the promotion of user control? *Disability and Society*, 20, 3, 247-260.

Atkin, K. and Hussain, Y. (2003) Disability and ethnicity: how young Asian disabled people make sense of their lives, in N. Watson and S. Riddell (eds) *Disability, Culture and Identity*, Harlow: Pearson Education.

Avery, D.M. (1999) Talking 'tragedy': identity issues in the parental story of disability, in M. Corker and S. French (eds) *Disability Discourse*, Buckingham: Open University Press.

Bailey, R. (1996) Prenatal testing and the prevention of impairment: a woman's right to choose? in J. Morris (ed.) *Encounters with Strangers: Feminism and Disability*, London: Women's Press.

Barnes, C. (1990) *The Cabbage Syndrome: the social construction of dependence*, Lewes: Falmer Press.

Barnes, C. (1991) *Disabled People in Britain and Discrimination*, London: Hurst and Co.

Barnes, C. (1995) Review of disability is not measles, edited by M. Rioux, *Disability and Society* 10, 3, 380.

Barnes, C. (1998a). Review of *The Rejected Body*, by Susan Wendell, *Disability and Society* 13, 1, 145-147.

Barnes, C. (1998b) The social model of disability: a sociological phenomenon ignored by sociologists, in T. Shakespeare (ed.) *The Disability Reader*, London: Cassell.

Barnes, C. (1999) Disability studies: new or not-so-new directions, *Disability and Society*, 14, 4, 577-580.

Barnes, C. (2000) A working social model? Disability, work and disability politics in the 21st century, *Critical Social Policy*, 20, 4, 441-457.

Barnes, C. and Mercer, G. (1996) *Exploring the Divide: Illness and disability*, Leeds: The Disability Press.

Barnes, C. and Mercer, G. (2003) *Disability*, Cambridge: Polity.

Barnes, C. and Mercer, G. (eds) (2004) *Implementing the Social Model of Disability: theory and research*, Leeds: The Disability Press.

Barnes, C., Oliver, M. and Barton, L. (eds) (2002) *Disability Studies Today*, Cambridge: Polity.

Barr, O., McConkey, R. and McConagahie, J. (2003) Views of people with learning difficulties about current and future accommodation: the use of focus groups to promote discussion, *Disability and Society*, 18, 5, 577-597.

Barron, K. (2001) Autonomy in everyday life, for whom? *Disability and Society*, 16, 3, 431-447.

Batavia, A.I. (1997) Disability and physician assisted suicide, *New England Journal of Medicine*, 336, 1671-1673.

Bates, P. and Davis, F.A. (2004) Social capital, social inclusion and services for people with learning disabilities, *Disability and Society*, 19, 3, 195-207.

Bauman, Z. (1992) *Mortality, Immortality and Other Life Strategies*, Cambridge: Polity.

Bauman, Z. (1993) *Postmodern Ethics*, Oxford: Blackwell.

Bauman, Z. (1998) On post-modern uses of sex, *Theory, Culture and Society*, 15, 3-4, 19-33.

BBC News website (2003) Euthanasia fears for disabled, 20 January. Online. Available HTTP: 〈http://news.bbc.co.uk/1/hi/health/2668253.stm〉 (accessed 24 January 2003).

Beardshaw, V. (1989) Conductive education: a rejoinder, *Disability, Handicap and Society*, 4,3, 297-299.

Beck-Gernsheim, E. (1990) Changing duties of parents: from education to bio-engineering? *International Social Science Journal*, 42, 451.

Benjamin, A. (2004) Going undercover, *Guardian*, 14 April.

Beresford, P. and Wallcraft, J. (1997) Psychiatric system survivors and emancipatory research: issues, overlaps and differences, in C. Barnes and G. Mercer (eds) *Doing Disability Research*, Leeds: The Disability Press.

Beresford, P. and Wilson, A. (2002) Genes spell danger: mental health service users/ survivors, bioethics and control, *Disability and Society*, 17, 5, 541-553.

Berlin, I. (2000) Three Critics of the Enlightenment: Vico, Herder, ed. Henry Hardy, London: Pimlico.

Bickenbach, J.E. (1993) *Physical Disability and Social Policy*, Toronto: University of Toronto Press.

Bickenbach, J. (1998) Disability and life-ending decisions, in M.P. Battin, R. Rhodes and A. Silvers (eds) *Physician Assisted Suicide: expanding the debate*, New York: Routledge.

Bickenbach, J.E., Chatterji, S., Badley, E.M. and Ustun, T.B. (1999) Models of disablement, universalism and the international classification of impairments, disabilities and handicaps, *Social Science and Medicine*, 48, 1173-1187.

Bjarnason, D. (2002) New voices in Iceland. Parents and adult children: juggling supports and choices in time and space, *Disability and Society*, 17, 3, 307-326.

Blaxter, M. (1976) *The Meaning of Disability*, London: Heinemann.

Bogdan, R. and Biklen, D. (1993) Handicapism, in M. Nagler (ed.) *Text and Readings on Disability*, Palo Alto, CA: Health Markets Research.

Bornman, J. (2004) The World Health Organization's terminology and classification:

application to severe disability, *Disability and Rehabilitation*, 26, 3, 182-188.

Bowe, F. (1978) Handicapping America, New York: Harper and Row.

Branfield, F. (1998) What are you doing here? 'Non-disabled' people and the disability movement: a response to Robert F. Drake, *Disability and Society*, 13, 1, 143-144.

Branfield, F. (1999) The disability movement: a movement of disabled people-a response to Paul S. Duckett, Disability and Society, 13, 3, 399-403.

Brechin, A. (1998) What makes for good care? in A. Brechin, J. Walmsley, J. Kalz and S. Peace (eds) *Care Matters: concepts, practice and research in health and social care*, London: Sage.

Brechin, A., Liddiard, P. and Swain, J. (eds) (1981) *Handicap in a Social World*, Sevenoaks: Hodder and Stoughton.

Brechin, A., Walmsley, j., Kalz, J. and Peace, S. (1998) *Care Matters: concepts, practice and research in health and social care*, London: Sage.

Brett, J. (2002) The experience of disability from the perspective of parents of children with profound impairment: is it time for an alternative model of disability? *Disability and Society*, 17, 7, 825-843.

Brisenden, S. (1989) Young, grifted and disabled: entering the employment market, *Disability, Handicap and Society*, 4, 3, 217-220.

British Council of Disabled People (n.d.) The social model of disability and emancipatory disability research-briefing document. Online. Available HTTP: 〈http://www.bcodp.org. uk/about/research.shtml〉 (accessed 23 March 2004).

Broberg, G. and Roll-Hansen, N. (eds) (1996) *Eugenics and Welfare State: sterilization policies in Denmark, Sweden, Norway and Finland*, East Lansing, MI: Michigan State University Press.

Brouwer, W.B.F., Van Exel, N.J.A. and Stolk, E.A. (2005) Acceptability of less than perfect health states, *Social Science and Medicine*, 60, 237-246.

Brown, N. (2003) Hope against hype-accountability in biopasts, presents and futures *Science Studies*, 16, 2, 3-21.

Brown, N. and Michael, M.A. (2003) The sociology of expectations: retrospecting prospects and prospecting retrospects, *Technology Analysis and Strategic Management*, 15, 1, 3-19.

Brown, P. (1995) Naming and framing: the social construction of diagnosis and illness, *Journal of Health and Social Behavior* (extra issue), 34-52.

Brunner, E. (1997) Socioeconomic determinants of health: stress and the biology of inequality, *British Medical Journal*, 314, 1472-1476.

Buchanan, A. (1996) Choosing who will be disabled: genetic intervention and the morality of inclusion, *Social Philosophy and Policy*, 13, 2, 18-46.

Buchanan, A., Brock, D.W., Daniels, N. and Wikler, D. (2000) *From Chance to Choice: genetics and justice*, Cambridge: Cambridge University Press.

Burleigh, M. (1994) Death and Deliverance: 'Euthanasia' in Germany 1900-1945, Cambridge University Press.

Burleigh, M. (1998) *Ethics and Extermination: reflections on Nazi genocide*, Cambridge: Cambridge University Press.

Burrows, G. (2003) A piece of the action, Guardian, 5 November.

Bury, M. (1996) Defining and researching disability: challenges and responses, in C. Barnes and G. Mercer (eds) *Exploring the Divide: chronic illness and disability*, Leeds: The Disability Press.

Bury, M. (1997) *Health and Illness in a Changing Society*, London: Routledge.

Bury, M. (2000) A comment on the ICIDH2, *Disability and Society*, 15, 7, 1073-1077.

Butler, J. (1990) *Gender Trouble: feminism and the subversion of identity*, New York: Routledge.

Bytheway, B. and Johnson, J. (1998) The social construction of 'carers', in A. Symonds and A. Kelly (eds) *The Social Construction of Community Care*, Basingstoke: Macmillan.

Cabinet Office (2005) *Improving the Life Chances of Disabled People*, London: The Stationery Office.

Callahan, D. (2003) Principlism and communitarianism, *Journal of Medical Ethics*, 29, 287-291.

Campbell, J. (2003) Don't be fooled, we don't all want to kill ourselves. Online. Available HTTP: 〈http://www.bcodp.org.uk/about/camnell.shtml〉 (accessed 23 March 2004).

Campbell, J. and Oliver, M. (1996) *Disability Politics: understanding our past, changing our future*, London: Routledge.

Caplan, A.L., McGee, G. and Magnus, D. (1999) What is immoral about eugenics? *British Medical Journal*, 319, 1284.

Carmichael, A. and Brown, L. (2002) The future challenges for direct payments, *Disability and Society*, 17, 7, 797-808.

Carpenter, M. (1994) *Normality is Hard Work: trades unions and the politics of community care*, London: Lawrence and Wishart.

Carr, L. (2000) Enabling our destruction? *Coalition*, August, 29-36.

Carvel, J. (2004) Demonstrators rattle Scope, *Guardian*, 6 October.

Carvel, J (2005) Scope for improvement: disability charity shifts its policy towards integration, *Guardian*, 2 March.

Carver, V. and Rodda, M. (1978) *Disability and the Environment*, London: Elec Books.

Centre for Universal Design (1997) The Principles of Universal Design. Online. Available HTTP :〈http://www.design.ncsu.edu/cud/univ_design/principles/udprinciples.htm〉 (accessed 24 August 2004).

Chadwick, A. (1996) Knowledge, power and the Disability Discrimination Bill, *Disability and Society*, 11, 1, 25-40.

Chappell, A. (1998) Still out in the cold: people with learning difficulties and the social model of disability, in T. Shakespeare (ed.) *The Disability Reader*, London: Cassell.

Chappell, A.L., Goodley, D. and Lawthom, R. (2001) Making connections: the relevance of the social model of disability for people with learning difficulties *British Journal of Learning Disabilities*, 24, 45-50.

Charlton, J. (1998) *Nothing About Us Without Us: Disability, oppression and empowerment*, Berkeley: University of California Press.

Cherniack, E.P. (2002) Increasing use of DNR orders in the elderly worldwide: whose choice is it? *Journal of Medical Ethics*, 28, 303-307.

Clarke, C.L., Lhussier, M., Minto, C., Gibb, C.E. and Perini, T. (2005) Paradoxes, locations and the need for social coherence: a qualitative study of living with a learning difficulty, *Disability and Society*, 20, 4, 405-420.

Clear, M. (ed.) (2000) *Promises, Promise: disability and terms of inclusion*, Sydney: Federation Press.

Coles, J. (2001) The social model of disability: what does it mean for practice in services for people with learning difficulties? *Disability and Society*, 16, 4, 501-510.

Colver, A. (2005) A shared framework and language for childhood disability, *Developmental Medicine and Child Neurology*, 47, 780-784.

Conrad, P. and Schneider, J.W. (1992) *Deviance and Medicalization*, Philadelphia: Temple University Press.

Conrad, P. and Potter, D. (2004) Human growth hormone and the temptations biomedical enhancement, *Sociology of Health and Illness*, 26, 2, 184-215.

Cooper, C. (1997) Can a fat woman call herself disabled? *Disability and Society*, 12, 1, 31-42.

Cooper, M. (1999) The Australian disability rights movement lives, *Disability and Society*, 14, 2, 217-226.

Corker, M. (1998) *Deaf and Disabled or Deafness Disabled*, Buckingham: Open University Press.

Corker, M. (1999) Conflations, differences and foundations: the limits to 'accurate' theoretical representation of disabled people's experience? *Disability and Society*, 14, 5, 627-642.

Corker, M. and French, S. (eds.) (1999) *Disability Discourse*, Buckingham: Open University Press.

Crewe, N.M. and Zola, I.K. (eds.) (1983) *Independent Living for Physically Disabled People*, San Francisco, CA: Jossey-Bass Publishers.

Crow, L. (1991) Rippling raspberries: disabled women and sexuality, unpublished M.Sc. dissertation, South Bank Polytechnic.

Crow, L. (1992) Renewing the social model of disability, *Coalition*, July, 5-9.

Crow, L. (1996) Including all our lives, in J. Morris (ed.) *Encounters with Strangers: feminism and disability*, London: Women's Press.

Dalley, G. (1998) *Ideologies of Caring: rethinking community and collectivism*, London: Macmillan.

Danermark. B. and Gellerstedt, L.C. (2004) Social justice: redistribution and recognition-a non-reductionist perspective on disability, *Disability and Society*, 19, 4, 339-353.

Darke, P. (2004) Interview: beyond the U bend, *Disability Arts in London*, 182, 15-17.

Darling, R.B. (2003) Towards a model of changing disability identities: a proposed typology and research agenda, *Disability and Society*, 18, 7, 881-895.

Davis, A. (2004) a Disabled person's perspective on euthanasia, paper presented UK Forum on Healthcare Law and Ethics, University of Newcastle.

Davis, C. (1998) Caregiving, carework and professional care, in A. Brechin, J. Walmsley, J. Katz and S. Peace (eds) *Care Matters: concepts, practice and research in health and social care*, London: Sage.

Davis, F. (1964) Deviance disavowal and the visibly handicapped, in H. Becker (ed.) *The Other Side*, New York: Free Press.

Davis, K. (1993) On the movement, in J. Swain *et al.* (eds) *Disabling Barriers, Enabling Environments*, London: Sage.

Davis, L.J. (1995) *Enforcing Normalcy: disability, deafness and the body*, London: Verso.

Davis, L.J. (2002) *Bending over Backwards: disability, dismodernism and other difficult positions*, New York: New York University Press.

Deal, M. (2003) Disabled people's attitudes towards other impairment groups: a hierachy of impairment, *Disability and Society*, 18, 7, 897-910.

Deeley, S. (2002) Professional ideology and learning disability: an analysis of internal conflict, *Disability and Society*, 17, 1, 19-33.

DeJong, G. (1983) Defining and Implementing the Independent Living concept, in N, Crewe and I. Zola (eds) *Independent Living for Physically Disabled People*, London: Jossey Bass.

Department for Work and Pensions (2003) *Disabled for Life?* London: DWP.

Department of Health (2001) *Valuing People*, London: DoH.

Department of Health Community Care Statistics (2003-04) *Referrals, Assessments and Packages of Care For Adults, England: National Summary.* Online. Available HTTP: 〈http://www. publications.doh.gov.uk/rap/ rap-report2003-4.doc〉 (accessed 17 June 2005).

Despouy, L. (1993) *Human Rights and Disability*, New York: United Nations Economic and Social Council.

De Swaan, A. (1990) *The Management of Normality: critical essays in health and welfare*, London: Routledge.

De Wolfe, P. (2002) Private tragedy in social context? Reflections on disability, illness and suffering, *Disability and Society*, 17, 3, 255-267.

Diem, S.J., Lantos, J.D. and Tulsky, J.A. (1996) Cardiopulmonary resuscitation on television: Miracles and misinformation, *New England Journal of Medicine*, 13, 334, 24, 1578-1582.

Disability Awareness in Action (1997) *Life, Death and Rights: Bioethics and Disabled People*, special supplement, Disability Awareness in Action, London.

Disability Awareness in Action (2003) UK hospital's new policy puts pressure on people to refuse treatment, *Disability Tribune*, March, 1.

Disability Awareness in Action (n,d,a) *Disability Awareness in Action* newsletter. Online. Available HTTP: 〈http://www.daa.org.uk/biotech_special. htm〉

Disability Awareness in Action (n,d.b) Social model or unsociable model? Online. Available HTTP: 〈www.daa.org.uk/social_model.html〉 (accessed 26 April 2004).

DisAbility Services (n.d.) Community inclusion-enhancing friendship networks among people with a cognitive impairment, Victorian Government Department of Human Services. Online. Available HTTP 〈http://www.dhs.vic.gov.au/disability〉 (accessed July 2005).

Disabled People's International (1982) Proceedings of the First World Congress, Singapore, Singapore: Disabled People's International.

Dowling, M. and Dolan, L. (2001) Families of children with disabilities-inequalities and the social model, *Disability and Society*, 16, 1, 21-36.

Doyle, B. (1996) *Disability Discrimination: The new law*, London: Jordans.

Drake, R.F. (1996) A critique of the role of the traditional charities, in L. Barton (ed.) *Disability and Society: emerging issues and insights*, Harlow: Longman.

Dreidger, D. (1989) *The Last Civil Rights Movement*, London: Hurst.

Duckett, P.S. (1998) What are you doing here? 'Non disabled people' and the disability movement: a response to Fran Branfield, *Disability and Society*, 13, 4, 625-628.

Duffield, V.L. (2001) Friendship and autistic spectrum disorders: a practical programme, *International Journal of Practical Approaches to Disability*, 25, 1, 43.

Dworkin, R.M. (1984) *Life's Dominion: an argument about abortion, euthanasia and individual freedom*, New York: Vintage Books.

Eagle, M., Baudouin, S., Chandler, C., Giddings, D., Bullock, R. and Bushby, K. (2002) Survival in Duchene muscular dystrophy: improvements in life expectancy since 1967 and the impact of home nocturnal ventilation, *Neuromuscular Disorders*, 12, 10, 926-929.

Earle, S. (1999) Facilitated sex and the concept of sexual need: disabled students and their personal assistants, *Disability and Society*, 14, 3, 309-324.

Edgerton, R. (1984) *The Cloak of Competence: stigma in the lives of the mentally retarded*, Berkeley: University of California Press.

Edwards, S.D. (2004) Disability, identity and the 'expressivist objection' *Journal of Medical Ethics*, 30, 418-420.

Edwards, S.D. (2005) *Disability: definitions, value and identity*, Abingdon: Radcliffe.

Eleweke, C.J. (1999) The need for mandatory legislation to enhance services to people with disabilities in Nigeria, *Disability and Society*, 14, 2, 227-238.

Elliot, C. (1999) Pursued by happiness and beaten senseless: Prozac and the American Dream, *Hastings Center Report*, 30, 2, 7-12.

Emerson, E. and McVilly, K. (2004) Friendship activities of adults with intellectual disabilities in supported accommodation in Northern England, *Journal of Applied Research in Intellectual Disabilities*, 17, 191-197.

Epstein, R. (2005) The right to die: the assisted dying for the terminally ill bill, *Legal Executive Journal*, September, 14-16.

Fausto-Sterling, A. (2003) The problem with sex/gender and nature/nurture, in S.J. Williams, L. Birke and G.A. Bendelow (eds) *Debating Biology: sociological reflections on health, medicine and society*, London: Routledge.

Ferguson, I. (2003) Challenging a 'spoiled identity': mental health service users, recognition and redistribution, in N. Watson and S. Riddell (eds) *Disability, Culture and Identity*, Harlow: Pearson Education.

Finch, J. (1984) Community care: developing non-sexist alternatives, *Critical Social Policy*, 9, 6-18.

Findlay, B. (1999) Disability rights and culture under attack, *Disability Arts in London*, 149 (July), 6-7.

Finger, A. (1992) Forbidden fruit, *New Internationalist*, 233, 8-10.

Finkelstein, V. (1980) *Attitudes and Disabled People*, New York: World Rehabilitation Fund.

Finkelstein, V. (1981) To deny or not to deny disability, in A. Brechin, P. Liddiard and J. Swain (eds) *Handicap in a Social World*, Sevenoaks: Hodder and Stoughton.

Finkelstein, V. (2001) *A Personal Journey into Disability Politics*, Leeds: University of Leeds, Centre for Disability Studies.

Finkelstein, V., French, S. and Oliver, M. (eds) (1993) *Disabling Barriers, Enabling Environments*, London: OUP/Sage.

Finlay, I.G., Wheatley, V.J. and Izdebskim, C. (2005) The House of Lords Select Committee on the Assisted Dying for the Terminally Ill Bill: implications for specialist palliative care, *Palliative Medicine*, 19, 444-453.

Finlay, M. and Lyons, E. (1998) Social identity and people with learning difficulties: implications for self-advocacy groups, *Disability and Society*, 13, 1, 37-52.

Fisher, B. and Galler, R. (1988) Friendship and fairness: how disability affects friendship between women, in M. Fine and A. Asch (eds) *Women with Disabilities: essays in psychology, culture and politics*, Philadelphia: Temple University Press.

Fitzgerald, J. (1999) Bioethics, disability and death: uncovering cultural bias in the euthanasia debate, in M. Jones and L. Basser Marks (eds) *Disability, Divers-Ability and Legal Change*, The Hague: Martinus Nijhoff Publishers.

Fletcher, A. (1999) *Genes are us? Attitudes to genetics and disability*, London: RADAR.

Fletcher, A. (2006) What's in a name? *Disability Now*, January, 21.

Flory, J.H. and Kitcher, P. (2004) Global health and the scientific research agenda, *Philosophy and Public Affairs*, 32, 1, 36-65.

Foucault, M. (1989) *The History of Sexuality, Volume 1*, Harmondsworth, Penguin.

Foucault, M. (1990) *Politics, Philosophy, Culture*, London: Routledge.

Fox, H.M. and Kim, K. (2004) Understanding emerging disabilities, *Disability and Society*, 19, 4, 323-337.

Frank, E., Anderson, C. and Rubinstein, D. (1978) Frequency of sexual dysfunction in 'normal' couples, *New England Journal of Medicine*, 299, 111-115.

Franklin, S. (2003) Ethical biocapital: new strategies of cell culture, in S. Franklin and M. Lock (eds) *Rethinking Life and Death: towards an anthropology of the biosciences*,

Santa Fe, NM: School of America Research Press.

Fraser, N. (1989) *Unruly Practices: power, discourse and gender in contemporary social theory*, Minneapolis, MN: University of Minnesota Press.

Fraser, N. (1995) From redistribution to recognition, *New Left Review*, 212, 68-92.

Fraser, N. (2000) Rethnking recognition, *New Left Review*, 3, 107-120.

Fraser, N. and Nicholson, L. (1990) Social criticism without philosophy: an encounter between feminism and postmodernism, in L. Nicholson (ed.) Feminism/Postmodernism, London: Routledge.

Fraser, W.I. (1992) The professions, knowledge and practice, in S.R. Barron and J.D. Haldane (eds) *Community, Normality and Difference*, Aberdeen: Aberdeen University Press.

Freidson, E. (1970) *Profession of Medicine: a study of the sociology of applied knowledge*, New York: Harper and Row.

Freire, P. (1972) *The Pedagogy of the Oppressed*, Harmondsworth: Penguin.

French, S. (1988) Experiences of disabled health and caring professionals, *Sociology of Health and Illness*, 10, 2, 170-188.

French, S. (1993) Disability, impairment or something in between, in J. Swain, S. French, C. Barnes and C. Thomas (eds) *Disabling Barriers, Enabling Environments*, London: Sage.

Freund, P. (1988) Bringing society into the body: understanding socialized human nature, *Theory and Society*, 17, 839-864.

Freund, P. (2001) Bodies, disability and spaces: the social model and disabling spatial organisation, *Disability and Society*, 16, 5, 689-706.

Friedman, M. (1993) Beyond caring: the de-moralization of gender, in M.J. Larrabee (ed.) *An Ethic of Care: feminist and interdisciplinary perspectives*, New York: Routledge.

Fuss, D. (1989) *Essentially Speaking: feminism, nature and difference*, New York: Routledge.

Gabel, S. and Peters, S. (2004) Presage of a paradigm shift? Beyond the social model of disability toward resistance theories of disability, *Disability and Society*, 19, 6, 585-600.

Gaita, R. (2002) *The Philosopher's Dog*, Melbourne: Text Publishing.

Gallagher, H. (1995) *By Trust Betrayed: patients, physicians and the licence to kill in the Third Reich*, New York: Vandemere Press.

Galvin, R. (2003) The paradox of disability culture: the need to combine versus the imperative to let go, *Disability and Society*, 18, 5, 675-690.

Ganchoff, C. (2004) Regenerating movements: embryonic stem cells and the politics of potentiality, *Sociology of Health and Illness*, 26, 6, 757-774.

Gardiner, P. (2003) A virtue ethics approach to moral dilemmas in medicine, *Journal of Medical Ethics*, 29. 297-302.

Gazelle, G. (1998) The slow code-should anyone rush to its defense? *New England Journal of Medicine*, 338, 467-469.

Gill, C.J. (1992) Suicide intervention for people with disabilities: a lesson in inequality, *Issues in Law Medicine*, 8, 1, 37-53.

Gill, C.J. (1994) Questioning continuum, in B. Shaw (ed.) *The Ragged Edge*, Louisville, KY: Avocado Press.

Gill, C.J. (2000) Health professionals, disability and assisted suicide: an examination of relevant empirical evidence and reply to Batavia, *Psychology, Public Policy and Law*, 6, 2, 526-545.

Gilligan, C. (1983) *In a Different Voice: psychological theory and women's development*, Cambridge, MA: Harvard University Press.

Gillman, M., Heyman, B. and Swain, J. (2000) What's in a name? The implications of diagnosis for people with learning difficulties and their family carers, *Disability and Society*, 15, 3, 389-409.

Gillon, R. (2001) Is there a 'new ethics of abortion'? *Journal of Medical Ethics*, 27, supplement II, ii5-ii9.

Gilson, S.F., Tusler, A. and Gill, C. (1997) Ethnographic research in disability identity, self-determination and community, *Journal of Vocational Rehabilitation*, 9, 7-17.

Girlin, T. (1990) From universality to difference, in C. Calhoun (ed.) Social Theory and the Politics of Identity, Cambridge, MA: Blackwell.

Glendinning, C., Rummery, K., Halliwell, S., Jacobs, S. and Tyrer, J. (2000) *Buying Independence: using direct payments to purchase integrated health and social services*, Bristol: The Policy Press.

Glover, J. (1977) *Causing Death and Saving Lives*, Harmondsworth: Penguin.

Goffman, E. (1968a) *Stigma: notes on the management of spoiled identity*, Harmondsworth: Penguin.

Goffman, E. (1968b) Asylums: essays on the social situation of mental patients and other inmates, Harmondsworth; Penguin.

Goggin, G. and Newell, C. (2004) Uniting the nation? Disability, stem cells and the Australian media, *Disability and Society*, 19, 1, 47-60.

Goggin, G. and Newell, C. (2005) *Disability in Australia: exposing a social apartheid*, Sydney: UNSW Press.

Gold, D. (1999) Friendship, leisure and support: the purposes of 'circles of friends' of young people, *Journal of Leisurability*, 26, 3, 1-13.

Gooding, C. (2000) Disability Discrimination Act: from statute practice, *Critical Social Policy*, 20, 4, 533-549.

Goodley, D. and Moore, M. (2000) Doing disability research: activist lives and the academy, *Disability and Society*, 15, 6, 861-882.

Goodley, D. (2001) 'Learning difficulties', the social model of disability and impairment: challenging epistemologies, *Disability and Society*, 16, 2, 207-231.

Goodley, D. (2003) Against an politics of victimisation: disability culture and self-advocates with learning difficulties, in N. Watson and S. Riddell (eds) *Disability, Culture and Identity*, Harlow: Pearson Education.

Gordon, B.O. and Rosenblum, K.E. (2001) Bringing disability into the sociological frame: a comparison of disability with race, sex and sexual orientation statuses, *Disability and Society*, 16, 1, 5-19.

Gosling, V. and Cotterill, L. (2000) An employment project as a route to social inclusion for people with learning difficulties? *Disability and Society*, 15, 7, 1001-1018.

Graham, H. (1083) Caring: a labour of love, in J. Finch and D. Groves (eds) *A labour of Love: women, work and caring*, London: Routledge & Kegan Paul.

Graham, H. (1991) The concept of caring in feminist research: the case of domestic service, *Sociology*, 25, 1, 61-78.

Grey-Thompson, T. (2005) Tactile paving and other bad inventions. Online. Available

HTTP: ⟨http://www.bbc.co.uk/ouch/columnists/tanni/130605_index.shtmr⟩ (accessed 1 August 2005).

Groce, N. (1985) *Everyone Here Spoke Sign Language: hereditary deafness on Martha's Vineyard*, Cambridge, MA: Harvard University Press.

Gustavsson, A. (2004) The role of theory in disability research: springboard of strait-jacket? *Scandinavian Journal of Disability Research*, 6, 1, 55-70.

Gustavsson, A., Sandvin, J., Traustadóttir, R. & Tøssebro, J. (2005) *Resistance, Reflection and Change: Nordic disability research*, Lund: Studentlitteratur.

Hacking, I. (1986) Making up people, in T.C. Helier, M. Sosna and D.E. Wellbery, *Reconstructing Individualism*, Stanford: Stanford: Stanford University Press.

Hacking, I. (2000) *The Social Construction of What?* Cambridge, MA: Harvard University Press.

Hahn, H. (1985) Towards a politics of disability: definitions, disciplines and policies, Social Science Journal, 22, 4, 87-105.

Hahn, H. (1986) Public support for rehabilitation programs: the analysis of US disability policy, *Disability, Handicap and Society*,1, 121-138.

Hahn, H. (1988) The politics of physical differences: disability and discriminations, *Journal of Social Issues*, 44, 1, 39-47.

Hampton, S.J. (2005) Family eugenics, *Disability and Society*, 20, 5, 553-561.

Happé, F. (1994) *Autism: and introduction to psychological theory*, London: UCL Press.

Haraway, D. (1988) Situated knowledges: the science question in feminism and the privilege of partial perspective, *Feminist Studies*, 3, 575-599.

Harden, J. (2005) Parenting a young person with mental health problems: temporary disruption and reconstruction, *Sociology of Health and Illness*, 27. 3, 351-371.

Harris, J. (1985) *The Value of Life: and introduction to medical ethics*, London: Routledge Kegan Paul.

Harris, J. (1992) *Wonderwoman and Superman: the ethics of human biotechnology*, Oxford: Oxford University Press.

Harris, J. (1993) Is gene therapy a form of eugenics? *Bioethics*, 7, 178-187.

Harris, J (2000) The welfare of the child, *Health Care Analysis*, 8, 1, 27-34.

Harris, J (2001) One principle and three fallacies of disability studies, *Journal of Medical*

Ethics, 27, 6, 383-388.

Harris, J. and Bamford, C. (2001) Services for Deaf and hard of hearing people, Disability and Society, 16, 7, 969-979.

Harris, M. and Rochester, C. (2001) Voluntary *Organisations and Social Policy in Britain: Perspectives on change and choice*, Basingstoke: Palgrave.

Hasler, F. (1993) Developments in the disabled people's movement, in J. Swain, S. French, C. Barnes and C. Thomas (eds) *Disabling Barriers-Enabling Environments*, London: Sage.

Hasler, F. (2003) Clarifying the evidence on direct payments into practice. Online. Available HTTP: 〈http://www.ncil.org.uk/evidence_paper.asp〉 (accessed 4 March 2004).

Hedlund, M. (2000) Disability as a phenomenon: a discourse of social and biological understandings, *Disability and Society*, 15, 5, 765-780.

Helgø, I., Ravenberg, B. and Solvang, P. (2003) Service provision for and independent life, *Disability and Society*, 18, 4, 471-487.

Henderson, J. and Forbat, L. (2002) Relationship-based social policy: personal and policy constructions of 'care', *Critical Social Policy*, 72, 22, 4, 669-687.

Henley, C.A. (2001) Good intentions-unpredicatable consequences, *Disability and Society*, 16, 7, 933-947.

Henn, W. (2000) Consumerism in prenatal diagnosis: a challenge for ethical guidelines, *Journal of Medical Ethics*, 26, 444-446.

Hevey, D. (1992) *The Creatures Time Forgot: photography and disability imagery*, London: Routledge.

Hilberman, M., Kutner, J., Parsons, D. and Murphy, D.J. (1997) Marginally effective medical care: ethical analysis of issues in cardiopulmonary resuscitation, *Journal of Medical Ethics*, 23, 361-7.

Hodge, N. (2005) Reflection on diagnosing autism spectrum disorders, *Disability and Society*, 20, 3, 345-349.

Holdsworth, A. (1993) Our allies within, *Coalition*, June, 4-10.

Honneth, A. (1995) *The Struggle for Recognition: the moral grammar of social conflicts*, Cambridge: Polity.

Hood-Williams, J. (1996). Goodbye to sex and gender, *Sociological Review*, 44, 1, 1-16.

Hughes, B., McKie, L., Hopkins, D. and Watson, N. (2005) Love's labour's lost? Feminism, the disabled people's movement and an ethic of care, *Sociology*, 39, 2, 259-275.

Hughes, B., Russell, R. and Paterson, K. (2005) Nothing to be had 'off the peg': consumption, identity and the immobilization of young disabled people, Disability and Society, 20, 1, 3-18.

Humphrey, J.C. (1999) Disabled people and the politics of difference, *Disability and Society*, 14, 173-188.

Humphrey, J.C. (2000) Researching disability politics, or, some problems with the social model in practice, *Disability and Society*, 15, 1, 63-85.

Hunt, P. (ed.) (1966) *Stigma*, London: Geoffrey Chapman Publishing.

Hurst, R. (1965) Choice and empowerment-lessons from Europe, *Disability and Society*, 10, 4, 529-534.

Hurst, R. (ed.) (1998) *Are Disabled People Included?* London: Disability Awareness in Action.

Hurst, R. (n.d.) Assisted suicide and disabled people: a briefing paper. Online. Available HTTP: 〈http://wwww.daa.org.uk/assisted_suicide.htm〉 (accessed 26 April 2004).

Huurre, T.M. and Aro, H.M. (1998) Psychosocial development among adolescents with visual impairment, *European Child and Adolescent Psychiatry*, 7, 73-78.

Hyde, M. (1996) Fifty years of failure: employment services for disabled people in the UK, *Work, Employment and Society*, 12, 3, 683-700.

Illich, I. (1977) *Limits to Medicine*, New York: Penguin.

Imrie, R. (2004) Demystifying disability: a view of the International Classification of Functioning, Disability and Health, *Sociology of Health and Illness*, 26, 3, 287-305.

Ineland, J. (2005) Logics and discourses in disability arts in Sweden: a neo-institutional perspective, *Disability and Society*, 20, 7, 749-762.

Jamieson, L. (1998) *Intimacy: personal relationships in modern society*, Cambridge: Polity.

Jay, N. (1981) Gender and dichotomy, *Feminist Studies*, 7, 38-56.

Juengst, E.T. (1998) What does enhancement mean? in E. Parens (ed.) *Enhancing Human Traits: social and ethical implications*, Washington, DC: Georgetown University Press.

Keith, L. (1996) Encounters with strangers, in J. Morris (ed.) *Encounters with Strangers:*

disability and feminism, London: Women's Press.

Kelly, B (2005) 'Chocolate . . . makes you autism': impairment, disability and childhood identities, *Disability and Society*, 20, 3, 261-276.

Kelly, M.P. and Field, D. (1996) Medical sociology, chronic illness and the body, *Sociology of Health and Illness*, 18, 2, 241-257.

Kelly, M.P. and Field, D. (1994) Reflections on the rejection of the bio-medical model in sociological discourse, *Medical Sociology News*, 19, 34-37.

Kerr, A. and Shakespeare, T. (2002) *Genetic Politics: from eugenics to genome*, Cheltenham, New Clarion Press.

Kevles, D.J. (1985) *In the Name of Eugenics: genetics and the uses of human heredity*, New York: Knopf.

King, D.S. (1999) Preimplantation genetic diagnosis and the 'new' eugenics, *Journal of Medical Ethics*, 25, 2, 176-182.

Kitcher, P. (1997) *Lives to Come: the genetic revolution and human possibilities*, New York: Simon and Schuster.

Kittay, E.F. (1999) *Love's Labour: essays on women, equality and dependency*, New York: Routledge.

Kripke, S. (1980) *Naming and Necessity*, Oxford: Blackwell.

Kritzman, L.D. (ed.) (1990) *Michel Foucault: politics, philosophy, culture*, New York: Routledge.

Kuczewski, M.G. (2001) Disability: an agenda for bioethics, *American Journal of Bioethics*, 1, 3, 36-44.

Kuhn, T. (1970) *The Structure of Scientific Revolutions*, Chicago, IL: University of Chicago Press.

Kuhse, H. and Singer, P. (1985) *Should the Baby Live? The problem of handicapped infants*, Oxford: Oxford University Press.

Larrabee, M.J. (ed.) (1993) *An Ethic of Care: feminist and interdisciplinary perspectives*, New York: Routledge.

Laura, R.S. (ed.) (1980) *Problems of Handicap*, Melbourne: Macmillan.

Lee, P. (2002) Shooting for the moon: politics and disability at the beginning of the twenty-first century, in C. Barnes, M. Oliver and L. Barton (eds) *Disability Studies*

Today, Cambridge: Polity.

Lee-Treweek, G. (1996) Emotion work in care assistant work, in V. James and J. Gabe (eds) *Health and the Sociology of the Emotions*, Oxford: Blackwell.

Leff, J. (2001) *The Unbalanced Mind*, London: Phoenix.

Leipoldt, E. (2005) Embryonic stem cell research: a sob story. Online. Available HTTP: 〈www.onlineopinion.com.au/print.asp?article=172〉 (accessed 10 October).

Lenney, M. and Sercombe, H. (2002) 'Did you see that guy in the wheelchair down the pub?' Interactions across difference in a public place, *Disability and Society*, 17, 1, 5-18.

Lester, H. and Tritter, J.Q. (2005) 'Listen to my madness': understanding the experiences of people with serious mental illness, *Sociology of Health and Illness*, 27, 5, 649-669.

Levy, N. (2002) Reconsidering cochlear implants: the lesson of Martha's Vineyard, *Bioethics*, 16, 2, 134-153.

Lifton, R.J. (1986) *The Nazi Doctors: medical killing and the psychology of genocide*, London: Macmillan.

Liggett, H. (1988) Stars are not born: and interpretative approach the politics of *disability, Disability, Handicap and Society*, 3, 3, 263-276.

Linton, S. (1998) *Claiming Disability: knowledge and identity*, New York: New York University Press.

Lippman, A. (1994) Prenatal genetic testing and screening: constructing needs and reinforcing inequalities, in A. Clarke (ed.) *Genetic Counselling: practice and principles*, London: Routledge.

Lister, R. (1997) *Citizenship: feminist perspectives*, Basingstoke: Macmillan.

Littlewood, J. (2004) Looking back over 40 years and what the future holds: Joseph Levy Memorial Lecture and the Ettore Rossi Medal Lecture, 27th European Cystic Fibrosis Conference, Birmingham.

Llewellyn, A. and Hogan, K. (2000) The use and abuse of models of *disability, Disability and Society*, 15, 1, 157-165.

Lock, S., Jordan, L., Bryan, K. and Maxim, J. (2005) Work after stroke: focusing on barriers and enablers, *Disability and Society*, 20, 1, 33-27.

Locker, D. (1983) *Disability and Disadvantage*, London: Tavistock.

Longmore, P.K. (1997) Conspicious contribution and American cultural dilemmas: telethon rituals of cleansing and renewal, in D.T. Mitchell and S.L. Synder (eds) *The Body and Physical Difference: discourses of disability*, Ann Arbor, MI: University of Michigan.

Longmore, P.K. (2002) *Why I Burned My Book and Other Essays on Disability*, Philadelphia: Temple University Press.

Lynch, K. and McLaughlin, E. (1995) Caring labour and love labour, in P. Clancy, S. Drudy, K. Lynch and L. O'Dowd (eds) *Irish Society: sociological perspectives*, Dublin: Institute of Public Administration.

Macintyre, A. (1999) *Dependent Rational Animals: why human beings need the virtues*, London: Duckworth.

McLaughlin, E. and Glendinning, C. (1994) Paying for care in Europe: is there a feminist approach? in L. Hantrais and S. Mangan (eds) *Family Policy and the Welfare of Women*, Cross National Research Paper, London: ESRC.

Mclaughlin, J. (2003) Screening networks: shared agendas in feminist and disability movement challenges to antenatal screening and abortion, *Disability and Society*, 18, 3, 297-310.

Maclean, A. (1993) *The Elimination of Morality: reflections on utilitarianism and bioethics*, London: Routledge.

Madigan, R. and Milner, J. (1999) Access for all: housing design and the Disability Discrimination Act 1995, *Critical Social Policy*, 19, 3, 396-409.

Maglajlic, R., Brandon, D. and Given, D. (2000) Making direct payments a choice: a report on the research findings, *Disability and Society*, 15, 1, 99-114.

Magnusson, R.S. (2002) *Angels of Death: exploring the euthanasia underground*, New Haven, CT: Yale University Press.

Mann, T. (1967) Architectural barriers, *Caliper*, 24, 2, 8-9.

Mao, X. (1998) Chinese geneticists' views on ethical issues in genetic testing and screening: evidence for eugenics in China, *American Journal of Human Genetics*, 63, 3, 688-695.

Marfisi, C. (2002) Personally speaking: a critical reflection of factors which blur the original vision of personal assistance services, *Disability Studies Quarterly*, 22, 1, 25-30.

Marinelli, R.P. and Dell Orto, A.E. (1984) *The Psychological and Social Impact of Physical Disability*, New York: Springer Publishing.

Marquis, R. and Jackson, R. (2000) Quality of life and quality of service relationships: experiences of people with disabilities, *Disability and Society*, 15, 3, 411-426.

Marshall, T.H. (1950) *Citizenship and Social Class*, Cambridge: Cambridge University Press.

Martin, P. (1999) Genes and drugs: the social shaping of gene therapy and the reconstruction of genetic disease, in P. Conrad and J. Gabe (eds) *Sociological Perspectives on the New Genetics*, Oxford: Blackwell.

Martz, E. (2001) Acceptance of imperfection, *Disability Studies Quarterly*, 21, 3l 160-165.

Marwick, C. (2003) FDA halts gene therapy trials after leukaemia case in France, *British Medical Journal*, 326, 181, 25 January.

Meekosha, H. (2004) Drifting down the Gulf Stream: navigating the cultures of disability, *Disability and Society*, 19, 7, 721-734.

Meltzer, N., Singleton, A., Bebbington, P., Brugha, T. and Jenkins, R. (2002) *The Social and Economic Circumstances of Adults with Mental Disorders*, London: The Stationery Office.

Memmi, A. (1990) *The Coloniser and the Colonised*, London: Earthscan.

Mercer, G. (2002) Emancipatory research, in C. Barnes, M. Oliver and L. Barton (eds) *Disability Studies Today*, Cambridge: Polity.

Michailakis, D. (1997) When opportunity is the thing to be equalised, *Disability and Society*, 12, 1, 17-30.

Miller, L.L., Harvath, T.A., Ganzini, L., Goy, E.R., Delorit, M.A. and Jackson, A. (2004) Attitudes and experiences of Oregon hospice nurses and social workers regarding assisted suicide, *Palliative Medicine*, 18, 685-691.

Millet, K. (1971) *Sexual Politics*, New York: Avon Books.

Mohammed, M.A., Mant, J., Bentham, J., Stevens, A. and Hussain, S. (2005) Process of care and mortality of stroke patients with and without a do not resuscitate order in the West Midlands, UK, *International Journal for Quality in Health Care*, Advance

Access, 7 October, 1-5.

Mohr, M. and Kettler, D. (1997) Ethical aspects of resuscitation, *British Journal of Anaesthesia*, 79: 253-259.

Moi, T. (1999) *What is a Woman?* Oxford: OUP.

Morgan, R., King, D., Prajapati, C. and Rowe, J. (1994) Views of elderly patients and their relatives on cardiopulmonary resuscitation, *British, Medical Journal*, 308, 1677-1678.

Morris, J. (1991) *Pride Against Prejudice*, London: Women's Press.

Morris, J. (1992) Personal and political: a feminist perspective on researching physical disability, *Disability, Handicap and Society*, 7, 2, 157-166.

Morris, J. (1993a) *Independent Lives? Community care and disabled people*, London: Macmillan.

Morris, J. (1993b) Gender and disability, ion J. Swain, V. Finkelstein, S. French and M. Oliver (eds) *Disabling Barriers, Enabling Environments*, London: Sage.

Morris, J. (1995) Creating a space for absent voices: disabled women's experience of receiving assistance with daily living activities, *Feminist Review*, 51, autumn, 68-93.

Morris, J. (ed) (1996) Encounters with Strangers: feminism and disability, London: Women's Press.

Morris, J. (2004) Independent living and community care: a disempowering framework, Disability and Society, 19, 5, 427-442.

Mulvany, J. (2000) Disability, impairment or illness? The relevance of the social model of disability to the study of mental disorder, *Sociology of Health and Illness*, 22, 5, 582-601.

Murphy, D.J., Burrows, D., Santilli, S., Kemp, A.W., Tenner, S., Kelling, B. and Teno, S. (1994) The influence of the probability of survival on patients' preferences regarding CPR, *New England Journal of Medicine*, 330, 545-549.

Murray, P. (2002) *Hello! Are you listening? Disabled teenagers' experience of access to inclusive leisure*, York: Joseph Rowntree Foundation.

Newell, C. (1996) The disability rights movement in Australia: a note from the trenches, *Disability and Society*, 11, 3, 429-432.

Newell, C. (1998) Debates regarding governance: a disability perspective, *Disability and*

Society, 13, 2, 295-296.

Nirje, B, (1980) The normalization principle, in R. Flynn and K.E. Nitsch (eds) *Normalization, Social Integration and Community Services*, Baltimore, MD: University Park Press.

Noddings, N. (1984) *Caring: a feminine approach to ethics and moral education*, Berkeley, CA: University of California Press.

Nozick, R. (1975) *Anarchy, State and Utopia*, Oxford, Basil Blackwell.

Oakley, A. (1972) *Sex, Gender and Society*, London: Gower.

O'Brien, J. (1987) A guide to lifestyle planning: using the activities catalogue to integrate services and natural support systems, in B, Wilcox and G,T. Bellamy (eds) *The Activities Catalogue: an alternative curriculum for youth and adults with severe disabilities*, Baltimore, MD: Brookes.

O'Brien, R. (2001) *Crippled Justice: the history of modern disability policy in the workplace*, Chicago, IL: University of Chicago Press.

Oliver, M. (1983) *Social Work with Disabled People*, Basingstoke: Macmillan.

Oliver, M. (1989) Conductive education: if it wasn't so sad it would be funny, *Disability, Handicap and Society*, 4, 2, 197-200.

Oliver, M. (1990) *The Politics of Disablement*, London: Macmillan.

Oliver, M. (1991) Speaking out: disabled people and state welfare, in G. Dalley (ed.) *Disability and Social Policy*, London: Policy Studies Institute.

Oliver, M. (1992a) Changing the social relations of research production? *Disability, Handicap and Society*, 7, 2, 101-114.

Oliver, M. (1992b) Intellectual masturbation: a rejoinder to Soder and Booth, *European Journal of Special Needs Education*, 7, 1, 20-28.

Oliver, M. (1993) *Disability, Citezenship and Empowerment,* Milton Keynes: Open University Press.

Oliver, M. (1996) *Understanding Disability: from theory to practice*, Basingstoke: Macmillan.

Oliver, M. (2004) The social model in action: if I had a hammer, in C. Barnes and G. Mercer (eds) *Implementing the Social Model of Disability: theory and research*, Leeds: The Disability Press.

Oliver, M. and Hasler, F. (1987) Disability and self-help: a case study of the Spinal Injuries Association, *Disability, Handicap and Society*, 2, 2, 113-125.

Oliver, M. and Zarb, G. (1989) The politics of disability: a new approach, *Disability, Handicap and Society*, 4, 3, 221-240.

Oliver, M. and Sapey, B. (1998) *Social Work with Disabled People* (second edition), Basingstoke: Palgrave Macmillan.

Orkin, S.H. and Motulsky, A.G. (1995) Report and recommendations of the panel to assess the NIH investment in research on gene therapy. Online. Available HTTP: 〈http://www.nih. gov/news/panelrep.html〉 (accessed 19 January).

Orr, R. (1999) The Gilgunn case: courage and questions, *Journal of Intensive Care Medicine*, 14, 1, 54-56.

Pahl, R. (2000) *On Friendship*, Cambridge: Polity.

Paraplegia News (1959) Kick him while he's down, Editorial *Paraplegia News*, 13, 132, 2.

Parens, E. (ed.) (2006) *Surgically Shaping Children*, Washington, DC: Georgetown University Press.

Parens, E. and Asch, A. (eds) (2000) *Prenatal Testing and Disability Rights*, Washington, DC; Georgetown University Press.

Parfit, D. (1984) *Reasons and Persons*, Oxford: Clarendon Press.

Paris, J.J., Cassem, E.H., Dec, G.W. and Reardon, F.E. (1999) Use of a DNR order over family objections: the case of Gilgunn v. MGH, *Journal of Intensive Care Medicine*, 14, 1, 41-45.

Paterson, K. and Hughes, B. (1999) Disability studies and phenomenology: the carnal politics of everyday life, *Disability and Society*, 14, 5, 597-610.

Paul, D.B. (1992) Eugenic anxieties, social realities, and political choices, *Social Research*, 59, 3, 663-683.

Payne, J., Brandon, D., Maglajlic, R. and Hawkes, A. (1998) *Direct Payments for Older People*, Cambridge: Anglia Polytechnic University.

Peace, S.M. (1998) Caring in place, in A. Brechin, J. Walmsley, J. Katz and S. Peace (eds) *Care Matters: concepts, practice and research in health and social care*, London: Sage.

Pearson, C. (2000) Money talks? Competing discourses in the implementation of direct payments, *Critical Social Policy*, 20, 4, 459-477.

Pearson, C. (2004) Keeping the cash under control: what's the problem with direct payments in Scotland? *Disability and Society*, 19, 1, 3-14.

Perske, T. (1988) *Circles of Friends*, Nashville, TN: Abingdon Press.

Pescosolido, B.A. (2001) The role of social networks in the lives of persons with disabilities, in G.L. Albrecht, K.D. Seelman and M. Bury (eds) *Handbook of Disability Studies*, Thousand Oaks: Sage.

Peters, S. (2000) Is there a disability culture? A syncretisation of three possible world views, *Disabilities and Society*, 15, 4, 583-601.

Pfeiffer, D. (1996) 'We won't go back': the ADA on the grass roots level, *Disability and Society*, 11, 2, 271-284.

Pfeiffer, D. (1998) The ICIDH and the need for its revision, *Disability and Society*, 3, 4, 503-523.

Pfeiffer, D. (2000) The devil is in the details: the ICIDH2 and the disability movement, *Disability and Society*, 15, 7, 1079-1082.

Pfeiffer, D. (2001) The conceptualization of disability, in S. Barnarrt and B.M. Altman (eds) *Exploring Theories and Expanding Methodologies: where are we and where do we need to go? Research in social science and disability volume 2*, Amsterdam: JAI.

Pinfold, V. (2004) *Social Participation*, prepared for the Social Exclusion Unit, Rethink Severe Mental Illness.

Pitkeathley, J. (1989) *It's My Duty Isn't It? The plight of carers in our society*, London: Souvenir Press.

Prasad, R. (2003) Opportunity knock: campaigning charities fall short on jobs for disabled staff, *Guardian*, 12 March.

Press, N. and Browner, C. (1997) Why women say yes to prenatal diagnosis, *Social Science and Medicine*, 45, 979-989.

Price, D. and Barron, L. (1999) Developing independence: the experience of the Lawn mowers Theatre Company, *Disability and Society*, 14, 6, 819-830.

Price, J. and Shildrick, M. (1998) Uncertain thoughts on the dis/abled body, in M. Shildrick and J. Price (eds) *Vital Signs: feminist reconfigurations of the biological body*, Edinburgh: Edinburgh University Press.

Priestley, M. (1998) Constructions and creations: idealism, materialism and disability theory, *Disability and Society*, 13, 1, 75-94.

Priestley, M. (2004) *Disability: a life course approach*, Cambridge: Polity.

Priestley, M., Corker, M. and Watson, N. (1999) Unfinished business: disabled children and disability identity, *Disability Studies Quarterly*, 19, 2, 87-98.

Race, D., Boxall, K. and Carson, I. (2005) Towards a dialogue for practice: reconciling social role valorisation and the social model of disability, *Disability and Society*, 20, 5, 507-521.

Rapp, R. (1997) *Testing Women, Testing the Fetus*, London: Routledge.

Rawles, S. (2004) Fringe benefits, *Guardian*, 31, March.

Rawls, J. (1972) A *Theory of Justice*, Oxford: Clarendon Press.

Read, J. (1998) Conductive education and the politics of disablement, *Disability and Society*, 13, 2, 279-293.

Reeve, D. (2003) 'Encounters with Strangers' : Psycho-emotional dimensions of disability in everyday life, paper presented at the UK Disability Studies Conference, Lancaster. Online. Available HTTP:〈http://www.disability-studies.net/index.php?content=23〉 (accessed 13 April 2006).

Reiskin, J. (1994) Suicide: political or personal? in B. Shaw (ed,) *The Ragged Edge*, Louisville KY: Avocado Press.

Resuscitation Council (2001) Decisions relating to cardiopulmonary resuscitation: a joint statement by the British Medical Association, the Resuscitation Council (UK) and the Royal College of Nursing. Online. Available HTTP: http://〈www.resus.org.uk/pages/dnar.htm〉 (accessed 12 January 2006).

Reynolds, J. and Walmsley, J. (1998) Care, support or something else, in A. Brechin, J. Walmsley, J. Katz and S. Peace (eds) *Care Matters: concepts, practice and research in health and social care*, London: Sage.

Reynolds, T.M. (2003) Downs syndrome screening is unethical: views of today's research ethics committees, *Journal of Clinical Pathology*, 56, 268-270.

Rickell, A. (2003) Our disability is political, *Guardian*, 1 October.

Rickell, A. (2006) Key notes, *Disability Now*, 20 January.

Riddell, S., Pearson, C., Jolly, D., Barnes, D., Priestley, M. and Mercer, G. (2005) The development of direct payments in the UK: implications for social justice, *Social Policy and Society*, 4, 1, 75-85.

Riddick, B. (2000) An examination of the relationship between labelling and stigmatisation with special reference to dyslexia, *Disability and Society*, 15, 4, 653-668.

Ridley, J. and Jones, L. (2003) Direct what? The untapped potential of direct payments to mental health service users, *Disability and Society*, 18, 5, 643-658.

Riley, D. (1998) *Am I That Name?* Basingstoke: Macmillan.

Rioux, M. (1994) New research directions and paradigms: disability is not measles, in M. Rioux and M. Bach (eds) *Disability is not Measles: new research paradigms in disability*, North York: L'Institut Roeher Institute.

Rioux, M. and Bach, M. (eds) (1994) *Disability is not Measles: new research paradigms in disability*, North York: L'Institut Roeher Institute.

Robertson, J., Emerson, E., Gregory, N., Hatton, C., Kessissoglou, S., Hallam, A. and Linehan, C. (2001) Social networks of people with intellectual disabilities in residential settings, *Mental Retardation*, 39, 201-214.

Robson, P., Locke, M. and Dawson, J. (1997) *Consumerism or Democracy? User involvement in the control of voluntary organizations*, Bristol: The Policy Press.

Rock, P.J. (1996) Eugenics and euthanasia: a cause for concern for disabled people, particularly disabled women, *Disability and Society*, 11, 1, 121-128.

Rogers, L. (1999) Having disabled baby will be 'sin' says scientist, *Sunday Times*, 4 July.

Rose, P. and Kiger, G. (1995) Intergroup relations: political action and identity in the deaf community, *Disability and Society*, 10, 4, 521-528.

Russell, M. (2002) What disability civil rights cannot do: employment and political economy, *Disability and Society*, 17, 2, 117-135.

Safilios-Rothschild, C. (1970) T*he Sociology and Social Psychology of Disability and rehabilitation*, New York: Random House.

Safilios-Rothschild, C. (1976) Disabled persons' self-definitions and their implications for rehabilitation, in G.L. Albrecht (ed.) *The Sociology of Physical Disability and Rehabilitation*, Pittsburgh, PA: University of Pittsburgh Press.

Sample, I. (2005) Human stem cells allow paralysed mice to walk again, *Guardian*, 20 September.

Sapey, B., Stuart, J. and Donaldson, G. (2005) Increases in wheelchair use and perceptions of disablement, *Disability and Society*, 20, 5, 489-505.

Savulescu, J. (2001) Is current practice around late termination of pregnancy eugenic and discriminatory? Maternal interests and abortion, *Journal of Medical Ethics*, 27, 165-171.

Savulescu, J. (2002) Abortion, embryo destruction and the future of value argument, *Journal of Medical Ethics*, 28, 133-135.

Saxton, J. (1997) *What are charities for?* London: Third Sector Publishing.

Saxton, M (2000) Why members of the disability community oppose prenatal diagnosis and selective abortion, in E. Parens and A. Asch (eds) *Prenatal Testing and Disability Rights*, Washington, DC: Georgetown University Press.

Sayers, G., Schofield, I. and Aziz, M. (1997) An analysis of CPR decision-making by elderly patients, *Journal of Medical Ethics*, 23, 207-212.

Scourfield, P. (2005) Implementing the Community Care (Direct Payments) Act: will the supply of personal assistants meet the demand and at what price? *Journal of Social Policy*, 34, 3, 469-488.

Scully, J.L. and Rehmann-Sutter, C. (2001) When norms normalize: the case of genetic 'enhancement', *Human Gene Therapy*, 12, 87-95.

Seale, C. (2006) National survey of end-of-life decisions made by UK medical practitioners, *Palliative Medicine*, 20, 1, 3-10.

Sevenhuijsen, S. (1998) *Citizenship and the Ethics of Care: feminist considerations on justice, morality and politics*, London: Routledge.

Seymour, W. and Lupton, D. (2004) Holding the line online: exploring wired relationships for people with disabilities, *Disability and Society*, 19, 4, 291-305.

Shakespeare, T. (1992) A response to Liz Crow, *Coalition*, September, 40-42.

Shakespeare, T. (1993) Disabled people's self-organisation: a new social movement? *Disability, Handicap and Society*, 8, 3, 249-264.

Shakespeare, T.W. (1994) Cultural representations of disabled people: dustbins for disavowal? *Disability and Society*, 9, 3, 283-299.

Shakespeare, T. (1995a) Back to the future? New genetics and disabled people, *Critical Social Policy*, 44, 45, 22-35.

Shakespeare, T. (1995b) Disability, identity, difference, in C. Barnes and G. Mercer (eds) *Chronic Illness and Disability: bridging the divide*, Leeds: Disability Press.

Shakespeare, T.W. (1998) Choices and rights: eugenics, genetics and disability equality, *Disability and Society*, 13, 5, 665-682.

Shakespeare, T.W. (1999a) Losing the plot? Discourses on genetics and disability, *Sociology of Health and Illness*, 21, 5, 669-688.

Shakespeare, T. (1999b) What is a disabled person? in M. Jones and L.B. Marks (eds) *Disability, Drivers-ability and Legal Change*, The Hague: Martinus Nijhoff Publishers.

Shakespeare, T. (2000) *Help*, Birmingham: Venture Press.

Shakespeare, T.W. (2004) Social models of disability and other life strategies, *Scandinavian Journal of Disability Research*, 6, 1, 8-21.

Shakespeare, T.W. (2005a) The social context of reproductive choice, in D. Wasserman, J. Bickenbach and R. Wachbroit (eds) *Quality of Life and Human Difference: genetic testing, health care, and disability*, Cambridge: Cambridge University Press.

Shakespeare, T. (2005b) Disability, genetics and global justice, *Social Policy and Society*, 4, 1, 87-95.

Shakespeare, T.W. and Erickson, M. (2000) Different strokes: beyond biological essentialism and social constructionism, in S. Rose H. Rose (eds) *Coming to life*, New York: Little, Brown.

Shakespeare, T.W. and Watson, N. (1995). Habeamus corpus? Disability studies and the issue of impairment, paper presented at Quincentennial Conference, University of Aberdeen.

Shakespeare, T.W. and Watson, N. (1997). Defending the social model, *Disability and Society*, 12, 2, 293-300.

Shakespeare, T. and Watson, N. (2001a) The social model of disability: an outdated ideology? in S. Barnarrt and B.M. Altman (eds). *Exploring Theories and Expanding Methodologies: where are we and where do we need to go?* Research in Social Science and Disability volume 2, Amsterdam: JAI.

Shakespeare, T. and Watson, N. (2001b) Making the difference: disability, politics and recognition, in G. Albrecht, K.D. Seelman and M. Bury (eds) *The Handbook of Disability Studies*, Thousand Oaks, CA: Sage.

Shakespeare, T., Gillespie-Sells, K. and Davies, D. (1996) *The Sexual Politics of Disability*, London: Cassell.

Sharp, K. and Earle, S. (2002) Feminism, abortion and disability: irreconcilable differences, *Disability and Society*, 17, 2, 137-146.

Shaw, B. (ed.) (1994) T*he Ragged Edge*, Louisville KY: Avocado Press.

Shearer, A. (1981) A framework for independent living, in A. Walker with P. Townsend *Disability in Britain; a manifesto of rights*, Oxford: Martin Robertson.

Sheldon, S. and Wilkinson, S. (2001) Termination of pregnancy for reason of foetal disability: are there grounds for a special exception in law? *Medical Law Review*, 9, 85-109.

Sherry, M. (2002) 'If I only had a brain': examining the effects of brain injury in terms of disability, impairment, identity and embodiment, University of Queensland Ph.D. dissertation, unpublished.

Silvers, A. (1995) Reconciling equality to difference : caring (f)or justice for people with disabilities, *Hypatia*, 10, 1, 30-55.

Sivers, A. (1998) Protecting the innocents from physician assisted suicide, in M.P. Battin, Rhodes, R., Silvers, A. *Physician Assisted Suicide: expanding the debate*, London: Routledge.

Sim, A.J., Milner, J., Love, J. and Lishman, J. (1998) Definitions of need: can disabled people and care professionals agree? *Disability and Society*, 13, 1, 53-74.

Singer, J. (1999) 'Why can't you be normal for once in your life?' From a 'problem with no name' to the emergence of a new category of difference, in M. Corker and S. French, *Disability Discourse*, Buckingham: Open University Press.

Singer, P. (1993) *Practical Ethics*, New York: Cambridge University Press.

Skär, L. and Tam, M. (2001) My assistant and I: disabled children's and adolescents' roles and relationships to their assistants, *Disability and Society*, 16, 7, 917-932.

Skär, R.N.L. (2003) Peer and adult relationships of adolescents with disabilities, *Journal of Adolescence*, 26, 635-649.

Smart, A. (2003) Reporting the dawn of the post-genomic era: who wants to live forever? *Sociology of Health and Illness*, 25, 1, 24-49.

Smith, A. and Twomey, B. (2002) Labour market experience of people with disabilities,

Labour Market Trends, August, 415-427.

Smith, B. and Sparkes, A.C. (2004) Men, sport and spinal cord injury: an analysis of metaphors and narrative types, *Disability and Society*, 19, 6, 613-626.

Smith, N., Middleton, S., Ashton-Brooks, K., Cox, L. and Dobson, B. with Reith, L. (2005) *Disabled People's Costs of Living: 'more than you would think'*, York: Joseph Rowntree Foundation.

Smittkamp, J. (1964) 'NPF Director's Report', *Paraplegia News*, 17, 185, 6.

Sobsey, R. (1994) An illusion of autonomy: questioning physician-assisted suicide and euthanasia. Brief submitted to the Special Senate Committee on Euthanasia and Assisted Suicide, Canada: Winnipeg: University of Alberta Developmental Disabilities Centre.

Söder, M. (1989) Disability as a social construct: the labelling approach revisited, *European Journal of Special Needs Education*, 4, 2, 117-129.

Spandler, H. (2004) Friend or foe? Towards a critical assessment of direct payments, *Critical Social Policy*, 79. 24 (2), 187-209.

Spriggs, M. and Savulescu, J. (2002) The Perruche judgement and the 'right not to be born', *Journal of Medical Ethics*, 28, 63-64.

Stacey, C.L. (2005) Finding dignity in dirty work: the constraints and rewards of low-wage home care labour, *Sociology of Health and Illness*, 27, 6, 831-854.

Stainton, T. and Boyce, S. (2004) I have got my life back: users' experiences of direct payments, *Disability and Society*, 19, 5, 443-454.

Stalker, K., Baron S., Riddell S. and Wilkinson, H. (1999) Models of disability: the relationship between theory and practice in non-statutory organisations, *Critical Social Policy*, 19, 1, 5-29.

Statham, H. and Solomou, W. (2001) *When a Baby has an Abnormality: a study of parents' experiences*, Cambridge: Centre for Family Research.

Stark, S. (2001) Creating disability in the home: the role of environmental barriers in the United States, *Disability and Society*, 16, 1, 37-50.

St Claire, L. (1986) Mental retardation: impairment or handicap? *Disability, Handicap and Society*, 1, 3, 233-243.

Stevens, A. (2004) Closer to home: a critique of British government policy towards accomodating learning disabled people in their own homes, *Critical Social Policy*, 79, 24 (2), 233-254.

Stewart, K., Spice, C. and Rai, G.S. (2003) Where now with Do Not Attempt Resuscitation decisions? *Age and Ageing*, 32, 143-148.

Stockdale, A. (1999) Waiting for the cure: mapping the social relations of human gene therapy research, in P. Conrad and J. Gabe (eds) *Sociological Perspectives on the New Genetics*, Oxford: Blackwell.

Stone, D.A. (1985) *The Disabled State*, Basingstoke: Macmillan.

Stone, E. (1997) From the research notes of a foreign devil: disability research in China, in C. Barnes and G. Mercer (eds) *Doing Disability Research*, Leeds: The Disability Press.

Stone, E. (1999) Modern slogan, ancient script: impairment and disability in the Chinese language, in M. Corker and S. French, *Disability Discourse*, London: Sage.

Stone, S.D. (1995) The myth of bodily perfection, *Disability and Society*, 10, 4, 413-424.

Stortingsmelding 88 (1966-67) *Om utviklingen av omsorgen for funksjonshemmede* (Concerning the development of social care services for the disabled), Oslo: Ministry of Social Affairs.

Sutherland, A. (1981) *Disabled we stand*, London: Souvenir Press.

Swain, J. French, S. (2000) Towards an affirmation model of disability, *Disability and Society*, 15, 4, 569-582.

Swain, J., French, S. and Cameron, C. (eds) (2003) *Controversial Issues in a Disabling Society*, Buckingham: Open University Press.

Swain, J., French, S., Barnes, C. and Thomas, C. (eds) (2004) *Disabling Barriers-Enabling Environments*, London: Sage.

Szasz, T. (1974) *The Myth of Mental Illness: foundations of a theory of personal conduct*, New York: Harper and Row.

Tajfel, H. (1978) *The Social Psychology of Minorities*, London: Minority Rights Group.

Taylor, M. (1997) *The Best of Both Worlds: the voluntary sector and local government*, York: Joseph Rowntree Foundation.

Taylor, S.J. and Bogdan, R. (1989) On accepting relationships between people with mental retardation and non-disabled people: towards an understanding of acceptance, *Disability, Handicap and Society*, 4, 1, 21-36.

Thomas, C. (1998) The body and society: impairment and disability, paper presented at BSA Annual Conference *Making Sense of the Body*, Edinburgh.

Thomas, C. (1999) *Female forms: experiencing and understanding disability*, Buckingham: Open University Press.

Thomas, C. (2004a) How is disability understood? *Disability and Society*, 19, 6, 563-568.

Thomas, C. (2004b) Rescuing a social relational understanding of disability, *Scandinavian Journal of Disability Research*, 6, 1, 22-36.

Thomas, D. (1982) *The Experience of Handicap*, London: Methuen.

Tiefer, L. (1995) *Sex is Not a Natural Act*, Boulder, CO: Westview Press

Tierney, S. (2001) A reluctance to be defined 'disabled': how can the social model of disability enhance understanding of anorexia? *Disability and Society*, 16, 5, 749-764.

Timpanaro, S. (1975) *On Materialism*, London: New Left Books.

Topliss, E. (1979) *Provision for the Disabled*, Oxford: Blackwell.

Topliss, E. (1982) *Social Responses to Handicap*, Harlow: Longman.

Tøssebro, J. (2004) Understanding disability, *Scandinavian Journal of Disability Research*, 6, 1, 3-7.

Tøssebro, J. and Kittelsaa, A. (2004) Studying the living conditions of disabled people: approaches and problems, in J. Tøssebro and A. Kittelsaa (eds) *Exploring the Living Conditions of Disabled People*, Lund: Studentlitteratur.

Townsend, P. (1981) Elderly people with disabilities, in A. Walker with P. Townsend, *Disability in Britain: a manifesto of rights*, Oxford: Martin Robertson.

Traustadóttir, R. (1993) The gendered context of friendships, in A.N. Amado (ed.) *Friendship and Community Connections between People with and without Developmental Disabilities*, Baltimore, MD: Paul Brookes Publishing.

Traustadóttir, R. (2000) Friendship: love or work? in R. Traustadóttir and K. Johnson (eds) *Women with Intellectual Disabilities: funding a place in the world*, London: Jessica Kingsley Publishers.

Traustadóttir, R. (2001) Research with others: reflections on representation, difference and othering, *Scandinavian Journal of Disability Research*, 3, 2, 9-28.

Tregaskis, C. (2004a) *Constructions of Disability: researching the interface between disabled and non-disabled people*, London: Routledge.

Tregaskis, C. (2004b) Applying the social model in practice: some lessons from countryside recreation, *Disability and Society* 19, 6, 601-612.

Tremain, S. (1998) Feminist approaches to naturalizing disabled bodies or, does the social model of disablement rest upon a mistake? Paper presented at Annual Meeting of the Society for Disability Studies, Oakland, CA.

Tremain, S. (2002) On the subject of impairment, in M. Corker and T. Shakespeare (eds) *Disability/Postmodernity: embodying disability theory*, London: Continuum.

Tremblay, M., Campbell, A. and Hudson, G.L. (2005) When elevators were for pianos: an oral history account of the civilian experience of using wheelchairs in Canadian, society. The first twenty-five years: 1945-1970. *Disability and Society*, 20, 2, 103-116.

Tronto, J.C. (1993) *Moral Boundaries: a political argument for an ethic of care*, London: Routledge.

Tucker, B.P. (1998) Deaf culture, cochlear implants, and elective disability, *Hastings Center Report*, 28, 4, 6-14.

Turner, B.S. (2001) Disability and the sociology of the body, in G.L. Albrecht, K.D. Seelman and M. Bury (eds) *The Handbook of Disability Studies, Thousand Oaks*, CA: Sage.

Ungerson, C. (1987) *Policy is Personal: sex gender and informal care*, London: Tavistock.

United Nations (2003) *The Standard Rules on the Equalization of Opportunities for Persons Disabilities*, New York: United Nations.

UPIAS (1976) *Fundamental Principles of Disability*, London: UPIAS.

Ursic, C. (1996) Social (and disability) policy in the new democracies of Europe (Slovenia by way of example), *Disability and Society*, 11, 1, 91-105.

Van den Ven, L., Post, M., de Witte, L. and van den Heuvel, W. (2005) It takes two to tango: the integration of people with disabilities into society, *Disability and Society*, 20, 3, 311-329.

Van der Klift, E. and Kunc. N. (1994) Hell-bent on helping: benevolence, friendship and the politics of help. Online. Available HTTP: 〈www.moormemma.com/arhellbe.htm〉 (accessed 2 September 2004).

Vanier, J. (1999) *Becoming Human*, London: Darton, Longman and Todd.

Vehmas, S. (2002) Parental responsibility and the morality of selective abortion, *Ethical Theory and Moral Practice*, 5, 463-484.

Vehmas, S. (2003a) Live and let die? Disability in bioethics, *New Review of Bioethics*, 1, 1, 145-157.

Vehmas, S. (2003b) The grounds for preventing impairments: a critique, in M. Härry and T. Takala (eds) *Scratching the Surface of Bioethics*, New York/Amsterdam: Rodopi.

Vehmas, S. (2004) Ethical analysis of the concept of disability, *Mental Retardation*, 42, 3, 209-222.

Vehmas, S. (2006) The who or what of Steve: severe cognitive impairment and its implications, *Scandinavian Journal of Disability Research*, forthcoming.

Vernon, A. (1996) A stranger in many camps: the experience of disabled black and ethnic minority women, in J. Morris (ed.) *Encounters with Strangers: feminism and disability*, London: Women's Press.

Vernon, A. (1999) The dialectics of multiple identities and the disabled people's movement, *Disability and Society*, 14, 3, 385-398.

Vernon, A. and Qureshi, H. (2000) Community care and independence: self-sufficiency or empowerment? *Critical Social Policy*, 63, 20(2), 255-276.

Voet, R. (1998) *Feminism and Citizenship*, London: Sage.

Wagg, A., Kinrions, M. and Stewart, K. (1995) Cardiopulmonary resuscitation: doctors and nurses expect too much, *Journal of the Royal College of Physicians of London*, 29, 20-24.

Walker, A. with Townsend, P. (1981) *Disability in Britain: a manifesto of rights*, Oxford: Martin Robertson.

Wall, P. (1999) *Pain: the science of suffering*, London: Weidenfeld and Nicholson.

Walmsley, J. (2001) Normalisation, emancipatory research and inclusive research, *Disability and Society*, 16, 2, 187-205.

Warren, M.A. (1993) Abortion, in P. Singer (ed.) *A Companion to Ethics*, Oxford: Clarendon Press.

Warren, M.A. (1997) *Moral Status: obligations to persons and other living things*, Oxford: Clarendon Press.

Wasserman, D. (2001) Philosophical issues in the definition and social response to disability, in G. Albrecht, K. Seelman and M. Bury (eds) *The Handbook of Disability Studies*, Thousand Oaks, CA: Sage.

Watson, N. (2002) Well, I know this is going to sound very strange to you, but I don't see myself as a disabled person: identity and disability, *Disability and Society*, 17, 5, 509-527.

Watson, N (2003) Daily denials: the routinisation of oppression and resistance, in N. Watson and S. Riddell (eds) *Disability, Culture and Identity*, Harlow: Pearson Education.

Watson, N., McKie, L., Hughes, B., Hopkins, D. and Gregory, S. (2004) (Inter)dependence, needs and care: the potential for disability and feminist theorists to develop an emancipatory model, *Sociology*, 38, 2, 331-350.

Weeks, J., Heaphy, B. and Donovan, C. (2001) *Same Sex Intimacies: families of choice and other life experiments*, London: Routledge.

Wendell, S. (1996) *The Rejected Body: feminist philosophical reflections on disability*, New York: Routledge.

Wertz, D. (1998) Eugenics is alive and well, *Science in Context*, 11, 3 & 4, 493-510.

White-van Mourik, M. (1994) Termination of a second-trimester pregnancy for fetal abnormality: psychosocial aspects, in . Clarke (ed.) *Genetic Counselling: practice and principle*, London: Routledge.

Wikler, D. (1999) Can we learn from eugenics? *Journal of Medical Ethics*, 25, 2 183-194.

Williams, C., Alderson, P. and Farsides, B. (2002) What constitutes 'balanced' information in the practitioners' portrayals of Down's syndrome? *Midwifery*, 18, 230-237.

Williams, C., Kitzinger, J. and Henderson, L. (2003) Envisaging the embryo in stem cell research: rhetorical strategies and media reporting of the ethical debates, *Sociology of Health and Illness*, 25, 7, 793-814.

Williams, C., Sandall, J., Lewando-Hundt, G., Heyman, B., Spender, K. and Grellier, R. (2005) Women as moral pioneers? Experiences of first trimester antenatal screening, *Social Science and Medicine*, 61, 1983-1992.

Williams, F. (2001) In and beyond New Labour: towards a new political ethics of care,

Critical Social Policy, 21, 4, 467-493.

Williams, G. (1983) The movement for independent living: an evaluation and a critique, *Social Science and Medicine*, 17, 15, 1003-1010.

Williams, I. (1989) *The Alms Trade: Charities, past, present and future*, London: Unwin Hyman.

Williams, S.J. (1999) Is anybody there? Critical realism, chronic illness and the disability debate, *Sociology of Health and Illness*, 21, 6, 797-819.

Wilson, A., Riddell, S. and Baron, S. (2000) Welfare for those who can? The impact of the quasi-market on the lives of people with learning difficulties, *Critical Social Policy*, 20, 4, 479-502.

Wolfensburger, W. (1972) *The Principle of Normalisation in Human Services*, Toronto: National Institue on Mental Retardation.

Wolfensburger, W. (1989) Human service policies: the rhetoric versus the reality, in L. Barton (ed.) *Disability and Dependency*, Lewes: Falmer Press.

Wood, R. (1991) Care of disabled people, in G. Dalley (ed.) *Disability and Social Policy*, London: Policy Studies Institute.

Wood Mak, Y.Y. and Elwyn, G. (2005) Voices of the terminally ill: uncovering the meaning of desire for euthanasia, *Palliative Care*, Buckingham: Open University Press.

Woods, S. (2002) Respect for autonomy and palliative care, in H. Ten Have and D. Clark (eds) *The Ethics of Palliative Care*, Buckingham: Open University Press.

Woods, S. (2005) Respect for persons: autonomy and palliative care, *Medicine Health Care and Philosophy*, 8, 243-253.

World Health Organization (1980) *International Classification of Impairments, Disabilities and Handicaps*, Geneva: World Health Organization.

Wright, B.A. (1960) *Physical disability: a psychological approach*, New York: Harper and Row.

Wuthnow, R. (1991) *Acts of Compassion: caring for others and helping ourselves*, Princeton, NJ: Princeton University Press.

Yamaki, C.K. and Yamazaki, Y. (2004) 'Instruments', 'employees', 'companions', 'social assets': understanding relationships between persons with disabilities and their assistants in Japan, *Disability and Society*, 19, 1, 31-46.

Young, D.A. and Quibell, R. (2000) Why rights are never enough: rights, intellectual disability and understanding, *Disability and Society*, 15, 5, 747-764.

Young, I.M. (1990) *Justice and The Politics of Difference*, Princeton, NJ: Princeton University Press.

Young, I.M. (1997) Asymmetrical reciprocity: on moral respect, wonder, and enlarged thought, *Constellations*, 3, 3, 340-363.

Zarb, G. (1997) Researching disabling barriers, in C. Barnes and G. Mercer (eds) *Doing Disability Research*, Leeds: The Disability Press.

Zarb, G. and Nadash, P. (1995) *Direct Payments for Personal Assistance*, Social Policy Research Findings No. 64, London: Policy Studies Institute.

Zeiler, K. (2005) Chosen Children? *An empirical study and a philosophical analysis of moral aspects of pre-implantation genetic diagnosis and germ-line gene therapy*, Linköping: Linköping University Studies in Art and Science.

Zola, I. (1983) *Socio-medical Inquiries: recollections, reflections and reconsiderations*, Philadelphia, PA: Temple University Press.

Zola, I.K. (1977) Healthism and disabling medicalisation, in I. Illich (ed.) *Disabling Professions*, London: Marion Boyars.

Zola, I.K. (1989) Towards the necessary universalizing of a disability policy, *The Milbank Quarterly*, 67 (2), 2, 401-428.

Zola, I.K. (1994) Towards inclusion: the role of people with disabilities in policy and research issues in the United States-a historical and political analysis, in M. Rioux and M. Bach (eds) (1994) *Disability is not Measles: new research paradigms in disability*, North York: L'Institut Roeher Institute.

Zuczewski, M.G. (2001) Disability: an agenda for bioethics, *American Journal of Bioethics*, 1, 3, 36-44.

찾아보기

인 명

내 용

저자 소개

• **Tom Shakespeare**

영국의 케임브리지(Cambridge), 선더랜드(Sunderland), 리즈(Leeds), 뉴캐슬(Newcastle) 대학교에서 사회학을 가르치고 연구해 왔다. 그는 장애와 유전학 분야에서 많은 저술을 남기며 널리 알려져 있고, 저서로 *Genetic Politics*(공저, 2002), *Exploring Disability*(공저, 1999), *The Sexual Politics of Disability*(공저, 1996) 등이 있다.

역자 소개

• **이지수**

서울장애인종합복지관에서 6년간 사회복지사로 일하며, 발달장애아동의 일반학교 통합을 지원하는 프로그램에 대한 연구로 서울대학교 대학원에서 박사학위를 받았다. 현재 군산대학교 사회복지학과에서 장애인복지를 연구하며 가르치고 있다. 최근에는 장애여성의 삶의 질, 장애아동의 차별경험과 정체성 발달의 문제 등에 관심을 가지고 연구하고 있다. 저서로 『인간행동과 사회환경』(공저, 학지사, 2010), 『한국장애인복지의 이해』(공저, 인간과복지, 2002) 등이 있다.

장애학의 쟁점

-영국 사회모델의 의미와 한계-

Disability Rights and Wrongs

2013년 5월 20일 1판 1쇄 발행
2021년 9월 25일 1판 4쇄 발행

지은이 • Tom Shakespeare
옮긴이 • 이 지 수
펴낸이 • 김 진 환
펴낸곳 • (주) 학지사
04031 서울특별시 마포구 양화로 15길 20 마인드월드빌딩 5층
대표전화 • 02) 330-5114　　팩스 • 02) 324-2345
등록번호 • 제313-2006-000265호
홈페이지 • http://www.hakjisa.co.kr
페이스북 • https://www.facebook.com/hakjisabook

ISBN 978-89-997-0233-4 93330

정가 16,000원

역자와의 협약으로 인지는 생략합니다.
파본은 구입처에서 교환하여 드립니다.

이 도서의 국립중앙도서관 출판시도서목록(CIP)은 서지정보유통지원시스템 홈페이지(http://seoji.nl.go.kr)와 국가자료공동목록시스템(http://www.nl.go.kr/kolisnet)에서 이용하실 수 있습니다.
(CIP제어번호: CIP2013020612)